河流伦理丛书

黄河水利委员会组织编写　侯全亮　主编

河流的文化生命

乔清举　著

黄河水利出版社

内容提要

本书是水利部黄河水利委员会“维持黄河健康生命”系列研究课题之一。通过河流文化生命在文字、语言、哲学思维、人生修养、文明类型、民族象征等各个方面的广泛表现的详细论述，发掘河流在人类精神、文化生活中的作用，从文化、精神的维度肯定河流的价值，促进维持河流的健康生命。可供理论工作者、水利工作者及相关院校师生阅读参考。

图书在版编目（CIP）数据

河流的文化生命 / 乔清举著 — 郑州：黄河水利出版社，2007.9

(河流伦理丛书/侯全亮主编)

ISBN 978-7-80734-293-9

Ⅰ.河…　Ⅱ.乔…　Ⅲ.流域-文化史-研究　Ⅳ.K103

中国版本图书馆 CIP 数据核字（2007）第 150066 号

出 版 社：黄河水利出版社

地址：河南省郑州市金水路 11 号　邮政编码：450003

发行单位：黄河水利出版社

发行部电话：0371-66026940　传真：0371-66022620

E-mail：hhslcbs@126.com

承印单位：河南第二新华印刷厂

开本：890 mm ×1 240 mm　1/32

印张：11.25

字数：335 千字　印数：1—5 000

版次：2007 年9 月第 1 版　印次：2007 年 9 月第 1 次印刷

书号：ISBN 978-7-80734-293-9 / K · 42　定价：33.00 元

序一

河流是人类及众多生物赖以生存的基础，也是哺育人类历史文明的摇篮。然而,由于长期以来人类对河流无节制地开发利用,加之自然因素的影响,致使当今全世界范围内许多河流都面临生存危机。作为世界上最为复杂难治的河流,黄河的生存危机尤为突出。流域经济社会日益增长的用水需求一再突破黄河生命的底线,人与河争水、与水争地的局面越来越严峻,由此带来的水资源紧缺、河槽萎缩、河道断流、生态恶化、水污染加剧等一系列问题,又反过来严重制约着流域经济社会的可持续发展。

新时期如何重新审视人类与河流的关系，怎样才能实现人与自然的和谐相处？2004 年新年伊始,黄河水利委员会正式提出了“维持黄河健康生命”的治河新理念，并开始着手研究构建相应的治河体系。这不仅是自然科学的一个重大命题，而且也是社会科学和人文科学的一个重大命题。历史和现实的经验告诉我们，人类在开发利用河流的同时，只有顺应自然规律，关爱河流，尊重河流，保护河流，流域经济社会才能持续发展，民族文化才能永续延伸。因此，黄河水利委员会决定，把重塑人与河流关系的问题上升到伦理的层面来认识，并将其作为“维持黄河健康生命”理论框架的重要组成部分进行研究，通过河流伦理的构建，让全社会从伦理道德上认识到人与河流和谐相处的重大意义，并将其渗透到人类繁衍和成长的过程中，从而唤起更多的人自觉和积极地投身到“维持黄河健康生命”的行动之中。

河流伦理是一个包容性很强的概念，涉及面广、跨度大，具有学科边缘性和交叉性的特点。无论是对水利界，还是对人文、社科界来讲，它都是一门全新的课题。为此，黄河水利委员会联合清华大学、北京大学、复旦大学、南开大学、武汉大学和哈尔滨工业大学等高校从事人文及社会科学研究的专家学者对这一全新的课题展开了研究。为了夯实理论基础，该课题又分为7个子课题，从不同的方面来论证人与河流的伦理关系。经过专家学者们两年多艰辛的探索，形成了这套《河流伦理》丛书。它以辩证唯物主义哲学和科学发展观为指导，通过揭示当前中外河流暴发的空前危机，将人及其他有机体的生命概念引入河流，从人文科学、社会科学的多维视角，研究河流生命的内涵、权利、价值、河流伦理原则、河流立法依据、河流健康生命的维持等，从而把人与人之间的伦理关系拓展到人与河流的关系中，为实现人与河流和谐相处提供有力的理论支撑。

实践证明，在学科的接壤处，恰恰是新学科的生长点。我相信，通过对河流伦理体系的研究和构建，一是可以提高人们对于河流生命的科学认识水准，把握人与河流和谐相处的规律，规范人类自身的社会行为；二是在特定的时代背景下，可以对河流生命理念进行培育和弘扬，从而在治河实践中真正落实科学发展观；三是能够改善调控管理，将人与河流的关系，从以往改造、征服的关系转为和谐相处、共存共生的关系。

当然，我们还应该清醒地认识到，对河流伦理的研究非常具有挑战性。到目前为止，把道德关怀的对象扩展到河流（山川）等自然存在，中西方无论在理论界，还是在社会公众的心目中，都还存在很大争议，并且常常受到来自传统意识形态的质疑。对于这门全新的边缘学科，我们的研究工作才刚刚开始，要形成一套系统的理论还需要不断地去探索、去实践。

黄河水利委员会主任

2007 年 8 月

序二

不管人们愿意，还是不愿意，也不管人类觉得幸运，还是感到悲哀，至少在如今的地球上，没有人力干预的、纯粹自然的领域再也找不到了；从大气到地心，从高山峻岭到汪洋大海，一切都刻上了人类的痕迹，打上了社会的烙印。人与河流的关系也是这样的，我们之间的命运早已紧紧地联系在了一起：你中有我，我中有你；人的生命离不开河流，而河流不但有自然生命，还有社会生命，甚至文化生命。研究和对待河流，不但要研究其自然层面，还要研究其人文层面，更必须研究二者之间交叉的层面。

面对着自然河流与社会文化河流之间如此错综复杂的关系，特别是人类对于自然总是处在积极主动的一方、影响力越来越强的这种形势，我们发现，有什么样的人，就有什么样的河流；甚至可以说，人们用什么思想和态度来对待河流，河流就会出现什么样子：

蛮荒时代的人，毫无力量，只能迷信天神和命运，匍匐在自然的威力下，于是出现了“夏日消融，江河横溢，人或为鱼鳖”的景象，这是狂放恣肆、任意纵横的河流。

进入文明社会以后，特别是近代以来，人的力量强大了，开始利用和改造河流，但是，人们也往往为了自己的眼前和局部利益，一刻不停地干扰她，甚至有意无意地破坏她，特别是由于私有制度和私有观念的束缚，河流往往被某些人当成私人的财产，随意利用和挥霍，甚至被毁坏和戕害。这些毁坏和戕害，有些是间接的，例如通过砍伐森林、排污升温、影响气候以破坏河流等；有些干脆就是直接地伤害和摧残河流，使之遭受种种创伤。包括我们的母亲河——黄河，早已不复往日的面貌，如今已是伤痕累累，水资源紧缺，河槽萎缩，河道断流，生态恶化，水污染加剧……她再也经受不住折腾了。

实践一再证明，只有能够掌握和控制自己的命运而又有科学头脑的人，只有能够以正确的世界观、价值观为指导善待河流的人，才能使人和河流真正融洽地结合成一个亲密的共同体，才能维持河流的健康生命。

新中国成立后，中国人民掌握了自己的历史命运，为黄河的治理创造了基本条件，但是，正确处理人与河流的关系，以科学的态度治理好黄河，却又是一个更困难、更艰巨的工作。进入新世纪以来，水利部黄河水利委员会以科学发展观为指导，立足于黄河的实践，吸取世界先进的科学文化，超脱以往“就黄河论黄河”和“就水利论水利”的狭隘眼界，以更加全面系统的观点来对待黄河。在他们眼里，黄河不但是自然的，而且是社会的历史的，是文化的，是一条系统完整的生命。他们深刻地提出，要以维持黄河的健康生命为己任，当好河流的代言人。为此，不但要从自然科学和技术方面研究黄河，还要从哲学社会科学方面研究黄河，把重塑人与河流关系的问题上升到伦理的层面来认识，以唤起人们自我警醒意识，珍惜河流、善待河流，自觉维护人水和谐，从而为“维持黄河健康生命”的治河理念奠定坚实的人文和社会基础。这一思路和做法，赢得了全国有关专家的高度重视和赞赏，他们纷纷参加进来，从各个角度开展对于河流伦理的深入研究，不但包括地质地理、天文水利，而且将历史学、社会学、哲学、文化学、法学、艺术学等等学科也吸纳进来，形成了以马克思主义哲学为指导的，多学科相结合的，纵横穿错、立体交叉的宏阔研究局面。

应该说，是日益严重的河流生命危机催生了“维持黄河健康生命”新理念，进而又进一步催生了河流伦理。这是黄河治理开发与管理现代化进程中一场观念上的革命。

正当以黄河水利委员会为核心的一批专家学者们思索研究维持河流的健康生命时，党中央提出了科学发展观，这不啻是一场及时的春雨，一轮清晨的红日。这一理论，说出了大家想说却又说不出来的话，而且更加深刻全面，“坚持以人为本，树立全面、协调、可持续的发展观，促进经济社会和人的全面发展”。这里的每句话、每个字，对于维持河流的健康生命来说，都是多么重要啊！我们这些关心和研究河流伦理的实际工作者和专家学者们，在继续认真地学习了科学发展观之后，指导方向更加明确，信心和勇气更加充足。我们更加自觉地认识到，维持河流的健康生命将是我们的终身使命，河流伦理将是我们的长远研究课题，而科学发展观更是维持河流健康生命的根本、河流伦理的支柱，是我们从事河流实践和理论研究工作的一面永恒旗帜。这里收集的，就是大家在学习和运用科学发展观的基础上，进行研究的一些成果和体会。我相信，这不过是一个开始，也可能还有许多不足之处。今后大家还会做下去，而且越做越好。

水是生命之源，每当我们唱起“一条大河波浪宽”的时候，立即就会想起我们的长江、黄河，想起许许多多生育养育我们的河流，她们是我们人类的母亲，至今还在用自己的乳汁哺育着我们生长。然而，她们如今的身体还好吗，还在健康地生存发展吗？这是我们每个河流的儿女们经常魂牵梦萦的事。以科学发展观作指导，研究河流伦理，尊重自然规律，善待每一条母亲河，让她永远健康地生活下去，这是我们的神圣义务。

中国伦理学会会长 陈瑛

2007年8月

前言：母亲河的呼唤

我的大学时代是在开封度过的。河南大学的东墙是开封的古城墙，现已成为国家重点文物保护单位。东墙外有一条火车道，不载客，也不载货，每天拉几列砖石往北去，据说是修黄河堤用的。大二的时候，我和同学们去了一趟黄河。那是春天，下了南堤就进入了黄河滩区。河道宽阔，不止10里，都是厚厚的半干的沙土，走在上面，软软的。春天的阳光暖洋洋的，微风拂面，不少同学躺在沙滩上，享受起了日光浴。黄河就在身旁静静地流淌。感受到的不是她的波浪汹涌，而是亲切和蔼，恰似母亲的温柔。后来又一次到黄河，坐船到对岸，大出意料。从南岸到黄河，一路缓坡上来，感觉不到黄河是条“悬河”，但北岸河堤却是齐刷刷地下去，超出地面10米，房顶、树尖都在河的下面；到地面再看黄河，就得仰视，这使我真实地体会到了什么叫“悬河”。陈桥驿就在北岸。想当年赵匡胤发动兵变时，黄河还没有这么高吧？否则他就不会定都开封了。1987年夏天从北京坐火车到敦煌，又一次路过黄河，月光下但见水面浩瀚，激流汹涌，黄河展示了她雄浑壮阔的一面。以后常常路过黄河，她就像刻刀，一次次在我的心灵刻下她的痕迹。心灵和黄河有了感应，我能为她做些什么呢？

2004年7月，水利部黄河水利委员会要召开一次关于“河流伦理”的会议，希望我帮助联络相关学者。我对环境伦理略知一些，感到这个题目十分新颖。环境伦理、生态伦理是当今最前端的学术思想，利奥波德提出过“大地伦理”，不过，国际上还没有哪个学者提到“河流伦理”。他们工作在一线的同志，不是专门研究学术的，却能提出这样的题目，令人称奇。和他们谈到这个题目的缘由，才知道这是他们工作实践的结晶。长期以来，我们的治河理念都是近代以来人与自然斗争的思路：筑堤、修坝、控制洪水。这样做的确取得了巨大的成绩。黄河从上游的刘家峡、青铜峡到中游的三门峡和2000年修成的小浪底，大大小小的水坝有十几座。1949年以来，黄河没有决过口、改过道。应该说，把河流作为对象进行征服，我们已经做到了极致。可是，进入20世纪70年代以来，黄河出现了前所未有的问题——断流，时间最长的一次将近300天，开封以下无水。母亲河要变为“老干娘”，黄河面临生存危机。母亲河的死亡不仅是对中华民族心理的沉重打击，而且使整个黄河流域尤其是中下游地区也都陷入用水危机。看来，一味地征服自然的思路该改弦更张了，实践迫使我们与河流共存，不能单纯地把河流作为一个客体、对象，而要把她提高到主体的高度、生命的高度，维护她的权利，建立新型的人河关系。黄河水利委员会主任李国英提出“维持河流的健康生命”，这已经成为国际河流学会的口号。实践的推动，使我们站到了人类学术的前沿。

“河流伦理学”会议开得非常成功。会后，在黄河水利委员会的推动下，侯全亮巡视员、李肖强处长又多次组织我们召开座谈会，决定撰写《河流伦理》丛书，全方位地探讨河流伦理问题，初步建立河流伦理学体系，推动环境伦理向纵深处发展；也为贯彻和落实科学发展观提供理论支撑。这套丛书由《黄河与河流文明的历史观察》、《河流生命论》、《河流的文化生命》、《河流伦理的自然观基础》、《河流的价值与伦理》、《河流伦理与河流立法》、《论河流健康生命》等组成。《河流的文化生命》是河流伦理学体系的组成部分，主要探讨河流在人类精神、文化生活中的作用，发掘其文化内涵，从文化、精神的维度肯定河流的价值，促进维持河流的健康生命。这个题目缘起于黄河，内容则不限于黄河。所用的材料都是中国文化的，目的在于显示作为地方性知识的中国文化对于当代人类文化的普遍意义。我在研究过程中，曾经与当代著名环境伦理学家罗尔斯顿Ⅲ通过电子邮件，向他通报了这个课题的情况，他表示了极大的兴趣，期待成果早日问世。

10年前我写书，对于后现代思想还是很不赞成的。毕竟，那时中国才刚刚开始发展，奢谈后现代，总是让人觉得迂远而阔于事情，甚至有些别有用心。10年后，中国的GDP已经跃居世界第四，人均收入达到1700美元以上。中国充分展示了一个民族在焕发了她的青春和活力之后所能达到的成就。可是我们也付出了沉重的环境代价。太湖污染，滇池死亡，白鳍豚灭绝，地方病流行……这块土地，我们的祖先呵护了几千年，留给我们，我们把它折腾得还能养人吗？我们还能在这块土地上生存下去吗？2006年4月底，我和李肖强处长一道考察黄河。汽车在一个山谷走了很长时间，路的右手有一条河道，石头底，中间有一条不宽的凹槽，流着很少的水。沿着这条河走了很长时间，我都没有认为这是黄河，想着它可能是黄河的一条支流。等到了壶口瀑布，才知道我原来是走在举世闻名的晋陕大峡谷里，身边那条河就是黄河。命悬一线，这个词马上到了我的脑海。李肖强处长说，这时是黄河的枯水期，大概有600个流量，适宜观赏壶口瀑布。瀑布气势壮观，一如想象。可是，我却始终惦记着，黄河命悬一线，靠河水为生的沿河各地命悬一线，华北地区命悬一线。我的心沉重了，也感到了研究的紧迫性。一个声音在我心底骤然响起，越来越大，那是母亲河的呼唤：把河流作为一个有生命的主体对待吧！

作　者

2007年8月

目 录

第二章 中国文化对于河流的文化生命的一般认识

第三章 河流的文化生命在语言中的表现

第四章 本原的探究:河流的文化生命与哲学思维

第五章 功夫与境界:河流的文化生命与人生

第六章 黄河的文化生命

第一章

“河流的文化生命”概念的提出与论证

要理解“河流的文化生命”，首先须对“生命”、“河流”、“文化”三个概念进行解释，然后进一步说明把“生命”概念运用于河流、文化，提出“河流的文化生命”概念的理论合法性（justification）。也就是说，必须对“河流的文化生命”是不是一个客观有效和普遍必然的概念进行说明。

第一节　新生命观的提出

一、通行的生命定义

“生命”无疑是古老而又神秘的现象。迄今为止，人们还不能给它一个涵盖所有相关学科、令所有专业人士满意的定义。不同专业都从自己的角度提出了不同的定义。目前，我们能够知道的定义有以下若干种：

（1）生理学定义：生命是“具有进食、代谢、排泄、呼吸、运动、生长、生殖和反应性功能的系统”❶。

（2）新陈代谢定义：“生命系统具有界面，能够与外界经常交换物质但不改变其自身性质。”❷

（3）生物学/生物化学定义：“生命是由核酸和蛋白质等物质组成的多分子体系，它具有不断自我更新、繁殖后代以及对外界产生反应的能力。”“生命系统包含着储藏遗传信息的核质和调节代谢的酶蛋白。”❸

（4）遗传学定义：生命是“通过基因复制、突变和自然选择而进化的系统”，其实也就是 DNA 的复制。

（5）物理学定义之一：“生命是个开放系统，它通过能量流动和物质循环不断增加内部秩序。”❹具体地说，热力学第二定律认为，任何自发的系统都是朝着熵增的方向发展的，即体系朝着越来越混乱、越来越无序的方向发展。根据这一定律，“生命的演化过程总是朝着熵减的方向进行，一旦负熵的增加趋于零，生命将趋向终结，走向死亡”。

（6）物理学定义之二：生命乃是一个“整体性和组织的”过程❺。贝塔朗菲认为，在考察有机体内化学反应过程的整体而不是单个过程时，“可以发现生命过程与非生命过程的根本差别。例如，我们发现有机体系统内所有组成部分和过程如此高度有序，以致使该系统能够保存、建造、恢复和繁殖。这种有序性从根本上将活有机体内的事件与非生命系统或尸体中发生的反应区别开来。”❻贝塔朗菲又提出“自调整性”的概念。他说：“有机过程是由整个系统中各种条件的相互作用决定

---

❶❷❸❹ 《简明大不列颠百科全书》，第 7 卷，中国大百科全书出版社，1986 年版，第 165 页。

❺ ［奥］路德维希·冯·贝塔朗菲：《生命问题——现代生物学思想评价》，吴晓江译，金吾伦校，商务印书馆，1999 年版，第 19 页。

❻ 《生命问题——现代生物学思想评价》，第 17 页。

的，由我们称为动态的有序决定的。这是以有机可调整性为基础的。”❶“有机过程决不仅仅是各个结构上固定的过程的总和，而是不同程度上具有在动态系统内被决定的过程的特征，这赋予有机体对变化的环境的适应能力和受扰动后的调整能力。”❷

贝塔朗菲实际上是在生物化学的基础上，又采用现代物理学系统论的整体性、有序性、自调节性或自组织性来解释生命的。在他看来，生命就是一个以化学反应为基础的自组织构成。所以，他认为“生物学的任务是要确定控制生命过程的有序和组织的定律”❸。

二、生命的属性

（一）化学成分的同一性

从元素成分看，生命都是由碳（C）、氢（H）、氧（O）、氮（N）、磷（P）、硫（S）、钙（Ca）等元素构成的。从分子成分来看，生命体中有蛋白质、核酸、脂肪、糖类、维生素等多种有机分子。其中蛋白质都是由20种氨基酸组成；核酸主要由4种核苷酸组成；ATP（三磷酸腺苷）为贮能分子。

（二）严整有序的结构

生命的基本单位是细胞，细胞内的各结构单元（细胞器）都有特定的结构和功能。生物体是一个多层次的有序结构。在细胞这一层次之上还有组织、器官、系统、个体、种群、群落、生态系统等层次。每一个层次中的各个结构单元，如器官系统中的各器官、各器官中的各种组织，都有它们各自特定的功能和结构，它们的协调活动构成了复杂的生命系统。各种生物编制基因程序的遗传密码是统一的，都遵循DNA—RNA—Protein的中心法则。

（三）新陈代谢（metabolism）

生物体不断地吸收外界的物质，这些物质在生物体内发生一系列

❶ 《生命问题——现代生物学思想评价》，第21页。
❷ 《生命问题——现代生物学思想评价》，第22页。
❸ 《生命问题——现代生物学思想评价》，第19页。

变化，最后成为代谢过程的最终产物而被排出体外。

（四）组成作用（anabolism）

从外界摄取物质和能量，将它们转化为生命本身的物质和贮存在化学键中的化学能。

同时分解生命物质，将能量释放出来，供生命活动之用。

（五）生长性（growth）

生物体能通过新陈代谢作用而不断地生长、发育，遗传因素在这一过程中起决定性作用，外界环境因素也有很大影响。

（六）遗传和繁殖能力（genetics）

生物体能不断地繁殖下一代，使生命得以延续。生物遗传是由基因决定的，生物的某些性状会发生变异；没有可遗传的变异，生物就不可能进化。

（七）应激能力（irritability）

生物的运动受神经系统的控制，生物接受外界刺激后会发生反应，这叫应激能力。

（八）进化性（evolution）

生物表现出明确的不断演变和进化的趋势。地球上的生命是从原始的单细胞生物开始的，经过了多细胞生物的形成、各生物物种的产生，以及高等智能生物人类的出现等重要发展阶段，最后才形成了今天庞大的生物体系❶。进化原理“是区分有生命物质和无生命物质的主要特征”❷。

三、生命的历程

生命在地球上产生，无疑是一个由种种偶然性所组成的一个必然性过程。在生命进化的漫长历史中，自然完全有可能歧于诞生生命的进化线路之外，可是，它没有；它也完全可以产生另外形态的生命，可是，它仍然没有。最终，它形成了以高等智慧生命为顶端的由各种生命

---

❶ 本段主要参考了《现代生命科学》一书。

❷ 《简明大不列颠百科全书》，第 7 卷，第 165 页。

形态组成的生命体系。这是一个神秘的过程,科学可以解释,却不能从根本上予以说明。“分子词源学”是现代生物学考察生命起源的一门技术,其基本思路是对动植物的一种叫做细胞色素 c 的蛋白质进行分析,考察生物之间的亲缘关系。这种蛋白质由 100 多个氨基酸组成,物种之间相同的氨基酸越多,说明其亲缘性越强。分析表明,人和恒河猴、狗、响尾蛇、牛蛙、金枪鱼、蚕、小麦酵母菌的细胞色素 c 的差异量分别是 11、14、18、21、31、43、45❶。这个序列一目了然地说明了人和其他动植物的远近亲疏关系。值得注意的是,人和小麦酵母菌有 50 个氨基酸是相同的。这说明“这三个有天壤之别的物种之间有一个共同的祖先”❷。

迄今为止,地球上生命的存在至少有 35 亿年的历史。生命的进化经历了 6 个时代(见下表)❸。

时代	时间(百万年)
地球产生	距今 4550
化学　信息　原细胞	距今 4000 ~ 3800
单细胞生物	距今 3800 ~ 3700
多细胞生物	距今 700 ~ 600
心智时代	距今 6
未知	目前
地球消亡	今后 5000

生命的历程第一个阶段是化学时代,出现核苷酸,主宰生命的是支配原子和分子的原理。第二个阶段是信息时代,可传递信息的分子开创了进化和自然选择的基础。第三个阶段是原细胞时代,出现了有一个膜包被的原细胞,这是第一个生命单元,与其他物质都根本不同。然后是单细胞时代,分为两个阶段。原细胞生成了细菌,真核细胞形成了原生

❶ [美]克里斯蒂安·德蒂夫:《生机勃勃的尘埃——地球生命的气韵和进化》,王玉山译,上海科技教育出版社,1999 年版,第 4 页。

❷ 《生机勃勃的尘埃——地球生命的气韵和进化》,第 4 页。

❸ 《生机勃勃的尘埃——地球生命的气韵和进化》,第 13 页。

生物和微生物以及今天更高级的生物。由真核细胞发展出多细胞生物时代,植物、真菌、动物包括人都在这个时期形成了复杂的组织。最后是心智时代的到来,人类产生了道德、文化、社会组织等❶。生命之树的模型可以使我们清晰地看到各类生命进化的历程(见下图)❷。

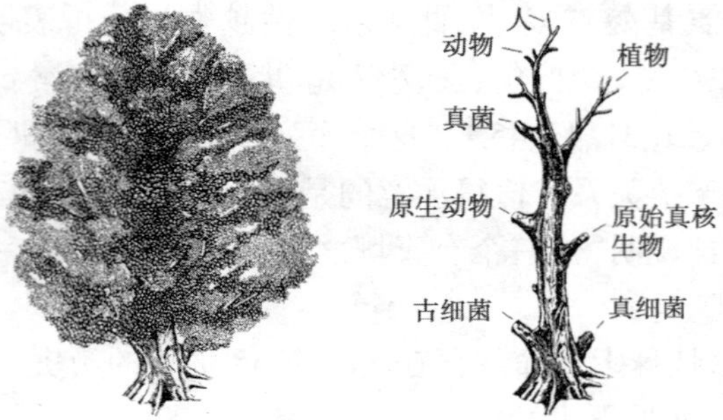

左图是生命之树庞大的多样性分枝组成的树冠掩盖了进化的主干。右图是进化树干和枝杈组成的进化历程。

四、死亡

与生命相对的是死亡。《简明大不列颠百科全书》关于死亡的说明相当简单:“一种生物学现象,简单的定义是生物失去生命。死亡是一切生物的必然归宿。自然界各种生物都在世代交迭。在环境改变时适应环境的生物得以生存,不适者死亡。”❸可见,这里的生命和死亡的定义,都是就生物体而言的;死亡是生命的终点,没有生命就没有死亡。《简明大不列颠百科全书》又认为,死亡的生物学意义在于促进生物适应环境的进化。“死亡将生命力耗竭的生物转向自然循环的另一时相。因此,死亡的生物学意义在于它是自然界改进生物形式的一种手段,为自然选择提供一个机会来进行生物进化的新试验。”❹《简明大不列颠百科全书》关于死亡的定义具有生物本质主义的缺陷,笔者认为,死亡现象不限于生物。

❶ 《生机勃勃的尘埃——地球生命的气韵和进化》,第 13 页。

❷ 插图及说明见《生机勃勃的尘埃——地球生命的气韵和进化》,第 391 页。

❸❹ 《简明大不列颠百科全书》,第 7 卷,第 493 页。

笔者愿意在此提出对死亡的理解，与读者分享。死和亡不同。死一名三义。其一是死去的那一时刻，即动态的死，或曰离场的那一时刻。这是一个物理性事件，也是死的最普通最常见的意义。其二是死后的状态、不在场的状态，这是说“亡”。死是一个事件，亡是其结果。亡可以分为两种，亡与不亡。死和亡是有区别的，现代汉语把死亡作为一个词，溶解了二者的区别，不利于分析死亡。对于他人、社会、自然没有留下任何印记的死叫做亡。古往今来，默默而生默默而死，其生我们不知其名、其死我们仍不知其名的人、的物、的河流，又何可胜数？还有一种，就是古语所说“死而不亡”者，虽然死了，仍然能够产生影响，古人云，“死而不亡是为寿”。他(它)虽然死了，不在场了，可是他(它)却没有离场，他(它)无时无处不在场。他(它)已经完全失去或者主动摆脱了场和在场的时空局限性，成为一个自在的存在，甚而进一步拥有自为的力量，约束活者。中国人有“三不朽”之说，“太上立德，其次立功，其次立言”，希望以现世的有限性抵御、超越与突破死亡与虚无。这是就人来说的。

死的第三个意义是遍在于存在状态中的否定性，是与生交织在一起的遍在性。上面所说，不是我们日常所面对的死亡。我们都把死的那一时刻作为死亡的本质意义，所有关于死的恐惧、超越、突破等，都是针对死和亡而来的。古人讲，“人之将死，其言也善；鸟之将死，其鸣也哀”。其实，人之将死，其言也“真”，而不止于善。海德格尔说，人在面对死亡时呈现本真状态，都是如此。

死是遍在性地、渗透性地存在于生中的否定性。死是生的背景、条件、根据，生是在死的舞台上演出的戏剧，生以死作为其存在的肯定，无死则不知生为何物。死是生的另一面，是生的存在的肯定。生在死中，死中有生；生中有死，死中有生；于生中死，于死中生，这便是死在生中的遍在性。死的可能性遍在于生的现实性之中，人也好，物也好，无不如此。

这种遍在性，还不是庄子的道通为一或齐生死为一。前者是对死去的那一刻的物理学说明，后者则是对那一时刻的达观的态度，都不是作为人生存在状态的死；也不是王充的“死者生之效”的死。王充所说,也是死的那一刻。死的那一刻其实是对生的简单的形而下的否定,构不成哲学意义。不过,王充的确发现了生与死的相关性,他说:“死者,生之效;生者,死之验也。”由此再往前走一步,就接触到了死的遍在于生的特点,不过他终究没有发现。他所说的,符合生死关系的辩证法,却还不是遍在性。遍在性也不是人体细胞新陈代谢过程所维持的生和不维持的死。恩格斯由此论证了自然的辩证性,没有死就没有生,生就是由死维持的一个过程。这也可以称为物理意义上的死的遍在性,但毕竟,还不是我们此处所说的遍在性。也不是说,每个生命都有一个终点,所以生死是一对对立的矛盾,就是死和生的统一。这也可以作为生死为一的一个层面,但毕竟还是物理意义的东西。死与生之同在,这就是遍在性。

五、对通行生命定义的反思

上述关于生命定义、生命属性和生命进化历程的介绍表明,对于生命的认识是随着科学的发展而不断深入的,科学构成了认识生命的坚实基础和可靠工具。以科学为依托是近代以来人类认识问题的基本思维方式,知识的进步端由此来。但是,这一思维方式也有它的局限性,我们须对之保持高度的警觉和反思。反思可从两方面进行,首先针对“科学”本身,其次针对以科学为工具的认识方式。

以科学为基础和工具的思维方式所认为的“科学”是永恒的、普遍的,但这样的“科学”并不存在。这一思维方式在具体运用时,所立足的只能是某一时期的科学,由此,这一时期的科学的认识深度便构成了生命认识的限度。既然科学是不断发展的,那么,基于一定时期的科学水平提出的认识就必然带有那一时期特有的局限,不能构成永恒的真理,这是不言而喻的。

以科学为基础的思维方式在处理生命问题时存在还原主义、本质主义的局限性。这种思维方式总是把生命还原为科学问题,把科学认识作为生命的本质;到目前为止的生命定义的还原主义特点是把生命还原为生物的生命。上述 7 种关于生命问题的认识,实际上都是以 19 世纪以来 20 世纪前期的科学为基础的,其局限性正是 19 世纪以来的科学的局限性，即从机械论、偶然论的角度把生命还原到纯粹的生理现象、化学现象、分子生物学现象、热力学现象、系统化现象等层次上说明生命。其实，生命现象的复杂性远远超出了所有现行科学的认识。就生命的生物学定义而言，汽车也具有进食、呼吸、排泄、运动等功能，某些细菌却不能呼吸。就生命的新陈代谢定义而言，“火焰也具有界面和物质交换，且能生长；而种子可休眠上千年并无代谢活动”。就生命的生物化学定义而言，“以化学成分来下定义，有本质缺陷，难道其他分子便不能表现生命现象？已知某种病毒样生物没有核酸”[1]。又比如，如果从进化的角度理解生命，根据最新的物理学的进展可知，我们所居住的宇宙，自经过大爆炸产生之后，也是不断发展不断进化的，有一个从简单到复杂的过程，甚至它的尺寸的大小，也是在不断增加的。这个宇宙是不是也有生命？又比如包括大地、水圈、生物圈在内的地球生态系统，按照新陈代谢的生命定义来看，显然具有物质交换的界面，并且在一定程度上具有类似于DNA复制的自我修复功能，这是否也可认为是一种生命系统？宇宙、生态系统、甚至汽车等，都具有生命的一部分特征；同样，像细菌、种子（在一定时段）等，却没有对于生命来说十分重要的呼吸功能。这些都表明了传统生命定义的局限性。

对于生命的产生和进化，科学提供了纯粹的过程性认识。但是，单纯的科学认识只能解决“是什么”（What）的问题，并不能解决“为什么”（Why）。所以，这一过程又经久不息地引起人们的哲学思考。比如，生命的产生和发展是目的的，还是机械的？是偶然的，还是必然的？这不仅是一个科学问题，也是一个哲学问题、宗教问题，它直接关涉到人类对自身存在的意义和价值的理解。偶然论认为，整个自然的进化过程包括人类的出现，都是偶然的、随机的，自然也可以完全不产生生命现象，不产生人类。从自然的进化过程来看，自然有太多的时候几乎就歧出到产生生命和人类之外，或者说歧出到产生我们现在这样的人类之外。可是，它毕竟产生了生命。比如，产生生命现象必须有水，地球上恰好产生了水，而月球至今还没有发现水；至于火星是不是有水，

[1] 《简明大不列颠百科全书》第7卷，第165页。

也还在探索之中。从生命的最初构件到核苷酸RNA,是进化过程的一个飞跃,氰化铵经过简单反应即可产生RNA的基本组成成分腺嘌呤。地球在几十亿年前恰好就存在大量的氰化铵。原核生物演化为原始真核生物,需要十亿年的时间和一系列的突变,这些毕竟实现了。诸如此类的过程,毫无疑问都是偶然性在起作用。那么,生命一定会产生,并形成高级生命形态吗?生命的进化会不会采取一个完全偶然的途径?"所有现存生物都起源于一个单一的祖先生命形式"❶,在当时的化学条件下,起始生命会不会"演变出不同的遗传系统"❷?结论是除了个别细节外,整体上不会有什么不同。35亿年前,当细菌开始形成集落,分布在地球上时,很难想象它会最终形成生命系统。可是,20亿年以后,它最终形成了"包括原生生物、植物、真菌和动物,还有人类——实质上就是生物圈可以见到的全部"❸。这一切又似乎透露出某种必然性,甚至可以从中导出上帝的观念。

法国的科学家德日进(Pierre Teilhard de Chardin)根据法国哲学家柏格森的《创化论》哲学,提出精神和物质在宇宙形成时即以初级形式存在着,二者能量相互结合和补充,向复杂化、精致化发展,最终产生人类和意识。宇宙下一个阶段的进化是"智力圈"的创造。智力圈和宇宙其他处的智力圈共同形成欧米加点,即上帝的"科学"。同样也是出身于法国的生物学家莫诺(Jacques Monod)则针锋相对地提出了完全偶然论的说法:"宇宙并不孕育生命,生物圈也不孕育人。"❹莫诺认为,自然进化并没有任何神秘力量的指挥,完全是一个"经过自然选择(必然性)筛选的随机突变(偶然性)。生命(甚至智慧生命)的出现和进化过程,没有任何意义、目的或设计"❺。

偶然论—必然论、目的论—机械论构成了认识生命现象的二元对立。应该说,过度的偶然性和过度的必然性都是不可取的。生命现象远远超出了二元对立、非此即彼的认识模式。要认识生命现象,必须有

❶❷ 《生机勃勃的尘埃——地球的生命气韵和进化》,第147页。

❸ 《生机勃勃的尘埃——地球的生命气韵和进化》,第173页。

❹❺ 转引自《生机勃勃的尘埃——地球的生命气韵和进化》,第378页。

思维方式的革新。与偶然论和必然论相反，我们提出适然论来概括和超越偶然与必然的对立。我国著名哲学家金岳霖先生提出以时间为标志判断必然性的类型和层级，指出必然性有逻辑的、形上学的、科学的等不同类型。逻辑的必然性是超时空的，在任何时间、空间都是有效的；形上学的必然性要求必须有时间，才能具有有效性；科学的必然性则进一步要求有一定的经验世界。这三种必然性中，逻辑的必然性必然的程度最高。如果把高级智慧形式的生命的出现作为宇宙演化的目标，那么，从无生命到有生命，在生命的进化历程中，的确表现了科学的、形上学的和一定程度的逻辑的必然性。但是，自然是不是一定以人的出现为目标？这往往是宗教决定的事情，只有上帝才把人作为自然的目标。所以，过度的必然性必然导致上帝概念，由上帝决定一切过程。一个外在于自然的上帝毋宁说仅止是一个信仰，是不可证实的。由此言之，如果把人类的出现完全视为一个偶然的过程，倒更为平实可取。在此意义上，道家的“莫为”更为可信❶。但是，在几千万分之一的可能性中，也就是说，在基本上就是不可能之中，宇宙产生了生命，产生了人类。生命进化的每一个环节，都包含了进化到下一个环节的必然性。“有机云弥漫于宇宙，无论哪里只要其物理状况与40亿年前存在于我们星球上的那些状况相似，生命必定会以一种与地球上的分子相差无几的形式产生。”❷这表明，对于必然性和偶然性，在思维方式上应该取其中道，或者说采取中庸的地位方式即“适然论”的方式。“适然”来自庄子《秋水篇》。孔子被围于蔡而弦歌不停，子路不解而问。孔子说，穷通有时。尧舜之时天下无穷人，桀纣之时天下无通人，“时势适然”也❸。所谓适然，是必然和偶然、内因和外缘、现状和趋势的统一。它的必然性一面表现为在一定的客观情形下，它一定会如此，这在一定意义上是逻辑的必然性。它之表现为如此，是其内在的因和外部的缘相互作用的结果。内在的原因有主动地适应环境、选择合适的反应方

❶ 《庄子·则阳》。

❷ 《生机勃勃的尘埃——地球的生命气韵和进化》，第383页。

❸ 《庄子·秋水》。

式并进一步适应环境的特点。从外在来看,这是自然的选择;从内在来看,这则是生命对于外部环境的适应和使自己更进一步向高级形态进化并进一步适应更加复杂的环境。自然的选择和生物的主动适应,二者相互作用使生物具有了超出当下存在而向更高级形态发展的潜在性。这种潜在性在进化过程中不断展开,成为现实并进而为未来的进化规定方向。这种潜在性表示为逻辑必然性,但并不能归结为神学的必然性。

必然性和偶然性之争的解决可以进一步引申为对于目的论和机械论之争的解决。必然性从某种意义上说,包含了目的性。只有具有一定的目的性,事物才会沿着一个方向前进。偶然性则更符合机械论。目的论产生于古希腊亚里士多德目的因思想。他认为每一活动都有一个目的或最终目标。这个目标或在事物之外,或在事物之内。前者可谓外在目的论,典型的形态即创世说,认为上帝是宇宙间一切事物包括人类发展的总设计师。这种外在目的论思想近代以来已经遭到科学的摈弃。还有一种内在目的论,认为事物的发展是趋向于发挥其功能维持其存在的过程。亚里士多德认为,动物和植物都有自己的目的,即维持自己的生命和存在。贺麟先生总结康德思想指出,"'从先天的原则看来,每一组织物都可以说有其内在的目的,与人造的机器不同'。他并谓自然物象之所以有其尊严,并值得我们赞美,即以其自身好像有内在的目的,而非徒供人用的工具。足见康德亦承认在某种观点下,万物亦有其自身的目的与自由"❶。

与目的论相对立的是机械论。机械论是19世纪以来科学范式尤其是牛顿力学范式的产物,它倾向于用力学的模式说明一切事物,把生物学规律化约和还原为无生命自然界的力和定律,用机器理论说明生命现象,"从结构条件方面解释细胞和有机体发生的全部过程特有的活动程序。"❷机械论否认任何目的论说明,也完全否定生命的自主性特点。它的长处是说明了生命现象所包含的机械性和力学原理,但是,

---

❶ 贺麟:《论意志自由》,《近代唯心论简释》,独立出版社,1944年版,第216页。

❷ 《生命问题——现代生物学思想评价》,第11页。

生命并不仅限于机械性，这一说明已经不值得特别批驳。但是，因为否认机械论，就相信物活论或者存在生命物质论，也是不可取的。活力论或物活论“否认完全用物理－化学解释生命的可能性”，认为“生命和非生命之间有本质区别”，在有机体自我保持和受扰动后的自我恢复所依赖的极其大量的物理—化学过程的有序性，以及有机体的复杂“机器”的起源，“只有用特殊的活力因子的作用才能得以解释。”[1]这些活力因子，历史上分别被称为“隐得来希”、“无意识”或“世界灵魂”等。贝塔朗菲认为，活力论把生命的自主性以形而上学的方式保存在自己的理论之中，提出了超出“自然科学的范围之外的生命本质问题”[2]，是不可证实的。“生命物质”的概念也是荒谬的。诚如贝塔朗菲所说，“在铅、水、植物纤维素都是物质的意义上，不存在‘生命物质’，因为从中任取的部分显示出与其余的部分有相同的性质。而生命与个体化和组织化的系统是密切联系的，系统的毁坏，导致生命的终结”[3]。物活论的积极意义在于它肯定了任何事物都有自我维持和保存的能力，进而言之，自我发展的能力。

在对待目的论和机械论方面，我们仍须跳出非此即彼的思维模式，采取中道的或中庸的态度。机械论推进了我们对于生命现象的理解，但生命现象决不止于机械作用。不仅人的自由意志超出机械的决定作用，而且生命过程作为一种生理的或科学的现象，也超出机械作用。贝塔朗菲采用有机体和系统论来代替机械论和目的论的分歧。在他看来，新陈代谢、应激性、繁殖、发育等生命现象只能在时空中不同复杂程度的自然物体中才能找到，这种自然物体可称为有机体。每一个有机体代表一个系统。系统是由处于共同相互作用状态的诸要素构成的一个复合体。贝塔朗菲强调生命作为系统的整体性，认为生命现象不能分解为孤立的部分，整体有超出部分的总和的性质，这就是生命的“组织问题”，也就是生命的自主性问题。所以，“即使我们有了构成细胞

---

❶ 《生命问题——现代生物学思想评价》，第 11 ~ 12 页。

❷ 《生命问题——现代生物学思想评价》，第 12 页。

❸ 《生命问题——现代生物学思想评价》，第 17 页。

的所有化合物的知识，也还不能解释清楚生命现象”。贝塔朗菲认为，生命的自主性是可以研究的。他指出，有机体整体是一个主动的系统，不是一个反应的系统。

贝塔朗菲的有机体理论对于机械论和目的论可以说构成了一种超越，自组织理论的确比目的论和机械论更为合理地说明了生命的自主性，但它仍是科学化约主义的一种。生命的自主性超出了自组织概念。生命具有以自我保存和进化为特点的发展趋向，这种趋向是内在于生命自身之中的，是生命的一种性能。这种性能，可以称为内在的趋向于自我保存和自我完善的倾向。它不是上帝为生命设置的外在目的，也不是生命中所包含的某一种生命物质的作用，而是生命自身的特点。克里斯蒂安·德迪夫认为，“原始的代谢必须有一个预定的代谢过程”❶；“蕴涵生命的各种形式的基础的化学反应都是从一开始就制定的，经过了由支配所有化学反应的严格确定的因素所规定的一个连续步骤。”❷这表明了生命的内在目的性。可以说，在生命问题上，温和的、内在的目的论是可以接受的结论，这可以说是不需要上帝的目的论。这也是我们所谓的适然性。

科学还原论还有一个问题是生命本质主义论，即为了研究和认识生命、生物，而把生命生物和非生物、生命界和非生命界分得太开，割裂了生命的普遍性和一体性。按照克里斯蒂安·德迪夫的观点，“所有现存的生物都起源于一个单一的祖先生命形式”❸，这就表明了生命体的一体性。那么，“生命界和非生命界之间是否真正存在着一种内在的区别”❹？一方面，我们必须承认生命界和非生命界之间存在的内在目的性的区别。“在胚胎中，同样在其他生命现象中，有一种根本不同于所有物理—化学力的因素在起作用，它按照预期目的指导生命活动。这种具有‘自身内在目的’的因素，即从正常发育中和实验上加以扰动的发育中产生出典型的有机体……正是这些最终可以与我们的目的性

❶❸ 《生机勃勃的尘埃——地球生命的气韵和进化》，第63页。

❷ 《生机勃勃的尘埃——地球生命的气韵和进化》，第64页。

❹ 《生命问题——现代生物学思想评价》，第7页。

行为中的精神因素相比较的因素，造成了生命与非生命之间的关键差别，并产生了比生命的力学性质、物理性质更加复杂的属性”❶。但是，我们认为这毋宁说只是就更加高级的生命形式与物理世界的比较，而生命界和非生命界之间并不存在截然的界限，二者构成一个连续。这是世界的另一方面。事实上，病毒即构成生命和非生命的边缘地带。病毒是一个基本的生物单位，能够复制自身或协变复制，但它没有自主生命，它不能进行有机分子的初级合成，因为它缺乏进行这些活动的必要条件——酶系统。“只有具备了合成活动即构成新的有机分子的完整复合物，才能保持细胞作为一个整体的优势”❷。生命都是由细胞的变异和组合构成的；但也不是所有生物都由细胞构成，如纤毛虫就是非细胞动物，草履虫是单细胞动物，海藻是没有细胞分化的较大的有机体。所以，贝塔朗菲指出，“分异等级体系是生物领域的主要特征，也是心理领域和社会领域的特征。”❸所谓分异等级体系，正是我们所说的连续过渡体系。前述生命之树从真细菌、古细菌到原始真核细菌、原生动物、真菌、植物、动物和人的进化过程，表明了各种形式的生命的连续体系。贝塔朗菲认为，生命体系不会终止于有机体。他从系统论着眼提出，更为高级的生命形态或生命单位“首先是同一物种的有机体的联盟，例如，动物的群体。典型的例子是管水母、浮游群体的水螅虫，它们形成巨大的类族”❹。其次，“空间中分离的有机体也可能有超个体的组织，如蚁、蜂、白蚁的昆虫社会”❺；“整体的所有标准，都适用于昆虫社会。系统发育导向组织化程度更高的动物社会的趋势，可以与导向更高等有机体的趋势相比拟”❻。贝塔朗菲进一步指出，“不仅相同有机体的联合，而且不同物种的联合都可以形成更高有序的系统”❼。共生现象：就是典型的例子从寄居蟹和海葵那样的松散地生活在一起，到非常密切的如较低等的有机体寄生在较高级的有机体的器

❶ 《生命问题——现代生物学思想评价》，第 10 页。
❷ 《生命问题——现代生物学思想评价》，第 35 页。
❸ 《生命问题——现代生物学思想评价》，第 48 页。
❹❺❻ 《生命问题——现代生物学思想评价》，第 54 页。
❼ 《生命问题——现代生物学思想评价》，第 55 页。

官内，都形成一个整体。比共生现象更为高级的系统是“某一区域的动物群和植物群落（生物群落），诸如一个湖泊或一片森林，并不只是许多有机体的聚集体，而是受确定规律支配的单位。生物群落被定义为‘在动态平衡中维持自身的种群系统’”❶。在他看来，最后的、最高的生命单位是“地球上整个生命界。如果一群生物体被消除，那么整个生命界必定会达到新的平衡状态或平衡被破坏的状态”❷。“生命之流只有在所有种群的有机体之间连续的物质流中才能维持。”❸这种生命观我们是同意的。

贝塔朗菲认为，生物群落不是超有机体。“生物群落是由彼此相互作用的组分构成的系统，由此显示出系统的特有的性质，例如彼此相互依存，自我调节，对扰动的适应，趋于平衡态等。然而，生物群落整合的程度与有机体相比较，毕竟还较低些，它们是松散的、非集中化的单位。它们的发展取决于外部条件，而有机体的生活循环却是由内部条件引起的。因此，生物群落完全可称为系统，而不能像人们通常所说的那样称之为超有机体”❹。

由生命的连续体系我们可以进一步推论出，从非生命到生命也可以构成一个连续的过渡；生命界和非生命界构成一个连续的整体。如前所述，病毒构成从生命界到非生命界的过渡。通常不被认为具有生命特征的存在形式如地球的生态系统、山脉、河流、泥土、岩石等，其实也具有生命的一些特征，如自我保持性。山本身就具有生长的特点，必须做一定的功才能把岩石分解开，这表明岩石的自我保持性。做功的大小可以作为岩石的自我保持性的一个指标。又如河流，它有对于自己的存在的权利的要求。所谓“不与河争地”，表明了人们对于河流的存在权的理解。河流对于水也有要求，水质、水量都是河流自身的要求，这些都构成河流的生命要素和权利。土地有维持自身不被污染的自我保持性。当然，这种保持性很弱。在生命的定义时我们已经提出，汽车具有新陈代谢和消耗能量输出功的特征，火焰具有界面和物质交

❶❷ 《生命问题——现代生物学思想评价》，第 55 页。
❸❹ 《生命问题——现代生物学思想评价》，第 56 页。

换等，这些也都是生命的特征。至于地球的生态系统，则具有更多的生命特征。关于此，我们可以从盖娅学说中得到启示。盖娅是古希腊神话中的大地女神。英国科学家、皇家学会会员洛夫洛克在研究自然和生态问题时，提出了“盖娅设想”，其新颖之处在于提出地球是一个自稳定自调节的系统，具有类似生物生命的特征。洛夫洛克在英国德文郡与南部康沃尔郡交界的一个18世纪的“山峡磨坊”里进行了盖娅学说实验。盖娅学说认为：“地球和地球上的生物并不仅仅是随意地相互作用，它们相互作用的方式倾向于纠正地球与生物的相互冲突所造成的失衡。”❶洛夫洛克以雏菊为例说明这一理论。有两种雏菊，一种颜色较浅，吸收较少的热量，反射更多的热量；一种颜色较深，吸收较多的热量，反射较少的热量。在一个较冷的行星上，第二种雏菊因为能够保持更多的热量，所以能够成功地从赤道分布到较寒冷的地区，并使寒冷的地区温暖起来。如果这个行星变得越来越热，这种雏菊就会丧失生存优势，第一种雏菊就会逐渐获得生存优势。这两种雏菊就像一个巨大的恒温器，对抗温度的变化，使温度趋向平衡。洛夫洛克引进了20多种雏菊，并引进了兔子、狐狸等，使自己的实验更加逼真。结论都是一样的：“即使在人为干扰的情况下，系统也能自行纠正。”盖娅学说表明，“地球就是一个活的生物，自行调控其环境，使其适合生命的生长”❷。地球生命为盖娅学说提供了证据，历史上地球曾经多次发生巨大灾难，引起物种灭绝，但生物不仅恢复，而且又产生了进化。不过，这个过程需要几百万年的时间。盖娅学说肯定了地球自身的生命调节特点，表明地球也是具有一定意义的生命体。对我们来说，是一个非常重要的结论。

六、新生命观的提出

认识到还原主义思维方式的局限后，我们将看到，生命定义包含着一定的可扩展性。首先，科学认识越深入，对于生命的认识也就会越深

---

❶ 《生机勃勃的尘埃——地球生命的气韵和进化》，第285页。

❷ 《生机勃勃的尘埃——地球生命的气韵和进化》，第286页。

入，生命的定义也就获得了扩展的可能性。其次，从理论上说，生命定义扩展的方向是打破一定时期科学认识的局限性，打破本质主义还原论思维方式的局限性，向着肯定生命和非生命的一体性等方向发展。下面，我们提出对于生命概念的新理解或者说新扩展。

（一）生命的广泛性

这个结论是显而易见的。泥土、岩石、病毒、细菌、植物、动物、生态圈等，都表现了生命的不同特征，它们也都是有生命的。换句话说，生命的特征普遍表现于宇宙万物之中。在生命的广泛性的范畴下，对于泥土岩石、河流、山脉、太阳、地球、地球的生物圈、生态圈是不是有生命等问题，答案都是肯定的，只不过它们的生命特征和规定性不尽相同而已。生命的广泛性使我们跳出本质主义的局限性。

（二）生命的层级性

生命是广泛的，不同物体所表现出的生命的形式、特征或特点各不相同，如土、石都有自我保持性，山脉往往具有生长性，人的遗传基因DNA有自我复制的功能等。这些不同形式的生命构成生命的形层级体系。鉴于迄今为止科学和工业发展的经验和教训，我们必须承认，除了生物的生命现象外，至少还有环境圈、生态圈、宇宙自身也都是有生命的。如何排列所有生命形式的层级序列是自然科学和哲学、宗教需要认真加以解决的问题。人在这个序列中不一定是终点，也不一定是最高点。在人之上，我们至少还须承认其他形态的生命。把不包括人的自然作为自然Ⅰ，把人作为自然Ⅱ，人和全部自然作为自然Ⅲ。根据“一阴一阳之谓道”的原则处理二者的关系。把中国的阴阳鱼图变成椭圆形，把自然Ⅰ、自然Ⅱ作为自然Ⅲ的两个焦点（如图），这两个圈都不是宇宙的中心，在这里，两个焦点相互理解、相互诠释、相互适应、相互作用。两个焦点的阴阳性质也不固定，而是互为阴阳。自然Ⅰ、自然Ⅱ共同构成作为整体的生态圈自然Ⅲ。

整体性的概念对于理解生命现象具有十分重要的意义。不仅一个在时空上孤立的个体是一个整体，而且一个环境系统、一个生物群落等

在时空上分离的组织群落也都可以视为一个完整的整体，直至整个地球全体、宇宙全体，都可以视为一个整体。贝塔朗菲指出：“由各部分竞争而形成的统一体存在于每个生物系统——有机体和超个体的生命单位中。这反映了一种可以追溯到赫拉克利特和库萨的尼古拉的深刻的形而上学观念：作为一个整体的世界及其每个个别的实体，都是一个对立统一体。然而，这样的统一体在它们的对立和斗争中构成和保持了一个更大的整体”❶。只有从整体的观念出发，才能把生命的特征赋予这些对象。宇宙作为一个整体，也是有生命的。中国现代哲学家梁漱溟先生曾经说，宇宙是一个大生命。这无疑是一个洞见。

（三）生命的家族类似性

如前所述，传统的生命定义是生物本质主义的。本质主义是一种思维方式，以一般和个别、普遍和特殊、本质和现象为范畴体系，主张从诸多个别现象中抽象出一般、普遍或者本质，抽象是舍弃那些所谓非本质的特点，保留本质性的特点，从这种意义上说，这种思维方式还包含着循环论证的缺陷。在达到一般或者普遍之后，本质主义会把这个“一般”作为理解其他所有个别的“钥匙”或者关键，其实是用一般代替对所有具体的个别的理解和研究、无视或者抹煞个别的被认为是出于一般之外的特点。这种思维方式对于把握本质固然简便易行，但是，由于它存在以一般代替个别的缺陷，所以个别的具体性在这种思维方式下就会被认为是无意义的，而被抹杀掉了。用一般代替、甚至抹煞个别，可谓本质主义的暴力倾向所在；把某一具体的个体作为普遍或一般来代表所有个体的做法尤其荒谬。个别的那些非一般意义的特点，对于个别来说，并不是可有可无的，而是十分重要的。

本质主义的生命概念认为生命是生物体所具有的一种性能，把生命作为生物体的本质来看待，并以这一本质来规定生命，尤其是以人类作为生命的典范。这一概念所导致的问题是对所谓非生命存在物、部分生命存在物的不尊重，导致物种灭绝、环境污染、生态恶化。所以，突破和超越本质主义生命观，达到对于生命的新理解势在必行。为此，我

❶ 《生命问题——现代生物学思想评价》，第58页。

们提出生命的家族类似性概念，把生命看作一个没有唯一的、固定的、决定性的本质的“家族类似”概念。

“家族类似”概念是维特根斯坦在说明各种各样的“游戏”(game)时提出的[1]，对于突破本质主义思维方式十分有效。不过，维特根斯坦并没有对这一概念进行定义。我们可以这样理解“家族类似”。设某一家族J，有成员M、N、O、P等，其中M有a、b、c等身体特征，N有b、c、d等特征，O有d、e、a等特征，P有c、d、e等特征。如果我们看到一个X有a、b、c、d、e特征中的若干项，我们会倾向于认为，这个X属于家族J。我们作出这个判断，仅仅是出于类似，而不是、也不能把a、b、c、d、e中的一项、若干项或者全体认作这一家族的本质特征，认为只要某个X有了这一项或者若干项，就一定属于这个家族。“家族类似”排斥本质主义的归约主义，使我们能够更加专注于研究而不是抹煞个体的具体性。

从前述关于生命的定义和对于生命的普遍性、层级性的论述可以引申出生命的家族类似性。从家族类似性来看，生命的最简单、最普遍的含义是存在和不存在。不存在可以是本来就没有，我们这里所说的不存在是从存在到不存在，是存在的消亡、消失，也就是死亡。任何事物，只要具备从存在到消亡的过程，无论是自我发展的结果还是外在影响的结果，都可以说具有一定意义的生命。泥土是最不被认为具有生命的东西。但是，生活经验告诉我们，泥土可以被烧制成砖瓦，从而失去它的性质，这其实就是泥土的死和砖瓦的生。死去的泥土再也不能发挥泥土孕育和生长万物的作用了，它不是死了又是什么呢？现代物理学把这个过程称为熵增的过程。泥土被烧制成砖瓦，毕竟还包含着一个瓦的生成过程，瓦还是有用的物件。这里面有自然的转化，用庄子的话说，乃是道通为一的万物禅形，成毁一如：“其分也，成也；其成也，毁也。凡物无成与毁，复通为一。唯达者知通为一。”[2]但是，现代工业产生的化学垃圾、电子垃圾等把泥土污染以后，泥土就彻底失去了参与

---

[1] ［奥］维特根斯坦：《哲学研究》，李步楼译，商务印书馆，1996年版，第48页。

[2] 《庄子·齐物论》。

万物禅形死而复生的循环的条件，就被彻底治死了，植物、动物从此失去家园，诚可谓泥土的悲哀。泥土还包含有能量的吸收、积蓄、储存和输出过程。泥土的能量乃是广义的土地的肥力，它把能量输出到赖之以生的植物中，各种作物、果实，则是泥土的产出。泥土的能量交换过程也是和生命的能量交换过程一样的化学反应过程。利奥波德提出，“土地不仅仅是土壤，它是能量流过一个由土壤、植物，以及动物所组成的环路的源泉。食物链是一个使能量向上运动的活的通道，死亡和衰败则又使它回到土壤。这个环路不是封闭的，某些能量消散在衰败之中，某些能量靠从空中吸收而得到补充，某些则储存在土壤、泥炭，以及年代久远的森林之中。这是一个持续不断的环路，就像一个慢慢增长的旋转着的生命储备处”❶。利奥波德提出了“健康的土地”❷、“土地伦理”等概念，扩大了道德共同体的界限，使“它包括土壤、水、植物和动物，或者把它们概括起来：土地”❸。这使我们主张土地生命观得到了一定程度的支持。

生态圈的生命的表现形式是怎样的呢？生态圈包括气候圈、动物圈、植物圈、大地圈等，这些不同的圈子形成一个相互作用、相互影响、相互调适的双向过程。我们可以用下面生态圈循环图来表示自然的循环。

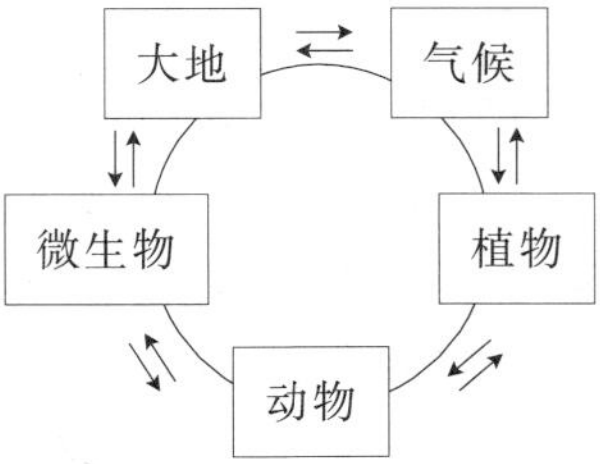

生态圈无疑也是会死亡的。由于它的组成部分的繁多性，它死亡的几率反而非常高。举例说，气候圈包括大气水环流过程，水汽从海洋、陆地蒸发，形成降雨、冰川、雪山等，降雨成为地上水如河流、湖泊等和地下水的主要来源。冰川雪山的融化为河流输送水源，河流为沿途提供水源，为水生物提供场所，同时也把大量的水输送到海洋，补充海

❶ ［美］奥尔多·利奥波德：《沙乡年鉴》，侯文慧译，吉林人民出版社，1997 年版，第 205 页。

❷ 《沙乡年鉴》，第 193 页。

❸ 《沙乡年鉴》，第 187 页。

水。假如气候过于寒冷或者过于炎热,造成大气水循环发生偏差甚至一定时间的中断,就会直接导致植物圈死亡,植物圈死亡又会导致动物圈死亡,最终是人类的死亡。当然,生态圈具有内在目的性,即维持它自身的动态平衡的功能。当气候异常时,动植物也都会调整自身以适应气候变化,最终是那些适应的物种存活下来,达到新的平衡。由此言之,除了少数极大的宇宙灾难如其他行星撞击地球之类外,由于纯粹自然的原因导致整个生态圈的死亡并非一个经常性的威胁。但是,科技和工业发展到今天,由人为因素造成的生态圈死亡的威胁则如达摩克利斯之剑时刻挂在人类的头上。春天为什么变得那么沉寂,了无生气?那是因为滴滴涕(DDT)的过度使用导致昆虫灭绝。更为可怕的是"核冬天"的降临。仅仅美俄两个核大国拥有的核弹头就足以毁灭整个地球若干次。由于政治经济军事的冲突,由于情报系统的错误,甚至仅仅由于计算机失灵、操作人员的失误,就足以把整个地球毁灭,人类时时刻刻都生活在生态圈被毁灭的恐怖之中。自然自身的因素毁灭生态圈,往往需要极长的时间。在这期间,动植物可能已经形成了新的适应,就如同恐龙那笨重的庞然大物变成轻灵的飞鸟翱翔在天空一样,而人类毁灭生态圈,则是几分钟的事。把切尔诺贝利事件放大,就是生态圈毁灭的样子。除了存在和灭亡之外,自我持存、能量交换、新陈代谢、DNA 复制、内在目的性适应等,都是生命家族的特征。我们不规定哪些更为本质,只从实践的角度看在一定场合下哪些对我们更有意义。

"生命"是一个动态的、开放的家族类似概念。由此出发就会发现,自然中许多事物都具有生命的某些或不少特征,它们无疑都是一定限度的生命形式。这使我们对于生命的认识扩大化,把许多事物都纳入生命的范畴进行考察,重新确立与它们的关系。需要说明的是,我们这么定义生命,和传统万物有灵论和物活论是有所区别的。我们并不认为万物都有神灵,也不认为所有物质都具有意识能力。我们的论证更多地基于科学发展的成果和哲学的论争,而不是臆测或宗教的玄想。

(四)中国哲学生命观的启示

中国哲学对于自然、万物、生命、死亡有十分卓越的认识。重新审视和借鉴这些智慧,不仅能够帮助我们深入理解生命概念,而且能帮助我们进一步加深对水、河流和河流文化的认识。

中国哲学中关于万物与生命主题的关键词是气、通、和、生四个核心概念。气是中国哲学关于宇宙万物的最基本的构成元素或质料的概念。上古时期中国古人的思维方式是仰观俯察，即通过观察对事物达到察类、明故、析理的思想。气便是对于自然现象进行归类得出的概念。气是构成人、物的共同材料。

在《说文解字》中，"气"写作[1]，其自然意象是水汽、云气、呼吸、风等自然现象。较早提出"气"的概念的是西周末年的伯阳父。他提出"天地之气，不失其序"[2]；老子说"载营魄抱一，能无离乎？抟气致柔，能婴儿乎？"[3]所说的气便是材料。老子说："道生一，一生二，二生三，三生万物。万物负阴而抱阳，冲气以为和。"[4]这里的气适用于万物，可谓哲学概念。老子这里也点明了气分为阴阳两种性质。前引伯阳父在解释西周地震的原因时曾经提出，"阳伏而不能出，阴迫而不能烝，于是有地震"[5]。这表明阴阳之气必须能够交通，"通"是气的根本性质和要求，通而达到"和"是天地万物的最佳状态。阴阳不能交感互通，必然导致混乱以致灾难。《周易》经传中可见此类思想。《周易·说卦传·第三章》解释八卦之间的相互关系时提出，"天地定位，山泽通气，雷风相薄，水火不相射"；《说卦传·第六章》又说："故水火相逮，雷风不相悖，山泽通气，然后能变化，既成万物也。"《周易》把阴阳相通也称为"相感"。《咸卦·彖传》说："咸，感也。柔上而刚下，二气感应以相与，止而说，男下女，是以亨利贞，取女吉也。天地感而万物化生，圣人感人心而天下和平；观其所感，而天地万物之情可见矣！"道学奠基人之一北宋周敦颐把自己的一部著作命名为《通书》；程颢以"感"释仁，指出不仁就是没有感应，麻痹；近代维新变法思想家谭嗣同著《仁

---

[1] [汉]许慎：《说文解字·气部》，见[清]段玉裁：《说文解字注》，上海古籍出版社，1981年版，第20页。

[2] [清]徐元诰：《国语集解》，王树民、沈长云点校，中华书局，2002年版，第26页。

[3] 《老子·第10章》。

[4] 《老子·第42章》。

[5] 《国语集解》，第26页。

学》,把"通"作为仁的根本含义,提出"仁以通为第一义"。这些都显示了通的思想的重要性。

如前所述,阴阳交感或相通还必须达到"和","和"是阴阳交通的理想和最佳状态。老子说"冲气以为和"。在他那里,"和"乃是阴阳二气的中和状态。"和"的思想是老子哲学、也是后来中国哲学的一个重要概念。老子说婴儿富于生命力,"终日号而不嗄,和之至也"❶;又说"知和曰明",这就把和上升为智慧了。荀子说:"天地合而万物生,阴阳接而变化起";又说:"列星随旋,日月递照,四时代御,阴阳大化,风雨博施,万物各得其和以生,各得其养以成,不见其事,而见其功,夫是之谓神。"❷庄子在不少地方也谈到阴阳交通问题。他说:"至阴肃肃,至阳赫赫。肃肃出乎天,赫赫发乎地。两者交通成和而物生焉。"❸庄子强调"阴阳调和"。他说:"调理四时,太和万物。四时迭起,万物循生。一盛一衰,文武伦经。一清一浊,阴阳调和,流光其声。"❹庄子指出,阴阳不和会给人、物带来伤害:"阴阳不和,寒暑不时,以伤庶物"❺;"阴阳并毗,四时不至,寒暑之和不成,其反伤人之形乎!"❻有鉴于此,庄子提出了与天和、与人和的观点:"夫明白于天地之德者,此之谓大本大宗,与天和者也。所以均调天下,与人和者也。与人和者,谓之人乐;与天和者,谓之天乐。"❼北宋哲学家张载在提出气的各种运动形式如往来、屈伸、动静、交感、聚散、攻取的同时,特别指出,"天地之气,虽聚散攻取百途,然其为理也,顺而不妄"❽。"理"为"和"提供了一个本体基础。

既然天地万物都是在阴阳之和的状态下产生的,那么人和物有什

---

❶ 《老子·第55章》。
❷ 《荀子·天论》。
❸ 《庄子·田子方》。
❹ 《庄子·天运》。
❺ 《庄子·渔父》。
❻ 《庄子·在宥》。
❼ 《庄子·外篇·天道》。
❽ 张载:《正蒙·太和》,见《张载集》,章锡琛点校,中华书局,1978年版,第7页。

么区别呢？《春秋左传·成公十三年》上说：“民受天地之中以生，所谓命也。”❶这在“和”之外，又提出了“中”的范畴，后世特别以“中和之气”标志人与物的区别。《孝经》说“天地之性人为贵”。荀子说：“水火有气而无生，草木有生而无知，禽兽有知而无义。人有气、有生、有知，亦且有义，故最为天下贵也。”❷荀子所说，在后世看来，乃是后天的差异。在人物的差异上，宋明时期哲学家强调先天差异。周敦颐指出：“无极之真，二五之精，妙合而凝。乾道成男，坤道成女，二气交感，化生万物。万物生生，而变化无穷焉。惟人也，得其秀而最灵。”❸朱熹强调，人禀得的是正气，物则禀偏了。

在生死问题上，中国哲学强调气聚而生，气散为死。关于生为气之流行，《易传》提出，“天地之大德曰生”❹；又说“生生之谓易”❺，把阴阳之气的运行作为生的本体基础；把给予万物以生命，作为天地的德性。关于死，《易传》也从气的运行来进行说明，指出“原始反终，故知死生之说。精气为物，游魂为变，是故知鬼神之情状”❻。对气的聚散与生死的关系讲得最透彻的是庄子。他说：“生也死之徒，死也生之始，孰知其纪！人之生，气之聚也；聚则为生，散则为死。若死生为徒，吾又何患！故万物一也。是其所美者为神奇，其所恶者为臭腐。臭腐复化为神奇，神奇复化为臭腐。故曰：‘通天下一气耳。’圣人故贵一。”❼又据记载：

> 庄子妻死，惠子吊之，庄子则方箕踞鼓盆而歌。惠子曰：“与人居，长子、老、身死，不哭亦足矣，又鼓盆而歌，不亦甚乎！”庄子曰：“不然。是其始死也，我独何能无概！然察其始

---

❶ 《十三经注疏》下，总第1911页。《春秋左传注》

❷ 《荀子·王制》。

❸ ［宋］周敦颐：《太极图说》，［明］黄宗羲《宋元学案》，第2册，陈金生、梁运华点校，中华书局，1986年版，第498页。

❹ 《易传·系辞·第1章》。

❺ 《易传·系辞·第5章》。

❻ 《易传·系辞·第4章》。

❼ 《庄子·知北游》。

而本无生；非徒无生也，而本无形；非徒无形也，而本无气。杂乎芒芴之间，变而有气，气变而有形，形变而有生。今又变而之死。是相与为春秋冬夏四时行也。人且偃然寝于巨室，而我嗷嗷然随而哭之，自以为不通乎命，故止也。”❶

一气贯通、生聚死散、生死相通是庄子生死哲学的本体基础。庄子主张对于死采取了达观的态度，可以鼓盆而歌。人死之后，气复为他物，人、物平等是庄子关于气的循环的思想中十分深刻的一面。

子来有病，喘喘然将死。其妻子环而泣之。子犁往问之，曰：“叱！避！无怛化！”倚其户与之语曰：“伟哉造化！又将奚以汝为？将奚以汝适？以汝为鼠肝乎？以汝为虫臂乎？”子来曰：“父母于子，东西南北，唯命之从。阴阳于人，不翅于父母。彼近吾死而我不听，我则悍矣，彼何罪焉？夫大块载我以形，劳我以生，佚我以老，息我以死。故善吾生者，乃所以善吾死也。今大冶铸金，金踊跃曰：‘我且必为镆铘！’大冶必以为不祥之金。今一犯人之形而曰：‘人耳！人耳！’夫造化者必以为不祥之人。今一以天地为大炉，以造化为大冶，恶乎往而不可哉！”成然寐，蘧然觉。❷

阴阳交感而达到和谐，乃是万物的理想状态；一气贯通而达到人物一体，无贵贱之分；乃是超越的价值观；生聚死散后气复为他物，小循环终止而进入大循环，藏舟于泽，乃是超越的生命观、生态观。总之，通气、交感、和谐、聚散、循环，这是中国哲学的生命观。关于物质的构成成分，现代科学已经认识到元素、元素的构成：分子、原子、粒子、夸克，这些都是中国传统所不及的。但是，以气的贯通和循环为基础的中国哲学的生命观，其基本原理并不过时，至今仍然能够对我们的家族类似的生命观提供启发。一体观奠定了人与宇宙万物为一体的哲学基础，交感、通气观说明了整体内部各组成部分之间的联系，和谐则确立了整体的生命的最高境界。

---

❶ 《庄子·至乐》。

❷ 《庄子·大宗师》。

七、新生命观的意义

我们提出生命的广泛性、层级性和家族类似性的新生命观，是因为传统的生物本质主义的生命观有极大的片面性，近代以后给环境和生态带来了毁灭性的破坏，迫使我们进行反思。新生命观的意义在于给予大地、山岳、河流等一定的生命意义，维持它的生命，维护它的权利，把它作为伦理主体，促使人类改变与自然界的交往方式，把道德共同体的范围扩大到自然界的生物、无机非生物界，由此建立新型的人与自然的关系。对于我们的课题来说，最重要的还在于，只有在新生命观下，我们才能确立河流的文化生命的概念。传统生命观会倾向于把“河流的文化生命”看作一种比喻、拟人化的用法，不具有知识价值。死的可能性遍在于生的现实性之中，也突破生命和死亡的生物本质主义，使我们对于大地、山川、河流的死亡时常保持高度警觉。

第二节 河流的自然生命

一、地球上的水及其作用

水是生命存在的必要条件，没有水，就没有生命。任何一个生命体，都包含了大量的水分。动物体内的水分大约是70%。太阳系中只有地球拥有生命，一个很重要的原因就是因为地球存在大量的水域，为生命存在提供了必要的条件。

水的物理化学性质十分特殊。水的分子式是H_2O，它的分子式结构很特殊，两个氢原子和一个氧原子不在同一条线上，形成三角排列。气态水分子相互独立，固态水分子则紧密结合在一起形成有序的点阵结构，流体的水分子仍然保持冰晶水分子的结构。水是液体比重比固体比重大的少数物质之一。“水也是地球上最普遍的溶剂。它溶解矿物盐，保证植物和微生物获得营养物质”[1]。据日本人研究，水甚至还

[1] 《简明大不列颠百科全书》，第7卷，第397页。

具有感觉和判断的性能。把水装进瓶中，把写有中文、日文、英文、德文的“谢谢”的字条给它看，它都能形成非常漂亮的晶体。相反，把“混蛋”的字条给它看，它根本就无法形成晶体❶。

地球上和地球表面附近的总水量，据科学估计约是15亿立方公里❷。其中97%是海水，计13.5亿立方公里。淡水为3700万立方公里，其中76%是极地冰雪和冰川，13%为800～4000米以下的地下水，10%为浅于800米的地下水，0.33%为湖水，0.18%为土壤水，大气中的水分为0.036%，河水仅占0.004%。

水在自然界并不是静止的，而是不断地运动着的。除了降雨、河水的流动等可见的水分运动之外，对于生物、生态圈来说，最具有意义的是自然界的水循环。降雨、河水流动都只是水循环的一部分。

自然界的水循环包括“降水、蒸发、截流、蒸腾、入渗、滞留、坡面流、壤中流以及径流等复杂过程”❸。水从海洋和陆地上被蒸发变成大气，是蒸发过程。蒸发的水汽被气流抬升和带走，变成降雨又降落到海洋和陆地上，是降水过程。降水被植物吸收或蒸腾，是截流和蒸腾过程。水沿着地面流动是壤中流过程，在土层内顺坡向流动是坡面流过程，进入河流是径流过程，渗入地下是入渗过程。水停留在地表凹陷地方为滞留过程，滞留的水或者被蒸发，或者变成径流。被截流和蒸腾的水分以及地表径流大部分会通过蒸发返回到大气中。入渗的水渗流到地壳较深的地方为渗流过程，积为地下水。“地下水又成为泉水或渗入河流中，河水最后流入海洋并再次蒸发成水汽进入大气中，这样就完成了水分循环。”❹“水在循环中从一种状态转变为另一种状态。这些路径贯穿着环绕地球的整个水圈，它向上伸展到大气层15公里处，向下平均达到地壳1公里深处。水分循环由许多过程组成往复进行无始无终。”❺

---

❶ 见《水知道答案》有关部分，[日]江本胜著，[日]猿渡静子译，南海出版公司，2004年版。

❷ 《简明大不列颠百科全书》，第7卷，第389页。

❸❹❺ 《简明大不列颠百科全书》，第7卷，第380页。

水循环中有两个要素十分重要。第一是蒸发。没有蒸发,也就没有水循环。这是显而易见的。中国哲学的“通气”理论包括了水汽的蒸发;“通气”即气(包括水汽)的循环。第二个重要因素是径流,即河流的水量。“径流在水分循环中起着非常重要的作用。径流循环可以看成是水分循环的一部分,它相当于陆地上降水和以后降水通过河道排泄或蒸发损失之间的那个阶段。”❶“自然界最强烈的水交换为大气水和河川径流,河水的更新期为 12 ~ 20 天。河川径流中每年也包括了 12500 立方公里的地下水交换。”❷蒸发和径流虽然在总水量中的比例不大,但因为其周期短,大致是七天一个周期,全年有 52 个周期。这样算下来,一年中的水循环量并不少。全年降水量是任何给定时间的水汽的 39 倍,陆地上空气中水分的 27 倍。关键是,人类生存所需要要的水,完全是靠水循环带来的。我们常说,没有水就没有生命。其实,即使有水,如果水都处于静止状态不形成循环,同样也是没有生命的。

二、河流及其生态作用

什么是河流?河流通常指被堤岸限制在通道里的流水,或者说是沿地表槽状洼地集中的经常性或周期性流动的水。“现在则把多通道的、间歇性的和暂时有流水的通道以及实际上没有堤岸的通道都称之为河流。”❸这个定义并不完善。应该把河流放在河流水系的背景下理解。水、流动性、河道(河床和河槽)是构成河流的三大要素;此外,河流还应包括组成其水系的河源、干流、支流、湖泊、湿地、尾闾等。河流至少由两个支流汇合而成,形成主流,汇入大海。河流的支流和主流共同构成一个水系。比如,青海、内蒙古、宁夏、陕西、山西、河北(大部)的河流则属于黄河水系。泾河、渭河、东平湖等构成黄河水系。黄河下游由于高出地面很多,所以,河南中部的颍河、沙河等,都属于淮河水系。河南西南部南阳各县属汉江、长江水系。河流从水流的时间性来

---

❶ 《简明大不列颠百科全书》,第 7 卷,第 380 页。
❷ 《简明大不列颠百科全书》,第 7 卷,第 397 页。
❸ 《简明大不列颠百科全书》,第 3 卷,第 714 页。

看,可以分为季节河和常年河。季节河只在雨季有水,常年河则四季常流。根据河流是不是汇入大海则又分为内陆河和外流河。

河流在自然界中的作用是多方面的。首先,河流有改造地貌的作用。流动的河水对于河床有下切作用,对于两侧河槽有侧蚀作用。河流的下切和侧蚀对于河道的形成具有重要意义。黄河在晋陕大峡谷的河道就是下切作用形成的。河水对两岸河槽的侧蚀则构成了防洪的挑战。其次,河流具有物质搬运功能。悬浮在河水中的不溶物质被河水运送到大海中。河流运送物质到大海的能力是海水冲刷海岸能力的100倍以上。黄河每年输送到渤海的泥沙平均达16亿吨,恒河—布拉马普特拉河输送的泥沙则达到29亿吨。河流在输送泥沙的过程中,由于水量变小水流变缓,会在河道中形成沙洲、沙坝、河流阶地、河漫滩、冲积扇,在入海口形成三角洲等地貌景观。对黄河而言,泥沙的淤积是造成河床每年抬高、形成“地上河”的根本原因。河流阶地是河两侧沿河延伸的台地。台地的形成有多种原因,一是经河水下切形成河道后遗留下来的原有河谷或被河水切割剩下的老河滩;一是河水在河两侧长期积累冲积物堆积形成。

河流也具有重要的生态作用。可以从三方面理解这一作用。首先,河流是自然界水循环的重要环节,水循环则是生态圈的重要组成部分。其次,河流自身也构成一个生态系统。河水、湖泊、湿地中生存着各种植物、动物,有不少是珍稀物种,如中国长江的白鳍豚、娃娃鱼等,共同构成一个河流生态系统。除了生态作用外,河流还具有防洪、抗旱、交通、发电、灌溉、水产、排泄等各项功能,这些不属于本书的内容,不赘述。

三、河流的自然生命

河流是不是有物理生命或自然生命?从生命的家族类似性特征来看,河流能够存在,也会消失,答案当然是肯定的。河流的消失就是河流的死亡。历史上死亡的河流很多,如中国西北部的孔雀河等。历史上不少文明是建立在荒漠地区的,河流湖泊对于这个文明具有决定生死的意义。河流死亡后,文明也消亡了,令人痛惜。河流是一个自我完善的整体，它有自我净化、自我修复、自我调节、自我平衡等诸多特征，河流也具有自我保存的内在目的性特点。这些生命概念的家族类似性特点都促使我们承认河流是有生命的。

关于河流的自我净化能力，北魏郦道元《水经注》谈到江淮河济四渎时说：“渎，通也，所以通中国垢浊。”❶《论语》中子贡在谈到对于殷纣王的评价时说：“纣之不善，不如是之甚也。是以君子恶居下流，天下之恶皆归焉。”❷与孔门的态度相反，老子主张无为、守柔处下，所以主张居于下流。

河流有一个由支流、湖泊、沼泽、湿地、滩涂、沙洲、尾闾等组成的自我调节系统。丰水年份时，河流会把水分布到沿途的湖泊、湿地；歉年水小时，水则主要在干流流动，河流会减少向湖泊、湿地的输水量，以维持自身的存在。水过大时，河流通过漫滩、洪水的方式进行自我调节。河流的自我复制能力可以以黄河为例得到说明。历史上，黄河下游段曾经在淮河、海河之间的整个华北平原摆动。当黄河把一个地区淤积成为平原，使这个地区不再适合行水或行洪时，河水便会自动寻找低洼地区作为奔向尾闾的通道，这样就复制出一条新的河段。当这个河段又因淤积而不能行水时，河水会寻找新的河道。据科学家推算，大约7400年以前，海水西侵，中国东部的海岸线在今北京—石家庄—邯郸—安阳西—开封东一带，泰山原来是海中的一个岛屿。4200年前，海岸线退到通州、保定、德州、济南一带（见华北平均的成长图）❸。经过黄河几千年的输沙造地，形成了今天的华北平原。黄河作为母亲河，她的含义远远超出了我们的理解和想象。对于黄河的输沙造地能力，我们决不能低估。蒲津渡曾经是唐代五大著名渡口之一，在今山西省河津县境内。“城阙辅三秦，风烟望五津。与君离别意，同是宦游人。海内存知己，天涯若比邻。无为在歧路，儿女共沾巾。”唐代著名诗人

❶ 郦道元：《水经注·河水第1卷》，《水经注疏》，杨守敬、熊会贞注疏，江苏古籍出版社，1989年版，第7～8页。

❷ 《论语·子张》。

❸ 《华北平原的成长》，《中国自然地理地图集》，地图出版社，1984年版，第111页。

王勃的《送杜少府之任蜀州》,使蒲津渡名贯古今。20 世纪 90 年代,山西省文物工作者在距地面 40 米处,发掘出了唐代蒲津渡遗址。也就是说,在 1300 多年前的唐代,今天的黄河在地下 40 米处奔涌。不到 1300 年的时间内,黄河造出了 40 米高的陆地。根据这种情况推断,黄河塑造出华北平原并不是不可能的。

华北平原的成长

作为生态圈的一个重要环节,河流发挥着维持地球水平衡的重要作用。前文对水循环的论述表明了这一点。河流的水平衡作用不仅维持着地球的生态平衡，也使它自身同时成为生态环境整体的一个完善的部分，在维持整体的同时达到自我持存的目的。河流的这种倾向于维持自身存在的特点是它的内在目的。

什么是河流的死亡？河水枯竭，河道干涸，是河流自然生命死亡的最典型的表现。如果干涸的河道被填埋掉，那么，河流的历史存在都无法得到肯定了。改变了自然，其实也就是改变了人类的历史。不过，需要指出的是，水枯竭仅仅是河流死亡的极端状态，此外，河流还有许多死亡的状态。如，河流水量减少成为季节河、内陆河，就可以视为河流死亡的一种形式。又如，河水严重污染，浓黑的河水，泛着白沫，散发着刺鼻的异味，水游生物灭绝，沿岸树木大量枯萎死亡，沿途大量居民因为水源受污染而发生各种癌症以及匪夷所思的疾病，不治身亡，这样的河流，水虽然还流着，其实已经死亡。这样的河流，是绝不能成为人们精神生活的根据，不能激发人们的审美情感并成为人类灵感的源泉的。

确立河流的自然生命的意义，在于使我们从近代以来主客二分的思维模式中跳出来，对于河流采取一体化的态度，从维持河流自身的生命出发对待河流。这是人类发展到今天应该对河流作出的“本体论承诺”。对于河流的本体承诺包括使河流保有一定的水量、维持一定的水质，使河流处于健康生命状态。黄河水利委员会提出的“维持河流的健康生命”，是一个具有重要意义的口号。在此，我们呼吁把人文学科、自然科学结合起来，建立跨学科的综合的“河流学”，以维持河流的健康生命。

四、河流的价值

河流有没有价值？视我们对价值如何定义而定。价值起初是一个经济学概念。英国古典经济学家大卫·李嘉图认为，只有劳动才能创造价值。这种思想在欧洲文化中具有很大的影响。形成劳动、劳作、工作、创造，引而申之，教养、文化等才有价值的观念。黑格尔、马克思、新康德主义者文德尔班等人都承认这一观点。纯粹自然物没有价值，只有精神的创造才有价值。“价值”是新康德主义弗莱堡学派李凯尔特的一个方法论概念。他用“价值”区分自然科学和文化科学,认为“只有借助于价值的观点,才能从文化事件和自然的研究方面把文化事件和自然区别开来”❶;“历史的、个别化的方法标志为与价值联系的方法,反之,自然科学是一种对规律的或普遍概念的联系进行的研究,它不研究文化价值,也不研究它的对象和文化的价值关系”❷。由此推断,河流作为自然存在物,当然是没有价值的。然而,这种观点在今天显得十分褊狭。它的出发点是狭隘的人类中心主义,即只有人才是价值的根源。可是,如果我们看看地球演化史就会发现,地球至少存在45亿年以上,而人类的出现,至多不超过350万年。仅仅用人类的创造作为价值之源,尽管肯定了人在宇宙演化中的意义和地位,其目光短线和狭隘却也是显而易见的,包含着启蒙的傲慢。其次,劳动价值论的逻辑结论是只有对人有用的才是有价值的,而所谓对人有用,也不过是当下的经验实用,更是荒谬的。

我们认为,在价值问题上应该回到存在物本身。我们把价值定义为某物的存在对于它自身、它所处的环境以及对于人类的意义。我们把价值分为自然价值论和创造价值论两部分。自然价值论是物本身的价值,是其内在价值;它对于人的价值也是它的自然价值的引申,但不是最根本的部分,因为即使没有人,这些价值仍然是存在的。劳动价值是一种创造价值,包含有明确的为人的目的,劳动创造物所包含的价值当然也是可以肯定的。

由此出发,我们认为,河流的价值是多方面的,认识不到河流的这些价值,不仅在理论上对于河流的认识陷入片面,也会在实践上给自然、人类文明带来不良影响甚至灾难。这也是我们肯定河流的价值的意义所在。

河流具有存在价值。也就是说,河流的存在本身就是一种价值。这种价值由两部分构成,一是它维持自身存在的内在目的性价值;一是

---

❶ [德] H·李凯尔特:《文化科学和自然科学》,涂纪亮译,商务印书馆,1991年版,第76页。

❷ 《文化科学和自然科学》,第76~77页。

它作为自然界的一部分,作为整体生命的一部分,维持整体的存在,完成自然界水循环以及其他我们目前还有不知道的自然功能所具有的价值。河流的存在价值是它的客观价值,也是它的内在价值。在谈到内在价值的时候,不少哲学家往往认为,只有具有内在目的的生命的存在物才有价值,具体言之,即只有人才具有内在价值。这是把生命还原为人的生命的本质主义观点,是人类中心主义在作怪。其实,按照我们关于生命的家族类似观点来看,所有动物、植物,包括非生物都具有一定程度的内在目的性。除了人之外的其他动物具有生命的自我保持的内在目的性,根本是一个不需要论证的问题。植物也有自我保存和生长的内在目的性。在密林深处,树木都长得十分挺拔和高大,为的是获得更为充足的阳光。因为植物的营养很大部分来自自身的光合作用。树木的底部都不长树枝,是因为在这个地方,几乎吸收不到任何阳光。不少树木,如果它一边的其他林木过于茂密,很难吸收到阳光,它就会自然而然地把树枝几乎都长到另一边,这并不是因为它在遗传学上只能往一边长,而是适应后天的环境,为了获得更多的阳光。这表明它能够对后天环境作出合适的反应。植物也具有自我修复能力。如果把树木砍断一部分,树木不会把体液流完死亡,而是流出一部分后自我愈合伤口,重新生长。植物都是有感知的。感光自然不必说,甚至也具有喜、怒、哀、乐、疼痛以至于同情心。据科学家试验,植物对于小虾放到热水中被煮会作出反应。又如,让6个人进入放有两株植物的房间,其中一个人掐断一株植物后6个人都出去,把未被掐断的植物叶子和传感器连起来后6个人再依次进来。5个没有掐断植物的人进来时,植物都没有异常反应。当第六个人进来时,这株未被掐断的植物会作出强烈的反应。这表明,植物具有认识、判断、同情和厌恶的能力。

关于河流的内在价值,我们可以吸收罗尔斯顿三关于价值的说明。罗尔斯顿三认为,自然的价值包括经济价值、生命支撑价值、消遣价值、科学价值、审美价值、生命价值、多样性与统一性的价值、稳定性与自发性的价值、矛盾斗争价值、宗教象征价值等等。这些我们认为也都可以运用到河流上[1]。

如前所述,河流具有自我净化、自我修复、自我复制等特征,这些特征共同构成了河流的自我持存的内在目的性。这种内在目的性在维持自身的存在的同时,也维持了大气水环境的平衡,二者形成一个相互适应和相互促进的动态平衡。

河流具有生态价值。河流本身就是生态圈的一个重要组成部分,完成着自己处于生态圈中所担负的生态任务。河流又为生长于水环境中的生物提供了家园,自身形成一个生态体系,这正是河流的生态价值所在。水生物作为生物的一部分,对于人的意义是不言而喻的。

从人类产生以后,河流在与人的关系中,还有满足人类某种需要的价值,如饮用、灌溉、运输、动力等方面,这是河流对于人类的工具性价值。不过,河流的存在要远远早于人类,河流显然不是为了给人类利用而存在的,即使在河流没有进入人类的视野,没有与人发生联系,不具备工具价值,甚至在没有人类之前的纯自然状态下,河流的存在本身就是有价值的。

河流的工具价值表现在多个方面。从人类历史上看,四大文明都发源于河流文明孕育于河流,这是河流对于人类的绝大意义的价值。考古发掘表明,蓝田猿人、北京人、周口店人等原始人群,最初都生活在河流的附近,靠近河流给他们提供了用水、捕鱼、交通的便利。中国古代文明的类型可以称为"台地文明",与埃及尼罗河文明形态不尽相同。尼罗河定期泛滥,给两岸土地带来了丰富的养分,带来了农业的丰收。古代埃及文明就建立在这种自然的恩赐之上。位于西安郊区的半坡文化遗址就处在渭河台地上。"半坡村遗址靠着白鹿原,濒着浐河的东岸。在原与河之间是一片肥沃的台地。古代的遗址就是建立在这个台地的中间。遗址的位置距离浐河东岸约八百公尺,所在的台地高出河床约九公尺。像这样的遗址正符合当时一般村落的情况。既在河

---

[1] [美]霍尔姆斯·罗尔斯顿三:《哲学走向荒野》第5章,刘耳、叶平译,吉林人民出版社,2000年版。

流旁边，又可不受河水暴涨的淹没。”❶马家窑文化位于洮河西岸；大汶口文化位于山东泰安市大汶口村南，大汶口河贯穿而过。1964年在郑州发现大河村遗址，包括龙山文化和仰韶文化，位于黄河岸边；龙山文化遗址在山东龙山镇城子崖，靠近武原河。这些都具有台地文明的特点。

河流为人类提供了灌溉之便。人类很早就学会了利用水和灌溉。1973年、1977年，在余姚县罗江乡河姆渡东北发现了河姆渡文化遗址，有制陶业、制作精美的骨器、榫卯结构的木构件、大堆的稻谷。河姆渡人已经开始用水种植水稻。战国时期，韩国为了防止秦国入侵，派水利专家郑国到秦国游说，为秦国修郑国渠。秦国发现了韩国的阴谋，要杀郑国。郑国说，渠如果修成，诚为秦国之利。秦国完成这项工程后，得到灌溉之便，增加良田数百万公顷，为秦国最终统一六国奠定了物质基础。《史记》还记载了许多水利工程，如西门豹治邺引漳河水，2200多年前李冰父子主持修建的都江堰等。都江堰在世界水利工程史上尤其值得大书特书，它的特点是无坝引水、自流灌溉。都江堰由“鱼嘴”、“飞沙堰”、“宝瓶口”等组成。首先是顺应岷江的水势，由“鱼嘴”将岷江分成内外江，四六分水。平时内江分60%的水灌溉，遇到超过5000立方米每秒的洪水时，则外江分60%的水排洪。其次是在堤内筑“飞沙堰”，内江洪水达到百年一遇时，则向外江分洪75%以上，确保成都平原安全。飞沙堰还具有阻挡泥沙进入灌区的作用。一旦水势过猛，“飞沙堰”还会自动溃决，确保泄洪。“宝瓶口”是凿玉垒山而成的引水口，长80米，宽20米，高40米。据测，无论岷江发生多大的洪水，宝瓶口所引水量不超过700立方米每秒。“蜀守冰，凿离堆，辟沫水之害，穿二江成都之中。此渠皆可行舟，有余则用溉浸，百姓飨其利”❷。都江堰修建成后，川西平原从此成为不知饥馑的“天府之国”。

都江堰实现了防洪、灌溉、城市用水多项功能，是一个多元水利工程。但和现代水利工程根本不同的是，它没有破坏自然本身，没有给自

❶ 史念海：《河山集》，生活、读书、新知三联书店，1963年版，第22页。

❷ ［汉］司马迁：《史记·河渠书》：《史记》，第4册，中华书局，1959年版，第1407页。

然带来损害，而是巧妙地利用了自然。都江堰正因为是与自然和谐一体的水利工程，所以经受住了历史的考验，“民到今而受其赐”。现代许多水利工程由于是从主客对立的征服自然的思维出发的，没有考虑自然本身的要求，所以在发挥一定的益处的同时，也带来不少弊端，如大坝对于航运的阻碍；甚至还带来了不少危害，如造成生态危机。不少工程，在修建的同时就注定了它不能经得起时间的考验，而会被拆除。现在世界上已经有不少国家出于恢复环境的考虑，开始拆除大坝。这表明了大坝思维的局限性。

河流为人类提供了交通通道。水系对人类文化的影响在于，它作为天然的交通通道，把人顺流而下或逆流而上地送往主流河道所在的城市或上游目的地，这样，一个水系往往构成一个文化圈。比如，春秋时期，南阳出身的范蠡从白河顺流而下进入长江，最后来到越国，帮助越王勾践卧薪尝胆，恢复国土并成为春秋一霸。近代以来广东、湖南等地出了不少革命家。广东地处南部边疆，珠江汇入南海、太平洋，孙中山等人出海留洋学习了西方先进文明，回国革命。毛泽东等人则是沿江北上，来到长江，来到黄河，来到北京。在现代文明中，由于河道交通让位于公路、铁路、航空等，尤其是由于水系文化时代口耳相传的信息传播方式让位于报纸、杂志、广播、电视、互联网等多样化手段，水系在构成文化方面的作用已经比以前大大减小，但仍发挥着一定的作用。

在现代社会，开发水力发电也是河流的一项价值。不过，如前所述，由于大坝对于生态的破坏日渐严重，拦河发电的做法已经受到质疑。

河流具有审美的、文化的、精神的价值。从人类生存的需要层次上看，没有任何功利性的审美的产生，是人类精神自由的最高表现。衡量一个文明的水平的高低，除了其物质成果方面外，更重要的是其精神方面的成果。没有精神生活的民族，无论其物质成就有多么高，都不符合人类文明的理想状态。没有一定的精神文明，也很难建立起高度的物质文明。河流很早就成为人类审美的对象，不少的神话传说、诗歌、雕刻、绘画都是围绕河流展开的，这正是其审美价值的表现。

河流的存在价值是河流的客观的、自为的价值领域，也可以说是河流的内在价值。它仅仅是人类认识的对象,不受与人类的关系的影响。它的工具性价值和审美价值则是在人类与河流的交往过程中产生的,是一种关系价值。没有人的存在或者没有一定条件的河流的存在,都不会存在。显然,河流的内在价值是河流的一切其他价值的本体基础。

河流的价值在当今具有递增的趋势。对自然的依赖性的减弱和突破,成为工业革命以后人类历史的基本趋势。工业革命以后,时间、空间、气候、能源、动力等对于人类生产生活活动的约束逐渐得以突破。如工业产品没有季节性,这就是对于时间的超越和突破。从美洲到亚洲,不借助于任何工具,几乎不能跨越太平洋的限制;用小帆船也许需要几个月,用轮船需要数星期即可,乘喷气式客机则只需要十几小时。空间的限制越来越不重要。由于时间观念的增强,河流作为客运通道的作用已经不像历史上那么重要了。但是,其货运价值则由于生产的增加而显得更加重要。手机、电子互联网络的发明,使信息的传播免去了空间移动,可以说信息的传播已经完全突破了时空的限制。从技术条件上看,人类在信息传播方面已达到了近100%的自由。突破各种条件限制,达到最大限度的自由是工业化生产和思维模式的根本所在,这一模式已经成为人类基本的行为模式。农业,这个受自然条件限制最严重的领域,也在逐步实现工业化,走向自由。一些农产品如水果、蔬菜的生产已经突破了时间(季节)的限制;由于运输的快速化,农产品的地域限制也得到了突破;还有,通过遗传基因的改造,从来只有甲地能够生长的农作物也可以在乙地生产等,这也是对空间、时间的突破。

应该说,自然对人类的限制越来越少了,人类总体上越来越自由了,人类对自然的依赖也越来越弱了。但是,这只是问题的一方面,我们还必须注意到,在另一些方面,我们对于自然的依赖更强了,我们的自由丧失得更多了。比如随着人口爆炸、城市的扩张、工业化的发展,生活用水和工业用水量的急剧增加,地表水(主要是河流水源)逐渐成为我们生存的基本底线。没有维持一定水量和水质的河流,我们连基本的生存都维持不了,遑论发展了。这是一个非常严峻的现实。据黄河水利委员会统计,黄河为包括西宁、兰州、银川、西安、太原、郑州、济南7个省会城市在内的50多座大中型城市、420个县，以及包钢、长城铝业、中原油田、胜利油田等大型企业供水。黄河从下游开始断流，整个下游面临生存危机；从中游开始断流，整个中下游面临生存危机；从上游断流呢？完全、彻底的断流、死亡，客观地说，目前还不是很现实的事情，但是，污染却是一个迫在眉睫的严重问题。从上游就开始污染，是黄河的现状。长江也面临着同样问题，长江下游的上海等大中城市面临市区水源的污染，南方许多世世代代与河为伴的城市，都因为污染出现了结构性缺水。一条严重污染的河流，对于人类来说，也是没有任何使用价值的死亡的河流。由此言之，我们对于河流的依赖，比历史上任何时期都要严重；河流对于我们的价值，比历史上任何时候都要重要；河流的价值，不是减弱了，而是增强了。这也意味着，人突破自然的限制，具有一定的限度；人不可能完全脱离自然，进入彻底的自由王国。这是人作为自然的一部分，人与自然的统一性的表现，具有坚强的本体论基础。人是不能挣脱自然而独自飞翔的。人获得的自由越多，对于自然的依赖性越强。或者，反过来说，恰恰是近代以来人所获得的自由，反衬出或逼迫人们认识到人对于自然的依赖；也可以把自然对人的约束视为人类的宿命。这也迫使我们认识到，现代化、现代文明的基础，以至于我们生存的基础，原来如此脆弱！这使我们更加体会到建立河流的伦理体系的重要性。

第三节　河流的文化生命论

一、文化的定义与说明

为了准确地定义“河流的文化生命”，须对“文化”概念进行分析。“文化”概念十分复杂，对它的认识和定义也各不相同。据统计，关于它的定义目前已达200多个。“文化”一词英文写作“culture”，德文写作“kultur”，是培育、培养的意思。可见，文化是一个与自然相对立的概念，指人工的世界，而自然则是一个没有经过人工的世界。从这个意义上说，文化是人为的结果，自然则是天然的状态。文化既然是人的创造,它天然就包含有主体性概念。没有主体性也就没有文化。同时,它也包含主客体的分离。在原始时代,人类已经开始把自己从客体中分离出来,确立了自己的主体性,这是一个巨大的进步。不过,主客体的分离有程度的高低和层次的差异,原始时代的分离还谈不上与自然的对立以及对自然的征服。对立和征服是近代以后的特点。用“文化”翻译“culture”,可谓恰到好处。“文”在《论语》中是与“质”相对立的经过修饰的状态。孔子说,“文王既没,文不在兹乎”。这里的“文”正是西周以来的文物制度、文明成果。“化”是一个动词,改造的意思。“文化”合起来就是用文明的成果改造人或其他。荀子的“化性起伪”即用礼乐文明来改造人和社会。《周易》中有人文化成的思想。正是由于如此,所以,梁漱溟把“文化”定义为生活的样法。所谓样法,不仅是一个客观存在的模式,更重要的是它的规范和指导意义。在梁漱溟那里,样法的基本内涵是儒家的礼乐教化。其他所有把文化作为教养的哲学家,如加达默尔关于教化的论述,把个人的特殊性提高到文化的普遍性的说法,都与此同属一类。

自然和文化的对立仍然是当今世界哲学的一个重要思维方式。比如,西方世界一般不会直接把天然的东西搬进博物馆或者陈放在其他地方作为艺术品来欣赏,中国则往往把天然的太湖石、寿山石之类作为艺术品。在西方看来,未经过加工的东西没有经过“文”之“化”,没有“文化”含量,不能称为艺术品。德国哲学家李凯尔特著有《文化科学与自然科学》一书,仅从题目上看,就可以看出该书是把自然和文化作为两个不同的世界对待的。在这一框架下,科学、技术、政治、经济都是文化。在德国哲学家科斯科洛夫斯基那里,经济就被罗列在文化的范畴之内。这样来看,文化也就是人类创造的一切文明成果的总和。由于把文化定义为与自然对立的人的世界,而人的世界——其实也就是人类社会——又可以分为物质、技术—制度—思想三个层面。所以,也有人从结构上把文化上述三个层面。近代以来中国在与西方文化接触的过程中,在社会实践层面就经历了从器物(洋务运动)到政治体制变革(戊戌变法和辛亥革命)再到思想(五四运动)的三个历程。尽管现在已经有不少人批评这一思维框架过于简单,但中国近代史的确存在这样三个阶段也是事实。

把文化定义为人类一切创造活动的总和,表现在语言文字、文学艺术、哲学、伦理道德、神学、法学、经济学、各门自然科学知识体系、逻辑学、数学等学科中,属于广义的文化定义。这样的定义对于我们研究河流的文化生命,显得过于宽泛,无从下手,需要对其外延进一步缩小。另一方面,在当代人类学科布局中,物质层面的事物由科学技术进行研究,制度层面由政治学、经济学、社会学、法律学等学科进行研究,思想层面的事物分别属于哲学、宗教等学科,广义的"文化"学科被瓜分以后,又会发现自己处于一无所有的窘境。我们认为打破过于宽泛和一无所有的矛盾困局在于把文化提升到精神的高度。文化作为文明成果的总和,不是分门别类地研究各个学科然后把它们拼盘式地放在一起成为学科大全,而是发现各个领域所体现的精神。精神是不同领域的同一性。像数学、逻辑学、自然科学等普遍性学科,通常是不受不同文化的限制的,这样的学科也能反映文化精神吗?其实,所谓普遍性学科,只是近代化的产物。科学的普遍性也是从近代西方生发和扩展出来,又在东方等国家扎下根的,从而从欧洲的地方性转化为全人类的普遍性的。传统东方如中国的逻辑学、数学、化学等,都有不同于西方的特点,这些特点恰恰是文化的反映。如数学方面中国更加重视数的运算,而不太重视属于几何的形的研究。在自然观方面,中国是"极端有机的与非机械的性质"❶,"怀疑论的有力传统"、"对于自然律的法学类比"❷,没有陷入欧洲长期的有神论与机械唯物论的争论等❸。中国哲学的这些特点恰恰反映了中国文化的精神。中国的科学在西方看来无疑是地方性知识,但是,其中也包含了普遍性。发掘作为地方性知识的中国文化的普遍性意义,正是本书的意图之一。

为了帮助理解本书采用的文化的定义。我们按照内涵逐渐丰富、外延逐渐缩小的原则,列出下表。

---

❶ [英]李约瑟:《中国古代科学思想史·作者小引》,陈立夫等译,江西人民出版社,1999年版,第1页。

❷❸ 《中国古代科学思想史》,第2页。

<table>
<tr><td>自然</td><td colspan="6"></td></tr>
<tr><td rowspan="7">文化</td><td rowspan="2">文化概念之一</td><td rowspan="2">自然之外的一切属于人的领域</td><td>各种实体</td><td colspan="3">国家、社会、历史、各种组织、各种创造物、科技产品</td></tr>
<tr><td>各种学说</td><td colspan="3">科学、技术、数学、逻辑、政治、经济、教育、法律、艺术、哲学、宗教</td></tr>
<tr><td rowspan="4"></td><td>文化概念之而二</td><td>各种理论学说</td><td colspan="3">自然科学(物理、化学、生物等)、技术、数学、逻辑、社会科学(政治、经济、法律、教育、社会学等)、人文学科(文学、历史、艺术、哲学)、宗教</td></tr>
<tr><td rowspan="3"></td><td>文化概念之三</td><td>非自然科学类的理论学说</td><td colspan="2">社会科学、人文学科、宗教学</td></tr>
<tr><td rowspan="2"></td><td rowspan="2">文化概念之四</td><td>人文学科</td><td>文、史、哲、宗教</td></tr>
<tr><td>文化概念之五</td><td>反映在人文学科中的精神</td></tr>
<tr><td>文化概念之六</td><td colspan="5">生活方式</td></tr>
</table>

总之,文化的核心内涵是精神和价值,广泛地反映在器物、制度、思想、生活方式各个层面。

二、河流的文化生命

“河流的文化生命”(the cultural life of rivers)是河流不作为纯粹自然现象而作为人类文明史的一部分所具有的生命❶,是河流对人类精神生活、文化历史和文明类型的积极的启示、影响和塑造。河流的文化生命不是河流静态、单向地对人类文化产生影响,而是人与河流相

❶ “河流的文化生命”的概念是作家张真宇先生首先提出来的,对之进行定义和论证则是我所做的工作。

互交往、对话、诠释的产物。河流的文化生命表现为人与河流的相互交往所形成的理念,是人与河流关系的升华,表达了人与河流的互动和同构。

“河流的文化生命”与“河流文化学”、“河流文化”或者“河流文明”是不同的概念。让我们以“黄河文化”为例看看河流的文化生命与河流文化的不同。关于“黄河文化”,李学勤先生这样论述:

> 广义的黄河文化,应是一种以黄河流域特殊的自然地理和人文地理占优势以及生产力发展水平为基础的、具有认同性和归趋性的文化体系,是黄河流域文化特性和文化集结的总和或聚集。通俗地讲,黄河文化就是黄河流域人民在长期的社会实践中所创造的物质财富和精神财富的总和,它包括一定的社会规范、生活方式、风俗习惯、精神面貌和价值取向,以及由此所达到的社会生产力发展水平等等。而狭义的黄河文化,则是历史学意义上的文化。
>
> 狭义上的黄河文化的生存空间只包括黄河的干流区,即传统上所指的青海、宁夏、内蒙古、陕西、河南、河北、山西、山东数省(区)。而广义的黄河文化,则除干流流经区外,还包括支流流经区,其范围要大得多,应包括北京和天津两市及安徽、江苏两省的北部地区。因此,从广义来说,黄河文化则是一个以上游三秦文化、中游中州文化、下游齐鲁文化为主体,包含诸如三晋文化、燕赵文化等亚文化层次而构成的庞大文化体系。当然,这并不是说,凡是黄河干流和支流流经的地区,都应该纳入黄河文化的体系。这是因为,黄河文化是黄河流域共同体群众发现的文化规则的聚合。因此,我们在选择和确定黄河文化的生存空间时,不能单独地按照地理概念来界定黄河文化区,而应该取决于他们所共享的、并不为相邻共同体所拥有的文化性质。例如,青海、甘肃、宁夏、内蒙古除少数地区为农业文化区外,基本上为游牧文化区,因此我们在论

述时应该加以注意。[1]

关于黄河文化的性质，李学勤指出：

> 从她最为稳定的或核心的方面去考察，黄河文化主要属于一种小生产的和封建宗法制的农业文化，一种以一家一户为社会细胞形态的自然经济型文化，一种藉助于行政权力支配社会以确保中国传统农业生产方式和“大一统”社会政治结构的文化[2]。

关于“黄河文明”，曲金良认为，文明发源于海洋：所谓河流文明，其实也是海洋文明[3]。证据是：泰山脚下曾经是海洋，贝作为硬通货直到秦代才被废止。所以，所谓“‘黄河文明’，是沿海的东夷海岱文明从黄河下游向中上游的延伸和推进；所谓‘长江文明’，是沿海的百越包括吴越文明从长江下游向中上游的延伸和推进”[4]。笔者并不同意黄河文明或长江文明属于“海洋文明”的观点，无论黄河文化还是长江文化，都属于河流文化。

从李学勤等学者的论述可知，河流文化有三个要素，首先是地域性，即以河流流经地区为地理范围限制；其次是同质性，即共同的趋向性和认同感；第三是文化，即这些区域所创造的物质财富和精神财富的总和，包括生活方式、精神价值等。可见，河流文化总体上属于历史学的范畴，重点是把流域范围内的文化全貌呈现出来，属于历史学。所谓河流文化学，则是对河流流域地区文化的性质、特征和特点的研究，它不探讨河流和文化之间的内在性、本质性联系，属于文化学。所谓“河流的文化生命”，恰恰是要探索河流和文化之间的内在的和本质的联系。河流的文化生命探讨作为自然现象的河流对于它所流经的地区的文化的影响，即它在流域文化中的投影，它给流域文化带来的印记。这种影响、投影或者印记是本质性的，对这一地区的文化形成了塑造作

---

[1] 李学勤、徐吉水主编：《黄河文化史·导论》上，江西教育出版社，2002 年版，第 20 ~ 21 页。

[2] 《黄河文化史·导论》上，第 21 页。

[3] 曲金良主编：《海洋文化概论》，青岛海洋大学出版社，1999 年版，第 22 页。

[4] 《海洋文化概论》，第 23 页。

用，使它不同于其他地区的文化。河流对文化的这种塑造作用就是河流的文化生命。如前所述，河流对于文化的印记不是河流单向、静态地影响文化，而是人与河流交往的产物，河流的文化生命通过人与河流的交往而产生、形成，是人与河流的双向诠释。因此，河流的文化生命本质上属于哲学，而不属于历史学或文化学。当然，探讨河流的文化生命，也离不开河流文化或河流文化学，后者构成了前者的对象和出发点，是基本史料。我们说探讨河流对于文化的本质性影响，是实事求是地进行史料的发掘和分析，并不在进行研究之前预先确立河流决定文化的地理决定论或文化决定河流的前提。

传统生命观所存在的问题已如前述。如果用这种生命观来审视河流的文化生命，那么，这里的"生命"概念是无法成立的，至多可以理解为一种文学性的拟人手法，不具有知识性质。事实上，所谓河流的文化生命还不仅仅是一种拟人的说法，而是有其实质性内涵的；关键在于采取家族类似的生命观。

把文化与生命结合起来，同样在理论上也是可行的。文化也有存在、生长、完善、衰落的过程，甚至也会走向死亡。外在原因导致的文化消亡的事例在历史上有很多，典型的如玛雅文化等。按照英国历史学家汤因比的说法，全球在历史上一共出现过 24 种文明，已经有 18 种灭亡了。我们把文化定义为文明的精神层面，把文明定义为包括器物创造、制度、文化和相应的人群在内的整体，那么，文明的消亡，实际上也就是文化的消亡。从历史上看，文化的消亡甚至可以说是一种普遍现象。历史上文明的消亡一般是和相应的人群的消失联系在一起的。人种的消失，可能是由于自然的原因，如突发性大规模天灾；也可能是由于人祸，如近代史上欧洲殖民主义者在殖民过程中对于土著居民的大肆屠杀等。也有一种消亡，如文明的转型所导致的对于旧文化的抛弃和对于新文化的接受。这种消亡，并不是彻底的；而毋宁说是一种借助于对于固有范畴和观念的重新诠释的文化的再生或者复兴。冯友兰先生常说的"周虽旧邦，其命维新"，牟宗三先生所说的"返本开新"等，都有这种意味，这些恰好是文化的生命力的表现。具有旺盛的文化生命力的民族，其文化是不会灭亡的。

一种文化,它的发展过程往往包含着传承和自我复制的特点,具有吸收异质文化自我丰富和发展的过程,具有向更高更复杂形态迈进的特点,这些都已为中外文化发展史所证明,无需特别论证。既然文化可以有成盛衰毁的过程,那么,我们把生命和文化结合起来,提出“河流的文化生命”的概念,在理论上就不是没有依据的主观臆造。文化的生命也可以说是生命的家族中的一种“类似”。

三、河流的文化生命的诞生

河流的文化生命是何时产生的?让我们以黄河、长江为例做一个历史的考察[1]。黄河号称中华民族的摇篮,又被称为母亲河。虽然近年来随着长江流域各文化群落的发现[2],人们认识到长江也是中华文明的一个重要发源地,但是,由于夏商周秦汉隋唐等朝代都在黄河中下游地区定都,这一地区深厚的历史文化积累和向周边地区的文化传播使得黄河仍能被称为“中国文明的摇篮”[3]。按照李学勤先生的观点,黄河的河流文化生命所应涉及的地域范围包括黄河干流、支流所流经的地区,包括青海、四川、甘肃、宁夏、内蒙古、陕西、山西、河南、山东九省(区),北京、天津、河北和江苏、安徽的一部分地区。这一文化区内又可区分出三秦、齐鲁、中原三个主文化区和燕赵、三晋、河湟三个亚文化区[4]。

在黄河文化区内,最早的原始人类活动踪迹是山西芮城侯马度原始文化遗存,距今约 180 万年以前,已经开始制造石器,使用火;其次是陕西蓝田的蓝田猿人,是黄河流域第一批命名的人类,距今 110 万~

---

[1] 我们从地方性知识的普遍性出发,仅以中国文化为例说明河流的文化生命。埃及、印度、希腊、两河流域也都应当有他们那里的河流的文化生命,但这些本书不作讨论。

[2] 此处的“文化”指考古学运用的“裴李岗文化”、“仰韶文化”等的文化,不是作为精神生活意义上的文化。其实,把“裴李岗文化”等叫做“裴李岗文明”从内涵上讲,似乎更合适,但是,由于我们受西方学术的影响,通常把产生私有制、进入阶级社会叫做人类进入文明阶段,把考古发现的古代遗迹称为“文化遗址”。

[3] 《黄河文化史·序言》上,第 1~4 页。

[4] 关于黄河文化区地域的划分和“黄河文化区”的概念、黄河文化区之下不同文化区的划分,请参考《黄河文化史·导论》上,第 20~30 页。

115 万年以前，一说为 98 万～100 万年，也有一说为 75 万～80 万年。陕西蓝田还发现了另一处猿人遗址，距今 50 万～65 万年。旧石器时代中期陕西大荔县甜水沟发现了一个男性头盖骨，被命名为大荔人。在山西襄汾丁村发现了 20 多处旧石器时代遗址，其石器制作比较定型，人种特征处于猿人和现代人之间，与蒙古人种比较接近❶。旧石器时代的北京周口店猿人，距今 46 万～23 万年。周口店人的文明水准在于制造较为精致的石器，知道使用火。上述都属于旧石器早期。火的使用对于原始人来说，当然是一件大事。人不使用火是可以生存的，不使用水却是一刻也不能生存。所以，原始人与水的交往肯定早于与火的交往。北京周口店人距今 30 万年。照我们的推测，那时的水应该是取自于河川、溪流或者湖泊，那时的人肯定还不能掘井。那时的人恐怕也不能把自己作为人与自然分离出来，并对水火等自然存在物进行对象性思考，当然，也没有任何载体如符号甚至文字等把他们的思考记录下来。可以说，那时候河流、水仅仅是自然存在物的一种，还不是精神生活的对象，没有被对象化，当然也谈不上河流的文化生命的诞生。直到旧石器晚期，我们还看不到河流进入原始人精神生活世界的证据。不过，山顶洞人出现了埋葬时在人骨周围散上赤铁粉的习惯，这表明他们对于生命已经有了一定程度的自我意识，出现了把灵魂或人的生命力与一般的物体区分开来的意识。这是山顶洞人一般精神生活的见证。

新石器早期大约开始于公元前 1 万年左右，这时已经出现了农耕文化，考古学家在河北徐水县南庄头遗址发现了栽培农作物的直接证据和加工谷物使用的石磨盘、磨棒等❷。这个时期是否开始利用水进行灌溉仍然不清楚。照我们的推测，那时的生产力水平可能还达不到用河水进行灌溉的水平。新石器时代中期，距今约 7000 年上下。这时黄河流域出现了河南裴李岗文化，河北、河南磁山文化，陕西渭河流域汉中地区老官台文化，山东西南部的后李文化等。裴李岗文化已经开

❶ 《黄河文化史》上，第 36 页。

❷ 关于原始时代考古发掘的说明，笔者多采用了《黄河文化史》的材料。

始使用陶器，陶器上出现了纹饰，“有指甲纹、划纹、乳钉形纹、篦点文”❶。这些纹路，很可能是古人对于河水或湖水的波纹的观察，或者受水波纹的启发而刻画的。如果这个推测属实，那么可以说在新石器时代河流已经开始成为人们的审美对象，具有了文化生命。在贾湖遗址还发现了一件石柄形装饰，“上刻有一行符号”❷，《黄河文化史》认为，这一行符号“与一个个孤立的符号应有所不同，可能表示一个比较完整的含义，十分重要”，由于目前尚不能解读，所以还不能掌握其意义；其中是不是包含着河流或水的信息，也不得而知。这一时期长江流域的河姆渡文化已经开始用水灌溉，种植水稻。

河流的文化生命较为明确的表现是在新石器晚期的仰韶文化时期。仰韶文化的年代为距今 6800 ~ 5000 年，地域为陕西渭河流域、河南大部分地区、山西南部地区等，以关中地区、河南西部和山西南部三角地带比较集中。仰韶文化出土文物中彩陶引人注目。1958 年在陕西宝鸡北首岭出土了“鸟鱼纹细颈彩陶壶”，随后考古工作者在陕西西安半坡遗址出土了人面鱼纹彩陶盆；在陕西临潼姜寨遗址出土了鱼鸟纹彩陶葫芦瓶❸。

半坡人面鱼纹彩陶盆

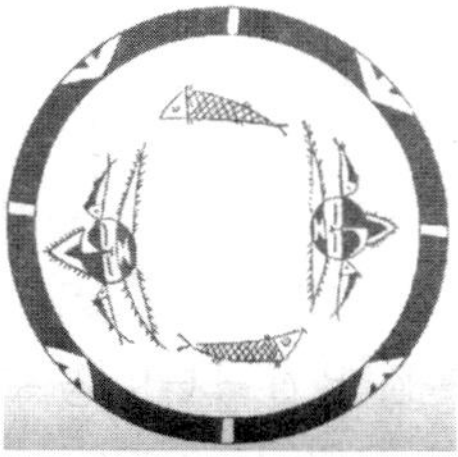
陶盆内画平面图

鱼鸟纹彩陶葫芦瓶

近年来在河南临汝阎村发现了“鹳鱼石斧图”（见图），这几件文物都有鱼，鱼是生活在水中的，这说明古人对于水的认识已经反映到了艺术中。需要说明的是，我们现在一般认为，这些鱼鸟图形都是“艺术”

❶❷ 《黄河文化史》上，第 45 页。

❸ 此处出土文物图片多采自李学勤、徐吉军主编的《黄河文化史》相关部分。

作品，艺术是审美的，不是知识的。但是，这仅仅是我们从近代以来的学科分类的基础上得出的结论，古人并不区分认识、审美，二者在他们那里是统一的。事实上，这些图画不仅是“艺术”，也是“认识”的一种。半坡村人面鱼纹彩陶盆反映了人与鱼都是自然的一部分，同属自然的认识。其他文物也都可以这样思考。人、鱼和自然的关系也是他们与河流交往、对话的产物。鹳鱼石斧图的石斧是人造的工具，是用来改造自然的，所以这幅图表现了人与自然的利用和改造的关系。此外，鹳是食鱼动物，人是食鹳、食鱼动物，所以这幅图还表现了人—鹳—鱼生物链思想的萌芽。陕西宝鸡北首岭遗址出土的“网纹彩陶船形壶”则表达了人的利用自然的自由。因为船是水上通行工具，把工具做成日常用具，表现了人对自身的力量和能力的欣赏和赞叹。

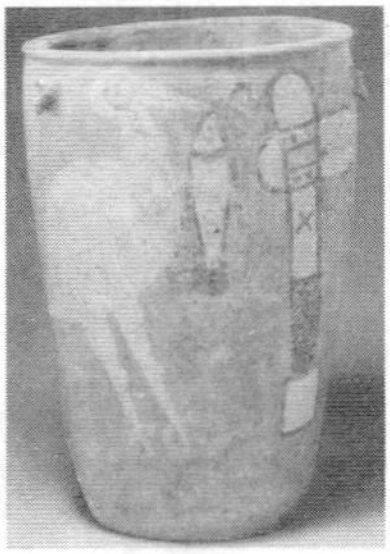

鹳鱼石斧图

网纹彩陶船形壶

关于认识和审美的统一，我们还可以用一个十分典型的例子进一步说明。河南濮阳西水坡出土了距今6000年的龙虎蚌塑(见图)。龙是神物，是想象力把各种动物组合起来的产物，表现了古人思维水平的发展。龙具有水陆空三栖能力，这也是古人希望战胜和控制自然的梦想的反映。龙、虎在这个墓葬中并不仅仅是审美、慰情的陪葬，也表达了一种认识。龙在东侧，虎在西侧，与东宫苍龙、西宫白虎的天象对应。墓主头顶有蚌堆成的三角形图案，是北斗；图案东边放有两根人胫骨，这是北斗的斗柄。整个墓葬，是一个“二宫与北斗”的天象❶。

1958年甘肃甘谷县西坪遗址出土的彩陶鲵鱼纹瓶(汲水器，庙底

❶ 《黄河文化史》上，第136页。

沟类型),上有一个鲵鱼。在湖北随县出土的战国时期的二十八宿匢上,鲵龙乃是二十八宿之一。这个彩陶可能也反映了上古人关于天文现象的知识。

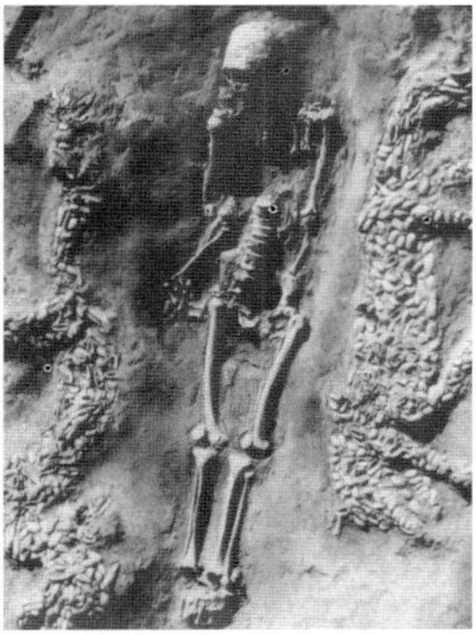

龙虎蚌塑(河南濮阳西水坡 M45 出土)

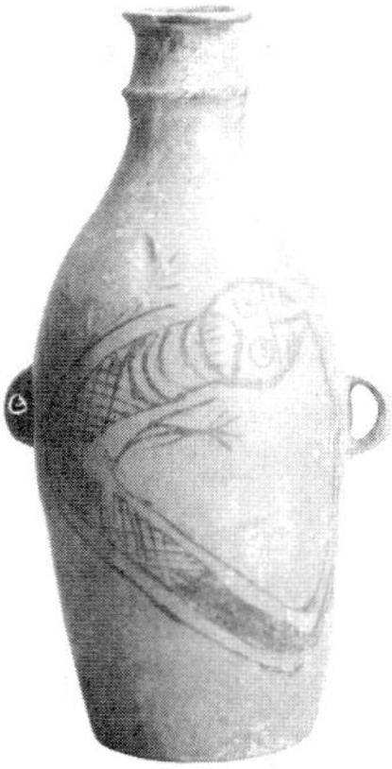

彩陶鲵鱼纹瓶

范围分布在西至黄河上游青海龙羊峡、东至陕西泾渭河流域、北至宁夏清水河流域、南至四川汶川县一带的马家窑文化出土的马家窑类型彩陶,外表装饰着非常美丽、柔和、对称的水波形纹路,有波峰、波谷等,作为审美的河流的文化生命,已经非常生动地表现于彩陶中了(见图)。

马家窑类型彩陶旋涡形瓶之一、之二、之三

这些陶器都是日常用具。由此可以看出,日常生活、自然和审美已经能够完美地融合在一起了。应该说,这种水波纹的出现,表明了早期河流审美文化的成熟,也表现了河流文化生命的饱满和成熟。同时,这些水纹也是人与河流的一种对话,不是单纯的观察,反映了古人对于水的运动形态的认识。可见,至迟在6000年以前的仰韶文化以前,河流的文化生命已经诞生了❶。

四、河流的文化生命的获得方式

如前所述,河流的文化生命是人与河流相互交往、对话和诠释的产物,不是一种主观性,也不是一种客观性,而是主客观的融会和统一。可见,考察河流的文化生命的诞生方式,也就是考察人与河流的交往和对话方式。人与河流的交往和对话方式也是人的存在方式之一,由此言之,探索河流的文化生命,也就是探索人的存在方式。中国人与河流交往、对话的基本方式是“治水”。“治水”无疑是一种实践活动,其中包含着鲧失败的教训和禹成功的经验。此处主要探索在治水实践中形成的、以治水实践为基础并包含了对治水实践的反思和对于自然、社会和人生的认识方法。从纯粹思维来看,对于河流的认识方法也就是河流的文化生命的获得方式。

观、类、比、兴是河流的文化生命获得的主要方式。中国古人对于外部世界的认识是从观察世界开始的,之后是分类、比、兴,达到普遍认识,以此为基础进一步归纳新的现象。比、兴都有分类前和分类后两种。分类后的比、兴是将分类的结果加以运用,分类前的比兴则有辅助分类的作用。观,大量出现于《易传》之中。

(1)仰以观於天文,俯以察於地理,是故知幽明之故。❷

(2)古者包羲氏之王天下也,仰则观象於天,俯则观法於地,观鸟兽之文,与地之宜,近取诸身,远取诸物,於是始作八

❶ 这个时期并不一定是固定的。如果我们发现了更早的以某种形式反映了河流与水的作品,河流的文化生命的产生就须相应提前。

❷ 《易传·系辞上·第2章》。

卦，以通神明之德，以类万物之情。[1]

(3)圣人有以见天下之赜，而拟诸其形容，象其物宜，是故谓之象。圣人有以见天下之动，而观其会通，以行其礼。系辞焉，以断其吉凶；是故谓之爻。[2]

(4)是故，夫象，圣人有以见天下之赜，而拟诸形容，象其物宜，是故谓之象。圣人有以见天下之动，而观其会通，以行其典礼，系辞焉，以断其吉凶，是故谓之爻。[3]

(5)圣人设卦观象，系辞焉而明吉凶，刚柔相推而生变化。[4]

(6)君子居则观其象，而玩其辞；动则观其变，而玩其占。[5]

(7)知者观其彖辞，则思过半矣。[6]

(8)天地之道，贞观者也。日月之道，贞明者也。天下之动，贞夫一者也。[7]

上引第(1)、(2)、(3)的“观”是动词，是对自然界的观察。对于观察到的现象进行思考，达到一种“感性确定性”，则形成分类。前文所列半坡的人面鱼纹盆、鱼鸟纹彩陶葫芦瓶、“鹳鱼石斧图”、马家窑类型彩陶旋涡形瓶等都是“观”的结果。第(2)条所说的“以类万物之情”的“类”是反映和分类。八卦可以说是《周易》对事物的分类系统。“类”作为名词是“类别”，其基本内涵是两个事物在某一方面的相同或相似，如《乾卦·文言》说：“同声相应，同气相求；水流湿，火就燥；云从龙，风从虎。圣人作，而万物睹，本乎天者亲上，本乎地者亲下，则各从其类也。”这里的类就是一种分类，水与湿、火与燥、云与龙、风与虎，都被认为是同类。类是中国古代认识论的基础。孟子已经以“不知类”来批评告子，说他“指不若人，则知恶之；心不若人，则不知恶，此之谓不知类也”[8]。《墨经》对类的方法作了逻辑的总结，提出“夫辞以故

---

[1][7] 《易传·系辞下·第2章》。

[2][3] 《易传·系辞上·第8章》。

[4][5][6] 《易传·系辞上·第1章》。

[8] 《孟子·告子上》。

生,以理长,以类行也者”❶;“以类取,以类予”❷。《周易·同人·象》也指出,“君子以类族辨物”。《孟子》记载有若称颂孔子说:“麒麟之于走兽,凤凰之于飞鸟,太山之于丘垤,河海之于行潦,类也。圣人之于民,亦类也。出于其类,拔乎其萃,自生民以来,未有盛于孔子也。”❸

上述引文中,“象”有两层意思,一是自然界的物象,一是八卦的卦象;二者同构,后者又是对前者的分类和概括。第(2)条的“象”是天地之象,第(3)、(4)条的“故谓之象”的“象”是卦象。第(5)、(6)、(7)条的“观”不是观察自然,而是“观卦”。八卦的卦象被认为是对自然界的万象的概括,所以观卦就能把握自然界。这是用范畴来把握世界。八卦类似康德认识论的范畴,起为自然界立法的作用。这里值得注意的是第(8)条引文中的“贞观者也”。这个“观”,朱熹解释为“示”,即天地示人以正。陆绩说,此“言天地正,可以观瞻为道”❹。笔者认为,这里的天地之正,为“观”的内容或观察到的结果;进而言之,为“观”对自然界的规定。也就是说,“观”所得的范畴为正、为天地之道,“观”是对天地归类或者说为自然立法。当然,观的结果肯定不如同康德的十二对范畴那么整齐,相反,观是从事物的直接性上升到概念、是形式化的抽象过程,从事物的繁多性到概括性,也没有达到康德的高度。黑格尔曾经指出:像河海山岳星辰之类的个别自然事物,不是以零星的直接存在的面貌被认识,而是上升为观念,作为一种绝对普遍的存在形式得到认识的。黑格尔所说,可以作为理解八卦的一个方法论参考,所谓“贞观”,正是把具体物上升为普遍的概念或范畴。成中英先生说:“《易经》中的观描述或定义了一种方法论或观察的过程”,“观是本体诠释学思维或者简单地说就是本体诠释学”❺。我们同意成先生对于“观”

❶ 《墨经·大取》。

❷ 《墨经·小取》。

❸ 《孟子·公孙丑上》。

❹ [清]李道平:《周易集解纂疏》,潘雨廷点校,中华书局1994年版,第617页。

❺ 成中英:Philosophical Signifcances of Guan (Contemplative Observation): On Guan as Onto - Hermeneutical Unity of Methodology and Ontology,见朱伯崑主编《国际易学研究》,第一辑,华夏出版社,1995年版,第162~163页。

的分析。

所谓比、兴，本来是文学的修辞方式。《周礼·春官》总结《诗经》，提出“大师……教六诗：曰风，曰赋，曰比，曰兴，曰雅，曰颂。”❶风、雅、颂是《诗经》内容的分类；“赋、比、兴”则是《诗经》的表现方法。赋诗一种铺陈，不及比和兴对我们意义更较大。关于比兴，郑注说：“比者，比方于物；兴者，托事于物。”❷刘勰《文心雕龙》指出：“比者，附也；兴者，起也。附理者切类以指事，起情者依微以拟议。起情故兴体以立，附理故比例以生。”朱熹对“比、兴”的解释是：“兴者，先言他物以引起所咏之词也。”❸“比者，以彼物比此物也”❹；比，其实就是比喻，通过观察事物之间的类似性，用此物指代彼物。或用具体可感觉的事物帮助理解不可感觉的抽象的事物。比如李白诗“抽刀断水水更流，举杯浇愁愁更愁”，以水之长流喻愁之绵长和斩之不断。兴是通过一物引起所欲谈论之物，“关关雎鸠，在河之洲；窈窕淑女，君子好逑。”通过水鸟引起爱情。又如汉乐府“孔雀东南飞，十里一徘徊”。通过孔雀的飞翔与徘徊，引起刘兰芝和焦仲卿的爱情。其实，从思维的角度看，兴也可以看作比。所谓比，从词义上看，有并列、并排的意思，即把两个事物并列起来，这是比的基本含义。所谓兴，先言一物，引起另一物，其实也是把两个事物并列起来。“比”在“并列”之后是“喻”，即用一个事物来理解另一个事物。

无论是比还是兴，都含有一个归类问题，即把事物放在一起，没有潜在的类别意识，也就没有比的思想，无法进行“比”。中国古代哲学中包含着明显的比喻式说明，如老子哲学中道被比喻为水、谷、玄、牝等，又如孔子说“智者乐水，仁者乐山”等。观察、归类、比兴是河流和水获得生命的途径。其实，观察、归类、比兴毋宁说是人类认识的基本模式之一，不仅中国古代哲学如此，西方哲学也是如此，概念性认识则

---

❶ 郑玄注、贾公彦疏：《周礼注疏》，《十三经注疏》上，中华书局，1980 年版，总第 796 页。

❷ 《周礼注疏》：《十三经注疏》上，总第 796 页。

❸ 朱熹：《诗经集传》，《四书五经》（宋元人注）中，中华书局，1985 年第 2 版，第 1 页。

❹ 《诗经集传》：《四书五经》（宋元人注）中，第 1 页。

是后来的事情。古希腊哲学家泰勒斯、赫拉克利特等人也都是通过观察、比喻性说明来表达这些思想的。在中国哲学中，比兴毫无疑问也包含着关于实在的认识，而不单纯是一种文学修辞，是以天人合一为大前提的论证（详下）。

五、河流的文化生命与人类的精神自由

从今天的思维水平上看，原始彩陶上的水波纹图案无疑是非常具体、初级的东西，但是，在古人那里，却并不是具体的。它表现了人与自然的一定水平的分离，表现了人对于自然的认识，实质上是古人对于自然的抽象的再现。再现的自然，不是自然，而是精神。水波纹所表现的，是一个独立的精神世界。这种精神世界的本质是自由，是独立的思维能力的形成，也是在实践上对于河流或水的一定程度的超越。马克思说："动物和它的生命活动是直接同一的。动物不把自己同自己的生命活动区别开来。它就是这种生命活动。人则是自己的生命活动本身变成自己的意志和意识的对象。他的生命活动是有意识的。这不是人与之直接融为一体的那种规定性。有意识的生命活动把人同动物的生命活动直接区别开来。正是由于这一点，人才是类存在物。或者说，正因为人是类存在物，他才是有意识的存在物，也就是说，他自己的生活对他是对象。仅仅由于这一点，他的活动才是自由的活动。"❶马克思又说："人不仅仅是自然存在物，而且是人的自然存在物。也就是说，是为自身而存在着的存在物，因而是类存在物。他必须既在自己的存在中也在自己的知识中确证并表现自身，因此正像人的对象不是直接呈现出来的自然对象一样，直接地客观存在着的人的感性、人的对象性，自然界，无论是客观的还是主观的，都不是直接地同人的自然存在物相适应的。正像一切自然物都必须产生一样，人也是自己的产生活动即历史，但历史是在人的意识中反映出来的，因而它作为产生活动是

❶ 马克思：《1844 年经济学哲学手稿》，《马克思恩格斯全集》，第 42 卷，人民出版社，1979 年版，第 96 页。

一种有意识地扬弃自身的产生活动。历史是人的真正的自然史。”❶仰韶文化时期的中国人已经摆脱了和自然混融不分的一体状态，他们不仅能够制造斧头、舟船等，而且把这些画在日常生活器具上。这就是说，他们已经把自己的日常生活作为他们自己的对象了，达到了类的存在和自由。不过，这种自然还是初步的。人与自然的分离有程度和性质的差异，天人合一也需要经过分离以后才能达到自觉的合一。这是一个漫长的过程。

河流和水对于人的存在也构成一种限制，突破这种限制是人持续不断地努力的目标。从历史上看，河流的自然生命或自然存在形态对人的限制越来越小，其文化生命的意义越来越大。随着古人生产力水平的发展，对自然的认识的深入，尤其是精神生活的越来越提高，河流的文化生命的内涵就越来越丰富。前述主要审美的河流的文化生命，只是其内涵之一。进入尧舜禹(夏)商周春秋战国时期，河流的文化生命的内涵得到了多方面的表现，如在语言文字、哲学、人生等方面。尤其是大禹治水所包含的对水的性质的认识和处理水的方式，启发了中华民族的思维方式和处理问题的方式的变化，成为中华民族的根源性智慧。

六、河流的文化生命与其自然生命的关系

(一)河流的文化生命是河流的自然生命的延伸❷

河流的文化生命建基于河流的自然生命之上，它是人与河流交往的产物，是它的自然生命在文化中产生的影响和留下的印记。人与河流不发生联系与交往是不会产生河流的文化生命的。河流的文化生命又是河流的自然生命的内涵的增加、生长、扩展和延伸。河流的自然生命和文化生命是一个统一体，只有上升到文化生命，河流自身的内涵才可以说得到了充分的实现。

---

❶ 《马克思恩格斯全集》，第42卷，第169页。

❷ “河流的文化生命是河流的自然生命的延伸”这一观点是张真宇先生首先提出来的，不敢掠美，特此标出；论证则是我自己提出的。

（二）河流的自然生命是其文化生命的本体基础

这是一个自明的道理。河流只有存在，具有物理的生命，才能发挥对于人类历史和文明的影响，也就是说，才具有文化生命。可见，河流的文化生命依赖于河流的自然生命，河流的自然生命是河流的文化生命的本体基础。不少河流，虽然在历史上曾经存在，在文明的形成中也发挥过巨大的作用，但是由于人为因素和地理环境的变迁，都消失了。河流消失了，文明也消失了；甚至干涸的河道也不再存在了，这意味着连河流的尸体也不存在了。河流的消亡导致了文明的消亡，它不仅不能再对原来的文明有所贡献，甚至对后来的文明也不能有积极意义的贡献。如果一定要说明它的消失对于人类存在的意义，毋宁说是一个反面教材的意义：河流的死亡会导致文明的死亡，这是一个对人类生存具有重要意义的结论。

（三）河流的文化生命的产生晚于河流的自然生命

从地质年代上看，河流很早就存在了。黄河形成于距今 150 万年左右。长江的年龄更长，据科学家根据地质年代分期考察，距今已经有 6000 万年的历史。那个时候，还没有人类，所以也谈不上河流的文化生命。只有产生了人类，并且人类与河流发生了联系和交往，河流不再作为单纯的自在的自然现象，而成为人类物质生活和精神生活的一部分，这时河流才具有了文化生命。可见，河流的文化生命的产生，晚于河流的自然生命；河流的文化生命比之其自然生命来说，当然也是短暂的。

（四）河流的文化生命的死亡早于其自然生命的死亡

河流的文化生命会不会死亡？既然是生命，当然也会消亡。河流的自然生命消亡了，人们失去了与之交往、精神生活受之启发的河流，作为人类精神生活的一部分的河流的文化生命，自然也就灭亡了。道理浅显，不必论证。笔者小时候生活在农村，那时还能见到村子后边完全干涸的河沟，后来农业学大寨时平整土地，河沟都被填平了。这就是前文所说的连河流的“尸体”也被彻底掩埋了。这条河，据说新中国成立初还流着水，乘船可以到周口、武汉。它在存在的历史上，想必也曾演绎着生动的河流文化，绽开着绚丽的文化生命。可是，它干涸了，被填掉了,后人连它曾经存在的事实都无从知道,它哪里还会有文化生命?尤其令我遗憾的是,我连它的名字也不知道,唯一留下的印象就是冬天上学走在河沟里可以躲避寒冷的北风。

河流的文化生命的死亡早于它的自然生命的死亡。河流的文化生命是河流的一种高级生命形态,对自然生命的要求更高,比自然生命的持久力更为脆弱。作为河流的文化生命的本体基础的河流的自然生命,并不是一般的自然生命,而是健康的自然生命!只有河流的健康的自然生命,才能成为文化生命的基础或本体。如前所述,河流的死亡包括河流枯竭和河水彻底污染等形式,即使河流仍然有水量,但河水污染甚至严重污染,损害了河流的自然生命,它的文化生命也就枯竭、死亡了。所以,在河流的自然生命还没有彻底终结以前,它的文化生命早已终结了。遗憾的是,现代文明往往忽略了这一点,既损害了河流的自然生命,也扼杀了河流的文化生命。

第四节 “河流的文化生命”概念的反思

一、“河流的文化生命”概念的合法性

概念的合法性是追问这个概念是否可以成立,我们把这一问题分为事实合法性和逻辑合法性两方面。河流的文化生命是一种客观存在的事实,在语言文字、哲学思维、人生等各个方面都有表现。“河流的文化生命”概念正是对河流的文化生命现象的反映。所以,这一概念的事实合法性是不必论证的。至于其理论合法性,关于“生命”,我们提出了“生命的家族类似性”概念;关于文化,我们定义为广泛地反映在器物、制度、思想、生活方式各个层面的精神和价值;关于河流的文化生命的产生方式,我们提出了人与河流的交往、对话和诠释,具体分析了观、类、比、兴等途径。这些分析表明,“河流的文化生命”在逻辑上并不矛盾,具有逻辑的融贯性,在理论上是可以成立的。此处拟进一步说明“精神”概念在河流的文化生命中的作用。

人类的精神活动其实也是人类的思维活动。康德把人类思维区分

为认识、道德、审美三类，分别称为纯粹理性、实践理性和判断力。他指出，“基于先验原理的认识能力唤作纯粹理性”❶，或者说叫“悟性”；“只在欲求能力的领域内具有构成先验原理的理性，就是实践理性”❷；或简称为“理性”。前者是自然概念领域，后者是自由概念领域，分别属于自然哲学和道德哲学。这两部分之间似乎截然分开，但是，“后者却应该对前者具有影响，这就是说，自由概念应该把它的规律所赋予的目的在感性世界里实现出来。因此，自然界必须能够这样地被思考着，它的形式的合规律性至少对于那些按照自由规律在自然中实现目的的可能性是互相协应的。——因此，我们就必须有一个作为自然界基础的超感觉界在实践方面包含于自由概念中的那些东西的统一体的根基。”❸“在悟性和理性之间，仍有一个中间分子，这就是判断力。”❹判断力“是纯粹认识机能的过渡，这就是说，从自然诸概念的领域达到自由的概念领域的过渡。”❺在康德那里，悟性或知性、理性、判断力构成哲学的三大部分。不过，这并不意味着人有三种认识能力，而是说人类理性有三种不同的运用。我们可以说，人类有一个纯粹理性或者说“纯思”，发用为知性、理性和判断力，这是“一心三用”或“一心开三门”。康德所说的纯粹理性叫做知性或认识能力。“悟性”是过去翻译康德的认识能力“Verstand”常用的概念，从中文的“悟”的非逻辑性特点来看，译为“知性”更为合适。

从康德的分类出发，河流首先是人类知性的对象。自然科学的不少学科都是从不同角度来研究河流的。地质学研究河流形成的地质年代、河流的地质构造等；水文学研究河流水文现象和规律，河流在地球水循环中的作用等；流体力学可以研究河流水流变化的规律。有的河流还有特殊的研究领域，如黄河，泥沙的淤积和冲刷就是其他河流所没有的研究对象。近年来，黄河水利委员会进行的调水调沙试验就是一

❶ [德]康德：《判断力批判》上卷，宗白华译，商务印书馆，1964年版，第3页。
❷ 《判断力批判》上卷，第4页。
❸ 《判断力批判》上卷，第13页。
❹ 《判断力批判》上卷，第14页。
❺ 《判断力批判》上卷，第16页。

个全新的研究和实践领域。河流是不是人类实践理性或道德实践的对象？从近代以来形成的主客二分的思维方式上看，道德是对于善恶以及人类应该如何进行道德实践等问题的认识，河流作为一种自然存在物，不是一个主体，所以不属于人类道德共同体的成员。休谟强调，从“是”中分析不出“应该”来，自然和价值分离是近代以来西方伦理学的基本倾向。康德把知识、道德与审美分开，可能也是受了休谟这一观点的影响❶。所以，在近代方文化看来，自然并不是人类道德实践的对象，而是科学认识和控制的对象。人对于自然并不承担任何义务，如人在河流上修建大坝，并不构成对河流的权利的侵犯，修坝只有技术上的可能与否的问题，没有道德上应该与否的问题。对于自然界除了人类之外的生命现象，人类也不承担任何道德义务。这是典型的人类中心主义观点。

河流是不是审美对象？从人类历史上看，自然存在和艺术创造是人类审美的两大主要领域。河流作为自然现象，无论古今中外，都是人类审美的主要对象。黄河、长江、莱茵河、多瑙河等，无不如此。我们这里所说的精神生活，无疑包含判断力。河流的文化生命包括河流作为人类审美对象的生命力。但河流还不仅仅是人类审美的对象，它也是道德共同体的一员。前述利奥波德的大地伦理对此已有述及。

可见，康德对人类思维的划分，一方面，为我们理解河流的文化生命中的“精神”概念提供了一个基础性比较背景；另一方面，康德的三分法作为对“精神”概念的说明，也具有较大的局限性。照他的逻辑推下来，纯粹理性的结果是纯粹自然科学，不属于河流的文化生命的内涵；实践理性又与作为自然现象的河流没有关系；那么，河流的文化生命就只剩下审美一项内容，这样，河流的文化生命的内涵就过于单薄了。可是，照我们的分析，河流的文化生命并不仅仅是一个文学的、审美的和拟人的用法，而是反映了实在、反映了人类的存在方式，具有知识性内涵的概念。可见，康德哲学并不是我们认识河流的文化生命的

❶ 康德曾经表示，是休谟把他从独断论的迷梦中唤醒了。不过，这主要是就认识论来说的，是否也包括价值问题，还有待进一步研究。

合适框架。

康德哲学对于我们理解河流的文化生命的局限性在什么地方？首先是他的科学主义思维方式，其次在于他对于思维认识的片面化、狭隘化和简单化，最后在于他的强烈的人类中心主义观念。通常来看，康德《纯粹理性批判》为纯粹理性、从而也为自然科学划定了范围，其科学主义并不强烈。但是，科学主义是当时社会文化的一个广泛、深刻的背景，康德虽然划分从而限定了科学的范围，在总体上却并不能超越这种背景，而仍在这一背景下工作，从这一前提出发。他的科学主义表现在对于“知识”认识的局限性。在他那里，只有纯粹理性所提供的内容才可以称为知识，只有纯粹理性的领域才是认识领域，道德实践和审美判断都不属于认识范畴。可以说，康德对于人类理性的广泛应用缺乏应有的理解。

人类理性当然可以做康德式的三重区分，但人类理性在这三重区分之外，还有更为广泛普遍的应用，如对于人与自然的关系的总体思考，对于自然可以给人类的启示的体会，对于自然对人的价值意义的评价等。这些方面的应用是总体的、综合的、独立的。这种运用的进一步发展可能会导致理性的分化，各个学科的成立。这种独立的思维能力可以称为“文化理性”，包括观察、认知、类比、联想、评价、审美、体会等。文化理性不是原始思维，不是前科学思维，也不是科学思维的总和，或者超科学思维，而是独立于科学思维之外的对于人与自然关系的一种体会和认知，或传统中国哲学所说的“体认”；是发自前述作为纯思的人类纯粹思维的又一种运用。康德受科学主义思维方式的影响，看不到这个独立的、全体性的思维领域，仅仅把人类思维按照近代以来学科的分类分为三个不同领域。思维或理性的不同运用与学科形成对应。思维的分割也造成了不同学科之间的分离，学科之间不存在联系和沟通。然而，文化理性的认识成果毋宁说属于一个总体，不同部分之间可以无障碍流通。如果说这些不同部分构成不同学科，那么，这些学科之间也是可以沟通的。具体地说，知性、理性和判断力是一个以广义的、统一的作为文化理性的人类思维为基础的，其对应的学科之间并不存在不可沟通的鸿沟。自然科学和文化科学是一个具有连续性的统一体。

康德哲学的第三个明显的特点或者说缺陷就是强烈的人类中心主义倾向，表现为人与自然的彻底分离[1]。一方面，知性、理性或认识论与伦理学、认知领域与道德领域的截然分割；另一方面，把道德领域严格局限于具有理性的人类；人类对无机自然界如山河大地等、对于生命自然界如动植物等，都不承担任何道德义务。康德说：“就动物而言，我们不负有任何直接的义务。动物不具有自我意识，仅仅是实现一个目的的工具。这个目的就是人。”[2]“我们之倡导对动物的温柔情感，是由于这有助于培养出对于他人的道德感情”[3]。这种人类中心主义观念导致了康德对于人类思维的分割。尽管在一定意义上说，思维领域的分割或分化是认识达到深入的一个前提，但是，分割而不能忘记统一，不能如庄子所批评的那样“往而不返”。

二、河流的文化生命的实在性与知识性

从自然的角度看，文化理性是自然对人类的启发和启示；从人类思维的角度看，文化理性则是对这些启示的感受、思考、认识、体会和接受。文化理性是河流的文化生命的认识能力前提。这种认识能力，不仅仅是一种思维作用，也是人与自然沟通的一个桥梁。与作为人类有意识、有目的地征服和改造自然的实践活动相比，这种沟通多表现为“感、因、参、合”等[4]，其主动性和与自然的对立性不及实践范畴强，毋宁说是一种“延天佑人”的思路[5]，而不是“戡天役人”的思路，这也是

---

[1] 一些学者认为，康德的《判断力批判》有统一自然和道德、纯粹理性和实践理性的目的；“判断力”具有综合的特点。然而，这不过是分离之后的合拢，而不是从原始根源性出发的文化理性概念。限于篇幅，此类问题不作展开。

[2] 康德《伦理学讲演》，转引自［美］戴斯·贾丁斯《环境伦理学》，第107页，林官明、杨爱民译，北京大学出版社2002版。康德：《只有理性存在物具有伦理价值》，转引自何怀宏《生态伦理——精神资源与哲学基础》，河北大学出版社，2002年版，第343页。

[3][4] 乔清举：《论建立基于中国哲学原则的环境伦理学》，《中国哲学史》2005年第3期。

[5] 王夫之《周易外传·系辞上传第二章》：《船山全书》第1册，岳麓书社1988年，船山全书编辑委员会编校，第993页。

传统中国哲学和近代西方哲学在天人关系上的基本态度的不同。应该说，中国哲学的态度更具有当代性。

加达默尔力图克服康德美学的主观化倾向，肯定艺术的真理性和知识性。他说："在艺术中难道不应有认识吗？在艺术经验中难道不存在某种确实是与科学的真理要求不同，但同样确实也不从属于科学的真理要求的真理要求吗？美学的任务难道不是在于确立艺术经验是一种独特的认识方式，这种认识方式一方面确实不同于提供给科学以最终数据，而科学则从这些数据出发建立对自然的感性认识；另一方面也确实不同于所有伦理方面的理性认识，而且一般地也不同于一切概念的认识，但它确实是一种传导真理的认识，难道不是这样吗？"❶如前所述，我们认为，作为文化理性产物的河流的文化生命也具有知识的性质，也反映客观实在。在前文对于出土文物的分析中，我们已经指出，那些审美性质的东西都包含有知识性内容，如人面鱼纹盆、船形壶、鹳鱼石斧图都反映了古人心目中的人与自然的关系，是他们自我了解的方式，也是他们的存在方式的表达。他们的此在通过他们的图画、器具得到表达。我们理解他们的作品，就是了解他们的此在，是了解人类的此在，也是了解我们自己的此在。关于绘画，加达默尔指出，"绘画不仅仅是图像，或者不仅仅是摹本，绘画乃属于所表现的人的现时存在或者所表现的人的现时记忆，这就构成了绘画的真正本质。"❷他又说："绘画的存在价值正在于它不是与其所表现的事物分开，而是参与了其所表现事物的存在。我们已说过，所表现事物是在绘画中达到存在的。它经历了一种存在的扩充。但这就是说，它是存在于绘画中。"❸加达默尔是在说明绘画的本体意义和真理性，他所说的，无疑肯定了我们关于原始绘画具有知识性的认识。对我们而言，古人的此在是通过他们的绘画和器具得以显现，而来到存在的。

---

❶ ［德］汉斯－格奥尔格·加达默尔：《真理与方法》上卷，洪汉鼎译，上海译文出版社，1994年版，第125页。

❷ 《真理与方法》上卷，第194页。

❸ 《真理与方法》上卷，第200页。

除了绘画、器具外，中国古代关于河流的文化生命的思想也广泛存在于各种文学形态的语言中。如前所述，在中国文化中，河流的文化生命的获得方式有类、比、兴等。分类是人类对于自然认识的第一步。作为一种思维方式，中国和西方都是相同的。问题出在分类的原则。中国的五行与四季、方位的配置，在列维·布留尔看来，就是一种“原始思维”，不构成一种知识。知识的普遍性的典范是近代以来的科学知识，尤其是物理学知识。这种观点包含着近代以来的科学的傲慢和偏见。其实，五行与方位的关系的认识包含着科学性。关于此，我们将在以后几章陆续说明。我们在此主要从方法论上指出，类、比、兴等也是一种认识方式，反映了实在。

比、兴实际上都是一种比喻，是以两个事物之间的相似性用一物来说明另一物。通常，比喻都被认为是一种修辞方法，不具有知识性。但是，比喻把不同范畴的事物放在一起，这种“范畴错误”揭示了被过去的分类系统所拒绝的事物间的联系，由此开启了不同意义的术语之间的联系。这样，比喻就不仅是一种用 a 代替 b 的修辞，而是开启新的意义域，创造出了新的意义，对于现实提出了新的认识。随着这种新的意义被接收到词典中成为固定的说法，这样新的知识也就形成了。“隐喻的意义在至今相距遥远的不同意义之间建立了某种‘近似’(Proximity)。我现在要说的是，一种新的实在观从这种近似中产生了”❶。利科认为，诗揭示了不同于自然科学所揭示的实在观，是胡塞尔的“生活世界”(Lebenswelt)、海德格尔所谓的“在世界之中”(being in the World)、不能被操作的“在世”(nonmanipulable being in the World)。

观、比、兴所获得的认识的知识性是不是一种有局限意义的地方性知识。从起源上看，反映在中国文化中的河流的文化生命无疑属于“地方性知识”，是特殊的知识。普遍的知识按照康德所说，乃是科学的知识，数学、物理学的知识，其普遍性表现在具有地域上的“随处适用”、无处不适用的特点，在时间上具有超越的特点，即无时不适用。普遍有效、客观必然。这种观点在维也纳学派那里得到了进一步的发

❶ ［法］保罗·利科:《语言的隐喻的使用》，余碧平译。

挥。在这种意义上，形而上学不能被称为一种知识、概念的诗歌等。从这样的标准看，中国哲学当然既不是知识，更谈不上普遍必然性和客观有效性。但是，这种观点毫无疑问是有缺陷的。其缺陷表现为其一是现代启蒙的局限，否定现代以前的知识的意义；其二是欧洲中心主义，把近代以来产生于西欧的地方性知识上升为作为现代性的特征的普遍性知识。事实上，任何一种经得起时间考验的地方性知识，都有其普遍性所在。反映在中国文化中的河流的文化生命的普遍性在于其中所包含的人与自然合一的思维方式，对于河流以至于整个自然的神性的肯定，都具有超越的意义，都是普遍性知识。

三、河流的文化生命的研究方法

如前所述，河流的文化生命与河流文化、河流文化学属于不同学科。河流的文化生命与河流文化的研究方法也不同。河流文化的研究方法是历史学的，如田野考古就是其重要方法之一。没有对各种历史遗址的考古发掘和对出土文化的比较分析，就无法复原古代历史、文化的面貌。相反，河流的文化生命是在河流文化研究基础之上开展的探讨，主要采用的是哲学的方法，在河流、文化与作为主体进行社会实践的人三者之间建立双向互动关系，对河流和文化的关系进行逻辑分析和诠释学研究。河流的文化生命的起点是进行社会实践的人。人理解河流，与河流共处、交往、对话，在由低到高的程度上改造河流，河流则以其不可抗拒的自然规律影响甚至决定人的社会实践，二者形成一个双向互动关系。这种双向互动关系通过人的思维和反思形成文化，文化又反过来影响和塑造人。经过文化塑造的人又在新的基础上展开对于河流新的理解、交往、对话，适应、共处和改造，形成新的人河关系，河流的文化生命则又在新的人河关系的基础上进一步展开其内涵，由此形成逐步展开在人的实践基础上不断递进和提升的人类与河流、人类与文化、文化与河流三者之间的关系。这是我们的研究所采用的诠释学的具体规定性，也就是说，寻求人类、河流和文化的相互诠释（见图示）。

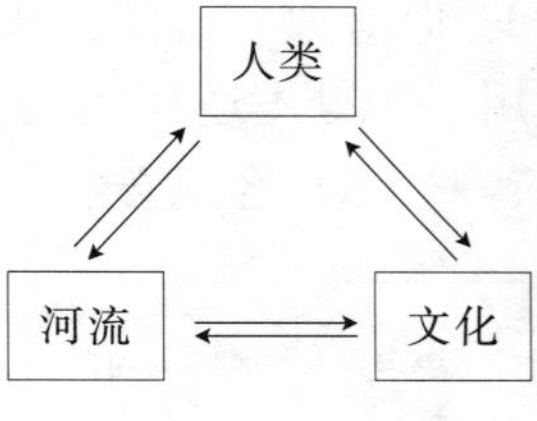

诠释学的方法肯定历史的连续性,在此表现为诠释的人和诠释的对象在时间上的连续,这也意味着诠释者和诠释对象的一体性,这恰好说明了人的存在和自然的不可分离性。中国传统哲学所谓的人与天地万物为一体,和现代生态哲学所说的人与自然在生态上的一体性是一致的。进一步言之,诠释学不是一种人文学科的方法论,而是此在的一种存在方式。这对我们肯定河流的文化生命概念的合法性具有特别重要的意义。对于以黄河为主的中国河流的文化生命的探讨,也是对于中国人的存在方式的探讨。

河流的文化生命作为一个哲学问题,还需要运用反思的方法。反思在英文中是也是反射,是光照到某一个对象之后又返回自身,在德文中是后思(Nachdenken)。反思需要把研究对象真正地对象化,进行有距离的思考。在我们看来,所谓对象化,按照近代以来西方哲学的观点乃是客体化,研究者和研究对象形成时空上分离的主客体关系;没有一定的时间距离,就无法真正客观地认识研究对象。时空的分离首先是事实,是研究出发的首要前提,必须对此有自觉的意识。同时,此处的反思是诠释学视域中的反思。时空距离并不意味着时空的断裂,研究者与研究对象的异化,在时间上,古与今、研究者与研究对象仍然形成统一体。古今同质,如同陆九渊所说,东海有圣人出,同此心同此理;西海有圣人出,同此心同此理。

第二章

中国文化对于河流的文化生命的一般认识

中国文化对于河流与水有极其丰富深刻的认识，这些认识构成了河流的文化生命的一部分，全面系统地了解这些认识，不仅有助于深入理解中国文化中河流的文化生命的内涵，也是了解中国人的所在的规定性。本书关于河流的文化生命的探讨全部运用中国文化的材料。这是因为一方面，中国文化对此有丰富的论述；另一方面，我们也力图凸现这种“地方性知识”的普遍性。

现代汉语统一用“河流”表示自然界存在的河流，藏族用藏布、格勒等表示河流。在古代汉语中，表示河流的词汇有“渎”、“水”、“河”、“川”、“江”、“溪”、“涧”等。其中，“河”在古代通常指黄河，《说文解字》中写作河，许慎的解释是：“河，河水，出敦煌塞外昆仑山，发源注海。”❶“江”指长江，普通的河流则用“川”、“水”、“溪”、“涧”来表示。古汉语表示河流用的最多的是“水”和“川”。《水经注》所涉及的河

❶ ［清］段玉裁：《说文解字注》，上海古籍出版社，1981年版，第516页。

流，统称为什么什么水，如河水、江水、泾水、渭水、颍水、淮水等。“川”，《说文解字》上说：“川：贯穿通流水也”；写作巛[1]。罗振玉认为，川字像水在两岸中间流动。“川”字包含流动的含义。郑玄谓：“川，流水也。”，并以《禹贡》所说大禹治水“九川涤源”为证据。贾公彦指出，郑玄说川为流水，是为了与“泽为停水相对言”，“引《禹贡》‘九川涤源’者，为禹治洪水已讫，九州之川已涤除泉源，无壅塞矣。引之者，证川是流水也”[2]。流动的水，即今所谓的河流。《易经》中出现了共计21次“涉大川”，其中的川都是河流。与河、渎相比，“川”是较小规模的河流，或者说是流入大河的支流。“利涉大川”中“川”字前面加一“大”字，正表明川通常是指小河流。涉川即徒步渡河；孔子的感叹则由河水的流动而生发。

川是渎的支流。《水经》说：“水有大小，有远近，水出山而流入海者，命曰经水。引佗水入于大水及海者，又命曰枝水。出于地沟，流于大水及海者，命曰川水。”[3]这里，“经水”是独自入海的河流，枝水和川则都既是支流，也包括独立入海的河流。郑玄曾经说“注渎曰川”[4]，就是把川作为渎的支流。许慎的解释是：“渎，沟也。”[5]“沟”，许慎的解释是“水，渎也，广四尺，深四尺”[6]。许慎把沟、渎互训，沟、渎都是现代意义的小水渠，所流动的水没有本源。孔子在《论语·泰伯》中说“禹尽力于沟洫”，正是就大禹修渠导水而说的。《尔雅·释水》：“水注川曰谿，注谿曰谷，注谷曰沟，注沟曰浍，注浍曰渎。”[7]这里排出的是水由小入大的顺序，注入川的水叫谿，注入谿的水叫作谷等。渎、浍、沟、谷、蹊、川，形成序列。川最大。沟、浍往往指无源之水。孟子曾经指出，“苟为无本，七八月之间雨集，沟浍皆盈；其涸也，可立而待也。”[8]这里

---

[1] 《说文解字注》，第568页。
[2] 《周礼注疏》卷九：《十三经注疏》上，第62页。
[3] 杨守敬等疏、陈桥驿等复校：《水经注疏》，江苏古籍出版社，1989年版，第7页。
[4] 《周礼注疏》卷九：《十三经注疏》上，第64页。
[5][6] 《说文解字注》，第554页。
[7] 《尔雅注疏》卷七：《十三经注疏》下，总第2619页。
[8] 《孟子·离娄下》。

的“渎”字的理解有歧义。如果把《尔雅》这段话按照统一的语法结构理解下来,则“渎”最小,与通常所说的“四渎”的概念绝不相同。所以,贾公彦认为,这里的“渎”和四渎的“渎”不同❶。邢昺则认为,谷、蹊、川和沟、浍、渎是两个序列。水有谷则注入谷、蹊、川,如果没有谷,则注入平地的沟、浍。沟深、广各四尺。浍则广二寻、深二仞❷。无论是贾公彦还是邢昺,心目中都有“渎”作为大河的理念。

《尔雅》中的“四渎”,是指四条大河。《尔雅·释水》篇说:“江、河、淮、济为四渎。四渎者,发源注海者也。”❸这里的“渎”指的是河流,并且独自发源、独自入海才成为河流。不过,济水、淮水都不独自入海,前者是黄河的一个支流,后者是长江的一个支流。“渎”的另一个意思是水道通畅。《水经·河水注》谓:“自河入济,自济入淮,自淮达江,水径周通,故有四渎之名也。”❹这里显然是把四条河流的相互贯通称为“渎”。渎还被认为是排污垢的通道;这意味着河流具有自我净化作用。《风俗通·山泽》:“渎,通也,所以通中国垢浊,民陵居植五谷也。”《白虎通》说:“谓之渎何?渎,浊也。中国垢浊,发源东注海,其德著大,故称渎也。”❺由于河流有这样的作用,所以下流往往是污垢集中的地方。《论语》中孔子弟子子贡说:“君子恶居下流,天下之恶皆归焉。”❻不过,老子的道的智慧是“守柔处下”。柔,是水的一种意象,处下则是居于下流。河流的构成要素为水、河道(方向性)、流动。河流的文化生命与河流的构成要素相联系,都围绕水和水的流动而展开。

---

❶ 《周礼注疏》卷十:《十三经注疏》上,总第702页。

❷❸ 《尔雅注疏》卷七:《十三经注疏》下,第2619页。

❹ 《水经注疏》上卷,第473页。

❺ [清]陈立:《白虎通疏证》,吴则虞点校,中华书局,1994年版,第301页。

❻ 《论语·子张》。

第一节 大禹治水:中华文化的根源性智慧的来源

一、各民族的诞生与水的联系

各民族的诞生,都有一个与水密切相关的神话。近代由于西方文明的广泛传播,基督教几乎成为普遍的宗教,诺亚方舟的故事也变得家喻户晓。在欧洲文明之外,其他文明也都有与水发生联系的传说。中国古代氐羌族少数民族的神化系谱认为,他们是炎帝的后裔。当然,这也可能是事实。因为炎帝被黄帝打败后,炎帝族的人并没有被全部消灭,其中有一部分离开中原到边疆地区定居。土家族历史上也属于氐羌。他们的故事是有八兄弟捉弄雷公,把雷公捆了起来。雷公向一对兄妹借了火,烧断绳子逃到天空。他决定发动洪水报复人类,赠给兄妹俩一个葫芦。洪水滔天,万物灭绝,只有兄妹二人躲在葫芦里,漂到南天门获救。彝族阿细人的神话是金银二恶神发动洪水,人类的始祖是躲在木柜子里的兄妹。白族的神话传说是把洪水神化分为两部分,一是洪水滔天,龙王兴洪水灭天下,盘古、盘生二兄弟制服龙王,重造世界;二是人类的起源说,观音把一对兄妹藏在金鼓中,漂浮于海,后来兄妹成亲。

古代印度神话传说认为,人类始祖是大洪水后的幸存者莫奴,毗湿奴神化为鱼把他驮上喜马拉雅山。希腊的神话传说认为,人类始祖是丢卡里翁和他的妻子皮拉,他们用石头造人。这些故事和诺亚方舟一样有一个共同的结构。其中的人都不是原初意义的祖先,而是劫后余生的人。在他们之前,已经有人类存在。像"漂到南天门"、"观音把一对兄妹藏到葫芦里"等,显然是道教、佛教的影响。这些神话也都不是创造神话,而是劫后余生神话。当时的人们只知道自己直接是从什么状况下幸存下来的,还没有认识到人类本身的诞生。所以,上述神话往往代表的是民族的诞生,而不是人的诞生。上述神话大都是幸存了一对男女,多是兄妹。这表明当时还没有产生婚姻的禁忌。这类神话更多反映的是原始社会的状况。根据科学家对于古代气候的研究,大致在4000年前,人类历史上确实存在一个洪水时期。这些神话传说在某种意义上反映了历史的真实。

二、大禹治水与民族的根源性智慧

文明开始于河流。古埃及、两河流域、印度恒河流域古文明都是开始于河流。河水冲积形成了肥沃的土地,河流又给人们提供了灌溉和航运的便利。有学者称古代文明为"大河文明",是很有道理的。中华文明是以治水闻名的。大致在4000年前的洪水时期,中华文明正处于龙山文化时期。大禹治水,就是这一时期的事情。汉民族的治水英雄是女娲和大禹。女娲更多具有传说的性质。据《淮南子·览冥训》记载:

> 往古之时,四极废,九州裂,天不兼覆,地不周载,火爁炎而不灭,水浩洋而不息,猛兽食颛民,鸷鸟攫老弱,于是女娲炼五色石以补苍天,断鳌足以立四极。杀黑龙以济冀州,积芦灰以止淫水。苍天补,四极正,淫水涸,冀州平,狡虫死,颛民生。❶

关于大禹治水,《论语》、《尚书》、《孟子》、《尸子》、《史记》、《吕氏春秋》、《淮南子》等典籍均有记载。《尚书·尧典》说:

> 帝曰:"咨!四岳,汤汤洪水方割,荡荡怀山襄陵,浩浩滔天,下民其咨,有能俾乂?"佥曰:"吁!鲧哉。"帝曰:"吁!咈哉,方命圮族。"岳曰:"异哉,试可乃已。"帝曰,"往,钦哉!"九载,绩用弗成。❷

这段记录表明,尧时中国发生了洪水。尧咨讯四岳,有谁能够平治水土。四岳推荐了鲧。但是,鲧采用了错误的堵的办法,九年没有成功。后来,帝尧又诛四凶、禅让于舜,舜任命大禹"平治水土"。《尚

❶ [汉]刘安:《淮南子·览冥训》,[汉]高诱注《淮南子》,《诸子集成》,第7册,中华书局,1954年版,第95页。

❷ [唐]孔颖达:《尚书正义·尧典》,《十三经注疏》上,中华书局,1980年版,总第122页。

书·皋陶谟》中说：

舜曰："咨，四岳！有能奋庸熙帝之载，使宅百揆，亮采惠畴？"佥曰："伯禹作司空。"帝曰："俞，咨！禹，汝平水土，惟时懋哉！"禹拜稽首，让于稷、契暨皋陶。帝曰："俞，汝往哉！"❶

除了《尚书》外，其他典籍关于大禹治水的记载也很多。《论语》中孔子评价大禹时说："禹，吾无间然矣，菲饮食而致孝乎鬼神，恶衣服而致美乎黻冕，卑宫室，而尽力乎沟恤。禹，吾无间然矣。"❷孟子也说：

当尧之时，天下犹未平，洪水横流，泛滥于天下。草木畅茂，禽兽繁殖；五谷不登，禽兽逼人，兽蹄鸟迹之道交于中国。尧独忧之，举舜而敷治焉。舜使益掌火，益烈山泽而焚之，禽兽逃匿。禹疏九河，瀹济漯而注诸海，决汝汉，排淮泗而注之江，然后中国可得而食也。当是时也，禹八年于外，三过其门而不入。❸

又说：

当尧之时，水逆行，泛滥于中国，蛇龙居之，民无所定。下者为巢，上者为营窟。《书》曰："洚水警余。"洚水者，洪水也。使禹治之。禹掘地而注之海，驱蛇龙而放之菹；水由地中行，江、淮、河、汉是也。险阻既远，鸟兽之害人者消，然后人得平土而居之。❹

《吕氏春秋》中说：

禹立，勤劳天下，日夜不懈，通大川，决壅塞，凿龙门，降通漻水以导河，疏三江五湖，注之东海，以利黔首。于是命皋陶作为夏钥九成，以昭其功。

由于历代踵事增华，大禹治水的记载存在放大和夸张之处，各种记载之间难免有所抵牾。但因此而怀疑大禹的存在、怀疑治水的真实性，

❶ 《十三经注疏》上，总第130页。

❷ 《论语·泰伯》。

❸ 《孟子·滕文公上》。

❹ 《孟子·滕文公下》。

却是不可取的。此处仅举一例，以增强大禹治水的可信度。新近出土的文物遂公盨，底部有鼎文98字。释读作：

> 天命禹敷土，随山浚川，乃差地设征，降民监德，乃自作配乡(享)民，成父母。生我王作臣，厥沫(贵)唯德，民好明德。寡(顾)在天下。用厥邵(绍)好，益干(?)懿德，康王不懋。孝友，讦明经齐，好祀无䰟(废)。心好德，婚媾亦唯协。天厘用考，神复用祓禄，永御于宁。遂公曰，民唯克用兹德，亡诲(悔)。

据李学勤先生考证，古遂国在今山东省宁阳西北，相传为虞舜之后，灭于春秋鲁庄公十三年(公元前681年)。铭文与《尚书序》、《禹贡》、《尚书·益稷》一致，可以说是“大禹治水传说最早的文物例证”❶。大禹治水的指导原则是疏、导，“高高下下，疏川导滞”，“合通四海”，“陂障九泽”❷。《禹贡》说：“禹别九州，随山浚川，任土作贡。禹贡。禹敷土，随山刊木，奠高山大川。”❸为了定高山大川，他所使用的测量工具有“规矩”、“准绳”❹。从这些记载可知，大禹治水的方法顺应地势，高处使之更高，低处使之更低，高处居住，低处行洪，使人、水各得其所。疏川导滞则是疏浚河道，使水流通畅、快速把水通向大海。“陂障九泽”则是加固沼泽湖泊的堤防，使洪水不漫溢。大禹治水充分发挥了水流就下的性质，充分利用了地势的便利。这就是“因”的智慧。疏导是因水之性，“随山”是因地之形。“因”是中华民族的根源性智慧，来自大禹治水。“因”也可以说是中华民族与河流交往、对话的方式，也是中华民族的存在方式。不过，大禹时期还没有总结出“因”的原则。对于水，禹有深刻的认识，《尚书·大禹谟》记载禹的话说：“德惟善政，政在养民。水、火、金、木、土、谷，惟修；正德、利用、厚生、惟

❶ 李学勤：《遂公盨与大禹治水传说》，《中国古代文明十讲》，复旦大学出版社，2003年版，第260~262页。

❷ 《国语·周语下》：《国语集解》，[清]徐元诰撰，王树民、沈长云点校，中华书局，2002年版，第95页。

❸ 《十三经注疏》上，总第146页。

❹ [汉]司马迁：《史记·夏本纪》：《史记》，第1册，中华书局，1959年版，第51页。

和”。六府“惟修”[1],“修”即治理。《康熙字典》的解释为“饬也”、“葺理也”[2]。舜对大禹的话给予了肯定,说:“地平天成,六府三事允治,万世永赖,时乃功。”[3]正德、利用、厚生,水、火、金、木、土、谷,被称为“六府三事”,受到历代统治者的重视。不过,“水之性”是什么?后来总结出“水曰润下”。大禹的时候只是利用了水的这一特性,但没有总结为一个原则。

第二节 中国文化对于河流与水的一般认识

中国文化对于水的认识是极其丰富的,除了散见于诸子百家诗文之外,还有像《初学记》、《艺文类聚》、《古今图书集成》这样类编性质的书籍,汇集了古人关于河流和水的各种认识。这些认识都可以称为“知识”,具有客观真理的性质。系统地整理这些知识,不仅可以促使深入理解中华文明关于河流的文化生命的认识,也能深刻地启发我们对于人类未来生存方式的思考。

一、气、阴阳、五行作为河流的解释体系

古代汉语中,“水”往往也指河流,所以,下文的论述不再把水与河流分开。气、阴阳、五行都是中国哲学的基础性概念,构成了河流的基本解释框架和理论体系。要理解中国文化对于河流的认识,就必须系统深入地理解和掌握这些概念。按照古典文献显示的顺序,先出现五行,接着是阴阳,其次才出现气。这反映了认识的不断深入。照《史记·历书》的说法,“黄帝考订星历,建立五行,起消息”[4]。但是,黄帝和五行的关系目前还没有直接的史料能够证明。“五行”最早出现于《尚书·夏书·甘誓》:

王曰:“嗟!六事之人,予誓告汝:有扈氏威侮五行,怠弃

---

[1][3] 《十三经注疏》上,总第 135 页。

[2] 《康熙字典·子集中》,中华书局,1958 年版,第 16 页。

[4] 《史记》,第 4 册,第 1256 页。

三正,天用剿绝其命,今予惟恭行天之罚。❶

这里的"五行"的概念似乎很难归结为五种物质。因为物质是很难"威侮"的。如果我们按照思孟学派的"五行"概念,把"行"读作 héng,把这里的"五行"理解为仁义礼智圣五种道德,语义就十分顺畅。所以,"五行"的概念仍以箕子所陈为最早。据《尚书·洪范》篇记载,周武王克殷之后❷,曾经走访殷商大臣箕子经国大计。武王说:"呜呼!箕子。惟天阴骘下民,相协厥居,我不知其彝伦攸叙。"箕子回答说:

> 我闻在昔,鲧堙洪水,汩陈其五行。帝乃震怒,不畀'洪范'九畴,彝伦攸斁。鲧则殛死,禹乃嗣兴,天乃锡禹'洪范'九畴,彝伦攸叙。…… 一、五行:一曰水,二曰火,三曰木,四曰金,五曰土。水曰润下,火曰炎上,木曰曲直,金曰从革,土爰稼穑。润下作咸,炎上作苦,曲直作酸,従革作辛,稼穑作甘。❸

这里,"水曰润下"是殷人通过大禹治水,对水的性质的总结。这个说法看似简单,却包含着深刻的内涵。在以下的论述中,其深刻性将会逐步得到展开。水、火、木、金、土五行表示五种物质及其性能,可谓古人对于自然的一种认识。

除了上述史料外,春秋战国时期提到"五行"的还有《左传》、《国语》等。《国语·鲁语上》说:"地之五行,所以生殖也。"《左传·昭公二十五年》记载子太叔的话说:"则天之明,因地之性,生其六气,用其五行,气为五味,发为五色,章为五声。"❹《左传·昭公三十二年》记载史墨语说:"天有三辰,地有五行。"❺从这些史料可以看出,地有五行,五行用于生殖的观念在春秋战国时期是相当流行的。墨子、墨子后学、

---

❶ 《十三经注疏》上,总第 155 页。

❷ 明清以来《尚书》常常被认为是伪书,五四时期尤然。但是,近年来出土材料表明,《尚书》的记载似还不能一概否认。周武王访问箕子,已经得到出土材料的证实。这条史料,还出现于《墨子·明鬼下》中,文字完全相同。

❸ 《十三经注疏》上,总第 187 页。

❹ 《十三经注疏》下,总第 2106 页。

❺ 《十三经注疏》下,总第 2128 页。

孙武、孟子等人也都提到了五行。不过,他们的论述似乎包含了对于五行相生相胜的批评的意思,这反过来说明五行相生相胜在当时也是普遍的信仰。因为只有流行了才有反对,只有正题才有反题。他们对于五行说的批评,表现了哲学家对于当时的流行文化的反思和警惕的态度。墨子《经下》篇说:"五行毋常胜,说在宜。"[1]《经说下》对此条的解释说:

> 五,金、水、土、木、火、离。然火铄金,火多也。金靡炭,金多也。金之府水,木离火。若识麋与鱼之数,惟所利。[2]

"宜",栾调甫认为应当作"多"。古文"宜"写作"宀"下一个"多"字[3]。《墨经》此条是为了反对金克木、木克土、土克水、水克火、火克金之类的"常胜",所以提出没有"常胜",即没有一定如此的必然性。为什么呢?道理在于多少。火烁金,是因为火多金少,金克木(炭),也是因为金多炭少的缘故。谭诫甫认为,此条也反驳了五行相生的说法。木和火不是相生关系,而是附着。离,即"丽",附着[4]。对于五行相胜,还有不少人提出了批评。《孙子兵法·虚实篇》中说:"五行无常胜,四时无常位";《孟子·告子上》说:"仁之胜不仁也,犹水之胜火。今之为仁者,犹以一杯水救一车薪之火也;不熄,则谓之水不胜火,此又与于不仁之甚者也,亦终必亡而已矣。"《淮南子·说林训》也指出:"金胜木者,非以一刃残林也;土胜水者,非以一塞江也。"值得注意的是,子叔太把五行与五味、五色、五声联系起来的说法,似为对五行的一种扩展和延伸。与此相类似的还有一条:

> 子墨子北之齐,遇日者。日者曰:"帝以今日杀黑龙于北方,而先生之色黑,不可以北。"子墨子不听,遂北,至淄水,不遂而反焉。日者曰:"我谓先生不可以北。"子墨子曰:"南之人不得北,北之人不得南,其色有黑者有白者,何故皆不遂也?

---

[1] 谭诫甫:《墨辩发微》,中华书局,1964 年版,第 291 页。

[2] 《墨辩发微》,第 292 页。

[3] 栾调甫:《梁任公五行说之商榷》,顾颉刚编著《古史辨》,第 5 册,海南人民出版社,2005 年版,第 224 页。

[4] 谭诫甫:《墨辩发微》,中华书局,1964 年版,第 292 页。

且帝以甲乙杀青龙于东方，以丙丁杀赤龙于南方，以庚辛杀白龙于西方，以壬癸杀黑龙于北方，若用子之言，则是禁天下之行者也。是围心而虚天下也，子之言不可用也。"❶

把方位的东西南北、日期的甲乙丙丁、颜色的清白黑赤与龙等配合起来，可能是当时流行的迷信，作为具有独立思考意识的哲学家，墨子等人是不会相信的。所以提出了批评。

阴阳的概念起初内涵非常具体，二字字义相反：太阳照到的地方为阳，照不到的地方为阴。《说文解字》解释云，阴，"闇也，水之南，山之北也"；阳，"高明也"❷。山南、水北，日光能够直接照射，所以称为阳；山北、水南，日光不能照射，所以称为"阴"。这表明阴阳最初是一对表示方位的概念。《诗经》中出现了不少阴、阳的概念。关于阴有如下几条：

(1)曀曀其阴，虺虺其雷，寤言不寐，愿言则怀。(《终风》)

(2)习习谷风，以阴以雨。黾勉同心，不宜有怒。(《谷风》)

(3)小戎俴收，五楘梁辀。游环胁驱，阴靷鋈续。(《小戎》)

(4)芃芃黍苗，阴雨膏之。(《下泉》)

(5)二之日凿冰冲冲，三之日纳于凌阴。(《七月》)

(6)迨天之未阴雨，彻彼桑土，绸缪牖户。(《鸱鸮》)

(7)终其永怀，又窘阴雨。(《正月》)

(8)既之阴女，反予来赫。(《桑柔》)

上述八处"阴"字的意义可以总结如下，第一，云遮日、阴天、阴雨。第(1)、(2)、(4)、(6)、(7)条都是此意。第二，位置，太阳照不到的地方。第(3)条的"阴靷"、第(5)条的"凌阴"都表示太阳照不到的位置、方所。"靷"是引车前进的带子，从车下伸出，所以叫做"阴靷"。"凌

❶ 孙贻让：《墨子间诂》，《诸子集成》，第4册，第271页。

❷ 《说文解字注》，第731页。

阴"是冰窖，当然不能是阳光能够照射到的地方。上述两个意思还可以进一步引申为看不到、不见等。第(8)条是引申义，即遮蔽或覆盖。《诗经》中的"阳"字统计如下：

(1)殷其靁，在南山之阳。(《殷其靁》，靁，同"雷")

(2)君子阳阳，左执簧，右招我由房，其乐只且！(《君子阳阳》)

(3)子之昌兮，遭我乎狃之阳兮。(《还》)

(4)采苓采苓，首阳之巅。(《采苓》)

(5)我送舅氏，曰至渭阳。(《渭阳》)

(6)七月流火，九月授衣。春日载阳，有鸣仓庚。(《七月》)

(7)载玄载黄，我朱孔阳，为公子裳。(《七月》)

(8)曰归曰归，岁亦阳止。(《采薇》)

(9)王事靡盬，继嗣我日。日月阳止，女心伤止，征夫遑止。(《杕杜》)

(10)湛湛露斯，匪阳不晞。(《湛露》)

(11)侵镐及方，至于泾阳。(《六月》)

(12)天监在下，有命既集。文王初载，天作之合。在洽之阳，在渭之涘。(《大雅·大明》)

(13)度其鲜原，居岐之阳，在渭之将。(《皇矣》)

(14)笃公刘，既溥既长。既景乃冈，相其阴阳，观其流泉。(《公刘》)

(15)彻田为粮，度其夕阳。(《公刘》)

(16)梧桐生矣，于彼朝阳。(《卷阿》)

(17)载见辟王，曰求厥章。龙旂阳阳，和铃央央。(《载见》)

(18)居岐之阳，实始剪商。(《閟宫》)❶

❶ 以上《诗经》诸条皆引自杨任之《诗经今译今注》，天津古籍出版社，1986 年版。为节省篇幅，不俱注。

这十几条可以大略总结为四个意思。第一，位置，阳光照射到的地方。第(1)、(3)、(5)、(11)、(12)、(13)、(14)、(15)、(16)、(18)条，都是此义。第二，太阳或阳光。第(6)、(7)、(8)、(9)、(10)条是此义。第三，一种状态。第(2)条“君子阳阳”表示君子潇洒、快乐、得意的状态，第(17)条指龙旂飘扬，这两条的“阳阳”都可以“扬扬”理解。第四，地名中的阳，如“首阳”中的阳。总之，阳的主要意义为太阳照射到的地方和太阳、阳光。“相其阴阳”是较早见到阴阳并用的例子。

此外，《易经》中孚卦九二爻辞有“鸣鹤在阴，其子和之”，也表示位置。《尚书·禹贡》篇有“华阳”、“华阴”、“岷山之阳”的等说法，显然是表示位置。《尚书·洪范》篇的“天阴陟下民”的“阴”是覆盖或遮蔽义。《尚书·无逸》篇说殷高祖“乃或亮阴，三年不语”，此处的“亮阴”乃是凶庐的阴暗处。总之，上述阴阳都还比较具体，还不是抽象的哲学概念。

气，《说文解字》写作“⺄”，解释为“云气也，象形，凡气之属皆从气”❶。段玉裁注曰：“气本云气，引申为凡气之称。象云起之貌。”《康熙字典》特别说明了“气”和“氣”，指出“气俗借为氣，乃禀氣之氣，云气必用气。按，天地人物之气虽别，而气‘氣’二字实同”❷。气作为“云气 ”，屡见于《庄子》。如《逍遥游》中鲲鹏“绝云气，负青天”，说的正是这种“云气”。气还表示风，子綦曰：“夫大块噫气，其名为风。”无论作为云气，还是风，都不是抽象的哲学概念。气也是构成人的材料。《老子·第10章》说“抟气致柔，能婴儿乎？”所说的气便是材料。

把气和阴阳结合起来，较早的史料分别是医和的“六气”说、伯阳父关于地震的解释等。春秋时期医和提出了“六气”的说法：“天有六气……六气曰阴阳、风雨、晦明也。”❸这里，阴阳和气都不是普遍概念，也不是后来所说的气的两种性质。因为二者还处于和风雨、晦明的对立之中。《庄子·逍遥游》也提到了“六气”。庄子在谈到有待无待时

---

❶ 《说文解字注》，第20页。

❷ 《康熙字典·辰集下》，第35页。

❸ 《左传·昭公元年》：《十三经注疏》下，总第2025页。

说："若夫乘天地之正，而御六气之辩，以游无穷者，彼且恶乎待哉！"这里所说的"六气"，各家解释不同，有谓阴阳、风雨、晦明者，有谓天地四时者，有谓"平旦朝霞、正午正阳、日入飞泉、夜半沆瀣，外加天地二气"者❶。辩，通变。《庄子》的六气也都是具体的气，不是普遍概念。

能够做普遍理解的气，一是西周末年的伯阳父，一是老子。有一种说法认为，伯阳父即是老子，对此，我们暂持保留态度。伯阳父在说明西周地震时说：

> 夫天地之气，不失其序，若过其序，民乱之也，阳伏而不能出，阴迫而不能烝者，于是有地震。今三川实震，是阳失其所而镇阴也。阳失而在阴，川源必塞。源塞，国必亡。❷

这里，伯阳父所说的"天地之气"只是一种气，是单数，不是复数；不与晦明、阴阳并列。这就使气具有了抽象概念的形态，伯阳父仅仅用"天地之气"来解释地震。他所说的天地之气，又可以更进一步分为阴阳两个方面，或者两种性质。地震的发生就是因为阴阳失去了秩序，阳被阴所镇而不能出。他只用这两种而不是更多的性质来说明地震，这也表明在他那里，阴阳是气的普遍性质，不是两种不同的气。这样，气和阴阳就都上升为抽象的普遍概念了。《老子》对阴阳和气的关系作了更为精练的说明。老子说："道生一，一生二，二生三，三生万物。万物负阴而抱阳，冲气以为和。"❸老子把万物纳入了道的解释框架，他的说明是极为抽象的哲学的说明。其次，"万物负阴而抱阳"从阴阳的本义出发，指出一切事物所怀抱的是阳，所背负的是阴，即前阳后阴。这样，阴阳就成为一切事物所固有的两种性质或两个方面。老子还进一步提出，事物的阴阳的性质或方面并不是孤零零各不相干地存在于事物之中，而是融合成为一种"冲气"。这样，包括人在内的万物和阴阳、气的关系就十分清楚了。气是质料，分为阴阳两种性质或方面，二者的融合构成事物。

---

❶ 郭庆藩：《庄子集释》，《诸子集成》第3册，第11页。

❷ 《国语集解》，第26页。

❸ 《老子·第42章》。

《庄子》一书，计出现“阴”约38处，“阳”约68处，“阴阳”23处。老子的观点在庄子那里进一步发展为“通天下一气”的思想（引文见第一章中国哲学生命观的启示部分）。把“气”上升为万物的本原。在庄子那里，气同样也是分为阴阳的。人、物都受气于阴阳。《秋水》篇中庄子借北海若对河伯的谈话表明了这一点。北海若说，自己寄托于天地之间，“而受气于阴阳”，犹如“小石小木之在大山也”。庄子强调，阴阳的运行是有序的：

阴阳四时运行，各得其序；惛然若亡而存；油然不形而神；万物畜而不知：此之谓本根，可以观于天矣！❶

这和伯阳父论述西周地震时所说的阴阳不失其序是一致的。庄子认为，阴阳运行的理想状态是和谐或者调和，人、物都应如此。“和”是“天地之美”、“万物之理”，所谓圣人、至人，都是能够“观于天地”的人。所以，他特别强调与天和、与人和、与阴阳和，把与天和、与人和分别叫做“天乐”、“人乐”（引文见前）。庄子还利用托古的方法描绘了上古阴阳和谐的状态：

古之人，在混芒之中，与一世而得淡漠焉。当是时也，阴阳和静，鬼神不扰，四时得节，万物不伤，群生不夭，人虽有知，无所用之，此之谓至一。当是时也，莫之为而常自然。❷

但是，庄子是智者型的哲学家，他对于世界的观察是冷峻的，批判是深刻的。在他看来，阴阳不和才是社会的经常状态。他提出了不少关于阴阳不和的说法，如“阴阳有沴”、“阴阳不和”、“阴阳错行”等。阴阳有沴出于《大宗师》。子祀、子舆、子犁、子来都是深通死生一体的至人。子舆有病，子祀探望。子舆说，伟大的造物主把我造成这个样子。弯腰驼背，五脏在上，肩膀高过头，面颊隐在肚脐下。子祀问他是不是讨厌这个样子。子舆说，我又怎能讨厌这些呢？如果把我的左臂变成鸡，我就打鸣报晓；如果把我的右臂变成弹，我就去打斑鸠烤着吃；如果把我的屁股变成车，把我的身躯变成马，我就去乘着它走，哪里还

❶ 《庄子·知北游》。

❷ 《庄子·缮性》。

需要另外的车子？庄子说，“阴阳之气有沴，其心闲而无事，胼蹮而鉴于井，曰：‘嗟乎！夫造物者又将以予为此拘拘也’。”❶意思是说，阴阳之气发生了错乱，造成了他这个拘挛的样子，可是他仍能平静对待，闲若无事，一摇一晃地走到井边，看看自己的形象，说，哎呀，造物主把我变成这样拘挛的样子呀！

阴阳错行也是一种不正常的情况。“木与木相摩则燃，金与火相守则流，阴阳错行，则天地大絯，于是乎有雷有霆，水中有火，乃焚大槐。有甚忧两陷而无所逃。螴蜳不得成，心若县于天地之间，慰暋沈屯，利害相摩，生火甚多，众人焚和，月固不胜火，于是乎有僓然而道尽。”❷这里指出了两种阴阳不和的情况，一是自然的错行，这样会导致雷霆水火；一是人心的不和，这样会导致失道。庄子还指出，指出阴阳不和会导致寒暑失序：

> 阴阳不和，寒暑不时，以伤庶物；诸侯暴乱，擅相攘伐，以残民人。礼乐不节，财用穷匮，人伦不饬，百姓淫乱，天子有司之忧也。❸

所以，庄子强调个人从修养上一定要注重调和阴阳、养阴阳，做到内心平和，不能与阴阳为敌。如与阴阳为敌，则“寇莫大乎阴阳，无所逃于天地之间。非阴阳贼之，心则使之也。”❹所谓“心则使之”，是心态的失衡导致的阴阳失衡。庄子还提出了“阴阳之患”、“阴阳食之”等说法。《人间世》上说，叶公子高要出使到齐国，问孔子说，齐国对待使者表面尊敬，实际怠慢。一般人都不愿去，何况我作为一个诸侯呢！事情不成功，则必然会有人道之祸；事情如果成功，就必然受气而导致阴阳失调带来疾病。自己现在是早上受命晚上就开始饮冰，心里已经有了内火，已经受到了阴阳之患，如何是好呢？所谓“阴阳食之”，乃是自然对于人的一种惩罚。“为外刑者，金与木也；为内刑者，动与过也。宵

❶《庄子·大宗师》。
❷《庄子·外物》。
❸《庄子·渔父》。
❹《庄子·庚桑楚》。

人之离外刑者，金木讯之；离内刑者，阴阳食之。夫免乎外内之刑者，唯真人能之。”❶这里，金、木是斧钺、桎梏之类。离同于罹，遭受。内刑即遭受阴阳之气的交错侵蚀。

庄子反对“官阴阳”、“求阴阳”，主张“养乎阴阳”。所谓“官阴阳”，即人为地调理阴阳。庄子认为，阴阳各有自己的居所，不必官阴阳。他要求“守一以处和”。“一”，即道。

> 黄帝立为天子十九年，令行天下，闻广成子在于空同之上，故往见之，曰：“我闻吾子达于至道，敢问至道之精。吾欲取天地之精，以佐五谷，以养民人。吾又欲官阴阳以遂群生，为之奈何？”广成子曰……天地有官，阴阳有藏。慎守女身，物将自壮。我守其一以处其和。故我修身千二百岁矣，吾形未常衰。❷

又据《庄子·天运》篇记载，孔子见过老子后，三天不语。弟子问：“夫子见老聃，亦将何规哉？”孔子回答说：“吾乃今于是乎见龙。龙，合而成体，散而成章，乘乎云气而养乎阴阳。”❸如何养乎阴阳呢？庄子修养论的特点是安时处顺。他在《大宗师》中指出，阴阳就如同人的父母。冶炼的人铸造器具时，如果金属跳跃着说，我一定要成为镆铘，那么，冶炼的人一定会认为这是“不祥之金”。人一旦成为人形，就说，我是人，我是人，造化一定会认为这是个不祥的人。如果以“以天地为大炉，以造化为大冶”，那么，人何往而不可呢？

比老子、庄子更为系统地论述了阴阳思想的是《易传》。《庄子·天下》篇说“《易》以道阴阳”，但《易经》仅有中孚卦(䷼)九二爻辞出现了一个“阴”，所以很难说《易经》是道阴阳的。真正道阴阳的是《易传》。《易传·系辞》用阴阳的原理来解释六十四卦，提出“一阴一阳之谓道，继之者善也，成之者性也”的命题。这在中国思想史上是一个具有里程碑意义的普遍命题。它是对此前所有关于阴阳的认识的总结，

---

❶ 《庄子·列御寇》。
❷ 《庄子·在宥》。
❸ 《庄子·天运》。

把中国文化对于阴阳的认识提高到了新的高度。首先,“一阴一阳之谓道”,既是《周易》的基本原理,也是天地万物的根本原理,也是观察和认识事物的思维方式。首先,“一阴一阳”是说任何事物都可以分为阴阳两个方面,有阴必然有阳,有阳必然有阴,阴阳俱备才合乎道,继承这个原则才能称为完善。这个命题也包含了一分为二的思想。其次,它是说,阴阳是相互对待的,二者的对待构成事物的基本状态。再次,它也表明,事物是变化的,阴阳变异是事物变化的法则,刚柔相推、消息盈虚、天地交通等原理是变化的内涵。刚柔相推是把对立面的相互推移作为事物变化的原因。消息盈虚则是对变易过程的论述,事物发展的过程包括盈虚、消长和兴衰。变易的第三个方面是“天地交而万物通”,即在变化过程中,阴阳两个对立面相互吸引和排斥达到成功。照《易传》的解释,天地相交表现为天气下降,地气上升,二者交会,才能达到亨通。如泰卦(䷊)卦象是乾下坤上,天在地下,正是天气下降、地气上升的状态,所以泰卦气彖辞说“小往大来,吉亨。则是天地交而万物通也,上下交而其志同也”。否卦(䷋)则相反,所以它的《彖辞》说它“天地不交而万物不通”❶。《易传》作者认为,“易与天地准”,就是说,《周易》的原则即是客观世界的原则,掌握了《周易》也就掌握了世界。“一阴一阳之谓道”命题提出以后,关于事物和阴阳的关系问题得到了根本解决。

以上我们说明了中国文化中气和阴阳的联系。为了理解河流的文化生命,还须进一步了解五行和阴阳的联系。过去有一种看法,认为五行说起于战国后期,“邹衍是创始五行说的人”❷。现在看来,这一说法并不准确。武王见箕子已为出土资料所证实,荀子批评思孟学派的五行说并不是水火木金土的五行,而是仁义礼智圣五种德行。如前所述,春秋时期孙武等人已经批评过五行相胜的说法。1972 年山东银雀山出土《孙子兵法》,确证为孙武所作,这些足以表明春秋时期五行相生

❶ 以上解释,参见朱伯崑先生著《易学哲学史》,第 1 卷,华夏出版社,1995 年版,第 74 ~ 118页。

❷ 顾颉刚:《五德终始说下的政治和历史》,《古史辨》,第 5 册,第 240 页。

相胜之说已经相当流行。只是并未得到精英文化的普遍认可，仔细寻绎对照《史记》，得不出阴阳五行学说由邹衍创立的结论。司马迁提出邹衍有两个创造，一是五德终始说，把阴阳、五行生克和朝代更替联系起来；一是大小九州说。五德终始是邹衍在五行学说发展史上的一个贡献。《史记》并未表明五行阴阳之说或者这一学派由邹衍所创造，相反，据前文所述，可以得出五行阴阳之说在邹衍之前就已经存在并非常流行的结论。因为如果不是这样，他就不能直接用这种观点解释朝代的更替，而必须先对阴阳五行说进行一番说明。

笔者认为，阴阳五行和君主政治、人、自然等系统地联系起来的线索大致是这样的。首先是《管子·幼官》诸篇把阴阳五行说与君王行政结合起来，这条线索发展到《吕氏春秋》、《礼记》，又进一步发展《淮南子·时则》等。学界一般认为，《礼记·月令》抄自《吕氏春秋》，郑玄(康成)即主张此说。他说："《月令》本《吕氏春秋》十二月纪之首章也。以礼家好事抄合之，后人因题之，名曰'礼记'。"❶与此相反，蔡邕认为，"《周书》七十一篇，而《月令》第五十三。秦相吕不韦著书，取《月令》为纪号"❷。我们倾向于认为，《十二纪》并非空穴来风。从根源上说，《月令》中的思想早已存在并流行。《吕氏春秋》是集当时学者所著，是在吸收当时思想的基础上形成的，具有集成性质。不过，无论是谁抄谁，对于我们理解河流的文化生命来说，认识到在春秋、战国时期或更早的时期存在这样的思想，这些思想形成了解释河流与水的基本理论框架，就足够了。我们下面仔细考察一下阴阳、五行、时令、人与行为之间联系的发展线索。首先考察《管子》诸篇。

《幼官》论述的五行顺序是土、木、火、金、水，其论述很不齐备，对于土相应的季节、方位都没有说明。春夏秋冬还没有与金、木、水、火、土明白地对应起来，只是在论述中表现出联系性的思想而已。下面的表是把《管子》中的《幼官》和《幼官图》两篇合起来所得到的阴阳五行的搭配结果。

---

❶ [汉]高诱注:《吕氏春秋》,《诸子集成》,第6册,第340页。

❷ 《诸子集成》,第6册,第340页。

《管子》中的《幼官》和《幼官图》二篇阴阳五行的搭配

	土	木	火	金	水
方位	中	东	南	西	北
季节		春	夏	秋	冬
星象		星			
气		风			
色	黄	青	赤	白	黑
味	甘	酸	苦	辛	咸
乐	宫	角	羽	商	徵
应气	和气	燥气	阳气	湿气	阴气
数	五	八	七	九	六
饮水	黄后之井	清后之井	赤后之井	白后之井	黑后之井
兽	倮兽(黄龙)	羽兽	毛兽	介虫	鳞兽
德性	欧养(喜乐)	欧养	笃厚	抟锐	薄纯
错政后果		春行冬政则寒,行秋政则雷,行夏政则阉。❶	行春政风,行冬政落,重则雨雹。行秋政水。❷	行夏政叶,行春政华,行冬政耗。❸	冬行秋政雾,行夏政雷,行春正烝泄。❹

关于四时错政的后果,基本可以这样理解。春属阳,冬属阴。所以,春行冬政会引起寒冷,行秋政会引发雷电。这是因为秋属阴,春属阳,阴乘于阳之上则引起雷电。春为阳,夏也为阳,春行夏政,阳气庞杂,夏天的阳掩盖春天的阳。夏行春政,会有大风。冬属阴,行冬政则树木凋落萧杀,阴气太盛会招来冰雹。秋属金,金生水,所以夏行秋政

❶ 《管子校注》上,第 147 页。
❷ 《管子校注》上,第 152 页。
❸ 《管子校注》上,第 154 页。
❹ 《管子校注》上,第 157 页。

会引发大水。秋天属于阴,凋落、收获的季节。如果秋行夏政,夏为盛阳之气,树木重叶;春为少阳之气,树木再花。冬政盛阴过早来临,则会引起虚耗。冬属阴,蔽藏的季节;春属阳,属发散。冬行春政会引起阳气外泄。

上述论述表明了一种思维方式,即一定的季节必须配合一定的政事,政事错乱,就会引起灾害。这种思维方式的核心是建立政治与自然的同构和互动;自然决定政治,政治影响自然。这种思维方式的合理性在于,在农业为主的社会中,政事的确需要按照季节和气候的变动安排;不顾时令的行政必然会导致问题甚至灾难。照我们现在的观念来看,政治活动会影响自然的想法是荒谬的,但实际上这里面也包含一定的合理性。错误地改变自然的举措如填湖造田、围海造田、大规模地筑坝、氟利昂的广泛使用、二氧化碳的过度排放、DDT 的随意滥用的确都会改变自然、气候,带来不可预测的后果。我们对于自然的改造能力越大,导致的后果也就越发不可预测、越发严重。《管子》似乎还没有提出个人和自然的相互影响。

和《幼官》不同的是,《四时》篇出现了把政事与方位、季节等对应起来的观念。《四时》说春天要种植、修治堤防等，显然是与季节和气候密切相关的。夏天多雨，春天多修沟渠，提前防备，也是很自然的。夏季是万物生长的季节，所以政事是“动阳气”，激发万物生长。秋季是收获的季节，所以政事是“畜聚”。冬季是闭藏的季节，所以政事令民静止、不泄地气等。《四时》篇提出的各季节的错政所导致的后果和《幼官》篇基本一致，也很容易理解。《管子·轻重己》篇也有对四季各宜的政治活动的说明，大致与《四时》篇同，如夏季：

> 天子服黄而静处,朝诸侯卿大夫列士,循于百姓,发号出令曰:“毋聚大众,毋行大火,毋断大木,毋诛大臣,毋斩大山,毋戮大衍。灭三大而国有害也。”天子之夏禁也。
>
> 以春日至始,数九十二日,谓之夏至,而麦熟。大子祀于太宗,其盛以麦。麦者,谷之始也。宗者,族之始也。同族者人,殊

族者处。皆齐大材，出祭王母。天子之所以主始而忌讳也❶。

《管子·四时》篇中阴阳五行的搭配

	木	火	土	金	水
季节	春	夏		秋	冬
方位	东方	南方	中央	西方	北方
气	风	阳		阴	寒
星象	星	日		辰	月
德	喜嬴	施舍修乐	辅四时、和平用均	忧哀	月德
政事	耕耘树艺、治堤防、正津梁、修沟渎	谨修神祀、量功赏贤，以动阳气		顺旅聚收、量民力以畜聚	修禁徙，令民静止，地乃不泄。断刑致罚，无赦有罪，以符阴气❷
错政后果	行冬政则雕，行秋政则霜，行夏政则欲。❸	行春政风，行秋政水，行冬政则落。❹		秋行春政荣，行夏政则水，行冬政耗。❺	冬行春政则泄，行夏政则雷，行秋政则旱。❻

《管子·五行》篇对五行各自为主的情况进行了说明。与《幼官》和《四时》篇相比，其新意一是把五行和干支联系起来，一是提出错误的政治会导致君主、太子或者君夫人死亡。例如，春季君主如果不赏赐、斩伤树木，就会导致君危，其结果不是君主被杀，就是太子身危。《五行》篇中的五行与季节、干支的搭配见下图。

❶ 《管子校注》下，第 1533 ~ 1535 页。

❷ 《管子校注》中，第 851 页。

❸❹ 《管子校注》中，第 842 ~ 843 页。

❺❻ 《管子校注》中，第 854 页。

《管子·五行》篇中的五行与季节、干支的搭配

干支	五行	季节	政事	错政的后果
甲子	木	春	列爵、赏赐、发粟、禁民斩木、赎蜇虫、不夭麑鹿、勿伤襁褓等	不赋、不赏赐，斩伐伤，君危，如不被杀，则太子危，君夫人死或长子死。
丙子	火	夏	决沟浍、津旧涂、修游驰以发地气、修春秋之礼于诸侯	敬行急政，则苗枯死，民疫。
戊子	土		宽刑死、缓罪人，顺民工力，以养五谷，天子静居	修宫室则君危，修城池则臣危。
庚子	金	秋	选禽兽五谷荐之祖庙、整饬军旅、修四境，待天地之杀	攻山击石，发动战争，则败。
壬子	水	冬	伐檀柘、杀禽兽，贵天地之闭藏	如决塞动大水，则王后夫人薨。

我们可以把《管子》中阴阳、五行与季节、政治等联系起来的做法称为对自然与社会的“五行化”思维方式。这种思维方式中，“五行”已不是原初意义上的五种物质，而是以五种物质为代表的五种功能，五行已经非物质化了。五行化在《管子》中分散在各篇里，每一篇表达了五行化的不同侧面。不过，总体上还不是十分严密，尚未达到系统的程度。五行化在《吕氏春秋》中则呈现出不同的特点。首先，它是集中的而不是分散的；集中表现在十二纪中。其次，对应更加全面和严密了。《管子》各篇中常常出现漏掉某项的情况，《吕氏春秋》则没有这种现象。五行、季节、星象、干支、帝、神、虫、音、律、数、味、臭、祀、祭、天子的居处、颜色、食、器、物候、政事、政忌、错政后果，共计22个对应项目，远远超出了《管子》。这表明《吕氏春秋》是在《管子》诸篇的基础上又有所发展。不仅如此，《吕氏春秋》还把每一季节都分为孟、仲、季三纪，分别论述三纪各自对应的政事，比《管子》又更加深入了，这是它的第三个特点。《吕氏春秋》的第四个特点是它的每一纪后面都有一组四篇文章，这些篇目和这一纪的特点是内在一致的，说明了这些特点所要求的政治活动。如《孟春纪第一》下附有《本生》、《重己》、《贵公》、《去私》四篇。《本生》强调养性的重要性，这是与春季万物萌生相一致的。由于人的养性，可以推出“重己”的思想。天地生物，不偏一族，由此又

可以引申出“贵公”、“去私”的话题。这些都是与此纪的天候相对应的，说明了天子所当为。其他《仲春纪》、《季春纪》都有重生的特点。这种格局是《管子》所没有的。下面我们仍用图表的形式说明《吕氏春秋》的五行化思想。

《吕氏春秋》关于春的五行化

五行	木		
季节	春		
	孟春	仲春	季春
星象	日在营室，昏参中，旦尾中	日在奎，昏弧中，旦建星中	日在胃，昏七星，旦牵牛中
日	甲乙		
帝	太皞		
神	句芒		
虫	麟		
音	角		
律	太蔟	夹钟	姑洗
数	八		
味(臭)	酸(膻)		
祀	户		
祭	脾		
居处	青阳左个	青阳太庙	青阳右个
颜色	青		
食	麦、羊		
器	疏以达		
物候	天气降、地气升、草木繁动、候雁北	日夜分、雷电发生、蛰虫动	“生气方盛，阳气发泄，生者毕出”❶

❶ ［汉］高诱注：《吕氏春秋》，《诸子集成》，第6册，中华书局，1954年版，第23页。

政事	迎春、施舍、亲耕、祭祀	安萌芽、养幼少、存诸孤、省囹圄、去桎梏、祭社、统一衡、石	布德行惠、发仓、开府、振贫乏；通道、导沟洫、修堤防
政忌	禁伐木、覆巢，杀虫胎、夭飞鸟，无麛无卵，不聚众、不置城郭，揜骼霾髊、不可以兴兵❶	无竭川泽，无漉陂池，无焚山林。祀不用牺牲，用圭璧、皮币	不伐桑柘、妇女不得游观
错政后果	行夏令，则风雨不时，草木早槁，国乃有恐。行秋令，则民大疫，疾风暴雨数至，藜莠蓬蒿并兴。行冬令，则水潦为败，霜雪大挚，首种不入。❷	行秋令，则其国大水，寒气总至，寇戎来征。行冬令，则阳气不胜，麦乃不熟，民多相掠。行夏令，则国乃大旱，暖气早来，虫螟为害。❸	季春行冬令，则寒气时发，草木皆肃，国有大恐。行夏令，则民多疾疫，时雨不降，山陵不收。行秋令，则天多沈阴，淫雨降，兵革并起。❹

从表中关于五行、季节、政事与错政的后果的联系可以看出，《吕氏春秋》也是从季节和政治的内在一致性出发进行论述的，其原则和《管子》相同。关于表中各项，各书的解释大致如下。

甲乙，系干支记日法。高诱注“甲乙，木日也”❺。郑玄则认为，“甲”是植物萌芽出土时顶戴孚甲的形象，“乙”是植物出土时的形象❻。高诱所说更正确。关于太皞，有几种说法。一谓伏羲氏。高诱说，“太皞，伏羲氏以木德王天下之号。死，祀于东方，为木德之帝”❼。郑玄也同意此说。一说认为，皞，“元气广大”，“东方生养，元气盛大”，所以叫“太皞”❽。句芒乃是少皞氏之子，名重，伏羲时任木官。高

❶❷ 《吕氏春秋》，《诸子集成》，第6册，第3页。
❸ 《吕氏春秋》，《诸子集成》，第6册，第20页。
❹ 《吕氏春秋》，《诸子集成》，第6册，第25页。
❺❼ 《吕氏春秋》，《诸子集成》，第6册，第1页。
❻ 孔颖达：《礼记正义》，《十三经注疏》上，总第1352页。
❽ ［清］朱彬：《礼记训纂》上，饶钦农校点，中华书局，1996年版，第215页。

诱说是句芒“佐木德之帝，死为木官之神”❶，所说稍异。春之虫为鳞，鱼属，以龙为长。角在宫商角徵羽五音中属于木。律是候气之管。太蔟是一种钟，孟春气至，太蔟律应。高诱认为，春天“太阴气衰、少阳气发，万物动生，蔟地而出，故曰‘律中太蔟’”❷。关于“其数八”，高诱认为，五行加上木在五行中排第三所以为八。郑玄认为，“数者，五行佐天地生物成物之次也”，天一、地二……天九、地十。水在五行中为排一，成数为六；木在五行中顺序为三，成数为八。八是木的成数。也有一种说法把五行的顺序与地数五相加得八。酸、膻分别是木的味和气。户是内室之门，出入必经之处。春天阳气出，祀户是纳阳气。今文《尚书》木与肝应，古文《尚书》木与脾应。此处说祭先脾，与古文《尚书》说同。今古文《尚书》只有肾与水应一致。明堂是天子的居所，“青阳”是明堂的东堂，个为房间。“左个”即东堂靠北的房间。天子“顺时气”变换自己的住所❸，根据时令的变化一年之中把明堂住过一遍。这表明了人的活动应与自然的变化相一致的理念。此月所尚的颜色为青，这其实也与春天万物复苏返青一致。天子的食物是麦与羊。高诱解释认为，麦属金，羊属土，“是月也，金、土以老，食所胜也。”❹宗庙所用器物“疏以达”，指“疏镂通达，以象阳气之射出”❺。其关于政治活动的内容、禁忌以及错误政治的后果与《管子》大略类似，只是更为系统和详细。

夏季阳气旺盛，为太阳。其帝炎帝，号神农氏，以火德王天下。祝融名吴回，是颛顼氏后老童之子，为高辛氏的火正。夏季所涉及的其他各项也都与气的运行有关，可比照《仲春纪》得到理解。夏所使用的器“高以粗”。粗，大。高诱认为，器高大，象征火性。郑玄注为“象物生长”。《吕氏春秋》还有关于夏的五行化，关于秋的五行化，关于冬的五行化及关于中央土的说明。

---

❶❷❹　《吕氏春秋》：《诸子集成》，第6册，第1页。
❸　《礼记正义》：《十三经注疏》上，第1355页。
❺　《吕氏春秋》：《诸子集成》，第6册，第1~2页。

《吕氏春秋》关于夏的五行化

五行	火		
季节	夏		
	孟夏	仲夏	季夏
星象	日在毕，昏翼中，旦婺女中	日在东井，昏亢中，旦危中	日在柳，昏心中，旦奎中
日	丙丁		
帝	炎帝		
神	祝融		
虫	羽		
音	徵		
律	仲吕	蕤宾	林钟
数	七		
味(臭)	苦(焦)		
性(事)	礼(视)		
祀	灶		
祭	肺		
居处	明堂左个	明堂太庙	明堂右个
颜色	赤(朱)		
食	菽、鸡		
器	高以觕(粗)		
物候	天气降、地气升、草木繁动	“日长至，阴阳争，死生分”❶	凉风至、树木方盛，土润溽暑，大雨时行
政事	迎夏、赞杰俊、贤良、班爵禄、劝民耕作、“断薄刑，决小罪，出轻系。”❷	君子斋戒、静无躁、止声色、薄滋味、退嗜欲、定心气、百官静、事无刑	取鱼龟、养牺牲、祭祀、为民祈福
政忌	“无起土功，无发大众，无伐大树。”❸“无大田猎”	无用火于南、禁刈蓝、关市无索	无或斩伐。不可兴土功，不可合诸侯，不可兴兵，不举大事

❶ 《吕氏春秋》:《诸子集成》,第6册,第44页。

❷❸ 《吕氏春秋》:《诸子集成》,第6册,第35页。

错政后果	孟夏行秋令,则苦雨数来,五谷不滋,四鄙入保。行冬令,则草木早枯,后乃大水,败其城郭。行春令,则虫蝗为败,暴风来格,秀草不实。❶	仲夏行冬令,则雹霰伤谷,道路不通,暴兵来至。行春令,则五谷晚熟,百螣时起,其国乃饥。行秋令,则草木零落,果实早成,民殃于疫。❷	季夏行春令,则谷实解落,国多风欬,人乃迁徙。行秋令,则丘隰水潦,禾稼不熟,乃多女灾。行冬令,则寒气不时,鹰隼早鸷,四鄙入保。❸

《吕氏春秋》关于夏(土)的五行化

五行	土
方位	中央
季节	夏
日	戊己
帝	黄帝
神	后土
颜色	黄
虫	倮
音	宫
律	黄钟
数	五
祀	中霤
祭	心
居处	太庙太室
味(臭)	甘(香)
食	稷、牛

❶ 《吕氏春秋》:《诸子集成》,第6册,第35页。

❷ 《吕氏春秋》:《诸子集成》,第6册,第45~46页。

❸ 《吕氏春秋》:《诸子集成》,第6册,第55页。

《吕氏春秋》关于秋的五行化

五行	金		
季节	秋		
	孟秋	仲秋	季秋
星象	日在翼，昏斗中，旦毕中	日在角、昏牵牛中，旦觜嶲中	日在房，昏虚中，旦柳中
日	庚辛		
帝	少皞		
神	蓐收		
虫	毛		
音	商		
律	中夷	南吕	无射
数	九		
味(臭)	辛(腥)		
祀	门		
祭	肝		
居处	总章左个	总章太庙	总章右个
颜色	白		
食	麻、犬		
器	廉以深		
物候	凉风至、白露降、寒蝉鸣	日月分、雷收声、杀气盛、阳气衰、水始涸	候鸟来宾、霜始降、草木黄落
政事	征不义、诛暴慢、修法制、善图圄、具桎梏、禁奸、决讼、断狱、收获、谨堤防	衣裳文绣有制、申严百刑、斩杀必当、巡行牺牲、修囷仓、促民收获、来商旅	申严号令、农事备收、合诸侯、教田猎、伐薪为炭、趋刑狱、无留有罪、大飨帝，尝牺牲

政忌	无以封侯、立大官，无割土地、行重币、出大使。[1]	凡举事无逆天数，必顺其时，乃因其类。[2]	
错政后果	孟秋行冬令，则阴气大胜，介虫败谷，戎兵乃来。行春令，则其国乃旱，阳气复还，五谷不实。行夏令，则多火灾，寒热不节，民多疟疾。[3]	仲秋行春令，则秋雨不降，草木生荣，国乃有大恐。行夏令，则其国旱，蛰虫不藏，五谷复生。行冬令，则风灾数起，收雷先行，草木早死。[4]	季秋行夏令，则其国大水，冬藏殃败，民多鼽窒。行冬令，则国多盗贼，边境不宁，土地分裂。行春令，则暖风来至，民气解堕，师旅必兴。

《吕氏春秋》关于冬的五行化

五行	水		
季节	冬		
	孟冬	仲冬	季冬
星象	日在尾，昏危中，旦七星中	日在斗，昏东壁，旦轸中	日在婺女、昏娄中、旦氐中
日	壬癸		
帝	颛顼		
神	玄冥		
虫	介		
音	羽		
律	应钟	黄钟	大吕
数	六		
味(臭)	咸(朽)		
祀	行		
祭	肾		
居处	玄堂左个	玄堂太庙	
颜色	玄		
食	黍、猪		

---

[1][3][4] 《吕氏春秋》:《诸子集成》,第6册,第67页。

[2] 《吕氏春秋》:《诸子集成》,第6册,第76页。

器	宏以弇		
物候	水始冰、地始冻	冰益壮，地始坼，鹖鴠不鸣，虎始交	雁北归，鹊始巢、冰方盛
政事	恤孤寡、备边境、完要塞、习射、收水泉池泽之赋、祭祀祈来年	祭祀、罢无用之官、去无用之藏。助天地闭藏	毕行山川之祀、饬国典、论时令、以待来岁之宜
政忌	谨盖藏、无作淫巧	土事无作、无泄地气、斋戒、去声色	
错政后果	孟冬行春令，则冻闭不密，地气发泄，民多流亡。行夏令，则国多暴风，方冬不寒，蛰虫复出。行秋令，则雪霜不时，小兵时起，土地侵削。❶	仲冬行夏令，则其国乃旱，气雾冥冥，雷乃发声。行秋令，则天时雨汁，瓜瓠不成，国有大兵。行春令，则虫螟为败，水泉减竭，民多疾疠。❷	季冬行秋令，则白露蚤降，介虫为妖，四邻入保。行春令，则胎夭多伤，国多固疾，命之曰逆。行夏令，则水潦败国，时雪不降，冰冻消释。❸

《吕氏春秋》对于各季节的五行化是非常系统的。《吕氏春秋》和《春秋繁露》都有为某一朝代立法、为天子确立行为规范的意义，因此其主题是特殊的。《吕氏春秋》中的天人相应的人是天子或者君子，不是普通的个人。不过，董仲舒的《春秋繁露》中天人相应的人虽然主要是天子，但也涉及普遍的个人。《黄帝内经》的主题是治病。疾病是一个不分等级贵贱人人都会遇到的现象。所以，《黄帝内经》中的人不是特殊的人，而是普遍的人。

《黄帝内经》提出了和《吕氏春秋》大致相同的天、人类通体系，如春，气为少阳，于人直肝（直即对应）。夏，气为太阳，于人直心。秋，气为太阴，于人直肺。冬，气为少阴，于人直肾。《吕氏春秋》是春直脾、夏直肺、秋直肝、冬直肾，秋为少阴、冬为太阴。尽管具体对应有所差异，但二者思维方式是相同的，都是“天有……人有……”。现在中医

❶ 《吕氏春秋》:《诸子集成》，第 6 册，第 96 页。
❷ 《吕氏春秋》:《诸子集成》，第 6 册，第 105 页。
❸ 《吕氏春秋》:《诸子集成》，第 6 册，第 115 页。

使用的是《黄帝内经》的对应方式。色、味与五脏的对应是“白当肺，辛；赤当心，苦；青当肝，酸；黄当脾，甘；黑当肾，咸。故白当皮，赤当脉，青当筋，黄当肉，黑当骨”❶。《黄帝内经》提出了人与天地的机械类比观：

> 夫人生于地，悬命于天，天地合气，命之曰人。人能应四时者，天地为之父，知万物者，谓之天子。天有阴阳，人有十二节；天有寒暑，人有虚实。能经天地阴阳之化者，不失四时；知十二节之理者，圣智不能欺也；能存八动之变者，五胜更立；能达虚实之数者，独出独入，呿吟至微，秋毫在目。❷

这表明，人身体的大关节和天地的阴阳变化是相对应的。《黄帝内经》又说，“惟圣人上配天以养头，下象地以养足，中傍人事以养五脏”❸。这里也包含着天圆像头、地方像足的思想。这些都在后来的《春秋繁露》中得到了充分的发挥。《黄帝内经》还进一步说明了五行与五脏的对应、五行的生克机制。《阴阳应象大论篇》、《五运行大论篇》，以及其他不少地方都有此类论述。《五运行大论篇》形成了东—风—木—酸—肝—筋—心、南—热—火—苦—心—血—脾、中—湿—土—甘—脾—肉—肺、西—燥—金—辛—肺—皮毛—肾、北—寒—水—咸—肾—骨髓—肝五个相生系统，以及“怒伤肝，悲胜怒；风伤肝，燥胜风；酸伤筋，辛胜酸”等五个生克系统的论述，比《吕氏春秋》要详细得多。《黄帝内经》论述的出发点也大不相同。《吕氏春秋》是从哲学的角度论证，《黄帝内经》则是从医学的角度说明。所以，它必须具体地说出五脏和五行、方位等的具体联系。而且，这些具体联系还必须在一定程度上是可以通过经验证实的，否则就无法作为病例分析和治疗的依据。关于相胜的原则，《黄帝内经》又指出：“木得金而伐，火得水而灭，土得木而达，金得火而缺，水得土而绝，万物尽然，不可胜竭。”❹《黄帝内经》

---

❶ 《黄帝内经·五脏生成篇》，《黄帝内经》，谢华编著，中医古籍出版社，2000 年版，第 43 页。

❷ 《黄帝内经·宝命全形论篇》，第 107 ~ 108 页。

❸ 《黄帝内经·阴阳应象大论篇》，第 21 页。

❹ 《黄帝内经·宝命全形论篇》，第 108 页。

指出，人的疾病、喜怒哀乐情感也是和四时五行相对应的：

> 天有四时五行，以生长收藏，以生寒暑燥湿风。人有五脏化五气，以生喜怒悲忧恐。故喜怒伤气，寒暑伤形。暴怒伤阴，暴喜伤阳。厥气上行，满脉去形。喜怒不节，寒暑过度，生乃不固。故重阴必阳，重阳必阴。故曰：冬伤于寒，春必温病；春伤于风，夏生飧泄；夏伤于暑，秋必痎疟；秋伤于湿，冬生咳嗽。❶

由于有系统的五行生克思想，所以《黄帝内经》特别强调阴阳是万物的根本，"治病之本"："夫五运阴阳者，天地之道也，万物之纲纪，变化之父母，生杀之本始，神明之府也，治病必求于本。"❷由此出发，《黄帝内经》提出了"养阴阳"、"法于阴阳"、"和于阴阳"的说法。关于"养阴阳"，《黄帝内经》说："夫四时阴阳者，万物之根本也，所以圣人春夏养阳，秋冬养阴，以从其根，故与万物沉浮于生长之门。逆其根，则伐其本，坏其真矣。故阴阳四时者，万物之终始也，死生之本也。逆之则灾害生，从之则苛疾不起，是谓得道。"❸关于"法于阴阳"，《黄帝内经》说："上古之人，其知道者，法于阴阳，和于术数，食饮有节，起居有常，不妄作劳，故能形与神俱，而尽终其天年，度百岁乃去。"❹关于"和于阴阳"，《黄帝内经》说："中古之时，有至人者，淳德全道，和于阴阳，调于四时，去世离俗，积精全神，游行天地之间，视听八达之外，此盖益其寿命而强者也，亦归于真人。"❺《黄帝内经》认为，圣人、贤人都做不到至人的和于阴阳的地步。圣人不过以"以恬愉为务，以自得为功，形体不敝，精神不散"，寿至百岁；贤人则不过是"逆从阴阳"，"合同于道"，"益寿而有极时"。

关于阴阳、四时、五行的联结，经过《黄帝内经》落实到普遍的个人。到汉代，董仲舒进而把天、地、天子（包括众人）、政治、历史统合成

❶ 《黄帝内经·阴阳应象大论篇》，第20页。
❷ 《黄帝内经·天元纪大论篇》，第256页。
❸ 《黄帝内经·四气调神大论篇》，第7页。
❹ 《黄帝内经·上古天真论篇》，第2页。
❺ 《黄帝内经·上古天真论篇》，第3页。

为一个统一的体系。《春秋繁露》的价值就在于吸收了阴阳五行、道、法、名各家思想，建立了新的综合体系，不仅影响了汉代，也影响了中国文化几千年。我们之所以重视《春秋繁露》，原因也在于此。

《春秋繁露》和《黄帝内经》的不同首先是出发点的不同。《黄帝内经》是医学，属于科学的范畴；《春秋繁露》则属于哲学。《黄帝内经》的思想内容在《春秋繁露》中只构成出发点或基本材料，它是在《黄帝内经》的基础上进一步得出结论。其次，从动机上说，《春秋繁露》是为汉立法，为统治者、一般人制定行为规范，所以它必须把在《黄帝内经》的基础上得出的结论上升为普遍原则。《黄帝内经》起着在战国时期阴阳五行家和《春秋繁露》之间的桥梁作用。《春秋繁露》由于有制定规范的意图，所以提出了《黄帝内经》所没有的另一个影响机制，即人（主要是帝王）的行为对于天地、自然的影响。《黄帝内经》有"岁木太过，风气流行，脾土受邪"；"岁火太过，炎暑流行，金肺受邪"；"岁土太过，雨湿流行，肾水受邪"；"岁金太过，燥气流行，肝木受邪"；"岁水太过，寒气流行，邪害心火"等论述❶，都是自然、气候对于人的单方向的影响，都包含了一定的科学道理，是正确的。人与天的逆向影响的思想在《吕氏春秋》、《月令》中都有。但是，在这些著作中，这种影响基本局限于没有遵从政禁时的政治活动对于环境和气候的影响，天还没有被拟人化，天也没有作为重点之一得到论述，毋宁处于暗箱状态；其中所论述的政治对于气候的影响，有些也是可以理解的。如孟冬行春令会导致地气发泄，民多流亡；"仲冬行夏令，则其国乃旱"等。从气的角度看，冬天为闭藏之时，其政事都与闭藏有关，如果行春时阳气发散的政事，从行政上说自然是不合适的，如冬天就不能植树。"民多流亡"也是可以理解的，如秦朝修筑长城，征发无已，最终导致一夫振呼而天下云集的局面。"其国乃旱"的合理性则稍差。在董仲舒这里，天被进一步拟人化了，人和天之间的感应是相互的，而且感应的方面很多、很具体，包括喜怒哀乐之气对于天都有影响，这些都超过了《吕氏春秋》等书。

---

❶ 《黄帝内经·气交变大论篇》，第278～279页。

董仲舒认为,人和天地万物一样,是禀阴阳之气而生的。他对于阴阳的看法十分精练,阴阳在他那里已经完全成为气的普遍性质,不像在《管子》那里,有时还是具体的两种气。他说:“天地之气,合而为一,分为阴阳,判为四时,列为五行。”❶气在董仲舒这里也是沟通天地人物的统一质料。他认为,天地之间有阴阳之气,人在天地之间,就像鱼在水之间一样,只是可见与不可见而已。不过,人是天地的“精气”生成的,所以,天地之间“莫贵于人”,唯独人能够偶天地之数。这叫“人副天数”,即人的身体、关节等与天象的数目一致:

> 天地之符,阴阳之副,常设于身,身犹天也,数与之相参,故命与之相连也。天以终岁之数,成人之身,故小节三百六十六,副日数也;大节十二分,副月数也;内有五藏,副五行数也;外有四肢,副四时数也;乍视乍瞑,副昼夜也;乍刚乍柔,副冬夏也;乍哀乍乐,副阴阳也;心有计虑,副度数也;行有伦理,副天地也;此皆暗副著身,与人俱生,比而偶之弇合,于其可数也,副数,不可数者,副类,皆当同而副天一也。是故陈其有形,以著无形者,拘其可数,以著其不可数者,以此言道之亦宜以类相应,犹其形也,以数相中也。❷

在董仲舒看来,人的根本在天,天就像人的曾祖父,人类与天。董仲舒把这叫“天之副在人”。就是说,不光人副天数,天亦副人,天人相副:

> 人之形体,化天数而成;人之血气,化天志而仁;人之德行,化天理而义;人之好恶,化天之暖清;人之喜怒,化天之寒暑;人之受命,化天之四时;人生有喜怒哀乐之答,春秋冬夏之类也。喜,春之答也;怒,秋之答也;乐,夏之答也;哀,冬之答也,天之副在乎人,人之情性有由天者矣,故曰受,由天之号也。❸

他之所以这样说,是为了进一步论证“天人感应”,即天、人都一样,都

---

❶ 苏舆:《春秋繁露义证·五行之义》,钟哲校点,中华书局,1992 年版,第 362 页。

❷ 《春秋繁露义证·五行之义》,第 356~357 页。

❸ 《春秋繁露义证·为人者天》,第 318~319 页。

有喜怒哀乐的情感,能够相互影响。“人有喜怒哀乐,犹天之有春夏秋冬也。喜怒哀乐之至其时而欲发也,若春夏秋冬之至其时而欲出也。皆天气之自然也。”❶春天是爱、仁,夏天是乐,秋天是严、义,冬天是哀。喜怒哀乐不仅在人,也在于天;春夏之阳,秋冬之阴,不独在天,也在于人。人没有春气,就不会博爱容众;没有秋气,就不能“立严而成功”;没有夏气,就不能盛养而乐生;没有冬气,就不能“哀死而恤丧”。同样,天如果没有喜气,就不能暖而生育;没有怒气,就不能清而杀就;没有乐气,就不能养长;没有哀气,就不能闭藏。所以说,“天乃有喜怒哀乐之行,人亦有春秋冬夏之气者,合类之谓也。”❷他的结论是,“天人之际,合而为一”❸。从这一前提出发,董仲舒认为,天人的阴阳之气是可以相互引起的,“天地之阴气起,而人之阴气应之而起,人之阴气起,天地之阴气亦宜应之而起,其道一也。”❹所以,希望来雨时,可以“动阴以起阴”;希望止雨时,则可以“动阳以起阳”。这并没有什么神奇,“而疑于神者,其理微妙也。”这里“疑于神”中的“疑”字作“拟”、“似”解。董仲舒认为,不仅“阴阳之气可以类进退”,即使像“不祥祸福”之类,也是如此。其道理就在于“物之以类动者也”❺。

关于五行,董仲舒所说的顺序与《尚书·洪范》不同。他说:“天有五行:一曰木,二曰火,三曰土,四曰金,五曰水。木,五行之始也;水,五行之终也;土,五行之中也。此其天次之序也。”❻董仲舒这样排序,是为了方便说明五行生胜。他认为,五行是“比相生而间相胜”❼,即相邻的两个相生,相隔的两个相胜。木生火、火生土、土生金、金生水、水生木;木克土、火克金、土克水、金克木、水克火。董仲舒把五行分别与五种官职、五种德行相对应。如东方为木,木为农之本,司农尚仁,农业丰收,仓库充实。司马负责充实仓库,司马乃朝中之官,朝中为火,所以说

❶《春秋繁露义证·如天之为》,第465页。
❷《春秋繁露义证·天辨在人》,第336页。
❸《春秋繁露义证·深察名号》,第288页。
❹❺《春秋繁露义证·同类相动》,第360页。
❻《春秋繁露义证·五行之义》,第321页。
❼《春秋繁露义证·五行相生》,第362页。

"木生火"[1]。又如,北方为水,对应的官职位司寇,其应公平正直,百工以成器械,供给司农。司农为田官,田官为木,所以"水生木"。这种解释比较牵强。董仲舒还把五行生克与父子授受说、五种德行说相联系。尤其是,他还提出了所谓"水克金"之类的新观念,值得注意。他说:

> 木生火,火生土,土生金,金生水,水生木,此其父子也。木居左,金居右,火居前,水居后,土居中央,此其父子之序,相受而布。是故木受水而火受木,土受火,金受土,水受金也。诸授之者,皆其父也;受之者,皆其子也;常因其父,以使其子,天之道也。[2]

这里显然是把相生解释为父子相授受,反过来,父子相授受也可以由五行相生奠定本体基础。所以,当河间献王问他《孝经》所谓"夫孝,天之经,地之义"是什么意思时,他说:

> 天有五行:木、火、土、金、水是也。木生火,火生土,土生金、金生水。水为冬,金为秋,土为季夏,火为夏,木为春。春主生,夏主长,季夏主养,秋主收,冬主藏。藏,冬之所成也。是故父之所生,其子长之;父之所长,其子养之;父之所养,其子成之。诸父所为,其子皆奉承而续行之,不敢不致如父之意,尽为人之道也。故五行者,五行也。由此观之,父授之,子受之,乃天之道也。故曰:夫孝者,天之经也。此之谓也。[3]

这就是用五行相生说来解释孝,为孝建立本体基础。这样,五行就变成了五种德行。接着前文关于父授子受的论述,董仲舒指出,木生火,火养木,金生水,是金死而藏于水,仍然是把五行作为五种德行:

> 火乐木而养以阳,水克金而丧以阴,土之事火竭其忠。故五行者,乃孝子忠臣之行也。五行之为言也,犹五行(héng)欤?是故以得辞也。圣人知之,故多其爱而少严,厚养生而谨

---

[1] 《春秋繁露义证·五行之义》,第363页。
[2] 《春秋繁露义证·五行之义》,第321页。
[3] 《春秋繁露义证·五行对》,第315页。

送终，就天之制也。以子而迎成养，如火之乐木也；丧父，如水之克金也；事君，若土之敬天也；可谓有行人矣。[1]

从《尚书·洪范》到董仲舒《春秋繁露》，中国哲学的阴阳五行学说为理解和解释河流与水提供了一个本体基础和框架。这个框架的特点是整体性、联系性、内在性、通气论、相互影响论。所谓整体性，是说包括人在内的天地万物构成一个统一的、有机的整体。"与天地万物为一体"是中国哲学的基本命题。庄子说，"通天下一气"，惠施说"泛爱万物，天地一体"，董仲舒说，"天人之际，合而为一"都是一体说的不同表述。宋明时期，张载、程颢、王阳明等人对于天人一体，也有丰富的论述。张载说"儒者因明致诚，因成致明，故天人一也"；程颢说，"天人本无二，不必言合"[2]。的确，严格地说，在中国的认识中，人与世界并不是在整体和部分的关系，因为都是一个整体。人也是整体的一个构件，所以，人和世界不是时空上分裂开来的主客体关系，而是同一个整体内的部分之间的关系。人与物一气贯通，人与世界通过"感应之几"发生联系，表明人与世界的关系是一种双向的诠释关系，是一种联系，其性质是内在的。冯友兰先生曾经指出，董仲舒的天人感应论具有目的论和机械论两种性质。物理主义的同类相动是机械论的；天有喜怒哀乐，能赏罚人则是目的论的。董仲舒以目的论融合了机械论[3]。这种看法是十分准确的。如果我们把目的论的神学色彩褪去，其合理内核就可以显示出来，即人和自然是一个相互影响的有机统一体，二者之间存在内在关系。照金岳霖先生所说，内在关系的关系项之间具有相互决定作用。就是说，构成内在关系的诸关系项的某一项发生改变，就会引起其他关系项的性质的改变。比如，如果认识关系是内在关系，那么，由于对象会被认识所改造，就永远不可能有正确的认识，也不可能有判断认识的有效性的标准[4]。不过，在我们看来，人和自然的关系的确是一

[1] 《春秋繁露义证·五行之义》，第321页。
[2] ［宋］程颢、程颐《二程集》，第1册，王孝鱼点校，中华书局，1981年版，第81页。
[3] 冯友兰：《中国哲学史新编》，第3册，人民出版社，1985年版，第69页。
[4] 金岳霖：《内在和外在关系》，《道、自然与人》，刘培育编，王路译，第18～19页。

种内在关系。当然,这里还需加上时间因素。就是说,在足够长的时间内,人和自然的关系一定是内在的,其性质发生相互影响的结果一定会表现出来。关键是时间。自然和人类的进化史已经表明,人是自然的产物,自然也已经是人化的自然。至于说到认识、评判认识的标准是不是可能,我们说,并不存在一劳永逸的正确的认识。认识、尤其是对于人与自然关系的诠释,是一个永恒的话题。天人之际永远要"究"下去,借用加达默尔的话来说,人和自然处于诠释循环之中,永无止境。

二、五行"水"为首

如前所述,在《尚书·洪范》的排序中,水处于五行之首,比《尚书·大禹谟》"金、木、水、火、土、谷"的顺序提前了,这表明了古人对于水的重视。箕子提出的"水曰润下",表达了先祖对于水的性质的认识,是源自治水实践的民族智慧。《汉书》有五行水为本的提法,也值得重视。"臣闻五行以水为本,其星玄武婺女,天地所纪,终始所生。"❶箕子的五行还是具体的五种物质及其性质和功能,还没有演化为一种认识和分类框架,并进一步与政治、历史联系起来,那是后来的事情。

"水曰润下"的"润"是对水具有渗透、浸润土壤的性质的说明。正是由于这个性质,水才能被用来浇灌农作物。这是水与火、木、金、土其他四行不同的一个显著特点,甚至与水往低处流也形成对比。土壤具有吸收水分的功能,吸收的方向不单是从上到下,而且也把低处的水吸收到高处。所以,土壤或者地壳中的水并不是沿平面分布的,而是在不同的地区处于不同的高度。农村至今还有一个谚语,说是"山长水长"。意思是说山有多高,水就有多高。山区打井一般并不需要把山打穿后再打到和平原地下水位相同的地方才见到水,甚至根本不用打,山泉自然就会奔涌而出。汉人对于"水曰润下"的看法更为辩证,指出水有时候还会"不润下"。据《汉书》载伏生《尚书大传》说:"简宗庙,不祷祠,废祭祀,逆天时,则水不润下。"又说:"水,北方,终藏万物者也。其于人道,命终而形藏,精神放越。圣人为之宗庙,以收魂气,春秋

❶ 《汉书·李寻传》:《汉书》,第10册,中华书局,1962年版,第3189页。

祭祀,以终孝道。王者即位,必郊祀天地,祷祈神祇,望秩山川,怀柔百神,亡不宗事。慎其斋戒,致其严敬,是故鬼神歆飨,多获福助。此圣王所以顺事阴气,和神人也。及至发号施令,亦奉天时。十二月咸得其气,则阴阳调而终始成。如此,则水得其性矣。若乃不敬鬼神,政令逆时,水失其性。雾水暴出,百川逆溢,坏乡邑,溺人民,及淫雨伤稼穑,是为水不润下。"[1]这里伏生从五行生克和政治与阴阳协调出发把水不润下的原因完全归结到政治,有极其明显的荒谬之处,但其中也有不少合理因素。首先,天灾是否会完全演变成人祸,的确和政治有一定的关联。预防不到位、救助不及时、处理不妥当,都会把天灾演变成为人祸。其次,要求用积极、有为的政治对待水灾,包含了对于人的主体性的认识和提高主体性的要求。不过,这里的主体性是以天人合一为前提的。在中国思想中,天人合一并不抹煞人的主体性,反而是实现主体性的一个条件或背景。

"润下作咸"也是值得研究的。海水是咸的,淡水没有一定的味道,较为纯净的淡水略带甜味。五行中所说的水显然是陆地上的淡水,为什么会是咸的?我们认为,五行说在古人那里是一种认识,一种实在的知识,并不是一种想象或猜测。作为一种认识,古人一定像神农尝百草那样,尝过地上的水了。水溶解土壤中的盐分,经过蒸发水中的盐分会大为提高,"润下作咸"反映了水中含有盐分的客观知识。

三、《周易》与河流

(一)"利涉大川"

《周易》号称"群经之首",是中国文化的重要典籍。《周易》与水关系十分密切。《周易》中,"水"字出现了35次;"川"字出现了21次,其中有17处是"涉大川";"河"字出现两次;"江"字一次没有出现。可见,长江没有进入当时人们的生活视野,《周易》时代的文化与"江"的关联还不密切。什么是"涉"?《初学记》的解释是"水行曰涉","蹶膝

[1] 《汉书·五行志上》,《汉书》,第2册,第1342页。

以上曰涉”❶,就是徒步趟过水深超过膝盖的河流,危险性当然很大。所以,对于涉川,古人每每要进行占卜。

《周易》出现这么多“大川”说明先民生活环境中有很多河流,他们经常需要渡河,面临生死问题,所以在他们的卜问中,利不利涉川便成为一个重要内容。以下卦都有涉大川问题。

(1)第五卦《需》䷄,卦象是“坎上乾下”,水天需。《卦辞》是:“有孚,光亨,贞吉。利涉大川。”《象传》的说明是,需,须也,即等待。坎为陷,险在前也;但乾的德性为刚健,所以能够做到“刚健而不陷,其义不困穷”。又,上卦九五爻为阳爻,处于中位、天位,所以此卦“利涉大川,往有功也”。

(2)第六卦《讼》䷅,卦象是“乾上坎下”,天水违行,所以成“讼”。卦辞为“终凶。利见大人,不利涉大川”。为什么如此?《象传》说,卦象是“上刚下险,险而健讼”,“讼不可成”,所以“终凶”。“不利涉大川,入于渊也。”坎即渊。

(3)第十三卦《同人》䷌,卦象是“乾上离下”。卦辞说“同人于野,亨。利涉大川”。涉大川而得到朋友同行,当然吉。《象传》说“柔得位得中,而应乎乾”,指下卦六二处于下卦中位,与上卦乾卦相应,所以其结果是“利涉大川”。

(4)第十五卦《谦》䷎,卦象是“坤上艮下”,地中有山。其初六爻辞为“谦谦君子,用涉大川,吉。”《象传》曰:“谦谦君子,卑以自牧也。”也就是说,用谦虚谨慎的态度去涉大川,肯定是有吉的结果。

(5)第十八卦《蛊》䷑,卦象是“艮上巽下”。卦辞为“元亨,利涉大川”。《象传》的解释认为,艮为刚,巽为柔,刚上而柔下。又,艮为止,此卦卦象又为“巽而止”,所以是“元亨,而天下治也。利涉大川,往有事也。”

(6)第二十六卦《大畜》䷙,卦象是“艮上乾下”,卦辞是“利贞,不家食吉,利涉大川”。意思是有利的占问,遇到此卦,应出外谋食,利于涉大川。《象传》说:“大畜,刚健笃实辉光,日新其德,刚上而尚贤。能

---

❶ 《初学记·卷六·地部中·总载水》。唐徐坚等著,中华书局,1962 年版,第 112 页。

止健，大正也。不家食吉，养贤也。利涉大川，应乎天也。”意思是说，艮为刚健、贤德之君子，乾为朝廷，“刚上于天”，即贤人在朝。“应乎天”是顺应天道。

(7)第二十七卦《颐》䷚，卦象是“艮上震下”。其六五爻爻辞是“拂经，居贞吉，不可涉大川”。拂，叩击；经借为“胫”，有人叩胫，当然不利于涉川，所以不能外出。《象传》的解释是“居贞之吉，顺以从上也。”六五为阴爻，应上九阳爻，所以为“居贞之吉，顺以从上也”。其上九爻爻辞是“由颐，厉吉，利涉大川”。《象传》的解释是“由颐厉吉，大有庆也”。

(8)第四十二卦《益》䷩卦，卦象是“巽上震下”，卦辞是“利有攸往，利涉大川”，意思非常明确。《彖传》说：“损上益下，民说无疆。自上下下，其道大光。利有攸往，中正有庆。利涉大川，木道乃行。益动而巽，日进无疆。天施地生，其益无方。凡益之道，与时偕行。”此卦下卦为阳卦，为刚，为君；上卦巽为柔，为民。震下巽上是损君益民，百姓喜悦。巽为木，“木道乃行”指可以以木为舟，所以利于涉川。

(9)第五十九卦《涣》䷺，卦象是“巽上坎下”，卦辞是“亨。王假有庙，利涉大川，利贞。”《彖传》解释说：“涣，亨。刚来而不穷，柔得位乎外而上同。王假有庙，王乃在中也。利涉大川，乘木有功也。”刚来指下卦坎卦为阳卦，在内为主，在外为尊。柔得位指六四为阴爻，与九五阳爻应。“乘木有功”，巽为木，乘船渡河，所以有功。

(10)第六十一卦《中孚》䷼，卦象是“巽上兑下”，卦辞是“豚鱼吉，利涉大川，利贞”。《彖传》的解释是“柔在内而刚得中”，内卦为兑，兑卦为阴卦、为柔；外卦为巽，九五爻为阳爻，所以是刚得中。又，兑为悦，巽为顺，合起来是“悦而顺”，正是化外邦之象。诚信施及豚鱼也。所以，“利涉大川”。

(11)第六十四卦《未济》䷿，卦象是“离上坎下 ”，其六三爻爻辞说“未济，征凶。利涉大川。”《象传》的解释是“未济征凶，位不当也”。“位不当”指未济卦的六爻阴阳全部错位，一三五都是阴爻，二四六都是阳爻。

《周易》两次出现“河”，其中一次出现在《泰》卦九二爻，“包荒，用冯河,不遐遗,朋亡,得尚于中行。"《象传》解释说:"包荒,得尚于中行,以光大也。"这里的河是黄河,这是《易经》唯一一次提到渡黄河。可见,古人是很少渡河的。前文所说的川,应是生存环境附近的不大的河流,"大川"可能是稍大的河流。这些河流肯定都比黄河小,也有可能是黄河的支流。古人渡河少,也与前文所说的古代中国文明属于黄河支流及台地文明,还不直接是沿着黄河展开的相呼应。但是,这并不意味着黄河与《周易》没有直接关系,恰恰相反,黄河与《周易》不仅有关系,而且还有深刻的根源性联系。在古人眼中,没有黄河,也就没有《周易》——《周易》是诞生于黄河的!《易传》《系辞》第十一章说:"河出图,洛出书,圣人则之。易有四象,所以示也。系辞焉,所以告也。定之以吉凶,所以断也。"这是《周易》第二次提到黄河,也是最重要的一次,"河出图,洛出书,圣人则之"说明《周易》来自河图、洛书。

"冯河"的说法在《论语》中又出现过一次。孔子表扬颜渊能够和自己一样做到"用之则行,舍之则藏",安于所遇。子路对孔子忽略自己很不高兴,以勇自负,问孔子"子行三军,则谁与?"孔子批评子路"暴虎冯河,死而无悔者,吾不与也。必也临事而惧,好谋而成者也"。暴虎,是徒手搏虎;冯河,是徒步涉河。孔子说,这样有勇无谋的人,死而无悔的人,他不赞同。他赞同的是那种面对事情能够谨慎、详谋、达到成功的人。子路后来死于卫国之难,是忠于职守而死,然而,也未尝不是他一贯逞勇的结果。

(二)八卦含有两个水卦的分析

八卦是一个认识系统、范畴体系。八卦所象征物象,可以分为基本象和引申象两类。基本象即乾天、坤地、震雷、巽风、坎水、离火、艮山,兑泽;引申象则是在基本象之外,通过类比进一步引申出若干同类物象,如乾又可象君、丈夫、马等,《说卦》对此有甚多说明。此类比并非完全没有任何联系的随意比附,包含着对于存在的意义的开辟。八卦的基本象是唯一的,引申象却可以无穷。这也是《周易》能够被用来预测的关键所在。无引申象,就无法进行预测。八卦中坎为水、兑为泽,泽也是水。李道平云泽为"坎水半见"❶。《国语・周语下》曰"泽，水之钟也"❷;《玉篇》曰"钟，聚也";《风俗通・山泽篇》曰"水草交厝，名之为泽。泽者，言其润泽万物，及阜民用"。这表明，泽也可以单一地理解为水象。八卦含有两个水是中华民族上古时代地理环境的反映。夏商周时期，中国中北部地区水比较繁多，有河流、山溪、湖泊、水潦、云雨等。这些水，向中华民族提出了挑战。中国是个治水的民族，治水的实践及经验反映到八卦中，就形成了两种水并存于八卦的思想。在《周易》中，坎水是流动的河流之水，兑水是静止的湖泊之水；坎是抽象的、普遍的水，泽往往是具体的水。《周易》中包含着人与河流交往的智慧，包含着河流的文化生命，反映了古人对于水的多样性的认识。

八卦有两个与水相关的卦，会对八卦形成一些什么影响呢？首先是七卦还是九卦的问题。如果兑卦基本象取为水，便与坎卦重复。这就是说，从取象上说，八卦实只有七卦。从另一角度讲，兑卦除了泽水外，又可取象为"低下"、"卑下"。水和低卑并不形成与君、父、夫相似的同类引申。这样一来，则八卦基本取象又为九卦。这当然是水的多样性的反映；另一方面也说明古人对于水的认识还在深化之中。

从思维的严密性上说，八卦的产生可能早于五行。因为五行的元素只有五个，比八卦更简练，此其一。其二，五行中只有一个水，也比八卦在思维上更为周密。尤其是其三，五行包括"金"，金并不是自然直接存在的元素，而是冶炼的产物。把"金"作为五行之一，是实践和认识双重进步的结果。印度的地、火、水、风，古希腊泰勒斯等人的水、气、"无定形者"和恩培多克勒的"土、水、空气"及"四根说"，都没有"金"。五行中"土"为"土"而不是印度的"地"，也值得注意。"土"直接与农业相关，"土"的肥瘠决定着收成的好坏。所以，《尚书》说"土爰稼穑";《国语・郑语》说"先王以土与金、木、水、火杂，以成百物"❸；而且"土"是可以移动的，具有可移动性。地是不能动的，现代地产叫做

❶ [清]李道平撰《〈周易〉集解纂疏》，中华书局，1993年版，第223页。

❷ 《国语集解》，第93页。

❸ 《国语集解》，第470页。

不动产。因为土具有可移动性，所以可以发挥更多的作用。五行中土克水，就是土的作用的发挥。这当然是古人治水实践的总结。用“土”作为元素比用“地”在认识上无疑更为深入。古希腊是一个航海经商的民族，希腊哲学家所提出的元素中，最初并没有“土”，后来恩培多克勒提出了“土”，但古希腊哲学对于土的认识，实不及中国哲学深入。其四，“五行”逐渐从五种元素过渡为五种功能，而八卦由于取象的作用，似乎一直没有转化为单纯的功能说。以上表明，伏羲画八卦之说，似还不能简单否定。从思维的抽象性来说，八卦的来源可能比五行更为久远。

其次，还有一个卦的阴阳分类问题。同为水，坎兑又分属阴阳，也值得注意。坎为阳卦，水在坎卦中为阳物。兑为阴卦，水在兑卦中又为阴物。这一方面可以视为对于水的多样性的认识；另一方面，也可以说是对于水的性质尚没有形成一个确定的抽象见解。老子与此实不相同。老子强调谷，谷和水是分开的。《尔雅》解释说“水注溪曰谷”[1]，就比《易经》在思维上进了一步，似可视为对《易经》的进一步总结。在老子那里，水强调的是柔弱性；谷强调的是虚空的包容性。中空之无，表现为与阳的有和突出相对立的无和低卑。阴似可以理解为阳的一种缺失。老子的守柔和处下分别表现为水和谷的引申。坎、兑二卦意义重复，不如一纯为水，一纯为无水之谷，于意不重，且思维严密。如果以阴阳分别，则老子哲学中水和谷都应属于阴的方面。《周易》中水作为阳物，《易传》以阳刚立言，多为阳克阴，刚克柔，如坎水克离火。《老子》中，水亦为阴柔之物，水近于道，道偏在阴。《老子》主张阴克阳、柔弱胜刚强。如水为至柔之物，然攻坚莫若水；“无为而无不为”，似乎又达到了儒家的阳刚的效果。这也是《老子》哲学与《易传》哲学的一大不同之处。

八卦中有两个水卦，表明《周易》取象有对立和对待两个原则。通常，“对立”指两个分离物的对抗，“对待”则可以理解为一个整体物的两个部分的关系，如张载所谓“一物两体”；前者不可两立，后者则还有

[1] 《尔雅·释水》：《十三经注疏》下，总第2619页。

相辅相成的关系。八卦所取的八种物象，似为四个对立面或四对矛盾，如乾坤二卦，无论取象还是取义，都是对立的；坎离也是如此，取象为水火，表现为对抗性的、不相容的矛盾。然细加寻绎，则可见八卦所取的四对物象，很难说都是对抗性的不相容的矛盾。有些对举的现象，并不是你死我活的势不两立，不能称为“对立”，而是相对或者“对待”。如震、巽取象为雷、风，二者是自然界中经常相伴出现的现象，是相容的，与《说卦》所谓“雷风相薄”并不一致。况且，风亦并非完全被动之物，毋宁说主要是施动，所以，雷为阳卦、风为阴卦，与阴阳之义也不严格一致。又如，艮卦、兑卦所取山和泽的对立，也不十分严格，二者并不是不能两立的对立或矛盾。山固然可以和泽对立，山为突高之物，泽为凹低之物；山定泽（作为水）动。在先秦典籍中，山常常是与泽对举的；在自然语言中，山川、名山大川常常连用。这就是说，山也可以和川形成相对立的自然现象。但是，水火的对立性显然超过了山泽或山川，通常情况下山泽或山川可以是一体物的两个方面，所以，《说卦》云“山泽通气”，既然“通气”，就不是对立的矛盾关系，毋宁说包含了相辅相成的关系；山有时也可以和谷形成对举。可见，艮卦和兑卦在取象上的对立也不十分严格。总之，八卦的取象实包含有对立和对待两个原则。

八卦中有两个含水的卦，也造成了解卦中出现了一些雷同现象。由于坎、兑都可取水象或陷落、低卑象，又加上《象传》的解释较为朴素和直观，所以在解释由同一经卦的同样位置分别与《坎》或与《兑》卦组成的别卦，如《坎》䷜、《兑》䷹、《需》䷄、《夬》䷪、《师》䷆、《临》䷒等卦时，就出现了雷同。坎作为陷义，实际近乎泽。陷即落入低卑之所，此处不取水，而取低卑之义。但实际上，泽在有些卦中也取低卑义，而与水无关。如《履·象》云：“上天下泽，君子以辨上下、定民志。”此处所云“上天下泽”，泽取低卑之义，并不取水象，实际是“天尊地卑，乾坤定矣。卑高以陈，贵贱位矣”的一种表述。

《需》卦为“乾下坎上”，《象》云“云上于天，君子以饮食宴乐”，以坎为“云”，天为朝廷。云为雨之待下状态，雨为云之已下之物。此卦象征云已在天上聚积，不时即转为雨。雨又象征恩泽，所以君子得此卦则宴乐以待时。《夬》卦之象是下乾上泽，泽为水，水在天上。《象》云：

“泽上与天，夬。君子以施禄及下，居德则忌。”二卦《象传》实有雷同，皆以水为君子施加恩泽之象。《师》卦为“坎下坤上”，《临》卦为“兑下坤上”。《师》卦《象》曰：“地中有水，师，君子以容民畜众”。此处的水广泛存于地中，并非具体河水或者泽水。坎水又进一步引申为百姓。《国语·晋语》：“坎，水也，众也。”《玄中记》：“天下之多者水焉，浮天载地，高下无不至。万物无不润。”李道平：“坤之众，以散为众者也；水之众，以聚为者也。”❶李道平以坤为畜养者，水为百姓；孔颖达则直接以地包容水象征容民畜众，虽然也是取象，却较为简练。《临》卦《象》云：“泽上有地，临，君子以教思无穷，容保民无疆。”此卦泽取象为水，水处地中，地包含水，水为百姓，故此卦象征百姓为君主所包容，与《师》卦“地中有水，君子以容民畜众”意思一致。与《师》卦不同的是，此卦增加了“教思”的内容，前者没有具体说“畜众”的手段，此处进一步说明了手段。

重《坎》与重《兑》二卦在意义上是重复的。《习坎》为“坎下坎上”，《象》传以重《坎》为“水洊至，君子以常德行，习教事”。孔颖达正义云：“以人之便习于坎，若水之洊至，水不以险为难也。君子以常德行习教事者，言君子当法此以便习于坎，不以险为难为困，常守德行，而习其政教之事，则可便习于险也。”❷高亨先生云：“《象传》以水比人之美德，以水洊至比人之美德日有进步。君子观此卦象，从而尊尚德行，学习教事，既以淑己，又以淑人。”❸

《周易》的取象、取义解释体例既非归纳，也非演绎，毋宁说是分类、归类。它有一个分类取象的原则，但此原则又不是固定的，还有一定的变动。正如孔颖达所说：“易含万象，反复取义，不可定为一体故也。”❹因为有一定的原则，所以能够进行归类。但此归类不是归纳，因为它所得的结论仅仅限于某一具体的占问；原则的变动表明了《周易》

---

❶ 《〈周易〉集解纂疏》，第131页。

❷ 《宋本〈周易〉注疏》上，［晋］王弼、韩康伯注，［唐］孔颖达疏，中华书局，1988年版，第354页。

❸ 高亨：《〈周易〉大传今注》，齐鲁书社，1998年版，第208页。

❹ 《宋本周易注疏》上，第198页。

本身和解《易》的开放性，这种开放性恰好满足了卜筮占问之需。变动的另一原因则还在于卦爻辞和卦爻象都是固定的，所以需要一个变动的原则以应无穷之变。《周易》的归类开启了存在的新维度，反映了前所未见的存在的真理。《周易》对于水的种种解释是河流的文化生命在它那里的表现。

我们在此对尚秉和《易》解中的卦象说加以说明。《〈周易〉尚氏学》以象为本，云"读《易》者，须先知卦爻辞之从何象而生，然后象与辞方相属"；"卦名皆因卦象而生"❶。尚氏认为，坤字形原为"巛"，为"顺"之假字，取象为水，方位在北。马王堆帛书《周易》"坤"正为"巛"，又"巛"即"川"字，即"水"字，"《易》以'巛'为大川，《焦氏易林》以'巛'为水，为江河淮济。《九家》注《蛊》亦以坤地为水，邵子坤水之象之所本也。"❷由此言之，则坤取象为水，也是有文字根据的。《坤·象》云"地势坤，君子以厚德载物"，如以《象传》的通例，当为"地势，巛，君子以厚德载物"。此处载物之德为包容、顺应，恰为川随地势、地容川水之象。尚秉和谓孔颖达改"巛"为"坤"后，"'顺'字遂无由识"。以坤为水，仍居北方，是以北方为水位，此与五行说同。"兑"、"坎"则为月、为土。

按，马王堆帛书《周易·乾》卦《象传》似应为"天行，键（乾），君子以自强不息"；坤卦《象传》云"地势，巛，君子以厚德载物"。可能其最原始意义分别是"斡"（闻一多说）、"巛"（川），《象传》作者已经不明此义，或有意地向道德方面引申，连带将卦名也向道德方面引申。至孔颖达将"巛"改为"坤"以后，乾、坤的原始物象意义遂彻底消失。

八卦作为一个对事物的分类系统，其中包含两个水，此二水又具有阴阳两种不同性质，造成了一些思维上的不严密和解卦方面的重复。当然，一方面我们不能苛求古人严密，另一方面，思维的不严密恰好向人们的智力提出了挑战，促进了哲学的发展。诚如朱伯崑先生所说，卦象和卦爻辞之间并不存在严密的逻辑联系，而后人又往往出于对于

---

❶ 《〈周易〉尚氏学·说例》，第1页、第2页。

❷ 《〈周易〉尚氏学·说例》，第34页。

《周易》的崇敬，希望给它一个严密的解释，由此便形成了中国哲学与其他民族哲学不同的形上学部分❶；河流的文化生命的内涵由此也得到丰富。

四、水的分类

古人所能见到的水，可以分为若干类。首先是有源之水和无源之水。有源之水有江河溪流、湖泊沼泽、泉（山泉、井泉）；无源之水，如潦水、池水。雨水和井水则较为特殊。不能说雨水无源，但它确实不稳定，来与不来，并不定时。久旱成灾，淫雨也成灾。尧时有洪水滔天，汤时有九年之旱。至少在古代，对于雨，人没有任何主动性。河流，尚可以治理；雨的降临和停止，却只能等待，所以古人盼望“时雨之降”。井水也是有源的，但井不是天然形成，而是人力开凿的，与有源之水又有所不同。如前所述，这种人力开源之水表现了人的主体自由。对于有源之水和无源之水，孟子有一段非常好的论述。他认为，有源之水即是有本，无源之水则无本，七八月间的雨水，很快能够沟满河平，但很快也就干涸。他把这引申到学问和道德修养上去（详见第五章）。《管子》按照水的出入对水进行了分类，共分为五种。他所说的水，其实也是河流。

> 水之出于山而流入于海者，命曰经水。水别于他水，入于大水及海者，命曰枝水。山之沟，一有水一毋水者，命曰谷水。水之出于他水沟，流于大水及海者，命曰川水。出地而不流者，命曰渊水。❷

这里的“经水”显然是独立的外河流，“枝水”相当于河的支流，“谷水”指山谷中的季节性的积水或流水，川水也是河的支流，渊水则近似于湖水、泽水。

对于水，还有一种分类方法是按照地区分类，如“地之间，九州八极，土有九山，山有九塞，泽有九薮，风有八等，水有六品。”“何谓九薮？

---

❶ 《易学哲学史》，第1卷，第11页。

❷ 《管子校注》中，第1054页。

曰越之具区，楚之云梦泽，秦之阳纡，晋之大陆，郑之圃田，宋之孟诸，齐之海隅，赵之鉅鹿，燕之昭余。”❶

对于水的第四种分类是按照其特点和性质而分的。这种分类方法见于《管子·水地篇》。《管子》先把各地的水按照地域进行了分类，然后对各地的水的特点和当地人的性格进行了分析：

> 夫齐之水，道躁而复，故其民贪粗而好勇。楚之水，淖弱而清，故其民轻果而贼。越之水，浊重而洎，故其民愚疾而垢。秦之水，泔最而稽，淤滞而杂，故其民贪戾罔而好事。齐晋之水，枯旱而运，淤滞而杂，故其民谄谀而葆诈，巧佞而好利。燕之水，萃下而弱，沉滞而杂，故其民愚戆而好贞，轻疾而易死。宋之水，轻劲而清，故其民闲易而好正。❷

这里，所谓“躁”指“躁速”，“复”指水道曲折往复；“贪粗”的“贪”，不是贪婪，而是粗鲁、粗陋之意。水道曲折往复，所以人粗陋；躁速，所以好勇。楚地的水的特点是“淖弱而清”，淖若，为柔和、柔弱，人的性格受其影响则是“轻佚”，“清则明察”，“果贼”即轻易决断❸。越地的水的特点是“浊重而洎”。“洎”为浸。人受“浊重”的水的侵蚀，污垢多所积累，所以使人愚笨。秦地的水的特点是“泔最而稽”。“最”为“聚集”，“稽”为“停留”。秦地的水“泔汁会聚而停留，淤泥沉滞而混杂”❹，所以秦地的人性贪、暴戾，好无事生非。齐晋，按照黄钊先生的考证，指“叁晋”❺，即韩赵魏三国。这里的水的特点是“枯旱而运，淤滞而杂”。“枯旱”是说水“惨涩无光”，惨涩无光的水运行不息，所以这里的百姓爱谄谀、性狡诈，巧佞好利。燕地的水的特点是“萃下而弱，沉滞而杂”。沉对人的影响是愚憨而正，萃杂，所以能够轻易地慷慨赴

---

❶ 《淮南子·地形训》，《诸子集成》，第7册，第132页。

❷ 《管子校注》中，第831～832页。

❸ 《管子校注》中，第831页。

❹ 《管子校注》中，第834页。

❺ 黄钊：《〈管子·水地〉篇考论》，《道家文化研究》，第2集，上海古籍出版社，1992年版，第336～345页。

死。宋地的水是“轻劲而清”，所以这里的人好清、好正❶。关于此篇的时间，黄钊认为，篇中列举了齐、楚、燕、晋、宋、越等七国，这表明，作者在写这篇文章时，中国境内主要有此七国。鲁、卫、陈、蔡春秋时期都很鼎盛，但作者未提它们，说明它们不值得一提。提到越国而未提到吴国，说明吴国已经被越国所灭，所以这篇文章不可能作于春秋末年。文中提到“齐晋”，又单独提到齐，“齐晋”的“齐”应该是“叁晋”的“叁”，所以，此篇应作于公元前376年韩赵魏三家分晋之后。楚灭越是公元前355年，文章楚越并提，说明还没有灭越，所以，文章应写于公元前367～前355年之间❷。《吕氏春秋》、《淮南子》也有类似的关于水对人的影响的说明：

> 轻水所多秃与瘿人，重水所多尰与躄人，甘水所多好与美人，辛水所多疽与痤人，苦水所多尪与伛人。❸

这里对水分类的依据按科学的观点看，是水中是否含有对人体健康有利或不利的元素。含有不利元素的水会造成地方病。轻水、重水、苦水、辛水都是会导致地方病的水。只有甘水是适合生存的。这里的观察是十分准确的。《淮南子》又曰：“土地各以类生人，是故清水音小，浊水音大，湍水人轻，迟水人重。”与《吕氏春秋》大致相同。

《管子》、《吕氏春秋》把各地的水与人的性格联系起来是有一定的道理的，自然对于人的确有一种性格塑造的力量。《管子》对各地的人的特点的分析也是比较准确的。各地不同的性格特点其实都反映在当地的文化上。如楚地文风如《楚辞》之类，正具有文弱、轻灵、俊逸的特点。道家思想也反映了楚地的文化特点，守柔处下、尚水、尚清。宋南接楚地，当然也和楚风有所接近。宋人好清、好正，至于迂腐，也是十分出名的。宋襄公不擒二毛，反被人所擒，吃的就是好清好正的亏。燕赵自古多悲歌之士。“风萧萧兮易水寒，壮士一去不复返”，荆轲刺秦王，白虹贯日，至今仍令人们唏嘘不已。荆轲可谓憨直、愚直之极矣！法家

---

❶ 《管子校注》中，第834页。

❷ 黄钊：《〈管子·水地〉篇考论》，《道家文化研究》，第2集，第336～345页。

❸ 《吕氏春秋·尽数》，《诸子集成》，第6册，第26页。

产生于晋国，韩赵魏三家分晋之后，纵横家儒苏秦、张仪之流多产生于原来的三晋地区，纵横家正是巧佞特点的极端表现。三晋地区由于人口密度较大，人均土地较少，也有经商的传统。善于计较利益、锱铢必较，是经商的特点。齐国自古擅有鱼盐之利，从姜太公开国以来，就有经商的特点。范蠡归隐后三致千金，成为财神陶朱公，就是在齐地。越人愚笨，则是当时越国处于中原文化之外的反映。秦贪而好生事端，最终统一了中国。《管子》此书当在荆轲刺秦、始皇统一之前。它对各地人情的说明，可谓相当有预见性。

中国古代堪舆学对于水的认识和分类，可谓水的第五种分类。堪舆也称为"风水"，可见水对于这一学说的意义。堪舆学总体思路是迷信的、反科学的，但其中也包含了一些合乎科学的因素。水与人的生存有密切的关系。饮用水的水质如何，日常起居是否与水为邻，对于人的生存都有很大的关系。饮用水水质好；居住环境周围有水，空气中负离子多，都利于健康。这些都是科学证实的结论。堪舆学把水分为地上和地下两类。地上水有潮水、湖泊、沟洫、池塘、天池水等，这些在堪舆学看来都是好水；相反，沼泽、臭秽水、泥浆水等，则不是好水。正如我们在下文将要说明的，沼泽水是不流通的，这样的水容易产生积垢和成为蚊蝇及各种有害昆虫的渊薮，自然不利于生存。至于臭秽水、泥浆水，不仅直接影响可见的生存环境，还可能污染地下水，影响饮用，所以也是不利于健康的。堪舆学还用口尝的方法辨别水质，这里面也包含了较多的科学因素。堪舆学把水质分为"甘甜、辛咸、酸苦"三类，认为水是无味的，水的味道来自土，土由气所变，地有气所以水有味。根据现代化学理论，水含有有机物则味甜，含有矾盐等矿物质则味酸，含有硫酸镁与硫酸钠则味苦，含有氯化钠则味咸，含有铁盐、锰则味涩。水中含有藻类则味腥。堪舆学对于水质的分类是合乎科学的。其不科学之处在于，认为味甘、香主上贵、味清主中贵之类。水质和人的健康有关，和富贵则没有直接关系。

对于水的第六种分类是把水分为一般的水和个别的水，或者静止的水和运动的水。这是《周易》中的分类，显示了古人对于水的认识朝向抽象思维发展的轨迹。八卦中坎水常为一般之水、抽象之水；兑之泽水虽然也具有一般性，然而多为具体之水。在六十四卦中，坎常为河水，兑为泽水，二者又都成为具体之水。不过，总体上说，从《大象传》的解释来看，当时对水似乎还没有进行严格的一般与具体的区分，通常情况下，“水”并非作为哲学概念使用的，毋宁说仍保持着物象的具体性。

由于坎水多为川水，为一般之水，所以六十四卦中，又常常为流动之水，而泽水却为固定之水、静止之水。在传统哲学中，通与不通对于人、事的意义是有根本差异的。流动就是通，就具有生命力；静止则不通，则为固定之“壅”。通意味着生，壅则意味着死。《左传·宣公十二年》有一个非常明确的说明。据记载晋楚之战，荀首引用《师》卦之《临》，认为不利出征。晋将先縠不听，强行渡河击楚军，荀首断定必败。他说：“《周易》有之，在《师》之《临》，曰，‘师出以律。否臧，凶’。执事顺成为臧，逆为否。众散为弱，川壅为泽。有律以如己也，故曰律。否臧，且律竭也。盈而以竭，夭且不整，所以凶也。不行之谓‘临’，有帅而不从，‘临’孰甚焉！此之谓也。果遇，必败。彘子尸之，虽免而归，必有大咎。”❶“川壅为泽”、“不行之谓临”使我们想到了大禹治水的“通”与乃父鲧之“湮”的不同，以及中医的脉络相通之说。又，关于此条，朱伯崑先生有十分详细的说明。先生云，《师》卦初六为老阴之象，变为阳爻，即成为之卦《临》。师为众，兑为弱，《师》卦变为《临》卦，即为“众散为弱”；坎为川，川流动；兑为泽，泽不流动。所以，《师》变为《临》又为“川壅为泽”，泽不流通，表示军令受到破坏，即“否藏，且律竭也”。水变为泽，不再流动，此即所谓“不行之谓临”❷。

兑水和坎水的不同特点，在《屯》卦䷂和《随》卦䷐中也表现了出来。此二卦卦象虽然都是水上雷下，但《屯》为流动之水，《随》为静止之水。泽水不流动，有居所而静止，是安定之象。休息只能于安定之所，不能于动荡骚乱之处，所以《随》卦中雷入泽中为休息。《随》卦《象》云：“泽中有雷，随，君子以向晦入宴息。”古代说法认为冬天雷藏

❶ 《新刊四书五经·春秋三传》上，中国书店，1994 年版，第 348 页。标点有改动。
❷ 《易学哲学史》，第 1 卷，第 25～26 页。

于泽中，而不说雷入川中。冬雷入泽，实为休息，以待来年。由于《随》卦为雷入泽中休息，《屯》卦就需另辟蹊径解释“震下坎上”的卦象。《象》云：“云雷，屯，君子以经纶。”汉易解释“屯”为十二月卦，此时雷藏于地中，故虽有雷雨，但无养育万物之功，处于艰难失正之时，所以此时君子宜法云雷之象以经纶时艰，不失天地之常道❶。需注意的是，此处是“雷藏于地中”，而不是“水”中，用“地”换掉了“水”。汉易解释说，雷在地中，虽然天上有云，却不是动雷下雨的时机，所以“难生”。

因为坎水具有流动和抽象的意义，所以《屯》卦中“坎”又有象取云雨；义取险、恩泽二义。孔颖达《周易正义》云：“若取屯难，则坎为险。则上云‘动乎险中’是也。若取亨通，则坎为雨，雷为动，此云雷雨之动事是也。”❷高亨云，此处雷象征刑罚；云象征雨、恩泽。云上雷下表明恩泽未下，而刑罚已加，所以君子以此经纬国家。《象》解《屯》为“囤积”❸。

关于坎、兑的区别，孔颖达也有一个说明。《系辞》有云“鼓之以雷霆，润之以风雨”。孔颖达解此云：“直云震、巽、坎、离，不云乾、坤、艮、兑者，乾、坤上下备言，艮、兑非鼓动运行之物，故不言之。”❹此处以坎为雨，雨自天降，普润万物，而泽则处于稳定不流动状态，不能自动普润万物，所以在万物形成过程中的作用远逊于风雨。

《解》䷧、《归妹》䷵、《屯》和《随》四卦形成两个连续的自然现象。《解》卦为坎下震上，为雷雨之象，故其《彖传》云“雷雨作而草木皆甲坼”。其《象》曰：“雷雨作，君子以赦过宥罪。”此是以雨为恩泽，所以君子观此卦象，应施加恩泽于民。《归妹》为“兑下震上”。其《象》曰“泽上有雷，归妹，君子以永终知敝”。高亨谓泽上有雷，雷出于泽中，是为春季，古时男女婚配多在春季，所以为《归妹》。《解》卦中坎为雨水，《归妹》卦中兑为泽水。《解》卦之“雷雨作”似可视为《屯》之卦象的进

❶ 《〈周易〉集解纂疏》，第98页。
❷ 《宋本〈周易〉注疏》上，第128页。
❸ 《〈周易〉大传今注》，第71～72页。
❹ 《宋本〈周易〉注疏》下，第648页。

一步发展;《归妹》则可视为《随》之卦象的进一步发展,雷结束休息状态,开始出现于天空。

水的流动与静止在《讼》卦䷅、《履》卦䷉也形成不同的意义。《讼》卦象为“坎下乾上”,《履》卦象为“兑下乾上”,坎水动,泽水静,所以,讼为诉讼,履则为“礼”。《讼》卦《象》曰“天与水违行,讼,君子以作事谋始”。乾为天,坎为河水。古代天文知识认为,天向西行,水向东流,方向相违,所以引起争讼。《履》卦《象》云“上天下泽,履,君子以辨上下,定民志”。以天、泽的高下不同,象征君子与百姓。泽既有卑下义,又代表百姓。君子法此卦之象以制礼,分辨上下,安定民心,所以履又有礼的意思。孔颖达《正义》提出,“为下卑承上尊,履,礼也”[1]。此处坎、兑有运动和静止的区别,所以泽有止义,止乎礼。

《蹇》䷦、《咸》䷞二卦的区别也是基于水的流动与静止。《蹇》卦为“艮下坎上”。《象》曰:“山上有水,君子以返身修德。”孔颖达谓:“山者是岩险,水是阻难,水积山上,弥益危难。……蹇之时,未可以进,惟宜反求诸身,自修其德,道成德立,方能济险。”[2]故,君子处于艰难之时,宜退不宜进,应返身修德以待时。此解释与《彖传》所谓“难也,险在前也,见险而能止,知矣哉”一致。高亨云《象传》以山比喻贤人,以水比喻美德,山上有水比喻贤人有美德。贤人有德,必克服困难,始成美德。所以,君子观此卦当反身修德[3]。此卦与《蒙》卦《象传》实同,都是以水象征美德,以山为贤人,要求贤者果行育德或者反身修德。《咸》卦为“艮下兑上”。《象》曰:“山上有泽,咸,君子以虚受人。”泽为低洼容水之处,山上有泽则为山能虚己受他,引申为君子“虚以受人”。孔颖达解释为:“泽性下流,能润于下,山体上承,能受其润,以山感泽,所以为咸。‘君子以虚受人’者,君子法此咸卦,下山上泽,故能空虚其怀,不自有,实受纳,于物无所弃遗,以此感人,莫不皆应。”[4]

---

[1] 《宋本〈周易〉注疏》上,第198页。

[2] 《宋本〈周易〉注疏》下,第431页。

[3] 《〈周易〉大传今注》,第259页。

[4] 《宋本〈周易〉注疏》上,第372页。

显然，此二卦也是以水的流动与否为依据的。泽水不流动，所以能够恒处于山上，此即山体能够包容水。坎水是流动的，不能常处山上，水流出山要经历险阻，此则引申为君子克服困难，返身修德。

泽水变为流动水以后，会怎样呢？《兑》卦中，静止之水变成了流动之水，卦义随之产生差异。《兑》卦为“兑下兑上”。《象》曰：“兑，丽泽，君子以朋友讲习。”两《兑》卦相重，故为“丽泽”。高亨云，两泽相连，其水交流，以象征朋友讲习交流知识。交流与讲习为可悦之事，所以为悦❶。

上述动水与静水的不同意义在使用上是连贯的，也有不连贯的例外。如《大过》䷛和《井》䷯二卦。《大过》卦为“巽下兑上”。《象》云：“泽灭木，大过。君子以独立不惧，遁世无闷。”兑取水象，木取舟象，泽灭木为舟沉于水，此为操舟之大过，“过”作为错误。王弼注孔颖达疏“过”作为“超过”，大过即超过常理。孔颖达注疏云：“泽灭木者，泽体处下，木体处上，泽无灭木之理。今云泽灭木者，乃是泽之甚极而至灭木，是极大过越之义。其大过之卦有二义也，一者物之自然大相过越常分，即此泽灭木是也。二者大人大过越常分，以拯患难。”❷“过谓过越之过，此衰难之世，唯阳爻乃大能过常理，以拯患难也，故曰大过。以人事言之，犹若圣人过越常理以拯患难也。”❸

泽又取象为百姓，泽灭木则为百姓起而推翻君主。《荀子·王制篇》引传云：“君者，舟也。水则载舟，水则覆舟。”木还可以代表君子，泽灭木为君子隐没草野而不闻于世。高亨云，君子遭国家倾覆之祸变而隐居❹。案，此似有可商榷之处，君子隐居，未必一定等到国家倾覆之时。

《井》卦为“巽下坎上”。《象》曰：“木上有水，井，君子以劳民相劝。”郑玄认为，木为桔槔，巽互体兑、兑为暗泽，卦象为桔槔引瓶入泉

---

❶ 《〈周易〉大传今注》，第350页。

❷ 《宋本〈周易〉注疏》上，第341～342页。

❸ 《宋本〈周易〉注疏》上，第340～341页。

❹ 《〈周易〉大传今注》，第203～204页。

汲水。井以汲人，水无空竭，如同人君以政教养天下，惠泽无穷。巽为木，坎为水，入木于水，象用木瓶取水❶。“君子取法乎井，以恒产劳民，使之劝勉相助。以君养民，即以阳养阴之义。”❷孔颖达：“井之为义，汲养而不穷，君子以劳来之恩，勤恤民德，劝助百姓，使有功成，则此养而不穷也。”❸高亨云，造井须民众协作劳动，所以，君子在劳民之时，劝民互助。同样是木处水下，但此卦并不说木沉于水，而是说汲水于井，看来是由于此卦名为“井”的缘故。

兑下有木为“大过”，值得思考。由于泽水和一般之水的不同，使得两卦意义产生差异。从坎多为河水来看，似乎巽下坎上为“大过”更合适。也许，泽水稳定，河水波涛，舟处泽上而覆，则诚为操舟者之大过。何以坎下有木为“井”？我们认为，井卦反映了上古井的结构。据考古发掘，上古到秦汉时期，古人凿井后，往往用木头做成井字形架子支撑井壁❹。这当是《井》卦的原型（关于“井”的问题，详见第二章）。如果真是这样，那么，“坎”作为水取的是涌出、流动之象。“木上有水”之木为支撑井的木架，而不是桔槔。

五、水的来源

关于河、江，古人对其来源均有说明，如河出昆仑之墟，江出岷山等。这里的水包括但不专指河流，是一般的水，或者说所有的水。按照科学的说法，自然界中的水基本上是个常数，大致是15亿立方公里。按照化学的观点，水是由两个氢原子和一个氧原子结合形成的。水在自然界以冰川、积雪、水蒸气、河流、湖泊、海洋、地下水等形式存在，水的不同存在形式之间是循环的。所谓水的来源，其实是循环过程中某种形态或某个阶段的水的来源，即它在循环过程中的前一阶段的存在形态。中国文化所探讨的水的来源是其本源意义上的来源。关于此，

---

❶ 《〈周易〉集解纂疏》，第428页引。

❷ 《〈周易〉集解纂疏》，第431页引。

❸ 《宋本〈周易〉注疏》下，第507页。

❹ 有关内容见中国社会科学院考古研究所《新中国的考古发现和研究》，文物出版社，1984年版。

《鹖冠子》说：

> 天者，神也；地者，形也。地湿而火生焉，天燥而水生焉。法猛刑颇则神湿，神湿则天不生水，音□声倒则形燥，形燥则地不生火。水火不生，则阴阳无以成气，度量无以成制，五胜无以成艺，万物无以成类。❶

在《鹖冠子》看来，天为神明之主，地为可见之形理。天为阳，地为阴。阴升尽则阳生，所以阴极生燥热；阳升尽则阴伏，所以天燥而生水。照《鹖冠子》的思维轨迹来看，天地最为根本，超过神明。水火是阴阳的助手，有水火的帮助，阴阳才能形成气候。度量求平准，水为平准，没有水火，度量之制就无法形成。五胜是五行相生相胜，没有水火五胜不成，道理极其明显。类，即形象。没有水火，万物无法形成类族以广生。

1993 年，考古工作者在湖北荆门郭店发现了一批战国早期的竹简，其中有一篇文字工作者整理为《太一生水》：

> 太一生水。水反辅太一，是以成天。天反辅太一，是以成地。天地[复相辅]也，是以成神明。神明复[相]辅也，是以成阴阳。阴阳复相辅也，是以成四时。四时复相辅也，是以成仓然[沧热]。仓然复相辅也，是以成湿燥。湿燥复相辅也，成岁而止。故，岁者，湿燥之所生也。湿燥者仓然之所生也。仓然者[四时之所生也]。四时者阴阳之所生[也]。阴阳者神明之所生也。神明者天地之所生也。天地者太一之所生也。是故，太一藏于水，行于时。周而或[始]，[以己为]万物母；一缺一盈，以己为万物经。此天之所不能杀，地之所不能厘，阴阳之所不能成。君子知此之谓[道]。❷

这里，水是从“太一”中生出来的，太一是水的根源，其后由于水与本原的相互辅助，产生天地万物。所以，太一乃是天、地、神明、四时、沧热、

❶ 《鹖冠子·度地第八》：黄怀信：《鹖冠子汇校集注》，中华书局，2004 年版，第 135 ~ 137 页。

❷ 荆门市博物馆编：《郭店楚墓竹简》，文物出版社，1998 年版，第 123 页。文中方括号内文字系按照裘锡圭先生解读增补。

湿燥、岁的根源,即宇宙的本原。值得注意的是,阴阳在天地之后;没有水的帮助,四时、岁都无法形成。这些思想都是和《鹖冠子》相同的。《鹖冠子》、《太一生水》都是把天与水联系起来,这反映了古人的气象知识。大致在他们看来,降雨乃是水的最终来源,这种认识也有科学依据的,降雨可以说是大自然水循环的一个非常明显的过程。不过,从古代阴阳的分类来看,阳总与积极、热、进取等主动性质相联的;阴则相反。天和地相比,天属于阳,地属于阴。水与火对立,火属于阳,水则应属于阴。天生水,意味着阳生阴。阳类之物如何能够生阴?需要解释。前述"天燥生水"的观点是依照物极必反的原则,认为天的阳气升尽阴气萌生,这就把水又归结到阴气上了。与这一思路相近,《淮南子》有一个著名的说法:积阴之气为水。

> 天地未形,冯冯翼翼,洞洞灟灟(zhú),故曰太昭。道始生虚廓,虚廓生宇宙,宇宙生气。气有涯垠,清阳者薄靡而为天,重浊者凝滞而为地。清妙之合专易,重浊之凝竭难,故天先成而地后定。天地之袭精为阴阳,阴阳之专精为四时,四时之散精为万物。积阳之热气生火,火气之精者为日;积阴之寒气为水,水气之精者为月;日月之淫为精者为星辰,天受日月星辰,地受水潦尘埃。❶

《淮南子》的解释模式是,无形之太昭→道→虚廓→宇宙→气→天地→阳阴→火水。这样,水就直接成为由阴气而生之物。在这个解释模式中,水已经没有了《太一生水》和《鹖冠子》中与本原比较接近的神秘性了,这也是在冯友兰先生所说的汉代哲学更加接近科学的表现之一。《淮南子》又指出:

> 日冬至则水从之,日夏至则火从之,故五月火正而水漏,十一月水正而阴胜。阳气为火,阴气为水。水胜,故夏至湿;火胜,故冬至燥;燥故炭轻,湿故炭重。日冬至,井水盛。❷

正,即王,占据主导地位。此处说阳气为火,阴气为水 ,是一种归

---

❶ 《淮南子·天文训》,《诸子集成》,第7册,第35页。

❷ 《淮南子·天文训》,《诸子集成》,第7册,第40页。

类，即把火归为阳气之类，水归为阴气之类，还不直接是说水是由阴气而生，但其中包含了这样的意思。对于积阴为水，《淮南子》提出了一些证明。它根据“物类相动”的原理指出：

物类相动，本标相应。故阳燧见日，则燃而为火；方诸见月，则津而为水。虎啸而谷风至，龙举而景云属。麒麟斗而日月食，鲸鱼死而彗星出，蚕珥丝而商弦绝，贲星坠而勃海决。❶

关于水的来源，东汉郑玄曾经提出“天一生水”的观点，在中国文化史上产生了极大的影响。《易传》系辞上第九章在讲到大衍之数时曾经说“大衍之数五十，其用四十有九”，《易传》接着对所谓“大衍之数”进行了说明，指出：“天一地二，天三地四，天五地六，天七地八，天九地十。天数五，地数五，五位相得而各有合。天数二十有五，地数三十，凡天地之数，五十有五，此所以成变化而行鬼神也。”这里《易传》是把数字与天地联系起来，以说明占卜的方法。关于“天一”等句子，郑玄注曰：

天一生水于北，地二生火于南，天三生木于东，地四生金于西，天五生土于中。阳无耦，阴无配，未得相成。地六成水于北，与天一并。天七成火于南，与地二并。地八成木于东，与天三并。天九成金于西，于天四并。地十成土于中，与地五并。❷

郑玄所说的“天一”，在我们看来，并不构成一个概念，因为下文还有天三、天五等。“天一”不过是把“天”和数字“一”结合起来，所以，天一生水，毋宁说就是天生水。“地六成之”的“地六”也不构成一个概念，不过是说明仅仅有天并不能完成水的形成，还必须有地的配合，所以他强调阳必须有“耦”，阴必须有“配”。阴阳相合而生水，比之单独阴气相积而成水，的确要更加完善。郑玄比之前人更为复杂的地方在于他力图把天地、阴阳、五行、数字、时令、方位、《河图》、《洛书》等对应起来，建立一个综合统一的宇宙框架模式。这也是郑玄的科学意识所

❶ 《淮南子·天文训》，《诸子集成》，第7册，第36页。

❷ 《〈周易〉集解纂疏》，第580页引。

在。

《周易》对于水的产生的方位说明,也构成了水的来源的一种说法。五行的方位是木东、金西、火南、水北、中央土。八卦的方位照《说卦》所说:“万物出乎震,震东方也。齐乎巽,巽东南也。齐也者,言万物之絜齐也。离也者,明也,万物皆相见,南方之卦也。圣人南面而听天下,向明而治,盖取诸此也。坤也者,地也,万物皆致养焉,故曰致役乎坤。兑正秋也,万物之所说也,故曰说。言乎兑,战乎乾,乾西北之卦也,言阴阳相薄也。坎者水也,正北方之卦也,劳卦也,万物之所归也,故曰劳乎坎。艮东北之卦也,万物之所成, 终而所成始也,故曰成言乎艮。”

震东、巽东南、离南、坤西南、兑西、乾西北、坎北、艮东北。从季节上说,震春、离夏、兑秋、坎东。这一分配方法与五行家所说大致相同,但也有不合之处。东方按八卦方位为震,但五行方位为木。八卦中巽取象为木、为风,方位为东南。离为火,八卦方位为南,与五行方位一致。八卦方位中西方为兑,兑为泽,为水;《说卦》以“悦”解释,云“兑,正秋也,万物之所悦也”,似乎与泽水没有什么关系。这是因为坎为水,坎分配在北方的缘故。但是,五行方位西方为金,五行的生克顺序中金生水,似乎又暗示了兑和水的联系。五行中水分布于北方,《说卦》把坎卦分配于北方,似乎是受了阴阳五行家的影响,也许《说卦》本身就是阴阳家所作。五行因为有五个元素,方位、季节都只有四个,所以把土作为中央,不分配方位,显示了农业民族对于土地的重视。八卦中与土地对应的是《坤》,《说卦》没有明言它的方位,但其他七卦定位后,则只剩下西南方位,此当是《说卦》所希望给予坤的方位。可是,《说卦》为什么不明言坤为西南?这是否意味着某种迟疑或者对于土为中央的五行方位的某种留恋?总之,《说卦》对于八卦方位的分配似乎受了五行说的影响而又有所不同,或力图向后者靠拢。

需要说明的是,这里的方位是所谓文王八卦方位,属后天之学。如果以宋儒邵雍所传伏羲八卦方位图,则为离东、兑东南、乾南、巽西南、坎西、艮西北、坤北、震东北,中央太极。这一方位分配法与五行方位说全不相应。尚秉和云,此为《说卦》所说先天卦位,后天卦位图实自先天卦位而来。“坎南交坤，则南方成离卦，乾北交坤，则北方成坎。先天方位，随变为后天。”[1]尚秉和认为先天卦位自魏晋而失传。邵氏传先天卦位之学，反而被黄宗炎毛奇龄等视为来自道教。

中国地势为西北高、东南低，呈现三级梯状。在中国文化形成的过程中，先人活动范围内的河流几乎都是由西向东或由北向南流动的。所以，五行把水分配在西方，八卦把水分配在西方、北方，其实反映了古人对中国地理的一种认识。郭店竹简《太一生水》篇说“天不足于西北，其下高以强；地不足于东南，其上□□□不足于上者，有余于下；不足于下者，有余于上”[2]，可谓关于中国西北高、东南低的最早认识。《淮南子·天文训》对于中国的地势作了一个神学的说明：“昔者共工与颛顼争为帝，怒而触不周之山，天柱折，地维绝。天倾西北，故日月星辰移焉；地不满东南，故水潦尘埃归焉。”[3]西北高、东南倾，水皆从西从北流向东、向南，所以八卦方位分布总是把水分布在西方或者北方。由此言之，五行、八卦可以说是上古中国的地理学。不仅《禹贡》为上古地理学，五行八卦已然是地理学了。

前述《管子》中《五行》、《四时》诸篇、《吕氏春秋·十二纪》、《礼记·月令》、《淮南子》等典籍从天人感应的角度，把行政和气候联系起来，认为不适当地行使政令会引发大水。这里的水指的是洪水、水灾，与总论水的来源不属于一个问题。

六、“川，气之导也”与“川竭国亡”——河流的文化生命的重要命题

中国文化从独特的哲学理念出发，提出了“川，气之导也”，“川竭国亡”等内涵极其深刻的命题，表达了对于河流的自然生命和文化生命的深刻体认。其意义超出时代，直到今天仍能发人深省，对确立人与河流的新型关系，构建河流伦理学体系，建立新型的生态文明，都具有

[1] [清]尚秉和：《〈周易〉尚氏学·说例》，中华书局，1958年版，第9页。
[2] 《郭店楚墓竹简》，第125页。
[3] 《淮南子·天文训》：《诸子集成》，第7册，第35页。

重要意义。

（一）“川，气之导也”

在中国哲学的解释体系中，河流首先是与阴阳相关的，是阴阳二气的产物。《礼记·礼运》篇说：

> 天秉阳，垂日星，地秉阴，窍于山川，播五行于四时，和而后月生也，是以三五而盈，三五而阙。五行之动，迭相竭也。五行、四时、十二月、还相为本也。❶

《礼运》用阴阳之气、五行等概念，把人和天地山川统一了起来，这说明了人和自然的统一性。“地秉阴，窍于山川”是说阴气在自然界是收藏于地中，山川都是大地的孔窍，大地的阴气通过山川吐纳，即散出和收藏。此气把五行散布于四时之中。阴气和，才能产生月，月才能与日相配。盈、阙都是气的屈伸往复，三五为十五，是五行水一、火二、木三、金四、土五的总和。“五行之动，迭相竭也”，是说五行迭相为负戴或承载，如“春为木王，负戴于水；夏为火王，负戴于木；秋为金王，负戴于火；冬为水王，负戴于金”❷。负戴也就是五行“更相为始”。《礼记》此处所说，与下文将要论述的“川，气之导也”有着密切的联系。

如前所述，“一阴一阳之谓道”是关于阴阳二气运行的最高原则。一阴一阳的含义之一是指阴阳的相互交通。这个原则在对河流的认识中表现为阴阳之气、天气与地气的交通和平衡。《周易》六十四卦背后的思维方式之一是通气；表现这一原则的正例是泰卦䷊，反例是否卦䷋。泰卦卦象是坤上乾下，乾为天，坤为地，天下地上，这和日常的天在上、地在下的常识相反。它所表达的思想是天气已经下降、地气已经上升，二气完成了交通。所以，此卦卦辞是“小往大来，吉亨”。《彖传》说，“是天地交，而万物通也；上下交，而其志同也。内阳而外阴，内健而外顺，内君子而外小人，君子道长，小人道消也。”此卦的《象传》也说：“天地交，泰，后以财（裁）成天地之道，辅相天地之宜，以左右民。”可见，天地、阴阳二气的交通正是此卦成为“吉亨”的根本原因。照古

---

❶ ［清］朱彬撰：《礼记训纂》上，饶钦农点校，中华书局，1996 年版，第 343 页。

❷ 《礼记训纂》上，第 346 页。

人的天文气象观念，天气应该是下降的、地气应该是上升的。这和日常的气象观察是一致的。比如，雨、雪、霜、雹、阳光、热量都是从天而降的，没有这些阳光和水分，就谈不上动植物的生长。地气上升最明显的意象是水蒸气的蒸腾。天气下降和地气上升都是符合自然规律的，属于大气循环的一种形式。没有这种循环，自然、气候运行就会失衡，就会产生灾害。否卦是与泰卦相反的。否卦的卦象是坤下乾上，天地之气不能相交，它的卦辞是"否之匪人，不利君子贞，大往小来"。它的《彖传》说，否之所以是"大往小来"，就在于"天地不交，而万物不通也；上下不交，而天下无邦也。内阴而外阳，内柔而外刚，内小人而外君子。小人道长，君子道消也"。这里的上下、内外也指上下卦。它的《象传》说："天地不交，否；君子以俭德辟难，不可荣以禄。"除了否泰卦以外，《周易》讲到阴阳交的还有《归妹》、《咸》卦等。《归妹》卦《彖传》说："归妹，天地之大义也。天地不交，而万物不兴，归妹人之终始也。"咸卦《彖辞》说："咸，感也。柔上而刚下，二气感应以相与，止而说……天地感而万物化生，圣人感人心而天下和平；观其所感，而天地万物之情可见矣！"天地感、天地交，都是阴阳交通的含义。照朱伯崑先生的考证，《彖传》大致作于战国时期孟荀之间，《象传》也是秦汉以前战国后期所作❶。可见，至少在战国中期以前，中国文化已经形成了系统的、成熟的阴阳相交、天地交通的循环理论。《管子》、《文子》都有明确的阴阳交通的思想：

> 天行不已，终而复始，故能长久；轮得其所转，故能致远；天行一不差，故无过矣。天气下，地气上；阴阳交通，万物齐同；君子用事，小人消亡，天地之道也。天气不下，地气不上；阴阳不通，万物不昌；小人得势，君子消亡，五谷不植，道德内藏。❷

《文子》把阴阳交通、天气运行以及政治运行中小人与君子的在位与否联系起来，包含了过度发挥的地方，但我们要善于理解这些思想的

---

❶ 《易学哲学史》，第1册，第46、47页。

❷ 王利器：《文子疏义》，中华书局，2000年版，第293页。

深意所在,不能简单地斥之为迷信。在这里,阴阳交通和君子小人的在位与否是互为因果的。阴阳不通会导致君子小人易位;反过来,现实政治中的君子小人易位也会导致阴阳不通。错误的政治举措,比如不合时宜的大坝、违反自然的围湖造田都会对自然的运行产生不良影响,这种不良影响在古人看来,就是天地不通,阴阳不交。在这里,不易把握的是阴阳不通能导致小人君子易位。

《易传》所讲的天地、阴阳的交通,是一个基本事实,也是一个普遍原则,还是一个价值肯定。天地或阴阳的交通是与“生”联系在一起的,“生生”在《易传》中得到了十分突出的强调。《易传》说:“天地之大德曰生”,又说:“生生之谓易”。从价值原则来说,与“生”相关的都会得到积极的肯定。这样容易导致重阳而不重阴的阳尊阴卑思想。《文子》已有这样的因素:“高莫高于天也,下莫下于泽也。天高泽下,圣人法之,尊卑有叙,天下定矣。”❶这种因素在《易传》中特别明显。《系辞》第一章开篇便说:“天尊地卑,乾坤定矣。卑高以陈,贵贱位矣。动静有常,刚柔断矣。方以类聚,物以群分,吉凶生矣。在天成象,在地成形,变化见矣。”这里正是把天地、高下、乾坤与价值观的贵贱联系在一起的。阳尊阴卑的思想在董仲舒那里得到了充分的发挥。

在中国哲学中,天地不通通常是与冬天相联系的。冬天不主生,而主闭塞、收藏。关于冬天天地之气的运行,《礼记·月令》说:“孟冬之月,命有司曰,天气上腾,地气下降,天地不通,闭塞而成冬。”❷其基本含义是说,冬天时,天气已经上腾、返回到上天,地气则回归于地下,二者不再交通,由此成冬。须注意的是,这里所说的上腾,是完成状态,不是开始或者正在进行状态。孔颖达对此处所说的十月份天气上腾不太理解,提出“若以《易》卦言之,七月三阳在上,则天气上腾。今十月乃云天气上腾、地气下降者,易含万象,言非一概,周流六虚,事无定体。若以爻象言之,则七月为天气上腾,地气下降。若应气言之,则从五月地气上腾,至十月六阴俱升,六阳并谢,天体在上,阳归于虚无。故云

❶ 《文子疏义》,第294页。

❷ 《十三经注疏》下,第1381页。

'上腾'。地气六阴用事，地体在下，下连于地。故云下降。各取其义，不相仿也。"❶这里，他首先从卦象出发，把天地之气的腾降作为一个普遍原则；然后又从爻象出发，认为七月天气上腾，意味着七月天气主事，阴气降服。其实，此时的上腾，是一种正在进行时态。他所说的"应气"，是就某一具体季节的气的运行来说的，是已经完成升腾后正在主事的状态，类似于完成进行时。五月阳气上腾则是一种开始时，即五月份天气已经开始"上腾"，处于由弱变强的过程中。这样，五月开始、七月正在、十月完成，形成一个阳气主事的周期。还有一种解释是把地气解释为阳气、天气解释为阴气。《庄子·田子方》篇中说："至阴肃肃，至阳赫赫。肃肃出乎天，赫赫发乎地。两者交通成和而物生焉，或为之纪而莫见其形。"这就与《礼记》所说不同。这表明，古人对于阴阳的产生有不同的认识，但强调阴阳交通之和，则并无差异。

"川，气之导也"出自《国语》：

> 灵王二十二年，谷、洛斗，将毁王宫。王欲壅之，太子晋谏曰："不可。晋闻古之长民者，不堕山，不崇薮，不防川，不窦泽。夫山，土之聚也。薮，物之归也。川，气之导也。泽，水之钟也。夫天地成而聚于高，归物于下。疏为川谷，以导其气；陂塘污庳，以钟其美。是故聚不阤崩，而物有所归，气不沈滞，而亦不散越。是以民生有财用，而死有所葬。然则无夭、昏、札、瘥之忧，而无饥、寒、乏、匮之患，故上下能相固，以待不虞。古之圣王，唯此之慎。❷

从《国语》的记载可知，周灵王二十二年，王城西部的谷水泛滥，南入洛水，淹及王宫西南。周灵王要堵住谷水（壅川），即修筑堤防，使谷水北流。太子晋的观点是，不能开山、毁山，不能加高渊薮（渊薮是没有水的塘泽）；不能给河流设置坝防。因为山是土的聚积，薮是物的归宿，泽是水的集中，川是天地的导气之所。这里"气之导"的"气"，是一个哲学概念，不是物质概念。当然，它也指称物质，如现代意义的大气、水

---

❶ 《礼记训纂》上，第274页引。

❷ 《国语集解》，第92~93页。

蒸气、风、呼吸等。但是,它遍指一切气而不限于某一方面。这也是哲学概念的特点所在。如前所述,天地之气的交通是中国哲学的根本观念,交通而和,万物阜生。川,作为一种自然现象,正发挥着导气促和的作用。这意味着河流是促进万物生长的一个不可缺少的环节。所以,在太子晋看来,对于川谷,只能是疏导以通其气。所谓"导气",用科学语言说就是气的循环。其背后的哲学思维有老子的"反者道之动"和《周易》的"复"。老子的"反",是向相反方向运动最终回到出发点,这恰好就是循环。"复",是回复。《周易》复卦卦象是䷗,震下坤上,雷在地中,一阳来复。《卦辞》说"反复其道,七日来复,利有攸往"。《彖辞》说"反复其道,七日来复,天行也。利有攸往,刚长也。复其见天地之心乎?"复,也可以说是循环。《周易》认为这是"天地之心",也就是说,是天地最根本的原则。关于循环,罗尔斯顿三曾经指出:"生态学教导我们,应该大大扩展我们对于'循环'一词的理解。人类生命是浮于以光合作用和食物链为基础的生物生命之上面而向前流动的,而生物生命又依赖于水文、气象和地质循环。"[1]这里的水文、气象、地质的循环,都可以包含在中国古代的气的循环之内。

"川,气之导也",把河流与自然的其他部分视为统一的整体,具有整体性和统一性的观念;同时,这个命题又以阴阳观念为基础,说明了河流与自然其他部分的联系、河流在自然中的作用;强调了河流对于人类的重要意义。这些都是现代河流学所不具有的。近代以来的河流学说往往和把河流作为索取和斗争的对象,重视的是河流的工具性价值。以"川者气之导"为代表的中国古代河流学说重视的则是河流自身的内在价值、它在自然体系中的意义和对于人的超出工具性的神意价值。

与"导气"观念相同的还有"通气"、"宣气"、"助气"等观念。《礼记》记载子贡问孔子,君子为什么贵玉。孔子说玉"气如白虹,天也。精神见于山川,地也。圭璋特达,德也。天下莫不贵者,道也。诗云:

---

❶ [美]罗尔斯顿三:《哲学走向荒野》,刘耳、叶平译,吉林人民出版社,2000年版,第104页。

'言念君子，温其如玉，故君子贵之也。'" ❶ 郑玄注说，虹是天气，精神是精气。"山川，地所以通气也。" ❷ 孔颖达说，其如白虹，是说玉的白气如同天的白气，所以玉像天。"精神见于山川"的精神，即玉的精气彻见于山川，"玉在山川之中，精气彻见于外"。同样，地也是"气含藏于内"、"彻见于外"的❸，所以，玉又像地。这里值得注意的是，地含藏气、气表现于山川、山川具有通地气的功能的认识，在郑玄时代已成为一种普遍知识。所以，他能够用它来解释《礼记》。"通气"是前述"导气"的另一种说法。关于玉，宋代吕与叔说："玉之莹者，光气能达于天，所谓'气如白虹'也。韫诸石中，则光辉必见，所谓'精神见所山川也'。"❹这里，吕与叔也是以山川通气为基础进行解释的。

关于通气，《礼记》还有鬼神为山川、助地通气的说法。《礼运》篇说："圣人作则，必以天地为本，以阴阳为端，以四时为柄，以日星为纪，月以为量，鬼神以为徒，五行以为质，礼义以为器，人情以为田，四灵以为畜。"这里，《礼记》认为，圣人制定法则，是以天地为本原或原则，以阴阳为开端，以四时为把柄，以日星为纲纪，以月运行为量度。关于"鬼神以为徒"，郑玄注曰："鬼神，谓山川也。山川助地通气之象也。"❺孔颖达进一步解释为："鬼神，谓山川助地以通气，为地之属，圣王象之，树立群臣，助己施教，为己徒属也。"❻这里是把鬼神作为山川，山川为天地之徒属，所以鬼神也是山川的徒属，能够帮助大地通气。民间通常认为鬼神是人死之后所变之物，儒家理性主义的说法是把鬼神说成是气的两种性能，鬼者归也，神者伸也，鬼神即气的屈伸往来。张载说"鬼神者，二气之良能也"。这里把鬼神解释为山川，是把鬼神作为运动着的气来解释山川对于天地的通气作用。鬼神能动，山川不能动；不能动的山川之所以能够通气，正是由于二者都有类似鬼神的气的

---

❶ 《礼记训纂》下，第 911 页。
❷ 孔颖达：《礼记正义》，《十三经注疏》下，第 1694 页。
❸ 《礼记正义》，《十三经注疏》下，第 1694 页。
❹ 《礼记训纂》下，第 911 页引。
❺ 《礼记训纂》上，第 348 页。
❻ 《礼记训纂》上，第 349 页。

屈伸作用。《礼运》又提出:“故祭帝于郊,所以定天位也;祀社于国,所以列地利也。祖庙,所以本仁也。山川,所以傧鬼神也。”❶这一段是说,天子以臣子之礼祭天,是为了“使严上之礼达于下”;祭山川,是为了“使傧敬鬼神之教达于下”。为什么祭山川是傧敬鬼神?这是沿着上文把山川和鬼神连通的思路来的。古代天子立社稷,社为土神,社没有屋。这是为什么?《白虎通》引用《礼记·郊特牲》解释说:“天子大社,必受霜露风雨,以达天地之气。”❷这里的“达气”,也就是“通气”。屋子有顶,会隔断霜露风雨,阻断天地之气的循环,所以社不能有屋。相反,亡国之社则是有屋的,为的是表示“与天地绝也”❸。

“宣气”的说法来自《国语》。据记载,鲁宣公夏季在泗水用大网捕鱼,里革割破了他的网,批评他说:

> 古者大寒降,土蛰发,水虞于是乎讲罛罶,取名鱼,登川禽,而尝之寝庙,行诸国,助宣气也。……蕃庶物也,古之训也。今鱼方别孕,不教鱼长,又行网罟,贪无艺也。❹

里革的意思是说,古代只有到了初冬大寒之气开始减杀(降)、正月中气启蛰虫出的时候,掌管川泽禁令的水虞才会令国人织(讲)网捕大鱼,取龟鳖之类。这时阳气初起,捕鱼取川禽是为了助阳气宣泄。夏天鱼鳖正在怀孕之时,捕捞它,不利于众物生长,是贪得无厌。由此可见,川虞也有助气的职能。又,《白虎通》说:“太平之时,时雨时霁,不易恒旸而以时旸,天地之气宣也。”❺这里把天地时令气候的正常运转称为“宣气”。

通气是天地运行的规律,山川是通气的地方,也是通气功能的完成者。反对阻气、助通气,便是人的职责。上文川虞所说,就是反对阻气的一种。《国语》中反对壅川,根本上也是反对阻气。前述太子晋在对灵王讲了一通不能壅川、防川的道理后,也举出了前人如共公、鲧等壅

---

❶ 《礼记训纂》上,第351页。

❷❸ 《白虎通疏证》上,第89页。

❹ 《国语集解》,第167~169页。

❺ 《白虎通疏证》上,第275页。

川的后果：

> 共工弃此道也，虞于湛乐，淫失其身，欲壅防百川，堕高堙庳，以害天下。皇天弗福，庶民弗助，祸乱并兴，共工用灭。其在有虞，有崇伯鲧，播其淫心，称遂共工之过，尧用殛之于羽山。❶

太子晋接着从导气的角度，对大禹治水进行了肯定。他指出，后来大禹改弦更张，共公的从孙四岳帮助他，高下各适其宜，"疏川导滞"、决川、筑泽、聚水、殖物、通海，受到上天的褒奖，赏给他天下，赐给他姓"姒"，氏"有夏"。太子晋特别提到，大禹治水做到了"天无伏阴，地无散阳，水无沉气"。这些都是"通气"的另一种表述。

> 其后伯禹念前之非度，厘改制量，象物天地，比类百则，仪之于民，而度之于群生，共之从孙四岳佐之，高高下下，疏川导滞，锺水丰物，封崇九山，决汩九川，陂鄣九泽，丰殖九薮，汩越九原，宅居九(阝+奥)也，合通四海。故天无伏阴，地无散阳，水无沉气，火无灾{巛火}，神无间行，民无淫心，时无逆数，物无害生。帅象禹之功，度之于轨仪，莫非嘉绩，克厌帝心。皇天嘉之，祚以天下，赐姓曰'姒'、氏曰'有夏'，谓其能以嘉祉殷富生物也。❷

太子晋指出，亡国者是由于"不帅天地之度，不顺四时之序，不度民神之义，不仪生物之则，以殄灭无胤，至于今不祀"。"帅"即遵循。所以，太子晋建议灵王"度于天地而顺于时动，和于民神而仪于物则"。太子晋认为，由于灵王执政不当而扰乱了二川之神，使它们公然争斗，妨碍王宫，"王而饰之，无乃不可乎"❸！

《管子》也有不少地方都涉及到了"助气"的思想。"五和时节，君服黄色，味甘味，听宫声，治和气，用五数，饮于黄后之井，以倮兽之火

---

❶《国语集解》，第94~95页。

❷《国语集解》，第96~98页。

❸《国语集解》，第98页。

爨。藏温濡，行欧养，坦气修通。”[1]这一段是说，土数为五，其色为黄，其气为和，其方位为中央，黄后之井即中央之井。倮兽是浅毛之兽，如虎豹之类。藏，是包藏。心在人身中处于君主的地位。君王之所以在行动上要遵从上述规定，在人心中要收藏“温和儒缓之气”，就是为了做到与自然的一致，从而“以助土气也”[2]。这表明，君王对于土气的兴旺和在自然人事中发挥作用，具有帮助作用。除了助土气的提法外，其他如冬“行春政泄”、“行夏正雷”之类的禁戒，其实都是说没有顺春气或冬气，扰乱了气的正常运行，都是违气、阻气。行春政是提前把阳气泄露出去了，行夏政是阳气覆压了阴气，引发雷鸣。《管子》反对冬天“发山川之藏”，也是非常值得注意的。发山川之藏其实就是开发山川资源，如采掘山上的矿藏，水中的珍宝之类。《管子》之所以反对冬天这样做，是因为冬天乃闭藏的季节，采掘活动使得闭藏不密，地气外泄[3]。通气是天然的原则，对于人来说，“助通气”便是一种职责。《管子》说明了人为什么要做到通气。《管子》说：“故通乎阳气，所以事天也，经纬日月，用之于民。通乎阴气，所以事地也，经纬星历，以视其离。”[4]这里，《管子》便把阴阳二气的贯通作为了人的职责。

山川不仅与天地通气构成循环，也与人通气构成循环。人、山川、整个自然都是一气贯通。因此，在古人看来，人和山川自然之间存在一种正相关的感应。《文子》说：

> 故精诚内形，气动于天，景星见，黄龙下，凤凰至，醴泉出，嘉谷生，河不满溢，海不波涌；逆天暴物，即日月薄蚀，五星失行，四时相乘，昼冥宵光，山崩川涸，冬雷夏霜。天之与人，有以相通，故国之殂亡也，天文变，世俗乱，虹霓见。万物有以相连，精气有以相薄，故神明之事，不可以智巧为也，不可以强力致也。大人与天地合德，与日月合明，与鬼神合灵，与四时合信，怀天心，抱地气，执冲含和，不下堂而行四海，变易习俗，民

---

[1][2] 《管子校注》上，第 135 页。

[3] 《管子校注》下，第 855 页。

[4] 《管子校注 · 五行》中，第 860 页。

化迁善，若出诸己，能以神化者也。[1]

《论语》中孔子叹河不出图，凤鸟不至，《中庸》说“至诚动天”，与此处所说相同。这里，人的精诚已经不全是自然之气，更多地属于精神之气。不过，在古人那里，精神之气和自然之气是统一的。

通气是自然运行的根本原则。这些原则不仅应用于天地自然，也应用于人，是人所必须遵循的原则。人若违背了通气的原则，就会产生疾病。《黄帝内经》具体说明了各类气与各类器官的相通：“天气通于肺，地气通于嗌，风气通于肝，雷气通于心，谷气通于脾，雨气通于肾。六经为川，肠胃为海，九窍为水注之气。”[2]《管子》也强调“坦气修通”[3]。“坦气”即孟子所说的“平旦之气”。平旦之气必须得到修养，才能够畅通。无论这种气是一种精神之气还是生理之气，气的修和通都是符合“通气”原则的。董仲舒把通气的思想引申为反对“滞郁”。他提出，阴阳之气在人，也在天。在人为喜怒哀乐，在天为暖清寒暑。气在人必须畅行而不能有所停留，在天也必须周行无稽留。他说：

夫喜怒哀乐之止动也，此天之所为人性命者。临其时而欲发，其应亦天应也，与暖清寒暑之至其时而欲发无异。若留德而待春夏，留刑而待秋冬也，此有顺四时之名，实逆于天地之经。在人者亦天也，奈何其久留天气，使之郁滞，不得以其正周行也。是故天行谷朽寅而秋生麦，告除秽而继乏也，所以成功继乏以赡人也。天之生有大经也，而所周行者，又有害功也，除而杀殛者，行急皆不待时也，天之志也，而圣人承之以治。[4]

在中国文化的认识中，不光川，山也是导气的一个环节。如荀子曾说过，“聚土成山，风雨兴焉”。风、雨都是气的一种。风雨从山上兴起，就是把蕴涵在大地中的水蒸气通过热量蒸发，回送到大自然中去。

---

[1] 《文子疏义》，第 63 页。
[2] 《黄帝内经·宝命全形论篇》，第 21 页。
[3] 《管子校注》上，第 135 页。
[4] 《春秋繁露义证》，第 463 页。标点有改动。

笔者曾经仔细观察过这样的过程。笔者居住在北京西北百望山、玉泉山、香山近旁。夏日雨中和雨后，这些山上的树丛中，会蒸腾起弥漫的白气，白气和山连在一起，缓缓地向上游动，离开了山，越来越高，就和天上的云连在一起了，也变成了云。白气变成了云，就不再属于山了，而是属于云了；也和云一样，都变成了暗色、黑色，随风飘走，不知去向。雨大时，山上生起的云和山一样多，山顶都是云；雨小时，云不是从整个山顶升起来，而是此处一团、彼处一团地从树丛中冒出来，向上飘游，有一种安静地动的神秘。这些升腾起来、变成云又随风飘走的水汽，就是中国古人所说的"导气"过程。关于山的导气作用，《礼记》又说："天降时雨，山川出云。"❶云，繁体作"雲"，《说文解字》的解释是"山川气也，从雨，云象回转之形"❷。

根据古代祭祀原则，山川凡是能够"出云"的，都属于应当祭祀之列。这表明了古人对于山川的敬畏。《礼记·祭法》云："山林川谷丘陵能出云，为风雨，见怪物，皆曰神。有天下者祭百神，诸侯在其地则祭之，亡其地则不祭。"❸导气被中国古人认为是山川的神灵作用，这种神灵作用通于人，能够产生卓越的人才，这也是通常所说的钟灵毓秀的含义。《礼记》说："其在诗曰'嵩高惟岳，峻极于天。惟岳降神，生甫及申。惟申及甫，惟周之翰，四国于蕃，四方于宣，此文武之德也。"❹这里甫、申是周宣王时的两个政治人物。这段诗说，甫及申都是山岳所降生的神灵人物，他们是周朝的干城，能够宣布周朝文武之德于四方。

（二）"川竭国亡"

中国哲学关于河流的文化生命的又一深刻认识是提出了"川竭国亡"的命题。"川竭国亡"的前提是"国主山川"，出自《国语·晋语》：

> 梁山崩，以传召伯宗，遇大车当道而覆，立而辟之，曰："避传。"对曰："传为速也，若俟吾避，则加迟矣，不如捷而行。"伯宗喜，问其居，曰："绛人也。"伯宗曰："何闻？"曰："梁

❶❹ 《礼记训纂》下，第755页。
❷ 《说文解字》，第575页。
❸ 《礼记训纂》下，第693页。

山崩而以传召伯宗。”伯宗问曰:“乃将若何?”对曰:“山有朽壤而崩,将若何?夫国主山川,故川涸山崩,君为之降服、出次,乘缦、不举,策于上帝,国三日哭,以礼焉。虽伯宗亦如是而已,其若之何?”问其名,不告;请以见,不许。伯宗及绛,以告,而从之。❶

这段记载颇似一个传奇。梁山崩,晋君召伯宗商量对策。伯宗的车却因另外一辆车挡道而覆,伯宗与车主不期而遇,车主居然知道梁山崩溃,国君急召伯宗。伯宗问他山崩了该怎么办?这位车主(据说是“华阳子”)说出一番有理有据的对策。“国主山川”的“主”,是动词,凭依、依靠。国主山川即国家以山川为自己的依赖,没有山川,也就没有国家。与此句式结构相类似的表述有“民者神之主”,即神以民为依靠。华阳子认为,国家以山川为依凭。川涸、山崩,都属于国家大的变故。遇到这种情况,国君要穿上缟素之服,出宫到郊外,乘没有车盖的车,取消一切音乐、娱乐,发布告诉上帝的简文,全国哭三天等。据《谷梁传》记载,经过祭祀后,河水终于复流。从现代观点来看,华阳子所举出的对策实在没有可取之处,不是一种积极有为的态度。但是,我们须理解的是华阳子对于山川对国家的重要性的认识,对山川的敬畏。这种态度在今天尤有重要意义。“川竭国亡”也出自《国语·周语》。

幽王二年,西周三川皆震。伯阳父曰:“周将亡矣!夫天地之气,不失其序,若过其序,民乱之也,阳伏而不能出,阴迫而不能烝,于是有地震。今三川实震,是阳失其所而镇阴也。阳失而在阴,川源必塞,源塞,国必亡。夫水土演而民用也。水土无所演,民乏财用,不亡何待?昔伊、洛竭而夏亡,河竭而商亡。今周德若二代之季矣,其川源又塞,塞必竭。夫国必依山川,山崩川竭,亡之徵也。川竭,山必崩。若国亡不过十年,数之纪也。夫天之所弃,不过其纪。”是岁也,三川竭,岐山崩。十一年,幽王乃灭,周乃东迁。❷

---

❶ 《国语集解》,第 384 页。

❷ 《国语集解》,第 26 ~27 页。

伯阳父在此提出了这样一个逻辑过程:天地之气失序—地震—川塞(河竭)—国亡。天地之气失序是阴阳失所,阳伏而不能出,阴迫而不能蒸发,导致地震、川塞。由于百姓是水土之通(演)而得到财用的,川塞、河竭造成了财用匮乏,所以十年之内国家必然灭亡。《国语》提出的"川竭国亡"的说法,除了阴阳之气的解释不尽符合现代科学之外,其他几方面都是非常有道理的。国家的大河枯竭,国家必然灭亡。川竭在传统文化中是一个值得人们时刻警惕的事情,不少典籍都提到这个问题。《淮南子》曾说:"夏桀、殷纣……之时,山崩,三川涸,飞鸟铩翼,走兽挤脚。"❶三川,即泾、渭、汧。"山崩川涸,亡国征也。"❷这是把《国语》所说的西周三川竭转嫁到了夏桀。《淮南子》还提到过"峣山崩,而薄落之水涸。"❸峣山在雍州,今甘肃省。薄落水在冯翊,今陕西省。峣山崩导致薄落水竭,既是一气循环的结果,也颇类似今天所谓"蝴蝶效应"。

川竭国亡成为一种必然的认识之后,王室也经常把它作为前提,或用做比喻,以反对不合时宜的政策。周景王二十一年,景王欲铸大钱。单穆公提出谏议,指出采取大钱绝民用以充实官家府库,"犹塞川原而为潢污也,其竭也无日矣。若民离而财匮,灾至而备亡,王其若之何?吾周官之于灾备也,其所怠弃者多矣,而又夺之资,以益其灾,是去其藏而翳其人也。王其图之!"❹

七、水的管理部门与官吏

古人很早就设立了管理河流水域的官职。据《周礼》记载,管理山泽的官吏叫做"虞衡",即"泽虞",管理河流的叫"川衡"❺。大河川衡达148人,中河74人,小河23人❻。大泽、大薮的泽虞106人,中泽、中

❶ 刘文典:《淮南鸿烈集解》上,冯逸、乔华点校,中华书局,1989年版,第76页。
❷ 《淮南鸿烈集解》上,第76页。
❸ 《淮南鸿烈集解》上,第197页。
❹ 《国语集解》,第107页。
❺ 《周礼注疏·地官司徒》:《十三经注疏》上,总第647页。
❻ 《周礼注疏·地官司徒》:《十三经注疏》上,总第700页。

薮如中川之衡，小泽、小薮如小川之衡。假如这里的记载确切，那么二者的数目在古代是十分庞大的。泽虞的官职比川衡大，川衡为下士，泽虞为中士。关于川衡、泽虞的职责，贾公彦说："川衡者，平知川之远近宽狭及物之所出"❶；"虞亦度也。度知泽之大小及物之所出"❷。川是河流，泽是湖泊、沼泽，也包括水塘等，其重要性似乎不及河流，为什么泽虞的位阶反而比川衡大呢？贾公彦认为这是由于"泽之所出物众多"的缘故❸。泽虞是常常发挥作用的。据《礼记·月令》所提供材料，孟冬之月，泽虞、渔师的职责是"收水泉池泽之赋，毋或敢侵削众庶兆民，以为天子取怨于下。其有若此者，行罪无赦"。❹ 即收取各类水产供天子、国家之用，防止侵夺百姓，让百姓怨恨天子。川衡还有掌握川泽禁令的职能，泽虞也有掌握"国泽之禁令"的职能，处罚犯禁者❺。

据《周礼》的记载，与水相关的职位还有"司险"、"川师"、"雍氏"、"萍氏"等。大司徒的职守包括图画国之山川、渊薮、物产。司险的职责是"掌九州之图，以周知其山林、川泽之阻，而达其道路"❻。可见，司险是掌握山川的地形地貌的官职。川师的职责是掌握川泽的名称、基本情况、物产，以便为国家贡献珍异之物。"川师掌川泽之名，辨其物与其利害而颁之于邦国，使致其珍异之物。"❼雍氏的职责是掌管沟、浍、池的禁令，其中包含对于水害的防备。如春天疏通沟浍，秋天堵塞等。"雍氏掌沟渎、浍、池之禁。凡害于国稼者，春令为阱擭沟渎之利于民者；秋令塞阱杜擭。禁山之为苑泽之沈者。"❽萍氏的职责是"掌国之水禁"，其中最为有趣的几项是"几酒，谨酒，禁川游者"❾。

《管子》把防止水害和工程联系在一起，把管理水的职责交给了司空："决水潦，通沟渎，修障防，安水藏，使时水虽过度，无害于五谷；岁

❶❷❸ 《周礼注疏·地官司徒》：《十三经注疏》上，总第700页。
❹ 《礼记·月令》：《礼记训纂》上，第277页。
❺ 《周礼注疏·地官司徒》：《十三经注疏》上，总第647页。
❻ 《周礼注疏·夏官司马》：《十三经注疏》上，总第747页。
❼ 《周礼注疏·夏官司马》：《十三经注疏》上，总第865页。
❽❾ 《周礼注疏·秋官司寇》：《十三经注疏》上，总第885页。

虽凶旱,有所秎获,司空之事也。”❶《荀子》与此相同:“修堤梁,通沟浍,行水潦,安水臧,以时决塞,岁虽凶败水旱,使民有所耘艾,司空之事也。”❷历代关于水的官职还有很多,如庄子曾经向“监河侯”借过粮。“河”是黄河,可见当时黄河就有了管理的官吏。汉代刘向曾经任“护左都水”的官职。

第三节　中华民族与水相处的智慧

一、建都:“立国必依山川”

“立国必依山川”是古代建都的根本原则。前述伯阳父在论述西周三川地震时,提到了这个原则。《管子》论述了其中的道理,说:“凡立国都,非于大山之下,必于广川之上。高毋近旱,而水用足;下毋近水,而沟防省。因天材,就地利,故城郭不必中规矩,道路不必中准绳。”❸这就是说,国都离水的距离,远不能不利于备旱,近不能遭受水害;水用足,又能得到沟防的便利;还有山川的物产可资利用。《管子》所说符合今天所谓地理学的道理。立国都必依山川,至少有四方面的理由。首先是利于防备外敌入侵,山川都是天然的屏障。其次是能够得到河流的便利交通。古代大宗运输物资都是通过河流完成的,河流把各大城市沟通起来,形成交通网络。河流通达不到的地方,运输不便,城市居民生活资料来源不便,不利于作为首都。再次,当然是物资的便利。山林可以提供木材以供建筑之用,提供柴草以供日常烧火之用,出产禽兽以供食用等。第四是气候之便,有山川的地方,小气候环境好,利于作为都市。古今中外大的都市都是建立在水边的。如,夏朝都城阳翟在颍河之滨;商朝都城商城遗址在黄河之滨的郑州,殷墟在安阳洹水之滨,西周、秦、汉、唐的都城都在渭水之滨,能够直接与黄河连通。东周的都城洛阳在伊洛之滨,也属于黄河水系,顺流而下,即可进

---

❶❸ 《管子校注》上,第 73 页。

❷ 《荀子·王制》。

入黄河。北宋的东京汴梁城有汴河、黄河、运河等水系。近代以后，人类交往的足迹扩展到了四大洲，五大洋成为人类的内湖，这时的交通要道已经由内河变为海洋。所以，近代以后的大都市，如鹿特丹、汉堡、上海、东京等，都是沿海城市。

二、建舟梁而不防川与泽梁无禁

无论是顺流而下或逆流而上，河川都是畅通无阻的通道。但对于横穿来说河流又构成天然的障碍。为此，古人往往建立舟梁，以利于交通。照古人所说，建立舟梁是先王之教，“川无舟梁，是废先王之教也。”梁是一种简易的桥，其建造方法是先从河流或湖泊两侧开始向中间修坝，坝不合龙，中间留有流水的通道，通道上建桥梁。这样做一方面是因为古人的技术无法修建大型的跨越水面的桥梁；另一方面，更重要的是，他们反对用一条死的堤坝把水拦截住。他们认为，这是“防川”、“壅川”。所以，梁又叫“渠梁”。“梁，渠梁也。古不防川，故梁之也。”❶“渠梁”给流水留下一个通道。川无州梁是会亡国的。据《国语·周语》记载，定王使单襄公聘于宋，单襄公又假道于陈，以聘于楚。发现陈国道路不可行，司空却不巡视；泽没有加固，川上没有建梁，“野有庾积，场功未毕，道无列树，垦田若蓺，膳宰不致饩，司里不授馆，国无寄寓，县无施舍”。回国后，单子告诉定王说：“陈国就要灭亡了。”定王问他为什么？他回答说，雨毕而整修道路，水涸而建造桥梁，秋天收藏，冬天已降霜就要准备衣裘，初春修葺城郭宫室，这是先王“不用财贿，而广施德于天下”的措施，陈国却什么都没有做，“是废先王之教也”❷，所以陈国一定会灭亡。孟子也记载了一条应当适时建造舟梁的内容。据说，子产治理郑国，让百姓乘自己的乘舆渡过溱河、洧河。孟子认为，这仅仅是施小恩小惠，而不知道为政的原则。他说：“惠而不知为政。岁十一月，徒杠成；十二月，舆梁成，民未病涉也。君子平其政，行辟人

---

❶ 《国语集解》，第 62 页。

❷ 《国语集解》，第 61 页。

可也，焉得人人而济之？故为政者，每人而悦之，日亦不足矣。”❶关键是要修建舟梁，让百姓人人都能顺利过河。一个为政者，怎能帮助人人渡河呢？帮得过来吗？

泽梁无禁是孟子提出的仁政原则。水是有出产的。一个仁政的政权应当是把水域开放给百姓，不能禁止百姓打鱼。孟子说：“昔者文王之治岐也，耕者九一，仕者世禄，关市讥而不征，泽梁无禁，罪人不孥。”❷孟子的关于水的智慧总是和仁义结合在一起的。

三、沟洫、河渠、井与运河

与舟梁类似的水利工程是沟洫和河渠，二者都是灌溉和防洪措施，是人对于自然抗争的产物，都表现了人的主动性。孔子说禹尽力于沟洫，大禹治水的任务主要是排水，沟洫就是排水的发明。关于沟洫的规制，《周礼》说：“凡治野，夫间有遂，遂上有径；十夫有沟，沟上有畛；百夫有洫，洫上有涂；千夫有浍，浍上有道；万夫有川，川上有路，以达于畿。”❸这里，遂、径、沟、畛、洫、涂、浍、川构成了一个水道体系；水最终通向河川。这表明，这个水道体系最大的功能是防洪排涝。关于沟洫的大小，《周礼》也有说明。“匠人为沟洫，耜广五寸，二耜为耦。一耦之伐，广尺深尺，谓之甽（同“畎”，quǎn）；田首倍之，广二尺，深二尺，谓之遂。九夫为井，井间广四尺，深四尺，谓之沟，方十里为成，成间广八尺，深八尺，谓之洫；方百里为同，同间广二寻，深二仞，谓之浍。专达于川，各载其名。”❹这里，甽、遂、沟、洫等，都是田间通水的沟，遂深宽各二尺，沟深宽各四尺，洫深宽各八尺，浍深宽各一丈六尺。浍直接通达到河流。井和成则是土地单位。从《周礼》及其他史书的记载可知，当时的土地基本上属于低洼湿地甚至沼泽之类，须有沟洫排水，再把沟洫以外的地方垒高成为畎亩，这样土地的改造才算成功。河渠则主要是引水改良土壤、灌溉。郑国渠、白渠都如此。水可以把土壤中的盐卤

---

❶❷ 《孟子·离娄下》。

❸ 《周礼注疏·地官司徒》：《十三经注疏》上，总第740~741页。

❹ 《周礼注疏·冬官考工》：《十三经注疏》上，总第931页。

冲走，水挟带的泥沙淤积下来，就成为很好的土地。郑国渠造成以后，关中平原粮食可达到每亩250斤；西门豹引漳河水后，千年的舄卤之地变成了良田。沟洫河渠的发明，促进了中国农业文明的发达。

与此相类似的还有井与运河。在水井没有出现以前，上古时期的人们只能饮用河水或者湖泊沼泽之水。这些水，量自然是无穷的，不构成对人的制约，可是质却常常是有问题的。河水往往挟带泥沙，沼泽湖泊之水不流动，常有污染。无论河水还是湖泊之水，都可能有对人体有害的浮游生物，损害健康，降低寿命。这些问题，古人应该是很早就发现了。照我们的推测，古人是首先发现了可见的泉水水质甘甜、清洌，利于健康，然后才开始寻找看不见的泉源，从而开始打井的。《说文解字》中的"井"字有二义，其一为耕作单位："井，八家为一井"❶，说的是井田制，其二是"古者伯益初作井"❷，说的是水井。"井者，水之生藏在地中"❸。这是《白虎通义》给井下的十分恰当的定义。中国是一个很早就发明了掘井技术的国家。传说水井的发明人是伯益。《说文解字》说伯益作井，段玉裁注认为此说来自《世本》；《吕氏春秋》也说"伯益作井"❹。根据考古发掘，井出现的时间应该更早。距今六七千年的河姆渡文化遗址，已经发现了水井。井口为方形，井壁每边有几十根排桩，由一个用榫卯套接而成的方木框置于井底支撑四壁。这是我国考古发掘出来的最早的水井。1976～1977年，在河南洛阳汤阴白营遗址发掘出新石器时代龙山文化时期水井一口，深约12米。内有14层井字形木架加固井壁❺。2005年5月，考古工作者在山东一处龙山文化遗存考古发现一座木构架水井，距底部约1米处仍保存有"井"字形木框架的朽痕，初步判断木框架四边各由1～2根圆木交叉搭建而成。这些井的结构都是井壁由木头支撑。

王充《论衡》记载了一条帝尧时代的民歌《击壤歌》："日出而作，日

❶ 《说文解字注》，第216页。
❷ 《说文解字注》，第216页。
❸ 《白虎通疏证》，第80页。
❹ 《吕氏春秋·勿躬》：《诸子集成》，第6册，第206页。
❺ 中国社会科学院考古研究所：《新中国的考古发现和研究》，文物出版社，1984年版。

入而息，凿井而饮，耕田而食，帝何等力。”❶王充明确断言，尧时已经有水井了。正是由于水井对人类生存的巨大意义，《周易》六十四卦中出现了井卦䷯。其《卦辞》为：“改邑不改井，无丧无得。往来井，井汔至，亦未繘井，羸其瓶，凶。”这是一个故事。改建村邑，而未改建井，所以，没有资费的丧失，也没有新井的利益。邑人往来井上汲水，又没有新掘井，毁坏了打水的器具，所以凶❷。这个故事表现了上古人类生活与井的密切联系。《井》卦的卦象是“坎上巽下”，坎为水，巽为木，这正是古时期井的构造。井卦爻辞为：“初六：井泥不食，旧井无禽。九二：井谷射鲋，瓮敝漏。九三：井渫不食，为我民恻，可用汲，王明，并受其福。六四：井渫，无咎。九五：井冽，寒泉食。上六：井收，勿幕，有孚，元吉。”所谓“井泥不食”，显然是说井久失疏浚，泥水混浊，不可食用。“旧井无禽”是说久失整治的陷阱没有禽兽❸。“井谷射鲋”，是说在井口用箭射小鱼，不仅没有得到小鱼，反而射穿了打水的瓶。九三、六四的“井渫”，都是井得到疏浚水清。九三说是人清正而不被王所重视，所以痛心。九五“井冽”，显然是水质上佳可食。上六“井收，勿幕”指打水毕，应盖上井口（幕），防止污染物进去。但因为没有盖，所以受到惩罚（孚）❹。

历代初现了不少赞颂井的诗词。后汉李尤《井铭》曰：“井之所尚，寒泉冽清，法律取象，不概自平，多取不损，少汲不盈，执宪若斯，何有邪倾？”这是赞颂井水质清冽，水性公平。梁范云《咏井》诗曰：“乃鉴长林曲，有浚广庭前。即源以为浪，因方自成圆。兼冬积温水，迭暑必寒泉。不甘未应竭，既涸断来翾。”此诗主要歌唱了水的有源，水随井形而有自已的形状。冬温夏凉的优点。晋郭璞《井赋》曰：“益作井，龙登天；凿后土，洞黄泉。潜源存溱，潏潏涓涓。尔乃冠玉槛，甃鳞错，鼓鹿卢，挥劲索，飞轻祛之缤纷，手争骛而互弱。长缧委蛇以曾萦，瑶瓮龙腾

---

❶ 王充：《论衡·感虚篇》，《诸子集成》，第7册，第56页。

❷ 高亨：《周易古经今注》，中华书局，1984年版，第298页。

❸ 《周易古经今注》，第298页。

❹ 《周易古经今注》，第299～301页。

而洒激。乃回澄以静映，状冏然而镜灼，挹之不损，停之不溢。莫察其源，动而愈出。信润下而德施，壮邑移以不改，独星陈于丘墟兮，越百代而犹在，守虚静以玄澹兮，不东流而注海。”郭璞歌颂了井水滋润万物，源源不断的优点，并把井比作道家的虚静思想，赞颂它不东流注海的品质。

如果说，自然具有神意，没有水井的自然包含着对于人的一种限制，那么，这种限制是有神意基础的。水井的出现，改善了人们的生存条件，打破了自然的限制，也冲决了神意的限制。如果说，自然也是神的居所，那么，神的居所应当是那种未经人工改造的自然。从这两层意义上说，水井戳破了神的自然，冲垮了神对人的约束。于是，神被惊扰了，人类下一个行动会是什么？我们在下界还能得到安宁吗？从此，他们退出了和人共处的自然。《淮南子》说：“伯益作井，而龙登玄云，神栖昆仑。”❶龙回到了天上，众神回到了昆仑山上，离开了人类。王充对此提出了反驳意见，他认为，龙登玄云是经常发生的事，不是因为伯益作井的缘故。同样，百神也没有必要厌恶人作井，因为神与人一样，也是要饮水的，没有必要“憎井而去”，所以，“龙不为凿井登云，神不栖於昆仑”❷。王充所说，是理性主义的体现。不过，人类的历史正是一个人情与神意即前述自然之魅之间交往、对话、争执、改造、消长、诠释的历史，是人情不断突破神意的过程。这一过程近代经过祛魅，自然成为赤裸裸的自然，变为纯粹的客体等待人的改造与征服。水井是人的自由的表现，我们一方面赞颂人摆脱自然束缚的自由，赞叹人类文明的进步；另一方面，我们也要思索自然的权利，在人情和神意即自然之魅之间划出一条界线。不过，这是主要针对近代以后而言的，古代的水井还没有近代意义的破坏自然的效果，更多地表现了人的自由。

如果说水井与人们的日常生活相关，社会性还不甚广泛，那么，运河则可以说完全是社会的产物。因为单纯的个人或家庭是决不会需要一条运河的，只有一个政权、一个社会才会需要运河。因此，运河的出

❶ 《淮南子·本经训》；《诸子集成》，第7册，第116页。

❷ 王充：《论衡·感虚篇》，《诸子集成》，第7册，第56页。

现不仅是人类技术进步的表现，而且也反映了社会文明的进步。以闻名于世的京杭大运河来说，它的前身是2500年前开凿的邗沟。春秋时期，地处东南的吴国欲称霸中原，它首先碰到的是地域的限制。它必须越过长江水系、淮河水系的限制，进入黄河水系与中原诸国抗衡，才能获得霸主地位。公元前486年（周敬王34年），吴国开挖邗沟，从邗城（扬州）西南引长江水，在蜀岗下掘深沟，通向东北射阳湖，再折向北到末口通向淮河，由此连通了长江和淮河两大水系。公元前482年，吴国又进一步打通了泗水、沂水、济水，与晋公会于黄池。黄池在今河南豫北封丘县。泗水发源于今山东泗水县东蒙山，途中汇合洙水经沛县至徐州。济水发源于河南济源县王屋山，向东南流经卫、曹、齐、鲁等国，在今山东鱼台与泗水汇合。吴国所开挖的水道即从菏泽至鱼台与泗水、济水连通。这样，吴国所开挖的运河就沟通了江淮河济四渎。吴国可以从东南出发，沿河北上，直达中原。这条水道所沟通的地方历史上一直是文化、经济最繁荣的地区，所以它始终作为一条重要的人工交通枢纽，在历史上发挥着物资运送、人员交流、传播和发展文化的作用，而不仅仅是战争期间运送兵士和辎重。楚灭吴后，这条水道得到了保存和整理。隋代把这条运河向西拉到洛阳，向北伸至涿郡（今北京），向南连通扬州至杭州之间的运河，使这条运河成为连通杭州、洛阳、北京的大动脉，隋都洛阳成为全国的交通枢纽。在漕运时代，运河高度地影响着沿河城市的经济文化发展。运河流经的地方，其交通、经济、文化以及政治地位得到巩固和提高，成为重要城市。反之，运河离开的地方，其重要性就会逐渐下降。还有另外一种因果关系是战略格局的变化，使一些城市的重要性降低，也会促使运河离开这些地方，二者是同一个过程。隋唐时期，长安、洛阳是国家的枢纽所在，也是运河的枢纽所在。元代崛起于北方，进军中原后，必须寻找与南方、中部以及自己所从崛起的北方的中间点，这个中间点就是位于运河北端的涿郡。这样，北京就从原来附属于长安、洛阳一跃成为中心，长安、洛阳则失去了中心的地位。为了尽快把漕运物资运到北京，元代拉直了运河的行程，把洛阳、开封都排出运河之外，运河从山东临清北上，大大缩短了从杭州到北京的行程，开封等一大批城市受此影响走向衰落。总之，运河从开始就不是一项单纯的水利工程,而是一部民族史、文化史的缩影。

井克服了饮用水质对于人的制约,运河克服了河流的地域性对于人的制约,二者都扩大了人的地理活动范围和对自然理解、利用的深度。井、运河、沟洫、河渠、水井、运河,都不是自然的产物,而是人类文明的成果、文化的结晶,都体现并提高了人的主体性和自由,是人与自然你来我往的抗争与适应、和谐与共存的交往史的一部分。如果说文明、文化是人的创造物,那么,井和沟洫河渠正是文明、文化的见证。

四、水害的防备与治水之道

中国的气候自古为大陆性季风气候,降水比较集中,容易形成灾害。管子在给桓公陈述各种自然灾害和防止措施时,把水害列为旱、风雾雹霜、厉、虫五害之首。“厉”相当于传染病、疫情之类,“虫”相当于病虫害。管子提出,“五害之属,水最为大”。这反映了当时河流湖泊还比较多、降水量还比较大的环境特点。

管子认为,除五害,以除水害为首。对于水,只能“因其利”而用之、扼之,才能不会经常出现危险的局面。具体方法是,设置水官,用习水者为吏。让水官督察各地水道、城郭、堤川、沟池、官府、寺舍及州中,发现该缮治的,由官府支付财用,把当地的老百姓组织起来,进行修缮。让百姓冬闲时节整理备水器具,如笼、臿、板、筑,十人要有六件这样的器具,土车十人一辆,雨葦(jú)十人两件等,食具则人人都有。这些器具每月朔日要进行点检、试用。让甲士冬天取薪柴,放在河湖旁备用。总之,“常以毋事具器,有事用之,水常可制,而使毋败。此谓素有备而豫具者也。”这是做好准备工作。那么,何时兴土木之功呢?桓公问管子。管子回答说:

> 春三月,天地干燥,水纠列之时也。山川涸落,天气下,地气上,万物交通。故事已,新事未起,草木荑生可食。寒暑调,日夜分,分之后,夜日益短,昼日益长。利以作土功之事,土乃益刚。令甲士作堤大水之旁,大其下,小其上,随水而行。地有不生草者,必为之囊。大者为之堤,小者为之防,夹水四道,禾稼不伤。岁埤增之,树以荆棘,以固其地,杂之以柏杨,以备

决水。民得其饶,是谓流膏,令下贫守之,往往而为界,可以毋败。……。当冬三月,天地闭藏,暑雨止,大寒起,万物实熟。利以填塞空郄,缮边城,涂郭术,平度量,正权衡,虚牢狱,实廥仓,君修乐,与神明相望。❶

这里管子认为,春天万物交通,土气始刚,可以做土木之功,修筑堤防。堤防要修四道,夹水而行,堤上还要种植荆棘之类固堤、夹种柏杨以防备水决。夏、秋是万物生长和收获的季节,不宜做土工。冬日闭藏,适宜做补偏救弊的工作。在各项工作完成之后,还有"正权衡,虚牢狱,实廥仓,君修乐,与神明相望"之类的政治活动。从治水开始,到各项政治活动到位后,其他四害也就可以制服了。可见,治水具有超出治水之外的扩展功能。这些扩展功能使一个从政者成为一个伟大的政治家。在中国的气候和环境下,大政治家都必须与水打交道。与水打交道之中包含着自然、人生和社会等各方面的道理。不善于与水打交道,就不能成为一个有为的政治家。大禹、管子都是如此。孔子对于大禹的赞扬前已引述,对于管子的赞扬是:"微管仲(如果没有管仲),吾其披发左衽矣"❷,"如其仁,如其仁"❸。

据考证,《管子》一书不是、至少不全是管子所做,而是"管子学派"的产物。这意味着,这里管子所说,表达了春秋时期我国人民对于水性的认识,是劳动人民生产实践的结晶。从我们论述河流的文化生命的角度来看,我们不必考证这一段究竟是管子本人还是后人所说,关键是有这样的认识,这就可以作为河流的文化生命的材料。

古代政治家中,管子和水的关系似乎比他人如晏子要多得多。管子与水打交道的其他例子是九合诸侯中提出了治水的原则——"勿曲堤"。据《国语》记载,楚国攻打宋、郑两国。焚烧郑国城池,堵塞宋国的两条河流,河水倒流,淹没了400里土地。楚国认为,只有齐国能够阻止自己吞并郑、宋两国,所以派人与齐国通好。管子认为,楚国这是"以文克齐,而以武取宋、郑"的手段。如果禁止楚国吞并郑、宋,就会

---

❶ 《管子校注》下,第1063页。

❷❸ 《论语·宪问》。

山，河即黄河，洛即洛水，济即济水，颍为颍水。果然，后来郑国迁到今山西南部、河南中部一带，颍水、溱水、洧水都成为郑国境内的河流。

“水豫”是管子提出的概念，即用水来预防侵略。齐桓公希望征伐孤竹、离枝等北方国家，又担心越国来侵。越国最著名的就是水军。管子说：“君请遏原流，大夫立沼池，令以矩游为乐，则越人安敢至？”这里管子提出了两条对策，“遏原流”，即扼住淄水的源头原山的水流，形成一个沼池，让齐国人“距游”，即是游泳、潜水等。如何做到这一点呢？管子建议“请以令隐三川，立员都，立大舟之都。大身【舟】之都有深渊，垒十仞。令曰：‘能游者赐（千）【十】金。’未能用金千，齐民之游水，不避吴越”❶。员都、大舟之都的“都”是潴，水所停聚的地方，“隐三川”、立大都就是就三川建立大水塘，用金钱赏赐百姓习水，使齐国人都熟悉水性，不亚于越国，这样就造成了一只水性娴熟的水军。齐国攻打孤竹国时，越国果然来犯。“隐曲（蔷）【菑】以水齐。管子有扶身之士五万人，以待战于曲菑，大败越人。此之谓水豫。”❷

六、对河流的祭祀

（一）通论祭祀

《左传·成公十三年》上说，“国之大事，在祀与戎”，这无疑道出了古代政治的秘密。在日语中，“政”的一个读音和“祭祀”的“祭”是一样的，意思是“祭祀之事”。日语还有祭政一致的说法，这显然是受中国文化的影响。在世袭政治中，为政者的生存表现为以拥有政权为特征的生存。不拥有政权，其生存与否和政治不发生直接的联系，其生存也就不具有政治的意义。祭祀和战争都是与政权以及为政者的生死存亡联系在一起的，都是关乎生死的大事。一个明白可见，一个隐秘不测。祭祀对于一个政权的意义是它的合法性获得的途径、巩固的措施、宣示的手段。政权通过各种祭祀活动建立与各种神灵、山川大地的秘密的、神意的关联，由此获得对土地人民的支配权。政权也借助祭祀固自己的合法性，并向世人宣示这种合法性。

---

❶❷　《管子校注·轻重》下，第1416页。

祭祀是统治者合法性获得的根本手段之一，这一点，不少典籍都有明确的表示。传说中，尧、舜、禹都是以禅让的方式实现政权交替的。孟子的弟子万章就这个问题问孟子，“尧以天下与舜”，有这回事吗？孟子则作了否定的回答，指出天子不能以天下与人，只有天才能给人天下。那么，天如何把天下授给舜呢？天是不是要谆谆教诲？万章问。孟子回答说：“否；天不言，以行与事示之而已矣。”“尧荐舜于天，而天受之；暴之于民，而民受之；故曰，天不言，以行与事示之而已矣。”那么，什么是“天受之”、“民受之”呢？孟子回答说：“使之主祭，而百神享之，是天受之；使之主事，而事治，百姓安之，是民受之也。天与之，人与之，故曰，天子不能以天下与人。”❶ 这里，孟子强调主祭而百神受之，正是与百姓受之相并列的合法性的一个来源。

对于政权的合法性的神性来源，董仲舒也有论述。什么是“天子”？董仲舒说：“故王者有不易者、有再而复者、有三而复者、有四而复者、有五而复者、有九而复者，明此通天地、阴阳、四时、日月、星辰、山川、人伦，德侔天地者，称皇帝，天佑而子之，号称天子。”❷这里，董仲舒强调天子明达天地、山川的道理，德与天地相等，说明了山川在天子之为天子中的作用。

（二）敬畏神意：祭河的第一个理由

《尚书·尧典》提出“禋于六宗，望于山川，遍于群神”。禋是一种祭祀活动，依照《说文解字》的解释是“洁祀也。一说精意以享为禋”❸。其具体做法是先烧柴升烟，再把牺牲、玉帛加诸其上，因烟气上达以致精诚。关于六宗，郑玄的注释是北星、辰、司中、司命、风师、雨师；古文《尚书》认为，六宗为天宗三、地宗三。天宗为日、月、星辰，地宗为岱山、河、海❹。“日、月为阴、阳宗，北辰为星宗，岱为山宗，河为水

---

❶ 《孟子·万章上》。

❷ 《春秋繁露义证·三代改制质文》，第201页。

❸ 《说文解字》，第3页。

❹ ［清］孙星衍：《尚书今古文疏证》上，陈抗、盛冬铃点校，中华书局，1986年版，第29页引。

宗，海为泽宗”[1]。可见，六宗的祭祀体系包含了一切水，黄河为河流或流动的水的代表，海为所有湖泊即静止的水的代表。《礼记》中也有天子祭山川的记载。东汉马融说：“古者享帝与享亲并重。享帝则知天地万物皆我一体，《春秋》所以治人物而推及山川草木昆虫也。享亲则知吾形体所自来，圣人所以敬祖亲亲，由一身而推及九族、百姓、万国也。”[2]这里，马融把祭祀上帝和祭祀祖先同等看待，认为祭祀可以把统治者或者圣人与上帝、山川联系起来。《礼记》有一个说法，认为行政是君主的藏身之所，君主行政必须“本于天，殽以降命。命降于社之谓殽地，降于祖庙之谓仁义，降于山川之谓兴作，降于五祀之谓制度，此圣人所以藏身之固也”[3]。“殽以降命”是说效天之阴阳，使万物各得其所；效法地使尊卑有序，效法祖庙以行仁义，效法山川而兴作制度。在这里，土地山川不仅是土地山川，也包含了天命神意，是神意的展示场所。祭祀河流是沟通神、川、我（统治者）的措施；只有沟通了神意，政权才能获得其合法性。所以，山川本身不只是祭祀山川的活动，都成为政治生活的一个重要部分。天地万物都如此，山川不过是其中最为显著的现象。《国语》记载，孔子曾经说：“山川之灵，足以纪纲天下者，其守为神；社稷之守者，为公侯。皆属于王者。”[4]不管这话是不是孔子所说，至少在《国语》之时，中国文化中流传着这样的见解。

据《礼记》记载，曾子问孔子：“君薨而世子生，如之何？”孔子在讲了一套繁复的祭礼后说：“大宰命祝史.以名遍告于五祀、山川。”曾子又问：“如已葬而世子生，则如之何？”孔子说：“大宰、大宗从大祝而告于祢。三月，乃名于祢（nǐ），以名遍告，及社稷、宗庙、山川。”[5]祢是祀亡父的宗庙。这里值得注意的是以世子名告于山川的仪式，这表明，山川是日常政治活动的一个有机组成部分。世子之名遍告山川，是对山川的一种通报，也是祈求山川的接纳。天子巡守、诸侯觐见天子、诸侯

---

[1] 《尚书今古文疏证》上，第 29 页引。
[2] 《春秋繁露义证》引马融注《书》，第 269 页。
[3] 《礼记纂注 · 礼运》上，第 342 页。
[4] 《国语集解》，第 202 页。
[5] 《礼记训纂 · 曾子问》，第 290 页。

相见等重大政治活动，都是要告诉山川的。孔子指出：

> 诸侯适天子，必告于祖，奠于祢，冕而出视朝，命祝史告于社稷、宗庙、山川，乃命国家五官而后行，道而出。告者五日而遍，过是非礼也。凡告用牲币，反亦如之。诸侯相见，必告于祢，朝服而出视朝，命祝史告于五庙、所过山川。亦命国家五官，道而出。反必亲告于祖祢，乃命祝史告至于前所告者，而后听朝而入。❶

天子巡守、诸侯觐见、诸侯相见，都是重大、神圣、庄严的政治事件。告诉山川，是通报，也是以山川为见证，还是一种期盼。这里，山川是和社稷、宗庙、祖先的牌位相提并论的。《礼记》说："天地之祭，宗庙之事，父子之道，君臣之义，伦也；社稷山川之事，鬼神之祭，体也。"❷这里"伦"为顺，天地之祭等都是以下事上，所以其规定性是顺。孔颖达认为，"社稷山川为天地之别体，鬼神是人之别体"❸。可见，在古人那里，天地、宗教、父子、君臣、社稷、山川都是相通的，所以，天子也是要事奉、祭祀山川的。古代天子有籍田千亩，每年立春天子都要到籍田耕种，以象征对农业的重视和提倡，起着劝民务农的作用。但又不止于此。《礼记》认为，这些都是为了敬事山川："昔者天子为籍千亩，冕而朱纮，躬秉耒。诸侯为籍百亩，冕而青纮，躬秉耒，以事天地山川、社稷先古，以为醴酪齐盛，于是乎取之。敬之至也。"❹《管子·牧民》篇提出，治理百姓的关键，"在明鬼神，祗山川，敬宗庙，恭祖旧"❺。因为"不明鬼神则陋民不悟，不祗山川则威令不闻，不敬宗庙则民乃上校，不恭祖旧则孝悌不备。四维不张，国乃灭亡"❻。祗，即敬。为什么要敬山川？房玄龄认为，"鬼神、山川皆有尊卑之序，故敬明之"；君王如果能够"登封将禅、祗祀山川，则威令远闻"❼。所谓"威令远闻"也就是政令畅通，国家得到治理。

---

❶ 《礼记训纂·曾子问》，第 290 ~ 291 页。

❷ 《礼记训纂·礼器》，第 358 页。

❸ 《礼记正义》：《十三经注疏》下，总第 1431 页引。

❹ 《礼记训纂·祭义》，第 711 页。

❺❻❼ 《管子校注》，第 3 页。

(二)有功于民:祭河的第二个理由

如果说山川含有神灵、神意是古人主张祭祀河流的第一个理由,那么,河流能够为百姓提供财用,有功于民,则是古人主张祭祀河流的第二个理由。《国语》排列了应祭事物的顺序,说:“社稷山川之神,皆有功烈于民者也。及前哲令德之人,所以为明质也;及天之三辰,民所以瞻仰也;及地之五行,所以生殖也;及九州名山川泽,所以出财用也。非是不在祀典。”❶这里,《国语》把祭祀对象分为三类,一是有功出材用者,如山林川泽;一是有德可以明信者,即前代令哲;一是民所瞻仰者,即日月星辰。更有权威的是《礼记·祭法》的说法:“日月星辰,民所瞻仰也;山林、川谷、丘陵,民所取财用也;非此族也,不在祀典。”❷《礼记》是儒家权威经典,被后世列为“九经”、“十三经”之一,成为历代科考的圭臬,它的说法对后世的影响更大。

前文我们曾经谈到过“山川出云”,说明了山川作为气的循环的一个环节所起的作用。山川之所以应该得到祭祀,与它的这一功能有关。《公羊传·僖公三十一年》说:“山川能润百里者,天子秩而祭之。”这一认识在不少典籍中都有,也可以说是中国文化的一个普遍认识。《礼记·月令·仲夏之月》指出:“命有司为民祈祀山川百源,大雩帝,用盛乐,乃命百县雩祀百辟卿士有益于民者,以祈谷实。”“雩”是一种求雨的祭祀。为什么要祭“山川百源”呢?如前所述,山川能够出云,云形成雨。所以,郑玄注曰:“山川百源,能兴云雨者也。众水始所出为百源。必先祭其本乃雩。雩,吁嗟求雨之祭也。”❸这种祭祀要求在《礼记》中有很多。不赘。

(三)为民祈福:祭河的第三个理由

为民祈福是祭祀山川的第三个理由。上引文中“为民祈祀山川百源”、“以祈谷实”都是此义。“有功于民”也包含着为民祈福的含义。

(四)祭祀的各种原则

祭祀的各种原则包括关于祭祀者和祭祀对象的对应原则,祭祀的

---

❶ 《国语集解》,第161页引。

❷ 《礼记训纂·祭法》,第700页。标点有改动。

❸ 《礼记训纂·祭法》上,第247页。

地点、频率,使用的器物的规定等。祭祀者和祭祀对象的对应原则是:

天子祭天地,祭四方,祭山川,祭五祀,岁遍。诸侯方祀,祭山川,祭五祀,岁遍。大夫祭五祀,岁遍。士祭其先。❶

天子诸侯宗庙之祭,春曰礿,夏曰禘,秋曰尝,冬曰烝。天子祭天地,诸侯祭社稷,大夫祭五祀。天子祭天下名山大川,五岳视三公,四渎视诸侯,诸侯祭名山大川之在其地者。❷

上述说法,《白虎通》又进行了引述。从上面论述可知,祭祀的对应原则是天子祭祀的对象代表天下,诸侯祭祀的对象则是代表诸侯地方。所以,天子祭天地、名山大川。因为天地是自然中最大者;同样,名山大川也是自然中最为显著的现象,具有代表天下的意义。名山即五岳,大川即四渎。"四方群神,日月星辰,风伯雨师,五岳四渎,及余山川,凡三十六所"❸,这些都是天子祭祀的范围。方望:谓郊时所望。"大夫不得方祀及山川,直祭五祀而已。"❹但是,如果名山大川在诸侯封地境内,诸侯也可以祭祀。如黄河在晋国境内,晋国可以祭祀;泰山在鲁国境内,鲁国可以祭祀。这叫"在其地则祭之,亡其地则不祭"❺。但这只是特例。所谓"五祀",照《白虎通》的解释是,春祭户、夏祭灶、六月祭中溜、秋祭门、冬祭井。其中的道理是,户是人所出入之处,如同春天万物触户而出。灶为火之主,是人自养的工具。夏火王,长养万物。门是闭藏自守的工具,秋万物成熟,收敛自守。井是水的生藏之地。冬生水,万物伏藏❻。从五行上看,冬为太阴,盛寒为水,行当井。中溜者,象中央土。六月土王❼。关于祭祀的过程,《礼记》说:

故祭帝于郊,所以定天位也。祀社于国,所以列地利也。祖庙,所以本仁也。山川,所以傧鬼神也。五祀,所以本事也。故宗祝在庙,三公在朝,三老在学,王前巫而后史,卜巫瞽侑,

---

❶❹❺ 《礼记训纂·曲礼下》上,第70页。

❷ 《礼记训纂》上,第185~186页。

❸ 《礼记训纂》,第186页。

❻ 《白虎通疏证》,第79~80页。

❼ 《白虎通疏证》,第81页。

皆在左右，王中。心无为也，以守至正。❶

祭祀之礼行于郊。天子在祭祀时，行臣礼。其意图是为了使“严上之礼达于下”。天高在上，所以叫做“定天位”；地出财用，所以叫做“列地利”。天子在宗庙以子礼事尸，是为了使仁义之礼达于百姓；自祭山川，是为了使傧敬鬼神的教化达于百姓；自祭五祀，是为了使本事之教达于百姓。五祀是制度，故云“本事”。

关于祭祀的时间地点，天子春天在国都东郊设坛拜日，夏天在南郊设坛，秋天在国都西郊设坛礼山川，冬天在国都北郊设坛礼月、四渎。月属于太阴之精，为地神❷。照古人五行说的解释，四渎、山陵也都是地神。山陵为微阴，配西方；四渎为极阴，和月一道，同配北方，祭之于北郊❸。祭祀的频率是“岁遍”，即一岁之中祭祀一遍。这是与五行、四时、阴阳相配合的，“祭五祀所以一岁遍何？顺五行也。”❹五行数五，四时数四，所以，古人又在夏季划出六月份归属于土，形成春：东、木、阳，夏：南、火、土、阳，秋：西、金、阴，冬：北、水、阴的格局。这是一个普遍原则，无论是天子巡守还是诸侯觐见天子，都遵循这一原则。

从典籍的记载来看，天子巡守频率是五年一次，巡守除了视察各地政治、民风外，还兼有祭祀的目的。

> 岁二月东巡守，至于岱宗，柴而望祀山川。觐诸侯，问百年者就见之。命大师陈诗，以观民风；命市纳贾，以观民之所好恶，志淫好辟；命典礼，考时月定日，同律、礼、乐、制度、衣服、正之。山川神祇，有不举者为不敬，不敬者君削以地。宗庙有不顺者为不孝，不孝者君绌以爵。变礼易乐者为不从，不从者君流。革制度衣服者为畔，畔者君讨。有功德于民者，加地进律。五月南巡守，至于南岳，如东巡守之礼。八月西巡守，至于西岳，如南巡守之礼。十有一月北巡守，至于北岳，如

---

❶ 《礼记训纂·礼运》上，第351页。

❷❸ 《十三经注疏》下，总第1093页。

❹ 《白虎通疏证》，第79～80页。

西巡守之礼。归假于祖祢,用特。❶

这里,"柴"是祭天告至的仪式,具体做法是"燔柴以祭上天而告至,祭天之后,乃望祀山川"❷。有不敬山川神祇的,就削去其封地。诸侯觐见天子,也要礼日月山川。其中日月山川与五行四时的对应规定与天子礼日月山川的规定一致。因为五行四时的对应是个普遍原则。

祭祀山川所用牺牲、器具遵从的是各从其类的原则,以阴祀阴,以阳祀阳。祭井以鱼。据《仪礼疏》引中候的解释,鱼是水精,所以用鱼祀井❸。祭四渎的名称是"沉",祭祀之物是"玉"或"璧"。胡承珙《小尔雅补遗》云"祭山川曰祈沉"。具体做法是"沉玉"或者"投璧"于河流之中。据《左传·僖公二十四年》记载,晋文公重耳在出逃的路上发誓与舅父共富贵,曾投璧于水说:"所不与舅氏同心者,有如白水。投其璧于水。"为什么盟誓一定要以日月山河为证?"云盟神必云日月山川焉者,为其著明也者,以山川是著见,日月是其明,故同为盟神也。"❹郑玄也指出:"盟神必云日月山川焉者,尚著名也。《诗》云,'谓予不信,犹如皦日';《春秋传》曰,'纵子忘之,山川神祇其忘诸乎?'皆用明神为信也。"❺巨大、显著是日月山川的首要特点,人神所共见,这意味着起誓的内容因此获得了一种客观证明;其第二个特点是这个组合中,日、月、川都能够发出光明,这意味着它们能够昭见起誓者的心灵;第三个特点是这三者都是永恒的自然现象,这意味着起誓的内容永远为山川所鉴照。当然,第四个特点是最为根本的,即日月山川都具有神性,只有神才能鉴照、监督人的誓言。在古希腊,人们也对着河流起誓,"水便是誓言","诸神都凭着斯底克斯河发誓。誓言是:把确认的事,把自己所确信的事当做对象说出来。"❻就是说,临河而誓是要为了使誓言成为对象,获得客观性。

《周礼》提到的祭祀山川所用的动物、器具还有:狸、蜃、璋、脆冕。

---

❶ 《礼记训纂·王制五》,第173页。

❷ 《礼记训纂·王制五》,第174页。

❸ 《白虎通疏证》,第82页。

❹❺ 《十三经注疏》下,总第1093页。

❻ 《哲学史讲演录》,第1卷,贺麟、王太庆译,商务印书馆,1959年版,第185页。

另外，水本身也是祭品。祭祀也会用到水。"水曰清涤，谓其清而可以和酒也。"[1]最后，我们看一看后魏文帝的《祭济文》：

维太和十九年，皇帝遣太常寺守散骑常侍景，昭告于济渎之灵：乾光资曜，坤载播液，惟渎畅灵，协辉阴辟。庶象凭和，升降芳沥，蕴神包化，比土宣绩。温方涌瑞，沇源导济，引流通沧，实侔四体。作润岱宗，含云吐澧，润波湛湛，川风浵浵。瞻洪津而怀德，乘长波而钦智；泛龙仪之郁穆，桀玉轩而浮被。沉璋璧之明物，冀牲洁以归寄。

如前所述，在西方文化中，一神的基督教的普及消灭了除上帝之外的各种山川大地之神。近代以后，启蒙运动又带来了对于自然的"祛魅(disenhantment)"，自然成为纯粹的没有神意的自然，成为物体、客体、对象，这样人和自然的关系就纯粹成为斗争和征服的关系。中国并没有西方意义的启蒙运动，没有对于自然的统一的祛魅。但五四运动以来的科学思潮，以及以后的无神论思潮、各种反对封建迷信的活动，也形成了对自然的祛魅。在中国广泛传播的马克思主义哲学中，"实践"被认为是首要的和基本的原理。但是，"实践"的定义是对于自然的改造和征服，缺乏对自然的敬意，不是与自然的共处。现在看来，这个定义完全是现代性的产物，与1949年以来的战天斗地所带来的对于环境的破坏和压力有密切的联系。祭祀山川的活动保持了对于自然的敬畏，把人和自然通过神意神秘地结合在一起，在历史上起到了保护自然的作用，这种对自然的敬畏心态，对于现代化洗礼的人类具有重要的意义。

七、水旱之祭

由于中国气候的特点，水旱是经常发生的事。大禹治水已不必说。据说商汤时期有七年之旱，商汤为了求雨，曾祷于桑林。在古代，久旱祷雨、久雨祷旸是政治的一个方面。为政者必须在气候发生变故时作出虚、实两方面的举措，以示亲民。虚，是举行祭祀活动求雨或止雨；实

[1] 《礼记训纂·曲礼下》上，第70页。

是进行具体的抗旱或者排涝活动,赈济灾民等。虚、实只是我们现代意义上的区分,在古人看来,求雨的祭祀活动也是实在的。关于求雨的祭祀活动,荀子作出了十分理性的说明。他说:“雩而雨,何也?曰:无何也,犹不雩而雨也。日月食而救之,天旱而雩,卜筮然后决大事,非以为得求也,以文之也。故君子以为文,而百姓以为神。以为文则吉,以为神则凶也。”❶他否定了祭祀对于水旱的意义,并且一针见血地指出,这是一种文化的或文饰的活动,并没有什么神灵作用;以为有神灵作用就会产生凶的后果。荀子的见解在儒家思想和传统文化中处于主流地位。中国文化对于过分超乎人力的神灵、神异的东西至少是存疑的,主流文化很少积极地去迎合这方面的倾向。这也是商周以来怀疑天的思潮和孔子所奠定的“不语里怪乱神”传统在发挥着作用。但是,非常矛盾的是,也正是在儒家的重要经典如《礼记》中、在儒家的重要代表人物如董仲舒那里,存在不少宣扬水旱之祭的文字。这也形成了一个传统。这两个传统都可以统合在人本主义之下。在人与神的关系中,无疑人是中心的;所谓各类祭祀,也都是为了人的利益而祈求神。

水旱之祭的名称为“雩”,据《说文解字》的解释,雩是一种在夏天实施的祭祀活动,“乐于赤帝以祈甘雨也”,即向赤帝献乐,以求降雨。《左传·桓公五年》中“见龙而雩”,这里的龙指每年孟夏季节,苍龙星出现于东方,此月祭祀五方上帝。这是一种常祭。大旱之祭是一种非常之祭。《公羊传·桓公五年》说:“大雩者何?旱祭也。”何休注曰“祭言大雩,大旱可知也”❷。“雩宗”是水旱之祭的坛❸。前文述及的为民祈福的山川之祭祀,都有求雨求晴的意图。

水旱之祭原则或原理是阴阳、尊卑各从其类,以类相动。其具体做法是久雨则攻阴,久旱则求阳。“大水则鼓用牲于社,大旱则雩祭求雨。非苟虚也,助阳则下求阴之道也。”❹《春秋繁露·精华篇》记载了

---

❶ 《荀子·天论》。

❷ 《春秋公羊传注疏》,《十三经注疏》下,总第 2216 页。

❸ 《礼记训纂》,第 247 页。

❹ 《春秋繁露义证》,第 86~87 页。

当时人们的疑问，大旱则雩祭求雨，大水则鸣鼓攻社，水旱都是天地所为，阴阳之事，为什么有的请，有的攻？董仲舒用阳尊阴卑的观念解释道：

> 大旱者，阳灭阴也。阳灭阴者，尊厌卑也，固其义也。虽太甚，拜请之而已，无敢有加也。大水者，阴灭阳也，卑胜尊也，日食亦然，皆下犯上、以贱伤贵者，逆节也，故鸣鼓而攻之，朱丝而胁之，为其不义也。此亦春秋不畏强御也。❶

关于雩祭求雨术，《公羊传·桓公五年》、《春秋繁露》有记载。《春秋繁露》记载有春、夏、秋、冬求雨的方法。为节省篇幅，不录。关于求雨时所说的歌唱咏叹的话语，董仲舒云："雩，求雨之术。吁嗟之，歌《国风·周南》、《小雅·鹿鸣》、《乡饮酒》、《大射》之歌。"❷

第四节　河流、水与审美、情感

如前所述，河流很早就是人类审美的对象。前述的"鱼鸟纹彩陶葫芦瓶"和"鹳鱼石斧图"可视为河流审美的初步表现。"智者乐水"。魏晋时期社会政治昏暗，士人的生命朝不虑夕，逃离政治与社会，纵情山水成为士人的生活方式。阮籍、嵇康等人发明了"卧游"山水的方式。所谓纵情山水，不限于对于山水的审美，而是借山水而寄情抒意，关注山水所蕴含的道，与道为一。山水成为人的精神的一部分，人又依托山水寄托其精神情感。

中国古代艺术中，书法、绘画都有河流的影响。中国画的题材有人物、山水、花鸟三科，河与水都是绘画的重要内容。宗炳提出了会心、感神、得理的理念，奠定了山水画的本质。魏晋时期山水画开始作为一个画种也正式登上艺术舞台。不过，和"卧游"山水一样，山水画从一开始就不单纯是写实的景色描摹，而是人的精神的体现。

据说秦汉时期已经有了山水画，但没有流传下来。现在我们能够

❶ 《春秋繁露义证》，第 86 页。

❷ 《白虎通疏证》，第 274 页引。

看到的最早的含有山水的画是东晋顾恺之的《洛神赋图》和《女史箴图》中的山水背景。此后有隋代展子虔的《游春图》,开启了唐代青绿山水画派;唐代这一画派的代表人物有李思训和其子李道昭。唐代还有一个山水画派即水墨山水画,代表人物是集诗、书、画、乐、禅于一体的天才王维。两宋时期山水画得到了长足发展,画派林立。有北派山水、南派山水、中原画派、院体山水等,山水画达到顶峰。宋代马远绘有《水图系列》,有《长江万顷》图、《黄河逆流》图、《秋水回波》图、《云生沧海》图等。元代、明清时期山水画都有新的发展。

在文学中河流与水更是经常性背景或者吟诵的主题。《诗经》第一篇《关雎》就是以黄河为背景的。据作者初步统计,《诗经》中出现"河"字59次,"水"字112次,其中"河水"12次;"泉"字44次,其中"泉水"6次;"舟"36次;"川"字16次。众所周知,在古代,"河"就是黄河。黄河流域、汉水、长江、淮河等是《诗经》的主要背景地。很难想象,没有这些河流,《诗经》会是什么样子。河流是古人寄托各种感情的地方。首先应该说的就是爱情。爱情是人类永恒的话题,《诗经》的第一篇《关雎》就是关于爱情的。"关关雎鸠,在河之洲。窈窕淑女,君子好逑。"至今仍为爱情诗的典范。其他如《汉广》、《静女》等,也都是关于爱情的。《汉广》诗云:"南有乔木,不可休思。汉有游女,不可求思。汉之广矣,不可泳思。江之永矣,不可方思。"《静女》诗云:"静女其姝,俟我于城隅。爱而不见,搔首踟蹰。静女其娈,贻我彤管。彤管有炜,说怿女美。自牧归荑,洵美且异。匪女之为美,美人之贻。"我们今天读起来,仍然为古人纯朴真挚的感情所打动。爱情常常发生在河边,桑间濮上、溱洧之滨,都是演绎爱情的最佳场所。《诗经·郑风·溱洧》篇云:"溱与洧,方涣涣兮。士与女,方秉蕑兮。女曰观乎?士曰既且。且往观乎?洧之外,洵訏且乐。维士与女,伊其相谑,赠之以勺药。溱与洧,浏其清矣。士与女,殷其盈矣。女曰观乎?士曰既且。且往观乎?洧之外,洵訏且乐。维士与女,伊其将谑,赠之以勺药。"这既是诗,也是一个动人的故事。在欧洲,莱茵河也被认为是一条浪漫的河。爱情为什么往往发生在河边?李书磊先生认为,在河边,人们感受到时间的飞逝、人生的短暂,总想抓住些什么以求永恒,于是选择了爱情❶。这种见解无疑是深刻的。此外,我们还可以加上以下两条略显平淡的理由。河边是公共场所,爱情是一种专属于情侣的私情,除了可以发生和进行于属于双方的私人场所外,可能发生却不可能进行在其他任何私人场所,所以,人们选择了公共场所。河边正是这样的地方。其次,河边也是景色优美的地方,美好的环境激发美好的感情,美好的感情欣赏美好的环境,这里也有情景交融、相得益彰、相互促进的因素。

值得注意的是魏晋时期的山水诗。钟情山水是魏晋时期名士的生活方式,为了逃避政治和社会的黑暗。他们发现了"自然",发现了"真"。"自然"的概念在先秦老庄那里是形容词,自然而然,不是作为自然界的自然。魏晋名士发现了作为自然界的自然,他们所吟咏的都是这一自然。晋代出现了不少赞颂水、赞颂自然的诗句。我们看几首对于水的赞辞。顾凯之《水赞》:"湛湛若凝,开神以质。乘风檀澜,妙齐得一。"这是说水又清又深,时静时动,得道之一,开启人智。庾肃之《水赞》说"湛湛涵渌,清澜澄浚。妙质柔明,云深夜润",也是赞颂水明澈静柔,滋润万物。清柔被认为是水之妙质。孔宁子的《水赞》"澄鉴无虚,积之成川,湍飞莹谷,激石泠然"则说明,水也有实的一面,能够成川、激石。殷仲堪的《水赞》"大象无形,气以分麄。淡淡冲津,质有虽虚,清澜可濑。明激弗渝,孰能怀之,泛然靡拘",同样也说明,水虽清虚,却能形成清濑,无所能拘❷。

魏晋士人在自然中发现了真。我认为,关于真可以分为本体之真、认识之真、原件之真三种。本体之真是"reality",又叫"真实";认识之真叫"true"或者"truth",又叫真理;原件之真是"genuine"。与本体之真对立的是"不实"、虚幻,与认识之真对立的是错误,与原件之真对立的是假冒、盗版、赝品。本体之真和认识之真属于哲学。魏晋士人大体是沿着老庄哲学的思路,从"自然而然"出发发现了自然。在老庄那

---

❶ 李书磊:《河边的爱情》,《重读古典》,中央编译出版社。

❷ 上几首咏水诗见[唐]欧阳询:《艺文类聚》上,上海古籍出版社,1965年版,第147~150页。

里，“道法自然”，“水几于道”，“水”是自然界的一部分，这已经包含了自然界中有道的意思。前述水赞诗中，已经说明了水“妙得齐一”，一就是道。魏晋士人从自然而然的道出发，发现了含有此道的自然界。又发现，自然界表现了道，这就是自然界的本体之真。山水诗所发现的正是自然界的本体之真。所谓本体之真，就是自然本来的样子。“非必丝与竹，山水有清音。何事待啸歌，灌木自悲吟”。“此中有真意，欲辨已忘言”。山水的“清音”、此中的“真意”，都是自然界的本体之真。郭象说“真，不假于物而自然”❶。

在魏晋士人那里，本体之真和心灵之真是相通的，本体之真也就是心灵之真，“此中有真意，欲辨已忘言”。心灵的本真，也就是心灵的无拘无束的自由状态。为了得到这种自由，由于现实的不如意和世事的束缚，不少士人离开官场，逃到山林，借助山林溪水来冲淘心中的郁结。如孙綽《兰亭集序》所说，“屡借山水，以化郁结”。兰亭诗人游戏山水，并不是单纯的游玩赏景，而是体会自然的自然而然的道，自然而然就是美、就是真实。不过，他们所得到的，大都是逃避的自由、消极的自由、没有保障的自由。“竹林七贤”中，嵇康被杀，阮籍抑郁而死，都是为了自由而付出的代价。倒是五柳先生得以善终，实属不易。

河流也是人们发思古幽情的地方，悠悠逝去的长江水，带走了多少英雄豪杰、帝王将相、才子佳人。后人凭吊长江，“前不见古人，后不见来者，念天地之悠悠”，怎能不怆然涕下？河流还是寄托各类惆怅的地方。《诗经》中已经出现了以山水“写忧”的诗。《国风 · 邶风 · 泉》说：“我思肥泉，兹之永叹。思须与漕，我心悠悠。驾言出游，以写我忧。”《卫风 · 竹竿》诗云：“籊籊竹竿，以钓于淇。岂不尔思？远莫致之。泉源在左，淇水在右。女子有行，远兄弟父母。淇水在右，泉源在左。巧笑之瑳，佩玉之傩。淇水滺滺，桧楫松舟。驾言出游，以写我忧。”

李清照的愁，最为清凄感人。《武陵春》云：“闻说双溪春尚好，也拟泛轻舟。只恐双溪蚱蜢舟，载不动许多愁。”《一剪梅》云：“红藕香残

❶ [晋]郭象：《庄子注》《庄子集释》，《诸子集成》第三册，第109页。

玉簟秋。轻解罗裳,独上兰舟。云中锦书谁寄来?雁字回时,月满西楼。花自飘零水自流,一种相思,两处闲愁。此情无计可消除,才下眉头,却上心头。"李清照的愁,是情愁,是爱愁。李白的愁,却又别有一番滋味。他的愁,是乡愁,是离愁:"抽刀断水水更流,举杯消愁愁更愁"(《宣州谢朓楼饯别校书叔云》);更是壮志未酬之愁,"与尔同消万古愁"。李白的"万古愁",也许是一种想象的情绪,而李后主的丧国之愁,却是实实在在的感触。"小楼昨夜又东风",便引无限愁绪到心头。"窗外雨潺潺,春意阑珊,罗衾不耐五更寒。梦里不知身是客,一晌贪欢。独自莫凭栏,无限江山,别时容易见时难。流水落花春去也,天上人间。"可是,物是人非,故国哪堪回首,且把那,如许的愁,随入江水,向东流啊流。

水不仅载着愁,也带来梦想,带来欢愉。进入桃花源,一定是要走水路的。水,连着梦想。这是陶渊明很早就告诉我们的。而娱情的山水诗,又何可胜数!"明月松间照,清泉石上流";"大漠孤烟直,长河落日圆"(王维:《使至塞上》)。"楚塞三湘接,荆门九派通。江流天地外,山色有无中。郡邑浮前浦,波澜动远空。襄阳好风日,留醉与山翁。"(王维《汉江临泛 》)

而当失意时、落魄时、潦倒时,人们想到的,往往是逃避到水上。孔子说:"道不行,乘桴浮于海。"李白说:"人生在世不称意,明朝散发弄扁舟。"水,就像母亲,毫不嫌弃地拥抱着失意的孩子。孤舟雪中,寒江独钓的蓑笠翁,难道仅仅是在钓鱼?

第三章

河流的文化生命在语言中的表现

第一节　水系词汇与中国文化

一、汉语语言文字的特点

语言是一种有语音、有规则的系统的表达意义的符号系统，是人们进行记录、表达、交流、思维、游戏的工具。记录是语言的基本功能，文明文化的成果都是通过记录保存下来的。没有记录，文化就无法积累，就无法发展，文字对于文化具有基础性作用。表达通常是人们对自己的思想感情的表现和抒发。“诗言志、歌咏言”，都是感情的抒发。交流具有即时和当下的特点，通常我们把对话作为交流的基本形式。但是，按照当代德国哲学家加达默尔诠释学的观点，对话的意义是广泛的，理解传统就是与传统对话、交流。这样，交流就成为可以跨越时代的思想交换和理解的方式。语言是思维的工具，系统的思维都是借助语言进行的。没有语言，或语言过于简单，都无法进行充分的交流，甚至也无法充分地描述世界，无法进行思维。这样，语言就成为认识和思维的限制。维特根斯坦说，语言的界限就是思维的界限。当然，思维决不是全然宿命的，思维能够冲破语言的界限，如创造新的词汇、新的语法或表达方式等。事实上，人类精神史是一个不断陷入语言牢笼而又不断冲破它的过程。这是语言发展的第一条规律，我们在中国语言发展的历程中特别能够体会到这一点。首先，汉语词汇量是不断扩大的，如《说文解字》收录了 9353 个字，《康熙字典》则收录了 47035 字。由于汉语是以单音节词为主，所以，字的增加也意味着词汇的增加。字和词汇的增加表明人们对于世界的认识更加多样化了，更加全面了。原有的词汇并没有成为认识的樊篱，反倒成为认识进一步发展的前进的基础。如果我们把一个词的每一条意义称作义项，那么我们也会看到语言发展的第二个规律，即同一个词，其义项也在不断变化，变化的总体倾向是扩展，即义项更多。关于此，我们将在本章的词汇分析部分进一步说明。词汇的义项也有减少的。由于文化转型和认识的发展，一些带有传统观念的词汇的义项也可能会变得不重要甚至消失，这样义项就会出现减少的趋势。如“行”作为五行金木水火土的意义，背后的哲学框架是阴阳五行说。这一套理论在当代除了在中医实践中还得到应用外，在其他领域已经不重要，甚至消失。词汇义项的变化当然反映着人们认识的变化。再次，伟大的哲学家、思想家、艺术家都有冲破语言的束缚、创造新的语言形式的能力。禅宗提出了超越语言的思维形式，如《坛经》要人们认识人的本来面目，说“不思善、不思恶”时，佛性呈露；“言语道断、心行路绝”等，为思维的发展开辟了新的路径。不过，这是另外一种思维方式，并不能取代以语言为工具的思维。日常科学技术文明文化的发展还是以语言思维为基础的。况且，禅宗的思维特点仍需要通过语言传达。游戏也是语言的一项重要功能。语言的游戏功能并不记录历史和现实事实，也不抒发情感，而是利用语言本身的非常规组合来达到一种娱乐、幽默的作用，是与现实无关的另一类用法。现代语言哲学有一种观点认为，任何语言表达都属于语言游戏，语言就是语言游戏。这种观点看到了语言可以脱离现实的特点。不过，对语言的游戏功能不宜过分夸大和泛化。我们这里所说的仍是狭义的游戏概念。表现语言的游戏功能的典型形式有谜语、绕口令等。后期海德格尔、加达默尔提出,语言是存在的家,能被认识的存在是语言,语言在此又成为本体。

语言系统包括文字,文字是对话语的记录。文字在语言系统中属于较晚出现的元素。但文字的出现,对于一个语言系统具有重要的意义。只有有了文字以后,语言才具有记录的功能内容,人类文明才能在前人的基础上有新的进步。所以,文字又被认为是进入文明的象征。中国语言的特点尤其表现在汉字上。世界语言从语法着眼可分为汉藏、印欧、斯拉夫、阿尔泰四大语系,但从文字上分,则印欧、斯拉夫、阿尔泰中的蒙语等,都是表音的字母文字,只有汉语是表意的非字母文字;阿尔泰语系中的日语、韩语因为吸收了汉字,也有一部分表意文字。汉字在世界语言体系中是独树一帜的。一些西方语言学家从西方中心论或西方文化普遍论的偏见出发,认为表音的字母文字是人类语言的进化状态,表意的象形文字则是人类语言的落后状态。这种观点是没有道理的,它错在把西方语言——同样也是一种特殊性的形式体系——上升到普遍的、唯一的体系,就如同西方把自己的哲学、文化、艺术等也都上升为普遍一样,用庄子的说法来看,是井蛙式思维方式的典型表现。

二、六书特点分析

汉字的创作方式是“六书”,即六种文字制作方式或原则。“六书”首先出现在《周礼·地官·保氏》中,《汉书·艺文志》、郑众《周礼解诂》都提到了六书,但没有进行解释。首次对六书进行系统解释的是许慎。他在《说文解字·叙》中提出的对六书的定义对后世影响极大。我们此处也采取许慎的定义。许慎指出,文和字不同,“仓颉之初作书,盖依类相形,故谓之文。其后形声相益,即谓之字。文者,物象之本;字者,言孳乳而浸多也。”[1]从许慎的论述可知,所谓“文”,乃是自然

[1] 《说文解字注》,第754页。

之迹、象、纹路等，乃是形象的东西；和《易传》记载的“古者包羲氏之王天下也，仰则观象于天，俯则观法于地，观鸟兽之文，与地之宜”中的“文”是一个意思。由“文”进一步“滋生”出来的称为“字”。段玉裁认为，“独体曰文，合体曰字，统而言之，则文字可互称”❶，甚是。文字的出现是文明的一次质的飞跃。中国古代对于文字出现的意义的说明是“仓颉造字，天雨粟，鬼夜哭”。这表明，文字打乱了天地人神各安其位的自然状态。那种本来属于鬼神的幽深的、晦暗的、玄妙的、高远的世界，与可见世界对立的另一半——不可见的世界被人类打开了一个洞，而且，这个洞会积累、会扩大，神的居所越来越小，人的世界越来越大。神失去了对世界的主动权和控制力。天雨粟正是天地秩序被打破的表现，天地乱了套才会不下雨、不下雪而下粟。有了文字，人类就有了战胜一切的工具，鬼也感到恐怖，所以哭了。仓颉造字和伯益作井同样是“惊天地、泣鬼神”的事件。中国文化对于文字出现的意义的认识是非常深刻的。如前所述，有了文字，文明才能积累，才能发展，人才成为人。

许慎排列的六书的顺序是：指事、象形、形声、会意、转注、假借。郑众、刘歆等人的排列是象形在前。从人类思维发展规律来看，郑众等人的排列更合理。此处仍按许慎的顺序解释。

指事：“视而可识，察而见义，上、下是也。”❷

象形：“画成其物，随体诘诎，日月是也。”❸

段玉裁认为，指事和象形的区别是“形为一物，事赅众物”❹，二者有专博的不同。如，“上、下”可遍指一切上下之物，日月只能指日月。照段玉裁所说，“指事”字具有较大的普遍性，“象形”则指示专有名词，没有普遍性。我们下文对水系词汇的分析也是从抽象程度的高低出发进行的。

形声：“以事为名，取譬相成，江、河是也。”❺

形声由形和声两部分组成，形表示事、物，江、河都表示“水”，读音

---

❶ 《说文解字注》，第754页。

❷❸❹❺ 《说文解字注》，第755页。

则由“工”、“可”来表示。形声与象形的区别在于,象形是独体,形声是合体;别于会意之处在于形声是表声,会意是表意。

会意:“比类合宜,以见指㧑,武、信是也。”❶

段玉裁认为,“武”是从止戈,“信”是从人言,不是从止从戈、从人从言。“信”乃是“比合人言”,即把个人所说合在一起比观,所以此字是会意。

转注:“建类一首,同意相受,考、老是也。”❷所谓“建类一首”,是把同一意义或相近意义的字分在同一个部首,这样,这些字可以相互训释。考、老就可以互训。

假借:“本无其字,依声讬事,令、长是也。”❸

段玉裁认为,六书次序,“有指事象形,而后有会意形声。有此四者为体,而后有转注假借二者为用”❹。在我们看来,六书中最基础的是象形。象形是一种思维方式,即前述的通过观察自然,用图画来模拟自然现象,由此形成汉字创作的思维方式。指事、形声也都兼有象形的意义,只是它所象的形更加抽象,比如,江、河都指水,不像象形那样纯粹指事、物。形声的形的部分、指事的事的部分,和象形是相通的。会意则表达了抽象的意思,更适合表达抽象概念。《易传·系辞》讲包羲氏仰观俯察,近取诸身、远取诸物等制作八卦,其原则通于创制文字。有一种说法认为,八卦就是上古的文字。最明显的是坎卦,其形状与古代“水”(巛)字非常相似。汉字之所以能够成为表意文字,在很大程度上是这种仰观俯察的思维方式的结果。转注、假借则属于纯粹语言自身的游戏,为前四者之用。这一点,我们同意段玉裁的看法。

字母文字没有“象形”的环节,缺乏与自然的相似性。所以,与之相比,汉字首先是一个反映自然的体系,仰观俯察的思维方式表现了中国古人的朴素反映论思想。自然界的水,抽象为汉字中的“水”部,成为汉字的重要构成部分,是河流的文化生命的直接表现。

---

❶❷ 《说文解字注》,第755页。

❸❹ 《说文解字注》,第756页。

第二节　水系词汇与中国文化

一、水系词汇概况

本书采用“水系”的概念是因为与水相关的文字分属不同部首的缘故，如果叫做水部文字，就会漏掉一些与水相关而又不属于水部的文字，如泉部、川部等。“水系”的概念包括一切与水相关的文字。

据笔者的初步统计，东汉许慎《说文解字》中的9353个篆字，分为540个偏旁部首，其中水部文字共有469个，占《说文解字》所收全部汉字的4.91%。从偏旁来统计，每个偏旁平均仅有17.32个字，水字旁文字远远超出偏旁平均比例。如果加上川部、泉部、永部等，则有522字，占《说文解字》所收全部汉字的5.46%。据郭宝钧《中国青铜时代》统计，甲骨文中表示河流、山川方位的字占总字数的7%，这与《说文解字》中表示河流字数的比例大致相当而略多。

《康熙字典》共收47035个汉字，是迄今为止收录汉字最多的词典之一。其中，水部文字共有1655个（包括异体字，同一字不同写法），占字典所收全部汉字的3.52%。如果加上川部、冫部139字，则水系文字达到1794个，占3.814%。

如果按部首计，《康熙字典》共收204个部首，每个部首合230.564个字。水部文字达到1655个，是部首平均值的7.178倍。

可见，离开了水部文字，我们就缺少足够的词汇表达、交流、积累和提高思想。水成为水部，构成汉字，还只是河流和水的文化生命在语言文化中的基础的和初步的表现。我们还可以深入探讨这些水部文字究竟都是一些什么样的词汇，在构成先人和我们的思想方面起了什么作用，从而理解河流的文化生命在历史上的表现。

二、水系词汇分析

如果我们承认一种语言的词汇和它所反映的世界存在一种对应关系，那么，我们可以说，一种语言的词汇总量构成这个语言所反映的存在世界。对于这门语言的词汇的分析，既是达到理解这门语言、文化的途径，也是达到这门语言反映存在世界的途径。这正是语言是存在的家的含义。

在此，我们提出一个对于词汇进行哲学分析的方法。我们根据离现实的远近、抽象程度的高低，把词汇分为五个不同的级别。第一级别是离现实最近的、直接表达某一个具体的自然存在对象的词汇，即专有名词；第二级别词汇表示动作；第三级别为普遍名词；第四级别为水的性质；第五级别为一般抽象概念和哲学概念。河流的文化生命在中国文化中表现为河流、水从一种纯粹的自然现象通过人与河流交往的中介活动与人发生关联，转变为人们精神生活的对象，启发、引导和塑造人们的精神生活。这些作用表现在汉语语言的词汇中，正是河流的文化生命的内容。对汉语语言水系词汇进行哲学分析，是探索河流的文化生命的重要途径之一。

（一）一级词汇：专有名词

专有名词指具体的河流或湖泊，只有一个外延；江、河、淮、济，古称“四渎”。四者都是专有名词。专名为个别。作为专名，这些词汇不具有普遍意义。我们还可以举出很多表示河流的专名，如伊、洛、洙、泗、汾、汴等，都是古代著名的河流。还有许多词汇，现在已经转变成为第三级普遍词汇，但在古汉语中却曾经是专有名词，如活、洋等，这些词汇我们下文还会涉及到。从认识的角度看，专有名词反映的是感性具体性、直接性，不能普遍应用。

（二）二级词汇：关于动作的词汇

这类词汇有很多，流、淘、汰、污、泛、冲、洗、涮、浸、泡、清、汛、渗……二级名词都表示一个动作，无疑也是具体的、可感的。比如“河水洋洋，其流活活”；“秋水时至，百川灌河”。流、灌，都指水的动作。这些动作和水具有天然的联系，不能与其他非表示水的动词互换，比如，我们不能说“秋水时至，百川烧河”；也不能说，“秋水时至，百川爱/恨河”。与水的性质的联系决定了这些动词的适用范围。拟人的跨界使用作为文学当然是可以的，有时还很生动，并且也能反映真理，如有人这么表达一滴水和湖的关系，说水滴到湖里，湖水说，痒；似乎是说一滴水轻轻地搔痒了湖水。不过，通常的表述，对于词语的跨界使用还是有十分严格的限制的，这表现了人类认识的确定性。

和一级的专名不同的是，动作词汇已经包含了一些普遍因素。“河”作为专名，只能指“黄河”，这是不能变的。专名尤其是被空间所严格限制的，动词则具有超越时空的特点。无论何时何地，水的流动都可以叫做“流”。由于“流”不受“这里”、“这时”的限制，所以它具有一定程度的普遍性，包含了一般和个别的统一。

在印欧语系中，把动词的一般性提取出来，以便使这种意义能够得到单独使用，就可以得到动名词。动名词不仅具有动词的超时空的特点，而且也超越了“动作”本身的具体性。我们用英语来说明这一点。流，英文为“flow” ，动名词形式是“flowing”。汉语没有时态变化，英文、德文包括日文，都有过去、现在、未来的三种时态；汉语单纯通过时间概念、不通过动词本身的词尾变化表示动作发生的不同时间。不过，尽管汉语没有词尾的变化，但也还是有动名词的。就这个“流”说，“子在川上曰：‘逝者如斯夫！不舍昼夜。’”[1]逝，就是流过去的意思。这里，“逝”是动词。假如我们说“河水的特点是流动”，我们只能说，“flowing is characteristic of a river ”，这里的“流动”就是动名词，指一般意义的流动的动作，它不受时间、空间、流动的限制。如果说流动是水的属性，那么，我们可以说，动名词也超越了属性的限制。动词不能作为概念、范畴，只有名词化以后，才能作为概念。动名词化后，动词可以得到更广泛的应用，其特点是跨界，即跨越与它相对应的人或物的限制。我们仍以“流”为例 ，它作为一个动名词化的概念，不仅可以脱离时间、空间、属性的限制，而且也可以脱离水的限制，或者说种类的限制。就是说，我们可以用它来指一切具有流动特点的事物。“流”超越了时间、空间、属性、种类的限制后，就上升到了普遍概念。人流、物流、现金流、时间流、意识流……由此我们可以总结出一条关于语言使用又一规律：抽象化是人类语言使用的一个规律，跨界是抽象化的结果。作为普遍概念的“流”不再局限于二级概念，而成为四级或五级概念。

---

[1] 《论语·子罕》。

意识流就是一个哲学概念。

（三）三级词汇：普遍名词

仍然有可感的具体对象，但不是具体某一个对象，如“水”，无疑是一个具体名词，但也是一个普遍概念，表示一切水，而不是具体的某条河或某口井中的水。又如“河”，作为一级词汇，仅指黄河；但随着语言的发展，“河”逐步获得了抽象的意义，变为三级词汇，泛指天下所有的河。三级名词和二级名词一样，都是普遍性和具体性的统一。这类词汇也很多，如渠、沟、洫等。

《尔雅》、《说文解字》、《艺文类聚》、《初学记》等典籍都为我们提供了不少与水相关的三级词的定义。这些定义反映了古人对于自然的认识，属于中国文化知识宝库中的一部分，至今仍然得到广泛应用，也构成了科学知识的基础。我们以“波”的各类定义为主进行说明。

“大波为澜，小波为沦，直波为径。”❶这是《尔雅》给三种水波所下的定义。但，什么是“波”，《尔雅》没有作出定义。《初学记》说：“风吹水涌曰波。（亦曰浪。）大波曰涛，小波曰沦，平波曰澜，直波曰泾。水朝夕而至曰潮，风行水成文曰涟，水波如锦文曰漪。”❷两组定义相比，《初学记》更为全面；二者对于“澜”的定义也有一些出入。这反映了前人的不同认识。当这些定义被数学化以后，就变成了科学知识的一部分。我们再看看现代科学关于“波”的认识。“水波主要分为两类，一类是波长很小（小于2厘米）的表面张力波（涟波）。另一类是波长较长的重力波，重力波又分为深水波和浅水波；当水深大于半波长时，就认为是深水波；水深小于1/4波长时为浅水波。”❸我们不厌其烦地引用这些资料是要表明，前人的定义和后来的科学认识形成了一个连续，前人的认识构成了科学认识的基础。

其他如“山夹水曰涧。水注川曰溪。水注溪曰谷。水通谷曰壑。石绝水曰梁。筑土遏水曰塘。（一曰堤。又曰坊。）大防曰坟，水所钟

❶ 《尔雅注疏》：《十三经注疏》下，总第2619页。

❷ 《初学记·卷六·地部中·总载水》。

❸ 《简明大不列颠百科全书》，第7卷，第378页。

曰泽，广泽曰衍，泽曲曰皋，障曰陂，泽无水有草木曰薮。水通流曰川，水本曰源。源曰泉”❶等，都是古人对于关于水的认识，构成了人类知识的一部分。

（四）四级词汇：水的性质词汇

此类词汇，多表示抽象概念。但由于是水的性质，所以一般情况下还具有可视或可触的特点。此类词汇是通过具体的特点来表示抽象的性质。《说文解字》中有不少说明，如，泊：水貌；泓：下深貌、水清貌；洌：水清也；淑：清湛也。

（五）五级词汇：抽象概念

此类词汇包括哲学概念和范畴。脱离了具体，上升到普遍，这是人区别于单纯的自然、区别于动物的标志，也是人的理性的表现。抽象思维是一个民族思维的最高层次，也是精神自由的最高表现。一个民族，一种文化，只有进展到哲学的层次，才可以说是一个成熟的民族。中国哲学的抽象概念中，不少是与水有密切的联系的。河流和水进入到哲学思维，是河流的文化生命的最高表现。让我们略举几例，看看水是如何进入和表现哲学思维的。

1. 永、恒

“永”属于水部。其各种写法如下：甲骨文：“”；《颂鼎》：“”；《九年卫鼎》：“”；三体《石经·君奭》：“”；《说文解字》：“”。关于“永”，《说文解字》的解释是“水长也。象水巠理之长”；《尔雅》的解释是：“远也，遐也”。从具体的水长引申为抽象的“永远”、“永恒”，就进入了哲学思维。在汉语构词上，“永”具有较强的结合力，和许多概念结合在一起，形成复合的抽象概念。

“永”可以与表达时间的概念结合在一起，表示那一时间的极限、尽头。这样的概念有“永夕”、“永夜”等，都表示长夜。如南朝刘孝标《广绝交论》：“范、张款款于下泉，尹、班陶陶于永夕”。范、张是东汉的范式与张劭，尹、班是尹敏、班彪。他们都是生死之交。“永夜”出自唐

❶ 《初学记·卷六·地部中·总载水》。

骆宾王《别李峤得胜字诗》:“寒更承永夜,凉景向秋澄”;朗士元《极玄集·宿杜判官江楼诗》“故人江楼月,永夜千里心”也有“永夜”的概念。此类概念还有“永日”、“永世”等。永世即世世代代、永远。《尚书·微子之命》篇有“做宾于王家,于国咸休,永世无穷”;《诗经·周颂·闵予小子》篇有“於乎皇考,永世克孝”。这些“永世”都指终生。佛教还有“永劫”的概念,指永无穷尽。

永和生命结合在一起,可以形成永生的概念,表示长生、不死等。这样的概念有“永生”、“永年”、“永命”等。三国时,魏王曹丕《七启》诗有“轻禄敖贵,与物无营,耽虚好静,羡此永生”。这里的“永生”是道家的虚静的养生观念,也有可能受到了道教的影响。佛教也使用了“永生”的概念。佛教从自己的生死观出发,主张永无断灭,超出轮回的涅槃为永生,佛教也把弥陀净土的称作永生。唐善导《观经疏玄义分》:“开示长劫之苦因,悟入永生之槃果。”《尚书·召诰》有“王其德之用,祈天永命”的说法,这里的“永命”指永远保有“天命”。把“德”和天命结合在一起,是周朝特有的意识形态。

《诗经》出现了“永久”的概念,《小雅·六月》诗说:“来归自镐,我行永久。”上文的“永”都是和一个具体的时间概念,如夕、夜等结合起来,形成有一个时间概念。这里是把两个纯粹表示时间的概念结合起来,抽象程度极高。“久”在《说文解字》中写作“乁”,解释是“从后灸之也,象人两胫后有歫也。”[1]这里“久”的本义是“针灸”。段玉裁认为,歫各本作“距”错误。“相歫则其候必迟,故又引申为迟久。迟久之义行而本义废矣。”[2]可见,“久”原来也是一个表示具体的词汇,在后来的演变中脱离具体成为抽象观念的。《墨辨》在定义时间概念“宙”时说:“宙,弥异时也。”“永”是不是超越的时间概念?它是永恒,(eternality),还是无尽(endless)?老子的道是先天地生的,道在天地之前,这个“之前”仅仅是同一时间序列的“之前”,还是根本在这个时间序列之外的超越的“之前”?甚至说是一种“逻辑在先”?当说到逻辑在先时,这里的“先”已经不是经验的时间意义的“先”了。

---

❶❷ 《说文解字注》,第237页。

在老子那里，道一方面是内在（immente）于万事万物的，另一方面，也是超越（transcend）于万事万物的。老子没有明确地说道是不是属于另一个时间序列，但照他的思维的逻辑来看，道包含了超越时间的含义。如果有人问他，道和时间那个更根本，他一定会说，道更根本；道生时间。“道生一、一生二、二生三，三生万物”，时间是道所生的事物中之一。这样，时间次要于道，道超越时间。道的超时间性说明了存在一种在经验的时间之上的超越的、永恒的时间。但是，在老子哲学中，由于宇宙论和本体论的分别还不是很清楚，本原生物和本体表现为现象合二为一，所以存在一种超越的时间的意义还不明显。魏晋玄学那里如王弼特别强调“无”。“无”实际还是有，只是没有“有”的各种具体规定性，这样就成为“无”，甚至连“有”之作为有也没有。如，“无”作为音调，不能是宫、商、角、徵、羽中的任何一个，因为是某一个就意味着不能是另外几个，即不能有另外几个的规定性。这样的“无”是无规定性的纯无，作为本体的“无”，是超时间的。朱熹的“理”在思维方式上与王弼的“无”有一致性，也是超时间的永恒的概念。应该说，中国文化中，“永”的超时间的永恒意义是逐渐发展出来的一种意义。“永”在“水”部，水和它的流动都是一种自然现象，都是客观存在的，所以，永所表达的时间概念具有客观意义。

与“永”相近的，是“恒”。恒在《说文解字》中写作“”，属二部。关于“二”，《说文解字》解释为“地之数也”、“天地也”[1]。天地之间，也属于一种客观存在。关于恒，《说文解字》解释到：“常也，从心舟，在二之间上下，心以舟施，恒也。”[2]这里的“常”，段玉裁认为，应作“长”，古代表示时间长久只用“长”，甚是。与“永”不同的是，“恒”还包括“心”。恒字中间左为“心”，右为“舟”。上、下，即“往复”。“心以舟施”。段玉裁认为，是“往复遥远，而心以舟运旋，历久不变”。这表明，恒包括有主观性，是心对于舟在水上运动的一种感觉。舟的运动是众多由某个从出发点到目的地的运动组成的，是连续性和绵延性，心对于

[1] 《说文解字注》，第681页。
[2] 《说文解字注》，第237页。

舟在天地之间的这种绵延的运动的感觉就是“恒”。“恒”作为一个时间概念,是主观的绵延的感觉。由此言之,“恒”的概念包含了康德的主观性和柏格森的绵延性。所以,在中国哲学中,“恒”常常用来表达与主观状态相关联的或者属人的事物。如“恒产”、“恒心”、“恒言”、“恒常”(表示规矩)。恒产、恒心都出自《孟子》。《孟子》说:“无恒产而有恒心者,惟士为能。若民,则无恒产,因无恒心。苟无恒心,放辟邪侈无不为已。”❶恒产,是稳定的产业和收获,恒心,是坚定的道德之心。一般人的恒心是由恒产所决定的,只有士才能超越恒产的限制。所以,孟子要求统治者确保百姓有恒产,这就是他的仁政学主张中的“制民之产”的思想。孟子强调“恒”,恰好与他主张恻隐羞恶、良知良能的道德主体性相一致。“恒常”出自《史记·秦始皇本纪》。秦始皇统一六国后,到泰山封禅,刻石纪念自己统一国家的功劳,其中说到:“初平法式,审别职任,以立恒常。”❷这里的“恒常”就是日常行为规范。

当然,也不能认为“永”和“恒”在任何场合都是截然分开的,这种想法不符合语言实际运用。每一个词,都有不同的义项,这些义项之间的过渡不是截然分割的,而是有一个渐进的过渡,如同色谱那样。永和恒各自在色深部分的义项是二者的常用义,但也有色浅部分的义项。这些色浅部分的义项还可以相互交叉。随着时间的发展,一个词的义项的色浅、色深部分还会发生转变。事实上,汉语语言双音节复合词成为普遍规律以后,“永”和“恒”被结合为“永恒”,它们原初的根源性差别已经被模糊了,人们都把它们当作同义词来使用了。按照现代汉语的规则,“永恒”中的“永”和“恒”是不能分开解释的。这也是语言的符号化特点所在。

总之,在古代汉语中,“永”和“恒”,一个是客观的时间,一个是主观的时间。客观的时间是超越性的,而主观的时间是内在性的;客观的时间是主观的时间的基础,超越是内在的基础。海德格尔曾经提出,时间是存在的本质和规定性,是不可超越的,这通常被理解为存在的彻底

---

❶ 《孟子·梁惠王上》。

❷ 《史记·秦始皇本纪》:《史记》,第1册,中华书局,1959年版,第261页。

时间化、有限化。我们认为，客观的时间是不可超越的，这恰好说明了存在的有限性和时间的永恒性，正因为永恒，所以不能超越。人所能够超越的，并且能够与之打交道的，只是主观的、可量度的时间。我们非常同意加达默尔此论：海德格尔从时间的视域对存在的解释并不是把存在彻底时间化，“以至于它不再说任何能作为恒在或永恒的东西而存在的东西，而是指此在只能从其自身的时间和未来的关系上去理解。”❶《存在与时间》的想法是：“存在和客观性的全部意义只有从此在的时间性和历史性出发才能被理解和证明。”❷准此，我们认为，永是不可超越的，可超越的是恒。此在只能“恒”而不是从“永”来把握。当然，如前所述，在汉语中，永、恒的用法早已不再严格，马王堆帛书《老子》就用“恒”来表示道。“道可道，非恒道；名可名，非恒名”。照老子一贯的哲学思想来看，道应该属于“永”。汉语常用“恒”表示永恒，也可能是因为人们只能与“恒”打交道、而不能与永打交道的反映。加达默尔指出：“由于哲学揭示了时间是自我理解的隐秘根基，因而哲学不是教导一种出自虚无主义绝望盲目的义务，而是开辟了一条迄今是封闭的、超越出自主观性的思维的经验，海德格尔把这种经验称为存在(Sein)。”❸

“永”字还结合了一大批地名、帝王的年号，这是中国文化非常独特和有趣的一面，表达了普通人和帝王们一样的超出主观力图达到客观的永远的愿望。这些地名基本可以分为五类，第一类是“永远”加“安宁”等，如：永平、永安、永定、永宁、永康、永清。康，可作安康讲，“永清”意思是“永远清平”，来自《尚书·泰誓上》，“尔尚弼予一人，永清四海”。第二类是与道德相结合，如“永新”，这个“新”应当来自“苟日新、日日新、又日新”，《易传》“日新之谓盛德”等。第三类是与兴旺的概念相结合，如永昌、永兴、永丰。第四类是和祝愿类的概念相结合，如永寿、永和、永福、永嘉等。第五类是指与行政区划单位结合，如永

❶ 《真理与方法》，第127~128页。
❷ 《真理与方法》，第329页。
❸ 《真理与方法》，第128页。

州、永城等。第四种结合方式只是祝愿的色彩。其实，从中国语言的特点来看，这些地名可以理解为事实陈述、可以理解为祝愿，也可以理解为祈盼，而祝愿和祈盼的色彩尤其占重要成分。这些地名其实都表达了一种希望和期盼。

2. 灋（法）

"法"也是一个一般抽象概念。在《说文解字》中，"灋"属于"廌"部，这很出人意料，也非常有趣。《说文解字》对于"法"的解释是："法，刑也。平之如水，廌所触不直者去之，从廌、去。"❶从字形上分析，"灋"的结构有三个部分，分别是"氵"、"廌"和"去"。这三部分在其中起着不同的作用。"氵"代表"水"，"水"在中国文化中是准、平的意思。《说文解字》说："水，准也。"❷准，《说文解字》的解释是"平也"❸。段玉裁注释说，准"谓水之平也。天下莫平于水，水平之为准"❹。古人所制的测量水平的器具，就叫"准"。古代匠人建房屋、建城都有"准地"、"水地"的程序，就是利用水面平的特点，确定地基的高下。《周礼·考工记·匠人》记载："匠人建国，水地以悬。"根据郑玄的注，其具体做法是，四角立杆，杆上吊水，以确定地面是不是处于同一个水平面上。水的面平的特点被引申为水的公平性。"灋"字中有水，正是要表明法律的公平原则。许慎关于法的定义也说明了这一点，段玉裁特别引汉代张释之"廷尉，天下之平也"解释来说明这一点。古人认为，"廌"是一种神兽，能够分辨善恶，用角触去恶者，留下善者。"去"所表达的是"廌"的去恶留善的作用。合起来说，"灋"就是根据公平的原则除恶留善。这种法律的原则至今仍有其积极意义。古代不把灋字放在水部，而是放在"廌"部，在我们看来，是因为在古代，社会还不复杂，各种抽象原则也还不多，尤其是人们还不善于从抽象原则的高度看问题，而是首先把法律看作一种行动，重视的是它执法意义。或者说，在古代观念中，灋作为刑法和刑罚的观念还很重，他们还没有认识到灋首先是一种

❶ 《说文解字注》，第 470 页。
❷❹ 《说文解字注》，第 516 页。
❸ 《说文解字注》，第 560 页。

普遍的行为规则。这一点，我们还可以从“刑也”的解释中得到证明。段玉裁说：“刑者，罚罪也。《易》曰‘利用刑人，以正法也’。”[1]刑是刑罚、刑具，《尚书·吕刑》“惟作五虐之刑曰法”。廌虫代表的实际上不是神、更不是兽，而是人。饶有趣味的是，在《康熙字典》中，“灋”已经被转移到了水部。这说明，随着时代的发展，中华民族已经把法律的规范意义作为首要原则了。这反映了民族思维的进展。

除了法律、刑法的意义外，据《康熙字典》的解释，“灋”还有以下义项。

(1)制度：《礼记·曲礼》：“谨修其法而慎行之”；

(2)礼法：《孝经》：“非先王之法服不敢服”；

(3)常：《尔雅》：“常也”；

(4)象：《文心雕龙·书记篇》：“法者，象也。兵某无方，而奇正有象，故曰法”；

(5)限制：《释名》：“法，逼也，逼而使有所限也”；

(6)效法：老子：“人法地，地法天，天法道，道法自然”；《易传》：“崇效天，卑法地。”

(7)在佛教中的意义，表示宇宙一切物质和精神现象，如，万法唯识；

(8)在佛教中的意义，表示佛教所说的真理、教规。

上述(1)、(2)、(3)、(4)、(8)诸义，都表示抽象概念，是哲学性的。(6)表示一种天人合一的存在方式，无疑也是哲学性的。(6)表示以法度进行强制，近似于哲学性质。词的义项的演变也正是“法”的文化史的演化。

3. 泊

“泊”在二级词汇中作动词，义为船停靠岸边。在这一级中还可以与“漂”结合在一起，表示浮于水面的东西随水流向四方。如果把社会比做河流、大海，则漂泊正可比做人生居无定所、游无定方的流浪和漂泊状态。人生的漂泊和东西的漂泊，虽然有可见不可见之异，却何其相

[1] 《说文解字注》，第470页。

似乃尔！那种无助感，真是随风飘飞，不知所止。泊可以作为四级词汇，表示气的一种性质。王充曾经用人禀气薄厚来说明人的寿命，认为禀气渥厚的人寿命长，反之寿命短。王充用“泊”来表示厚薄的“薄”。王充在《论衡·率性》篇中说：“非厚与泊殊其酿也，麴糵多少使之然也。”❶在老子那里，泊还可以作为五级词汇，表示淡泊、恬静、无为。这是道的状态。老子说：“泊乎其未兆”；又说：“我独泊兮其未兆，如婴儿之未孩。”❷

“泊”作为船靠岸，泊处也是船行终止的地方，是船行的目的所在。但是，船本质上毋宁说是没有停泊之所的；任何一次停泊对船来说，都是起航的准备。所以，船，如果说有一个本质，那它的本质甚或说他的宿命就是离开停泊地启航重新走上旅程。船永远没有目的地。泊对于船，只具有暂时的意义，是一个不定的定，定而不定的地方。船如果总是在一个定所，那么不是毁坏了就是博物馆化了。泊的这层含义被禅宗拿过来，表示因缘和合的暂时性。《续传灯录》卷三十一景堂智深禅师说：“浮世虚幻，本无去来。四大五蕴，必无终尽。虽佛祖具大威德力，亦不能免这一着子。天下老和尚一切善知识，还有跳得过者无？盖为地水火风因缘和合，暂时凑泊，不可错认为己有。大丈夫磊磊落落，当用处把定立处皆真，顺风使帆上下水，皆可因斋庆赞去留自在。此是上来诸圣开大解脱一路涅槃门，本来清净空寂境界无为之大道也。”❸这里的“凑泊”是五蕴的和合，是无尽轮回历程中短暂的一站。在《景德传灯录》卷十一，袁州仰山慧寂禅师还提出了另外一种“凑泊”的意义，“我今分明向汝说圣边事且莫将心凑泊。但向自己性海如实而修。”❹这里的“凑泊”，也是动词，是凝聚，而不能展开理解佛理。

禅宗的“凑泊”概念对于宋明道学有极其重要的影响。道学从程朱理学到陆王心学的转型，或者说从宋学到明学的转型，就与这个词密

---

❶ 《论衡》:《诸子集成》,第 7 册,第 17 页。
❷ 《老子·第 22 章》。
❸ ［宋］道原:《续传灯录·景堂智深禅师》:《大正藏》,第 51 卷,第 682 页。
❹ ［宋］道原:《景德传灯录·袁州仰山慧寂禅师》:《大正藏》,第 51 卷,第 283 页。

切相关。陈献章是明中前期著名的哲学家，是改变有明一代哲学风气的先驱，在他之后是湛甘泉、王阳明。《明史·儒林传》指出，“原夫明初诸儒，皆硃子门人之支流余裔，师承有自，矩矱秩然。曹端、胡居仁笃践履，谨绳墨，守儒先之正传，无敢改错。学术之分，则自陈献章、王守仁始。”❶黄宗羲也指出，“有明之学，至白沙始入精微，其吃紧工夫，全在涵养。喜怒未发而非空，万感交集而不动。至阳明而后大。”❷白沙是如何改变有明一代学风的呢？他在回忆自己的求学经历时说：

> 仆才不逮人，年二十七始发愤从吴聘君学，其于古圣贤垂训之书，盖无所不讲，然未知入处。比归白沙，杜门不出，专求所以用力之方。既无诗友指引，惟日靠书册寻之，忘寐忘食，如是者亦累年，而卒未得焉。所谓未得，谓吾此心与此理未有凑泊吻合处也。于是舍彼之繁，求吾之约，惟在静坐。久之，然后见吾此心之体隐然呈露，常若有物，日用间种种应酬，随吾所欲，如马之御衔勒也；体认物理，稽诸圣训，各有头绪来历，如水之有源委也。于是涣然自信曰：“作圣之功，其在兹乎！”❸

朱熹主张，“人心之灵莫不有知，而天下之物莫不有理”❹，简称“即物穷理”。理学所说的人心，是认识、求知的功能，理为规范或规律，在心外，“在物为理”；心中能够存有理，但心不是理。陈白沙在自述求学经历时提出了一句值得注意的话，“吾此心与此理未有凑泊吻合处”，这里的“凑泊”和禅宗的“凑泊”有一种语义学和思维方式的一致性。“凑泊”就是聚合、集中，也就是把此心和此理凝聚、统一在一起，“吻合”是使二者具有一致性而不再是两个独立的、分裂的东西。所谓“未知入处”、“未得”等，都是这个意思。和禅宗不同的是，陈白沙是在积极的、肯定的意义上使用这个概念的。从陈白沙的陈述可以看出，他所谓的

---

❶ 《明史·儒林传》，《明史》，第24册，中华书局，第7222页。

❷ 黄宗羲：《明儒学案·白沙学案》上，中华书局，1987年版，第145页。

❸ 《陈献章集》上，孙海通点校，中华书局，1987年版，第145页。

❹ 《四书章句集注》，第7页。

心与理的凑泊状态就是"此心之体"。心理凑泊的提出,在中国哲学史和文化史上具有重大意义,他改变了明代哲学发展的方向,开辟了新的哲学思维。

4. 活

活,属于水部。照《说文解字》的解释,"活"是一个象声词,是水流的声音。这是"活"的原始意义❶。我们从《诗经》中还可以看到这个义项。《卫风·硕人》:"河水洋洋,北流活活。"流水活活意味着它还是有活力、有生命的,所以,活也表示生命、生存。段玉裁指出,"引申为凡不死之称"❷。《诗经·周颂·载芟》"播厥百谷,实函斯活",《孟子·尽心上》"民非水火不生活"等,都表示生存的意思。有生命,意味着有根源、有源头,这成为儒家修养的根本原则。这一原则在孟子那里表现得非常明确。关于修道,孟子强调"自得"。

君子深造之以道,欲其自得之也。自得之,则居之安;居之安,则资之深;资之深,则取之左右逢其原,故君子欲其自得之也。❸

"自得"也是有本,即有根源。孟子借助于有源之水和无源之水的对比,对此作了非常明确的说明。

徐子曰:"仲尼亟称于水,曰:'水哉,水哉!'何取于水也?"

孟子曰:"源泉混混,不舍昼夜,盈科而后进,放乎四海。有本者如是,是之取尔。苟为无本,七八月之间雨集,沟浍皆盈;其涸也,可立而待也。故声闻过情,君子耻之。"

孟子所说,成为儒家修养学说的根本原则。朱熹用一首非常生动浅显的诗说明了这一道理:"半亩方塘一鉴开,天光云影共徘徊。问渠哪得清如许,为有源头活水来。"源头活水源在哪? 孟子提出了"反求诸己"的说法。这表明,源头就在自己,在本心。他说:

夫仁,天之尊爵也,人之安宅也。莫之御而不仁,是不智

---

❶❷ 《说文解字段注》,第547页。

❸ 《孟子·滕文公上》。

也。不仁、不智，无礼、无义，人役也。人役而耻为役，由弓人而耻为弓，矢人而耻为矢也。如耻之，莫如为仁。仁者如射：射者正己而后发；发而不中，不怨胜己者，反求诸己而已矣。❶

明代陈献章在进行理学和心学的学术转型时，所找到的正是“自得”的概念。他说：“故道至大而已，而君子自得之。一身之微，其所得者，富贵、贫贱、死生、祸福，曾足以为君子所得乎？君子之所得者有如此，则天地之始，吾之始也，而吾之道无所增；天地之终，吾之终也，而吾之道无所损。天地之大，且不我逃，而我不增损，则举天地之间物既归我，而不足增损于我矣。天下之物尽在我而不足增损我，故卒然遇之而不惊，无故失之而不介。”❷

水有源，所以有生命力；有活动、活跃、不拘、不滞、畅流等动态意象，这种意象被佛教、儒家引申到了对于真理和境界的描述。《景德传灯录》卷四无住禅师说：“真心者，念生亦不顺生。念灭亦不依寂，不来不去，不定不乱，不取不舍，不沈不浮，无为无相，活泼泼平常自在。”❸这里表达的是禅宗关于心的见解，心如活水，不滞不碍，流通四达，这是禅宗的心。连无住禅师的法号“无住”，也包含了水的意象。无住，即是不停留。禅宗用这种水的随形而行的思维方式，不立文字，直指本心，看透万物的本来面目。本来面目就是如实地看事物。《坛经》记载了一个公案，未悟禅法的时候，看山是山，看水是水；初入禅法的时候，看山不是山，看水不是水；到了彻悟禅法以后，发现看山还是山，看水还是水。这里的山是山、水是水的感悟，已经包含了全部苦思和觉悟的内涵，已经不是懵懂未开时的山是山、水是水了。就像黑格尔所说的，同样一句箴言，从儿童嘴里说出来与从老人嘴里说出来，所包含的内涵就大不一样。老人说这话，包含了他一生的阅历和思考，儿童的人生尚未真正展开，他所说的话，还不包含内涵丰富性。辛弃疾有首词说，“年少不知愁滋味，爱上层楼，爱上层楼，为赋新词强说愁。而今识尽愁滋

---

❶ 《公孙丑上》。
❷ 《陈献章集》，第 54 ~ 55 页。
❸ ［宋］道元纂：《景德川灯录》卷四，《大正藏》，第 51 卷，第 235 页。

味，欲说还休，欲说还休，却道天凉好个秋”，可谓禅味浓厚。

禅宗是中国特点十分明显的宗教，它不欲人心枯寂，反倒希望它饱满、充满活力、灵动不滞。它这种想法，应该说是受了儒家的影响。《论语》中孔子赞成曾点的“风乎舞雩，咏而归”的曾点气象，《中庸》中有“鸢飞戾天，鱼跃于渊”的境界，都对禅宗的“活”有所影响。反过来，禅宗对于“活泼”的重视和强调，又影响了后来儒家对于孔颜乐处的理解，丰富了孔颜乐处的内涵。对于“鸢飞戾天，鱼跃于渊”，程子解释说：“此一节，子思吃紧为人处，活泼泼地，读者其致思焉。”❶程子也用“活泼泼”，可谓禅宗对于儒学的反馈。儒、禅这种往来影响，十分耐人寻味。

西方哲学也用源泉的概念说明哲学思想。“源泉（Quelle）作为哲学的比喻具有柏拉图——新柏拉图主义的来源，它的主要意思是从不可见的深层涌流出洁净而新鲜的水。”❷这个词在历史主义时代指回到源泉，即语文学所指的回到语文学本身发现古典作家的未被歪曲的真理。加达默尔又用它指历史流传物中的精神源泉。“在源泉中总是流涌着新鲜的水”❸，新鲜的水指文本不断被理解的意义。普拉提诺的流溢说或流射说，也是一个例子。把词汇分为五类，使我们能够十分清楚地看到河流和水对于中国文化的十分基础的影响。

三、词汇级别的变动与扩展

词汇的级别是可以变动的，这就是词汇的跨界使用，这是一个普遍存在的现象。可以说，同一个词汇可以在五个级别之间变动，是语言运用的又一个规律。词汇本身的产生落后于现实世界的发展。随着人们精神生活的丰富和发展，抽象的词汇会显得不够用，用具体的词汇表达抽象的思想，也就是说，让低级词汇发挥高级词汇的作用，是十分普遍的，前举的“活”就是一个典型的例子。前文对于二级词汇“流”的分析，实际上从思维水平提高的角度说明了词汇从低级到高级的变动。

❶ 《四书章句集注》注引，第22~23页。

❷❸ 《真理与方法》，第667页。

从水的流动到意识流，词汇就从二级进展到了五级。当然，尽管从思想的角度讲，不同级别之间可以有截然不同的界限，比如抽象的哲学概念与具体的专有名词的差别就很大。不同词汇之间和同一个词的不同义项之间的词义差别的过渡并不是截然区分的，而是有一个类似于色谱的过渡区域。人们对于语言的应用，还具有游戏的特点。下面我们再看看其他水系词汇的级别变动情况。

“涯”：表示水域与土地的交接线，是水的边际。庄子把它引申为人生和认识的界限：“吾生也有涯，而知也无涯。”❶

“混”，作为四级名词，义为“丰流也”❷，表示水盛大、无穷。老子说“有物混成，先天地生”❸，“混”即指道的盛大和无穷。道是先天地而生的，故必盛大而源源不尽方能衣养万物。下文的“强字之曰道，强为之名曰大”与此相应。“混”在本体上指道的存在状态，在认识上是对道的摹状。自来老子解家多把这个“混”作为阴阳不分解，实误。不清为“浊”，混杂为“溷”。“浊”和“杂”都不是老子这里的“混”。

“衍”：二级词汇，《说文解字》的解释是：“水朝宗于海貌也。”❹“‘衍’于文为水行，水行归海，合之象也。”❺郑玄曰“衍，演也”，蜀才曰“衍，广也”❻。这个词作为扩展为对于一种学说的解释说明，如《五行衍义》、《老子衍》、《庄子衍》等；不仅如此，它还是解释天地万物的根本词汇。《易传》说“大衍之数五十，其用四十有九”。根据朱伯崑先生的研究，《易传》的语言分为两个层面，既是对天地本身的描述，也是对筮法的描述。“大衍之数”作为天地之数，是天地万物的秘密的表述；作为筮法，则“大衍之数”说明了《周易》排卦的程序。“衍”作“演”。无论如何，在这两层含意中，“衍”都与宇宙的奥秘结下了不解之缘。

渊：深潭。三级词汇。但潭的幽深不可测的性质使这个词很容易

---

❶《庄子·内篇·养生主》。
❷ 段玉裁：《说文解字注》，第546页。
❸《老子·第25章》。
❹ 段玉裁：《说文解字注》，第546页。
❺《周易集解纂疏》，第579页。
❻《周易集解纂疏》，第579页引。

扩展为单纯的“深”，由此与其他词汇结合成为表达与深刻、玄妙相关的新词。渊博、渊识、渊塞，都指人的见识深邃广博。“渊源”，指事物最初的根源，这种根源决不是一目了然的。《后汉书·班固传》谓“与之乎斟酌道德之渊源，肴覆仁义之林薮”，这是探究道德的根源。老子在描述“道”的时候，说它“渊兮，似万物之宗”，所采用的就是“渊”的深邃的性质，表达了“道”的深远而不可及的性质。庄子在描述人得道后的一个状态是“尸居而龙见，渊默而雷声”❶。可见得道的人有一种深刻的沉默，他的沉默是道的外在表现，具有“震惊百里”的效果。儒、道都用“渊”来形容心的。详后。

“清”是四级词汇，表示水的一种性质。《说文解字》谓“朖也，澄水之貌”❷。《康熙字典》列出了“青、静、河流宴清、目视清明、洁”等义项。清源于青，“去浊远秽，色如青也。”❸静、澄、洁，都是清的义项，“清静无为”与此有语义学关联。这是老子和汉初黄老学说的特点。这是第五级词汇，表示一种哲学学说。其实，《康熙字典》所列的义项并不完备，清还可以与廉、白等结合起来表示人的品格，这样的词汇很多。如，清人、清士、清公、清介，指高洁的人。这是描述人的类型；清廉、清白、清尚、玉洁冰清等，则是描述人的品德。此外，清还能与许多方面结合。

用于祭祀：清酌、清供、清酒、清祀、清涤；

用于音乐：清角、清音、清唱、清脆、清越、清徵、清乐；

用于人的操守：清操、清抗、清高、清节、清徽、清厉；

用于人的修养：清和、清泰、清修、清淳；

用于人的精神风貌：清明、清扬、清闲、清雅；

用于政治社会状态：清时、清晏、清宁、海清河晏；

用于谈话：请谈、清议、清话。

此外，还可以用于地名、官职的代称等，限于篇幅，不再一一列举。

---

❶ 《庄子·在宥》。

❷ 段玉裁：《说文解字注》，第550页上。

❸ 《康熙字典·巳集上·水部》，第30页。

关于清静无为，在下一章详谈 。

“清”的文化生命并没有终结，相反，在当代依然有旺盛的表现。“清”成为一个词根，可以与相应的字或词配合，构成新词。和《康熙字典》比，《现代汉语词典》在“清”的条目下列举了这样一些新词：“清偿”、“清算”、“清单”、“清样”、“清一色”等❶。这些都是康熙时代所没有的。这表现了文化的发展。可以想见，随着社会政治经济的发展，“清”还能与许多配合出许多新词来。这是“清”的文化生命，也是河流的文化生命历久弥新的表现。

“洋”：作为一级词汇，曾经指两条河流，一条出自山东中部，一条出自昆仑山；也指地名“洋州”。作为三级词汇，“洋”指波澜，如《庄子》“望洋向若而叹”。作为四级词汇，指水的状态或性质，多、广、盛等。《庄子·秋水》篇中说：“秋水时至，百川灌河。泾流之大，两涘渚崖之间，不辨牛马。于是焉河伯欣然自喜，以天下之美为尽在己。顺流而东行，至于北海，东面而视，不见水端。于是焉河伯始旋其面目，望洋向若而叹曰：‘野语有之曰：“闻道百，以为莫己若者。”我之谓也。’”这一段话告诉我们的河、海、洋的关系是河水通向大海，海水浩渺无垠。河是内陆，海是陆地的边缘，海之离开陆地的方向是洋，是另外的世界。于是海就成了河与洋之间的过渡，海内、海外有了区别。古人往往把“海内”作为自己，把“海外”作为存而不论的异己的世界。孔子说“四海之内皆兄弟”，地理范围是很明显的；脍炙人口的诗句“海内存知己，天涯若比邻”和孔子所说一样，也有一个明显的地理范围。战国时期，邹衍有大小九州之说，认为中国之内的九州为小九州，整个中国为大九州的一个，这一说法的地理视野明显超过了当时人们的地理知识，是一种很有气魄的见解。可惜没有得到人们的认可从而推动中国人进行地理探索。鸦片战争后，我们接受日本的译法，把“ocean”译作“洋”，Pacific Ocean、Atlantic Ocean 等分别译作太平洋、大西洋，把“sea”译作“海”，都是很准确的，在西文中，ocean 和 sea 的确有这样的区别。不过，“洋”原来指水面，并不具体指某一个洋，太平洋等译法把“洋”具体

❶ 《现代汉语词典》(第 3 版)，商务印书馆，2002 年版，第 1032 ~ 1034 页。

化了,变成了专名。在地理概念上,我们并没有把洋和洋彼岸的陆地分开,而是把洋外的陆地算在一起了,然后增加了西洋、洋人等概念。由于鸦片战争以后的历史是一个割地赔款的屈辱史,所以我们对于“洋”有一种复杂的感情,既恐惧又崇拜,既痛恨又羡慕,既拒斥又生吞,既无奈又不甘,于是,在整个文化氛围上,我们“崇”起了“洋”,顺带着也“媚”起了“外”。“洋”在近代以后有了“外国的”、“发达的”、“现代化”、“有钱的”、“武力强盛的”等词义,包含着对外国的崇拜,如“洋货”、“洋人”等。直到今天为止,“洋”仍然有某种自卑和崇拜西方的微妙意味。《现代汉语词典》没有把这一层意思说明出来。日本在历史上一直是学习中国的,明治维新以后学习欧美超过了中国,所以我们开始称日本为“东洋”。东洋这个“洋”的内涵中同样也是有崇拜的意思的。这和古代形成鲜明的对照。北宋时期,欧阳修得到一把日本刀,曾经作了一首日本刀歌。那个时候,宋朝是天下政治经济文化的中心,虽然欧阳修也称日本为“东洋”,但在他那里,洋的那边不是“洋”,而是“夷”。欧阳修感叹夷狄也能造出那么好用的刀来。

“洋”的语词史无疑是中国历史,尤其是近代史的一个侧面。对于“洋”的未来史,我们可以这样预测,随着中国将来在科技、经济、文化、军事、政治全面走向强大,“洋”所包含的崇洋媚外的意味可能会进一步削减至于无,使这个词仅仅成为一个事实描述词汇,而不包含任何价值判断。甚至有可能进一步发展为贬义词:“洋”意味着落后、贫穷、不开化等。这也是其文化生命的演变。

词汇级别的变化是一个普遍的规律。低级词汇上升为高级词汇,高一级的词汇也可以降为低一级的词汇,现在通行的翻译专业技术名称的方法,都是把高一级词汇变为低一级的专有名称,如用因特网翻译“Internet”就是一个典型的例子。不过,语言发展和运用的规律更多的是低级词汇逐渐演变为高级词汇。如前所述,二级词汇在上升为五级词汇的过程中,需要摆脱时间、空间、属性、种类的限制,才能成为一个普遍概念。一级词汇的“活”可以演变为四级的生命,有源、涌出、旺盛、流动等这些表示水的性质的词汇,转变为表示生命,其中还包含着一个思维的类比性质的跳跃,这也可为脱离种类限制的一种。四级词汇在脱离种类的限制后,即可上升为普遍概念。

水系词汇从低级到高级发展,一方面是思维进展的结果;另一方面,也是河流的文化生命发展的结果。哲学词汇应该说都是抽象的概念层次,所谓摆脱时空等的限制,所谓类比的跳跃等,都是摆脱河流或水的具体性。因为哲学属于抽象思维,如果与具体联系过于紧密,便不利于哲学思维的发展。从这种意义上说,摆脱具体性是词汇发展的必然趋势之一。但是,这并不意味着哲学与河流或水就没有任何联系了。比如,我们在拿"清"组合新词时,它的原始意义永远是我们必须参考的依据。艾兰指出,"概念是根植于隐喻的抽象观念。概念的意义与关系可能通过参考其他意象而变得易于理解,但是,一旦系统化,它们成了抽象观念,而不是某种图像语言。因为它们是观念,它们有自己的不同于原意的概念生命。然而,因为自然现象在抽象哲学原则系统化时充当了模型,与现象相联的意象仍蕴含在哲学陈述的语汇中。而且,意象是内在于语汇与概念中的,所以本喻继续给字词与观念的联系提供了寓意结构。"❶艾兰所说,对我们了解汉语的词汇史具有重要的参考价值。

❶ 艾兰:《水之道与德之端》,第26页。

第四章

本原的探究：河流的文化生命与哲学思维

第一节　思维方式的启示：因、治水、天人合一

文化是人和自然互动的产物。中华民族很早就与水结下了不解之缘，与水的交往是中华民族根源性智慧的发源地。这种根源性智慧的具体内涵是“因”、“无为”和“天人合一”，它决定了中华民族对待自然的基本态度是了解自然、遵循自然，与自然和谐相处、共生。

一、“因”的概念及其治水来源

综合《说文解字》、《康熙字典》，可以把“因”的含义概括为：①“就”，即根据固有的条件和基础实现某一目的[1]；②“循”，按照原有的规则行事；③原因，连词，于是；④用、靠等。在佛教中，因还表示“因缘”、“因果”

[1] 《说文解字注》，第278页。

等。这几条义项中，体现中华民族智慧的是第一条，即按照固有的条件或者说客体的性质来实现某一目的，这也是“因”的最本质的含义。“因”的智慧表现为三个方面的内容，首先是客观地认识交往对象或客体的特点、属性或本质，其次是自觉地把握主体自身的能力，第三是在前二者的基础上采取适当的对应措施。这里所说的主体没有近代以来改造和战胜自然的意识，也没有这样的能力，而是一种因的思维方式，是在顺应自然的基础上调整自然。这种思维方式是中华民族治水智慧的结晶。

据《尚书》、《史记》的记载，武王克殷后曾访问殷朝遗臣箕子，问曰：“呜呼！箕子，惟天阴骘下民，相协厥居，我不知其彝伦攸叙。”❶这里，武王所询问的是治理国家、统治百姓的大经大法，耐人寻味的是箕子直接以鲧禹治水的经验教训作为向武王建言的内容。他说：“我闻在昔，鲧堙洪水，汩陈其五行。帝乃震怒，不畀‘洪范’九畴，彝伦攸斁。鲧则殛死，禹乃嗣兴，天乃锡禹‘洪范’九畴，彝伦攸叙。”❷这里，箕子指出，鲧由于采取堵的办法，扰乱了五行的秩序。上帝震怒，没有赐予他洪范九畴，天地人之道由此遭到破坏，鲧也被处死。大禹起后，上帝乃赐予他洪范九畴，天人之道的秩序由此得到恢复。所谓五行，即本书已经谈到的水火木金土。箕子特别就五行的特点进行了说明。他说：“水曰润下，火曰炎上，木曰曲直，金曰从革，土爰稼穑。润下作咸，炎上作苦，曲直作酸，从革作辛，稼穑作甘。”❸这些道理，现在看来当然很简单，但那都是古人用生命换来的。“水曰润下”就包含了鲧的生命的代价。这种血的代价成为后世慎重地对待水、从与水的相处中获得生命智慧的内在驱动。如前所述，大禹对舜帝陈述自己的政见说：“水、火、金、木、土、谷，惟修”，“修”即整治、治理。大禹所说的“修”，毫无疑问包含着他用导的方法治水的经验，是顺应水的“润下”的性质，使这种性质充分得到发挥，由此达到治水的目的；“和”则是达到一种和谐的状态。

大禹治水经验的关键是什么？是“因”，即因水的润下的性质而治

---

❶ 孔颖达：《尚书正义》，《十三经注疏》上，总第186页。

❷ 《十三经注疏》上，总第186页。

❸ 《十三经注疏》上，总第188页。

水。对此,古人有十分明确的认识。《吕氏春秋》说禹治水“通三江、五湖,决伊阙,沟回陆,注之东海”是“因水之力也”❶。对于什么是“因”,前人作了非常好的说明。“因也者,舍己而以物为法者也”❷;“因也者,无益无损也”❸。这两条可以作为反映“因”的本质的定义。因,就是不出于先入之见,而是以万物为法则;同时,“因”是无损无益,即对于事物不增加什么,也不减少什么,如实地反映事物,不带任何主观色彩。

《管子》说“道贵因”❹、“主因”的思想,表明了把“因”上升为普遍原则的意愿。《管子》是根据心与其他五官的对应关系而谈“因”的。《管子》说:“心不为九窍,九窍治;君不为五官,五官治。为善者,君予之赏;为非者,君予之罚。君因其所以来,因而予之,则不劳矣。圣人因之,故能掌之。因之,故能长久。”❺这里,因是心、君处理事物的原则。《管子》还提出了“静因之道”的概念,也是因的一种形式。“恬愉无为,去智与故。其应也,非所设也;其动也,非所取也。过在自用,罪在变化。是故有道之君,其处也若无知,其应物也若偶之。静因之道也。”❻

《吕氏春秋》、《慎子》都有同样的思想。《吕氏春秋·贵因》篇说:“三代所宝莫如因,因则无敌”,禹“因水之力也”,舜“因人之心也”,“汤、武以千乘制夏、商,因民之欲也”;“秦、越,远涂也,竫立安坐而至者,因其械也”。“夫审天者,察列星而知四时,因也。推历者,视月行而知晦朔,因也。……故因则功,专则拙。因者无敌。”❼这一段通过禹、汤、武王的事例说明了“因者无敌”的道理,把“因”上升为了一个普遍原则。吕不韦是战国结束、秦统一六国时期的人,《吕氏春秋》是他召集天下名士为将要诞生的新帝国打造的一部治国大纲。所以,在他那里,关于因的思想其实是对历史和对其他学派思想的总结。《慎子》首次出现“因循”的概念,也是把“因”上升为普遍原则:

---

❶ [汉]高诱注:《吕氏春秋·贵因》,《诸子集成》,第6册,第174页。

❷❹ 《管子·心术上》:《管子校注》中,第776页。

❸ 《管子·心术上》:《管子校注》中,第771页。

❺ 《管子·九守·主因》:《管子校注》下,第1044页。

❻ 《管子·心术》:《管子校注》中,第764页。

❼ 《吕氏春秋·贵因》,《诸子集成》,第6册,第174~176页。

> 天道因则大,化则细。因也者,因人之情也。人莫不自为也,化而使之为我,则莫可得而用矣。是故先王见不受禄者不臣,禄不厚者,不与入难。人不得其所以自为也,则上不取用焉。故用人之自为,不用人之为我,则莫不可得而用矣。此之谓因。❶

又说:

> 古之全大体者,望天地,观江海,因山谷。日月所照,四时所行,云布风动。不以智累心,不以私累己。寄治乱于法术,托是非于赏罚,属轻重于权衡。不逆天理,不伤情性,不吹毛而求小疵,不洗垢而察难知,不引绳之外,不推绳之内,不急法之外,不缓法之内。守成理,因自然。祸福生乎道法,而不出乎爱恶。荣辱之责在乎己,而不在乎人。❷

从上面的论述可以看出,慎子虽然也是要把“因”上升为“天道贵因”的普遍原则。不过,他所使用的论据主要是“因人情”,即因人普遍的自私自利之心,许人以高官厚禄,使他在为他本人的同时为统治者所用。他所说的“因自然”的“自然”,也不是老子的道法自然的自然,而是遵循法术和赏罚的规则,不任个人的私智。慎子所说,反映了法家的特点。不过,在论证方式上,他是把自己的法家主张嫁接到“因”上,通过把“因”上升为普遍原则来推销自己的法家主张的,这恰好表明“因”作为一种思维方式已经在先秦产生了广泛深入的影响。

总之,在“道贵因”、“因者无敌”、“天道因则大”等论述中,在《管子》对“因”所作出的定义中,“因”都不再是动词,而是名词,从一种做法上升为了一个普遍范畴。

二、“因”作为普遍的思维方式

(一)“因”的各种义涵

作为一个普遍原则,“因”的普遍性表现在,首先它广泛应用于各

---

❶ 钱熙祚校:《慎子》,《诸子集成》,第5册,第3页。

❷ 《慎子》,《诸子集成》,第5册,第12页。

个方面，所以才有《贵因》篇的"因民欲"等各种提法；其次，还表现在作为一种思维方式，它跨越各个学派，是各家共同的主张。在先秦典籍中，各家都有关于因的不同提法。以下我们对此进行梳理。

(1)"因物"。于《尚书·君陈》篇云："惟民生厚，因物有迁。违上所命，从厥攸好。尔克敬典在德，时乃罔不变。"❶意思是说，民生来禀有敦厚的道德，但因为外物的扰动而性情变化，违背上级的命令，循从自己的爱好。所以，周王要求君臣以恭敬治人，用道德引导百姓，这样才能改变社会风气。这里，"因物"是说百姓性情不定，会被外物所误导。

(2)"因民"。《论语》、《左传》、《管子》都有"因民"的思想。据《左传》记载，昭公七年夏四月发生了日蚀。晋侯问士文伯说："《诗》所谓'彼日而食，于何不臧'者，何也？"士文伯回答说："不善政之谓也。国无政，不用善，则自取谪于日月之灾，故政不可不慎也。务三而已，一曰择人，二曰因民，三曰从时。"❷《管子》中也有"因民"的思想："得地而国不败者，因其民也。因其民则号制有发也。教器备利，则有制也。法度审，则有守也。计数得，则有明也。治众有数，胜敌有理。察数而知理，审器而识胜，明理而胜敌。定宗庙，遂男女，官四分，则可以定威德；制法仪，出号令，然后可以一众治民。"❸这里，《管子》把"因民"作为政治的最高基础。"号制"、"法度"、"计数"、"胜敌"、"定宗庙"、"遂男女"等，一切都只有在"因民"的基础上才能得到落实。"因民"在《管子》中不可谓不重要。

"因民"在《论语》中，也是一个普遍的政治原则。孔子提出了"惠而不费，劳而不怨，欲而不贪，泰而不骄，威而不猛"的五种美政理想。什么是"惠而不费"？孔子说："因民之所利而利之，斯不亦惠而不费乎？"❹就是说，按照老百姓认为对他们有利的做法去行政，因为"民之

❶ 《尚书·君陈》:《十三经注疏》上，总第237页。

❷ 《春秋左传正义·昭公七年》:《十三经注疏》下，总第2048页。

❸ 《管子·兵法》:《管子校注》上，第317页。

❹ 《论语·尧曰》。

所欲，天必从之”。❶ 孔子所说的“因民之所利而利之”，是把“因民”的根本内涵作了展开。如何做到惠而不费？孟子说“所欲与之聚之，所恶勿施，尔也”，即百姓希望得到的，让他们得到；他们讨厌的，不要施加到他们头上。孟子所说，可谓“惠而不费”的进一步解释。孔孟的“因民”实质上是把百姓的利益作为政治的第一原则，这样百姓才能得到实惠，而国家又不必花费什么。这是一种民本主义的思想，具有超越历史的意义。《论语》还有一条“因不失亲，亦可以宗也”。这里的“因”一般解释为“姻亲”，认为孔子这里讲的是姻亲亦可作为宗族对待。段玉裁认为，这个“因”意思是“就”，“所谓就者，不失其亲。”❷照段玉裁的解释，“因”实际上是一个范畴，而不是“姻亲”。不过，由于此条存在分歧，我们暂不把它作为范畴用。

“因民”的思想并不限于儒家，而是当时各派的一个普遍观念。《老子》没有“因”的概念。不过，其中有一条叫做“圣人无常心，以百姓心为心。善者，吾亦善之”❸，较为接近于“因”。王弼在解释这两句话时，就采用了“因”的观念。前一句，王弼说“动常因也”；后一句，王弼说“各因其用，则善不失也。”❹《庄子》中有很多关于因的思想，其中，因民也是庄子的一个根本原则。庄子说：“贱而不可不任者，物也；卑而不可不因者，民也。”❺

（3）因礼、因先王之道。二者出于孔孟。《论语》说：“殷因于夏礼，所损益可知也，周因于殷礼，所损益可知也。其或继周者，虽百世，可知也。”❻这里孔子所说，即是因循前代之礼。这里的因，也包含了对前代的改造，不是照搬。孟子说：“为高必因丘陵，为下必因川泽；为政不因先王之道，可谓智乎？是以惟仁者宜在高位。不仁而在高位，是播其恶

---

❶ 《尚书·泰誓上》，《十三经注疏》上，总第181页。
❷ 《说文解字注》，第278页。
❸ 《老子·第49章》
❹ 楼宇烈：《王弼集校释》上册，中华书局，1980年版，第128页。
❺ 《庄子·在宥第》。
❻ 《论语·为政》。

于众也。”❶“先王之道”按照孟子的一贯思想，在政治上表现为“仁政”，使老百姓有稳定的产业，能够养活父、母、妻、子，仁政是人心的发用和推致。所以，孟子强调“惟仁者宜在高位”，这是儒家的内圣外王的思想。无论是因礼，还是因先王，都是一种政治理想。

(4)“因地”、“因地之性”。这些说法来自《左传》。《左传》记载，赵简子问子大叔“揖让周旋之礼”，子大叔指出，这只是仪，不是礼。那么，什么是礼？子大叔说，子产曾经说过，“‘夫礼，天之经也。地之义也，民之行也。’天地之经，而民实则之。则天之明，因地之性，生其六气，用其五行。气为五味，发为五色，章为五声，淫则昏乱，民失其性。是故为礼以奉之：为六畜、五牲、三牺，以奉五味；为九文、六采、五章，以奉五色；为九歌、八风、七音、六律，以奉五声；为君臣、上下，以则地义；为夫妇、外内，以经二物；为父子、兄弟、姑姊、甥舅、昏媾、姻亚，以象天明，为政事、庸力、行务，以从四时；为刑罚、威狱，使民畏忌，以类其震曜杀戮；为温慈、惠和，以效天之生殖长育。民有好、恶、喜、怒、哀、乐，生于六气。是故审则宜类，以制六志。哀有哭泣，乐有歌舞，喜有施舍，怒有战斗；喜生于好，怒生于恶。是故审行信令，祸福赏罚，以制死生。生，好物也；死，恶物也；好物，乐也；恶物，哀也。哀乐不失，乃能协于天地之性，是以长久。”❷子大叔主要是说明什么是礼。在他看来，礼是天地的根本，是则天因地的产物，也是则天因地、服从天地的规则。这其中，“因地之性”就是顺应和利用五行的性质，使人的养生送死、婚丧嫁娶、君臣父子夫妇的关系、好恶喜怒哀乐的感情等都能符合一定的规范，从而与天地之性相协调。

(5)“因时”。“因时”的“时”是时节、机会等。因时就是等待顺应时令的变化、等待机会的到来，而在机会到来时能够不失时机地抓住机会等。《尚书》说“惟时惟机，元首起哉。”❸《管子》也提出了“因时”的观念。“春采生，秋采蓏，夏处阴，冬处阳。此言圣人之动静、开阖、诎

❶ 《孟子·离娄上》。

❷ 《春秋左传· 昭公二十五年》:《十三经注疏》上，总第2107~2108页。

❸ 《尚书·益稷》:《十三经注疏》上，总第144页。

信、涅儒、取与之必因于时也。时则动,不时则静。”[1]“时”是对前文所述抽象的“永”的流逝性时间的一种意识,也是对这一时间的适应、分类、划分和切入。“因时”是切入运行着的自然的方式,是与自然相适应、交往、打交道的一种方式。自然在这里不是一个“在手边”的东西,而是“上手”的东西。人和自然在相互交往中形成。《吕氏春秋》、《礼记·月令》等也都是如此。《尚书》和《国语》中的“时”更多的是“时机”,是机会,谈的是与人和社会的交往,是对社会的切入。“时”是自然的一种存在形式,是天道的一个侧面。由此言之,“因时”也是因天道的一种形式。《国语·越语》、《黄帝四经》有不少这方面的论述。

(6)“因天地之道”。《管子》出现了“因天地之道”观念。“万世之国,必有万世之实,必因天地之道。无使其内,使其外;使其小,毋使其大,弃其国宝。使其大,贵一与而圣称其宝。使其小,可以为道。”[2]按照黎翔凤的解释,这里的“实”即下文的“宝”。“建国从内做起,从小事做起,是谓国宝”[3]。

(7)“因人之情”。因人之情主要是说明“礼”产生的根源。中国古代普遍认为,礼是与人的感情相适应并对之适当地加以调整的产物。《管子》说:“礼者,因人之情,缘义之理,而为之节文者也,故礼者谓有理也。理也者,明分以谕义之意也。故礼出乎义,义出乎理,理因乎宜者也。”[4]这种关于礼的思想的认识具有普遍性,《礼记》有几乎同样的文字。“礼者,因人之情而为之节文,以为民坊者也。”[5]礼在后世的发展中,逐渐失去了“因人情”的一面,而变成了纯粹的“节文”,沦为僵化的礼教。这些不在本书论述的范围之内,不赘。

(8)“因天地之材”。这个观念出自《管子》、《中庸》等。《管子·乘马》篇在论述建立国都的原则时,提出“因天材,就地利,故城郭不必中规矩,道路不必中准绳”。《度地》篇也提出“天子有万诸侯也,其中

[1] 《管子校注》上,第317页。
[2] 《管子校注》中,第714页。
[3] 《管子校注》上,第715页。
[4] 《管子校注》中,第770页。
[5] 《礼记训纂》下,第757页。

有公侯伯子男焉。天子中而处,此谓因天之(固)【材】,归地之利”的说法。天材是物产,地利是地形的便利条件。与此相似的思想,《中庸》有“因材”,《孟子》有“因陵”、“因川”等提法;《礼记》有“为高必因丘陵,为下必因川泽”❶,《文子》有“因高为山”、“因下为渊”等说法❷。

(9)“因水之性”。这一观点仍然是出于《管子》。《管子》在论述国都的选址原则时提出,一定要处于“不倾之地,而择地形之肥饶者。乡山,左右经水若泽。内为落渠之写,因大川而注焉。乃以其天材、地之所生,利养其人,以育六畜。天下之人,皆归其德而惠其义。”❸《管子》认为,国都应处在背山的位置,左右两侧有两条河流,河流宽阔,水流不急,如同泽一样。国都内还须有“落渠”,水则注入大河。《管子》认为这样的地方物产丰富、利于养人,天下的人都会归附。《管子》提出的“因水之性”的原则超出了通常理解消极的因循,还包括利用水性做到单凭水做不到的事情,如向高处流等。这样的因水,包含了更多积极意义和主动性。文子提到了“因川”:“老子学于常枞,见舌而守柔,仰视屋树,退而因川,观影而知持后,故圣人虚无因循,常后而不先,譬若积薪,燎后者处上。”❹这里的因川属于处世哲学,遵照河流的虚无因循的思想。文子又说:“以道治天下,非易人性也,因其所有而条畅之,故因即大,作即小。古之渎水者,因水之流也;生稼者,因地之宜也;征伐者,因民之欲也。能因,则无敌于天下矣。物必有自然而后人事有治也,故先王之制法,因民之性而为之节文。无其性,不可使顺教;有其性,无其资,不可使遵道。人之性有仁义之资,其非圣人为之法度,不可使向方,因其所恶以禁奸,故刑罚不用,威行如神,因其性即天下听从,拂其性即法度张而不用。”❺这里,文子用“因水”作为论据,说明为政必须因人性,因民之欲,并把法制与人性相结合,把“因”的思想扩展到了政治范围。

---

❶ 《礼记训纂》上,第374页。

❷ 《文子疏义》,第263页。

❸ 《管子校注》下,第1051页。标点有改动。

❹ 《文字疏义》,第258页。

❺ 《文字疏义》,第355页。

(10)“因类”:类,指同类。分类的原则是按照五行与季节、方位的对应而进行的。《吕氏春秋》谓“凡举事,无逆天数,必顺其时,乃因其类。”❶《礼记》中也有同样的话,“凡举大事,毋逆大数,必顺其时,慎因其类。”❷究竟二者谁抄谁,我们这里不作结论。从本书的目的出发,我们只想指出,“因类”的思想在秦汉时期是一个跨越各派的普遍观念。

(二)“因”的跨学派性质

关于“因”或“因循”的思想,历史上普遍认为出于道家,而且是道家特有的思想。从前文可知,这其实是一个错误的观念。首先,因广泛存在于儒、道、法、杂各家之中,各家都是把“因”作为一个普遍原则来对待的。从具体运用上看,因与物、时、人情等各个方面进行结合,不同的结合出现于各家之中,这正是其普遍原则的确切表达。其次,如果我们把孔子和老子分别作为儒家和道家的奠基者和典型,那么,历史的实际情况是老子没有论及“因”的概念,孔子把因作为范畴使用的范例。对于“因”作为一个概念给予较为详尽的定义的是《管子·心术》篇。作为一个历史人物,管子无疑早于孔子,但《心术》篇的思想是不是早于孔子,是值得商榷的。我们倾向于认为,“因”的思想是经过孔子至《心术》篇后上升为范畴的。因为《心术》篇是把“因”作为概念来论述的,而《论语》中“因”还是与“民”结合在一起的。

狭隘地把“因”归结为道家的错误根源在司马父子。司马谈在《论六家要旨》中说道:“其为术也,因阴阳之大顺,采儒墨之善,撮名法之要,与时迁移,应物变化。”❸又说:“其术以虚无为本,以因循为用。……有法无法,因時为业;有度无度,因物与合。故曰‘圣人不朽,时变是守。虚者道之常也,因者君之纲’也。”❹“因阴阳”、“因时”、“因物”等都是“因”。司马谈为什么把因循作为道家的思想呢?这可能是汉初政治形势影响的结果。汉初统治者认为,秦朝之所以快速灭亡,是

❶《吕氏春秋·仲秋》:《诸子集成》,第6册,第76页。

❷《礼记训纂》,第265页。

❸《史记·太史公自序》:《史记》。第10册,第3289页。

❹《史记·太史公自序》:《史记》。第10册,第3292页。

因为没有实行仁政的缘故。所以,他们采取了众所周知的道家的清静无为的策略,与民休息。这表明,施仁义和无为而治是相通的,不矛盾的,二者本来就是并存于《论语》之中的。汉初在实行无为而治的过程中,出现过“萧规曹随”的局面。这就是因循。这就使得汉初人很容易把因循也作为老子的思想。司马谈恰好就是把汉初的历史作为老子哲学的展开,从而把因循也作为老子的哲学内容的。这样,后人想当然地张冠李戴就堂而皇之地附加给前人了,于是,这种对思想史进行赋值的逆形成[1]也就完成了,造成了几千年来人们对于道家、老子和孔子的普遍误解。司马迁在《史记·货殖列传序》中谈到治国措施时指出:“故善者因之,其次利道之,其次教诲之,其次整齐之,最下者与之争。”“因”究竟出于谁,他没有说明。但是,此段与《老子》第17章句式十分相似,照人们逆形成的观念来看,“因”一定是道家的思想。这样的观念,既是前此的逆形成的结果;又成为前提,进一步强化了后人的儒道对立、因出于道的观念。现在看来,这种观念是不正确的。我们认为,“因”是形成积淀的民族记忆,包含着深刻的人与自然、与社会和他人相处的智慧;既表现在生存的各个方面,也为各家所赞同。

(三)庄子的超越的“因”

对于“因”,庄子有一种超越的看法。在他那里,因有两种,一是“互因”,即A因B,B因A。这种“因”在他看来是相对的、没有价值的。在这种相对的“因”之上,他又提出了一种绝对的“因”,他所赞同的正是这种绝对的因。《齐物论》中说:

> 物无非彼,物无非是。自彼则不见,自知则知之。故曰:彼出于是,是亦因彼。彼是,方生之说也。虽然,方生方死,方死方生;方可方不可,方不可方可;因是因非,因非因是。是以圣人不由而照之于天,亦因是也。

---

[1] “逆形成”是笔者研究中国哲学史所提出的概念,指人们从后来的思想观念出发逆向上推而不是沿着历史发展的顺序顺而向下解释中国哲学史上的概念、学派关系,从而把后来的观念附加到前人的概念、思想或学派关系上,导致更后来的人对于历史事实的错误认识。具体见《论中国思想史上的逆形成——以老子为例》,《哲学门》第十三辑,北京大学哲学系主编,北京大学出版社,2006年版。

庄子这里提出的“亦因是也”是“照之于天”，即遵循天然的规律，所以“因是”不是是与非、人与我、彼与此的互因，而是超越这种相对的互因的“因道”，是对偶之外的绝对的因。“道枢”、“明”都是道，“以明”也就是因道。庄子的思想表明了因的层次性，从而也更加明确了因与道的密切关联。这对于我们认识因是很有意义的。庄子在《秋水》篇中论述事物的价值的相对性和有限性时，批判了相对的因。他说：

以道观之，物无贵贱；以物观之，自贵而相贱；以俗观之，贵贱不在己。以差观之，因其所大而大之，则万物莫不大；因其所小而小之，则万物莫不小。知天地之为稊米也，知毫末之为丘山也，则差数睹矣。以功观之，因其所有而有之，则万物莫不有；因其所无而无之，则万物莫不无。知东西之相反而不可以相无，则功分定矣。以趣观之，因其所然而然之，则万物莫不然；因其所非而非之，则万物莫不非。知尧、桀之自然而相非，则趣操睹矣。❶

由于对于“因”有层次的区分，所以，庄子对于一般的“因任”是持否定的态度的。关于古今社会发展的状态，庄子提出了退化论发展观。他说：

是故古之明大道者，先明天而道德次之，道德已明而仁义次之，仁义已明而分守次之，分守已明而形名次之，形名已明而因任次之，因任已明而原省次之，原省已明而是非次之，是非已明而赏罚次之，赏罚已明而愚知处宜，贵贱履位，仁贤不肖袭情。必分其能，必由其名。以此事上，以此畜下，以此治物，以此修身，知谋不用，必归其天。此之谓大平，治之至也。故书曰：“有形有名。”形名者，古人有之，而非所以先也。❷

这里 道(天)、道德、仁义、分守、形名、因任、原省、是非、赏罚、愚知等形成一个每况愈下的序列，因任在其中的位置是非常低下的。不过，这里所说的“因任”，显然是一种相对的、有限的因，而不是“以明”的

❶ 《庄子·秋水》。
❷ 《庄子·天道》。

因。“以明”的因是“因道”，当然是最有价值的。

先秦真正对因循意义的“因”有所保留的是《荀子》。荀子主张明于天人之分，“大天而思之，孰若物畜而制之”。在他看来，老子、庄子哲学不免“蔽于天而不知人”，是道之一偏。“由天谓之道，尽因矣。此数具者，皆道之一隅也。夫道者体常而尽变，一隅不足以举之。”❶荀子的积极有为思想和孔子的“则天”不尽一致。

三、“因”与“无为”政治

“无为”是中国政治思想的核心价值观之一。老子《道德经》的无为思想十分丰富，其主要内涵是让事物按照自己的本性、秩序、过程展开，不加人为的干涉。老子认为，一旦加进人为的干涉，就会影响事物自身的秩序，扰乱了事物的展开过程，反而会造成失败。在老子哲学中，无为首先是不作为，即不做那些违背事物本性的事情，“以辅万物之自然而不敢为”❷。“圣人处无为之事，行不言之教”❸。无为的内涵其次是清静、无事、无欲、无执等。老子说：“我无为，而民自化；我好静，而民自正；我无事，而民自富；我无欲，而民自朴。”❹老子特别强调无欲，“为无为，事无事，味无味”❺；“是以圣人欲不欲，不贵难得之货”❻。因为“天下多忌讳，而民弥贫，人多利器，国家滋昏；人多伎巧，奇物滋起；法令滋彰，盗贼多有。”老子又说：“道常无为，而无不为。侯王若能守之，万物将自化。化而欲作，吾将镇之以无名之朴。镇之以无名之朴，夫将不欲。不欲以静，天下将自正。”❼所以，不仅统治者应当无欲，百姓也应当无知无欲，不敢作为。只有这样，国家才能得到治理：“常使民无知无欲。使夫智者不敢为也。为无为，则无不治。”❽老子也反对治理天下过分执著，认为这也会造成失败。“将欲取天下而为之，吾见其不得已。天下神器，不可为也，不可执也。为者败之，执者失之。

❶《荀子·解蔽》。

❷❻❼《老子·第67章》。

❸《老子·第2章》。

❹❺《老子·第63章》。

❽《老子·第3章》。

是以圣人无为也故无败,无执也故无失。”[1]他赞赏“生而不有,为而不恃,长而不宰”的“玄德”[2]。老子的最高理想是“无为而无不为”。他反复倡明这一点,感叹“不言之教,无为之益,天下希及之。”[3]

学术界普遍认为,老子首倡无为的政治理念,无为是道家思想。其实,和因一样,无为也是一个跨学派的普遍概念。首先,“无为”并非首先出于老子,《诗经》中已经有“无为”的概念。《诗经·国风·陈·泽陂》云:“彼泽之陂,有蒲与荷。有美一人,伤如之何?寤寐无为,涕泗滂沱。彼泽之陂,有蒲与蕳。有美一人,硕大且卷。寤寐无为,中心悁悁。彼泽之陂,有蒲菡萏。有美一人,硕大且俨。寤寐无为,辗转伏枕。”这首诗出现了三次“无为”的概念,表达的都是因为思念美人而辗转反侧,不知该如何的心理状态,“无为”在此表示一种否定。《诗经·大雅·板》有“天之方懠(qí),无为夸毗。威仪卒迷,善人载尸”,“无为夸毗”表达的是不能做谄媚的事情。这四个“无为”和老子的“无为”在逻辑内涵上有一致性。尤其值得注意的是,《论语》也出现了“无为”,而且和老子的无为内涵完全一致。孔子在评价舜的政治时说:“无为而治者,其舜也与!夫何为哉?恭己正南面而已矣。”[4]这表明,孔子和老子一样,也是赞成“无为”的政治原则的。对于此处的“无为”,何晏解释为“任官得其人,故得无为而治”,和黄老的君无为、臣有为一致。朱子强调“圣人德盛而民化,不待其有所作为也”[5],强调的是“德”;刘宝楠则着重指出,还须“辅佐得人,乃成郅治”[6]。朱熹、刘宝楠强调的是德与任贤,虽然都是从儒家思想出发解释“无为”,但仍显示出和老子的“我无为而民自化”的内在逻辑联系。《论语》中,孔子还说:“巍巍乎,舜禹之有天下也,而不与焉。”[7]这里的“不与”,何晏的解释是“不

---

[1] 《老子·第29章》。
[2] 《老子·第10章》。
[3] 《老子·第43章》。
[4] 《论语·卫灵公》。
[5] 《四书章句集注》,第162页。
[6] 刘宝楠:《论语正义》,《诸子集成》,第1册,第324页。
[7] 《论语·泰伯》。

与求”,受禅而得天下❶。刘宝楠认为,这是何晏等人为文饰曹魏篡汉而作出的解释,他赞同王充的选贤任能、恭己无为的解释。刘宝楠所说是有道理的。朱熹说:“不与,犹言不相关,言其不以位为乐也。”❷这一解释不妥当,与恭己正南面无为思想不相应。“与”,应该为参与、介入、干涉。“不与”就是无为。《论语》中孔子也谈到了“无言”的概念。孔子说:“予欲无言!”❸子贡说:“子如不言,则小子何述焉?”意思是说,如果孔子不立言教,那么,弟子们就没有思想可以复述了。孔子说:“天何言哉! 四时行焉,百物生焉;天何言哉?”❹《老子》中有“圣人处无为之事,行不言之教”❺,“不言之教,无为之益,天下希及之”❻,老子的“不言”和孔子的“无言”的内涵有重合之处。孔子的这些话语表明,他也是把无为作为最高价值的。这表明,“无为”是一个跨越学派的普遍原则。至于“天何言哉”的自然主义色彩与老子同,则是历来都注意到的。

“无为“与“因”没有联系? 从老子和孔子关于无为的论述来看,二者是存在逻辑关联的。“因”在逻辑上蕴含着“无为”;它在政治上的合理推演或者展开就是“无为”。这一点,《管子》、《吕氏春秋》都认识到了。《管子》说:“无为之道,因也。”❼这点明了因和无为的联系。《吕氏春秋》的论证是间接的。它首先说因是君主的法术,然后说君主的行为原则是无为,由此建立因和无为的联系。

> 古之王者,其所为少,其所因多。因者,君术也;为者,臣道也。为则扰矣,因则静矣。因冬为寒,因夏为暑,君奚为哉?故曰君道无知无为,而贤於有知有为,则得之矣❽。

所谓君道无为、臣道有为,并非《吕氏春秋》首创,而是对黄老思想

---

❶ 《十三经注疏·论语注疏》下,总第2487页。
❷ 《四书章句集注》,第107页。
❸❹ 《论语·阳货》。
❺ 《老子·第2章》。
❻ 《老子·第34章》。
❼ 《管子校注》中,第771页。
❽ 《吕氏春秋·任数》,《诸子集成》,第6册,第205页。

的总结。黄老学派是在吸收道家、法家、儒家思想的基础上,适应社会待需要而提出的一种新学说。《庄子》中载有黄老学派的思想。《庄子·在宥》篇说:"何谓道?有天道,有人道。无为而尊者,天道也;有为而累者,人道也。主者,天道也;臣者,人道也。天道之与人道也,相去远矣,不可不察也。"这是明确地把无为作为君道、有为作为臣道。韩非也有类似的思想:

> 天有大命,人有大命。夫香美脆味,厚酒肥肉,甘口而病形;曼理皓齿,说情而捐精。故去甚去泰,身乃无害。权不欲见,素无为也。事在四方,要在中央。圣人执要,四方来效。虚而待之,彼自以之。四海既藏,道阴见阳。左右既立,开门而当。勿变勿易,与二俱行,行之不已,是谓履理也。夫物者有所宜,材者有所施,各处其宜,故上下无为。使鸡司夜,令狸执鼠,皆用其能,上乃无事。上有所长,事乃不方。矜而好能,下之所欺。辩惠好生,下因其材。上下易用,国故不治。❶

这里韩非强调的也是君主无为,因任臣下才能。如果君主过分依赖自己,反而被臣下所因,那样国家就无法治理了。

艾兰认为:"'无为'恰是水之所为,它没有意志,没有行为,但自发地依地形往下流,静止时则自我澄清。"❷的确如此。不过,在我们看来,无为不止是静态地观察水的总结,而是治水智慧的升华,是中华民族与水、与自然相处、打交道的智慧的提升。如前所述,"水曰润下"是一种包含了血的教训的经验总结。孟子、荀子都明确地把水和无为联系起来。孟子说"禹之行水也,行其所无事也。"❸无事,正是无为的内涵之一。《老子》中屡屡出现这个概念。荀子借孔子之口说"夫水遍与诸生而无为也,似德。"❹总之,作为治水经验的积淀,水、因、无为无论是在逻辑上还是在实践中都是统一的。

---

❶ 《韩非·扬权》。

❷ 《水之道与德之端》,第 88 页。

❸ 《孟子·离娄上》。

❹ 《荀子·宥坐》。

“无为”的思想总不免使人觉得与无所作为无法分开，臣下有为、君主无为之说虽然也为无为增加了新的内涵，但其内涵仍嫌模糊。过度的因任的确容易走向无所作为。鉴于此，《淮南子》对于无为作了更为细致和合理的说明。它的说明分为三层意思，首先，它肯定“无为者，道之宗。故得道之宗，应物无穷，任人之才，难以至治”❶。其次，它又指出，“所谓无为者，不先物为也；所谓无不为者，因物之所为。所谓无治者，不易自然也；所谓无不治者，因物之相然也”❷。这里，“无为”不是不作为，而是不在事物还没有表现出某一特点时就采取对应措施。高诱认为，这是顺物之性❸。无治也不是不治理，而是不改变自然而然的本性。这只是意味着“为”有一定的条件，以现实性为基础，而不是随意妄为，不是加入个人的主观意志。所以，《淮南子》又指出：

> 所谓无为者，私志不得入公道，嗜欲不得枉正术，循理而举事，因资而立，权自然之势，而曲故不得容者，事成而身弗伐，功立而名弗有，非谓其感而不应，攻而不动者。若夫以火熯（hàn）井，以淮灌山，此用己而背自然，故谓之有为。若夫水之用舟，沙之用鸠，泥之用輴，山之用蔂，夏渎而冬陂，因高为田，因下为池，此非吾所谓为之。圣人之从事也，殊体而合于理，其所由异路而同归，其存危定倾若一，志不忘于欲利人也。❹

这里，《淮南子》明确以是否违背自然作为“有为”与否的分界线。符合自然的“因”，如“因高为田，因下为池”不属于有为；违背自然的“以淮灌山”之类则属于有为。《淮南子》的区分可谓把握了有为和无为的实质。当然，我们说，“以淮灌山”在现在是十分容易的事情，但这仍然是遵循“水曰润下”的基础上的作为，在没有技术手段的古代希望做到此地确实过分有为。

---

❶ 《淮南子·主术训》：《诸子集成》，第7册，第131页。

❷❸ 《淮南子·原道训》：《诸子集成》，第7册，第8页。

❹ 《淮南子·修务训》：《诸子集成》，第7册，第333页。

四、因与天人合一

司马迁曾经说过,“究天人之际,通古今之变,成一家之言”。中国哲学就是究天人之际的学问,天人合一是中国哲学各家普遍承认的共同原则。从思维方式来看,天人合一是“因”的逻辑展开。“因”展开为“无为”,“无为”展开为天人合一;天人合一也可以说是“因天”。

天人合一的原则在《易经》中已经有所表现。《易经》六十四卦,每卦都是“兼三才而两之”,三才即天、地、人,六爻中初、二爻代表地,三、四爻代表人,五、上爻代表天。这样,在《易经》中人便被整合进天地人的结构之中,天地的运行状况对于人的行为有规定和限制的作用。人必须按照天的启示行事,这就是天人合一,也可以叫做“因天”。如乾卦初九“潜龙勿用”、九二“见龙在田”,说的都是自然的事。九三“君子终日乾乾、夕惕若,厉,无咎”,便开始陈说人事。九五“飞龙在天”、九六“亢龙有悔”,则是龙已经上天。不过,天人合一在《易经》中只是一个暗含的原则,并不是一个明确的命题。天人合一也是老子哲学的一个原则,比《易经》更加明确,表现为“法天”、“法道”。《老子·第25章》说:“故道大,天大,地大,人亦大。域中有四大,而人居其一焉。人法地,地法天,天法道,道法自然。”❶在上一章我们已经谈到,法为“刑”,“刑”可引申为模、范、型,即我们今天通俗所讲的模子,都是制造另一物的必须依照的形式。这样,模、范、型都具有了法的意义。这是法的名词义,属于第三级词汇。“法”转化为动词则为遵照、依照、效法,《易传》:“崇效天,卑法地”,就是效法的意义。所谓“人法地,地法天,天法道,道法自然”,正是依照、遵照、效法的意义。这里的天,是与地相对的具体的物质之天,我们通常讲的“天人合一”的天包括整个自然界,即包括老子这里所说的天和地。天和地都是道的表现,所以,在老子这里,天人合一的原则是“法道”、“法自然”。自然是自己而然,天人合一即人必须遵循天地的自己而然的原则,不加人为的干涉。人的主动性表现为服从自然,而不是冲破或打破自然。“法天”在老子那里

❶ 《老子·第25章》。

既是原则,也是价值观。

孔子也是主张法天的,他的观念是“则天”。《论语》中记载孔子赞颂尧说:“大哉尧之为君也,巍巍乎,唯天为大,唯尧则之,荡荡乎,民无能名焉。巍巍乎其有成功也,焕乎其有文章。”❶关于这里的“则天”,朱子说:“则,犹准也。荡荡,广远之称也。言物之高大,莫有过于天者,而独尧之德能与之准。故其德广远,亦如天之不可以言语形容也。”❷朱子意谓孔子赞颂尧之德与天等高同远,百姓不知如何称赞。这种解释是不准确的。“唯尧则之”的“则”不是“同”,而是“法”。则,《说文解字》的解释是“等画物也”❸,“等”是齐同,“画”是标出界限;“等画物”即以被描画物为摹本进行描画,这正是效法。《尔雅·释诂》解释说“则,法”。何晏引孔安国语曰“则,法也,美尧之能法天而行化也。”❹邢昺说:“则,法也。大矣哉,尧之为君也,聪明文思,其德高大巍巍,然有形之中,唯天为大,万物资始,四时行焉。唯尧能法此天道而行其化焉。”❺刘宝楠又从普遍原则的高度说,人受天地之中而生,人性本乎天,所以应该“法天”,“未有能违天而成德布治者。”❻刘宝楠还征引《尚书》“乃命曦和,钦若昊天,历象日月星辰,敬授民时”,以及尧年老禅舜时说的“天之历数在尔躬”等,作为尧法天的证据,指出“钦若”,即“敬顺”;象,即效法❼。关于“则”,《康熙字典》解释说:“法其可法者曰则。”❽这作为“则天”的“则”的解释,是非常贴切的。《中庸》称颂孔子说:“仲尼祖述尧舜,宪章文武。上律天时,下袭水土。”这表明,在《中庸》看来,孔子本人也是则天的。这说明了“则天”也是儒家思想的一部分。

应该说,孔子提出的“则天”与老子所说的“法天”在思维方式和内涵上是一致的;“法天”是中国文化中的普遍原则。如前所述,孔子也

---

❶ 《论语·泰伯》。
❷ 《四书章句集注》,第107页。
❸ 《说文解字注》,第188页。
❹❺ 《论语注疏》:《十三经注疏》下,总第2487页。
❻❼ 刘宝楠:《论语正义》,《诸子集成》,第1册,第166页。
❽ 《康熙字典·子集下·刀部》,第18页。

有“无为”的思想。“则天”的天也包括自然的含义,这与老子是相同的。后来学者由于受儒道分离和对立的观念的影响,总是把孔子的则天的天人合一思想往儒家方向解释。典型者如朱子,他总是避开“无为”与孔子的关系,在《四书章句集注》中把“不与”解释为“不以天下自乐”,把“则天”解释为德与天准等,这些都是不正确的,是逆形成的产物,而不是按照历史发展的轨迹,从起源上来解释孔子的“则天”思想。

老子和孔子法天、则天的天人合一,是从天出发,以人合于天。在此之外还有思孟学派的天人合一。其出发点是天的道德意义,重视的是人和天的相互感应,是一种更加重视人的作用的天人合一,与老、孔有所不同。思孟学派的《中庸》和《老子》还有一个不同之处是,二者所设想的读者不同。《老子》预设的读者是君王或统治者,而不是普通的人,所以历史上一直认为老子说的是“君人南面之术”。相反,《中庸》所设想的读者则是普通的任何人,是普遍的人。过去冯友兰先生认为,孔子发现了“人”,己所不欲勿施于人的“人”是普通的个人,的确是一个洞见。《论语》中还有不少以君王为对象的言辞,《中庸》则直接面对的是作为个人的人。发现个人,是儒家思想的积极意义。

《中庸》开篇即说“天命之谓性,率性之谓道,修道之谓教”,把天和人贯穿在一起。什么是“天道”、什么是“人道”?《中庸》说:“诚者,天之道也;诚之者,人之道也。诚者,不勉而中不思而得:从容中道,圣人也。诚之者,择善而固执之者也。”孟子也说:“诚者,天之道也;思诚者,人之道也。”❶什么是“诚”?从《中庸》“择善固执”的论述来看,诚就是善。东汉赵岐根据《孟子》的语境认为是“善”即人性之善,“授人诚善之性者天也,思行其诚意奉天者,人也。”❷孟子的“思诚”和《中庸》的“诚之者”是一致的,都是进行道德实践,以实现天赋的诚善之性。《中庸》的天是道德意义的,但不限于此。它把天的各种功能,天的无为,都称之为善。《中庸》说:

❶ 《孟子·离娄上》。

❷ 《孟子注疏》:《十三经注疏》下,总第2721页。

> 故至诚无息。不息则久，久则徵，徵则悠远，悠远则博厚，博厚则高明。博厚，所以载物也。高明，所以覆物也。悠久，所以成物也。博厚，配地。高明，配天。悠久，无疆。如此者，不见而章，不动而变，无为而成。天地之道，可一言而尽也。其为物不贰，则其生物不测。天地之道，博也、厚也、高也、明也、悠也、久也。

从这里的论述可见，天地的博厚、高明、悠久之中包含着为物、生物的功能。这样的天，也具有自然的意义。不过，自然的意义被统合到了道德意义之下。诚善的善，是对自然的普遍概括。在《中庸》看来，圣人是能够完全实现自己的诚善之性的人，从而和天一致，即是天。一般人则必须以圣人为楷模。“至诚”也是指圣人而言的。不过，《中庸》和《孟子》的“思诚”及“诚之者”，都不是独善其身、闭门思诚而已，而是和他人、天地万物结合在一起的。人只有在成就他人、成就万物的过程中才能实现自己的诚善本性。诚善作为人性的道德，统合内外。所以，《中庸》又说：“诚者，非自成己而已也。所以成物也。成己仁也。成物知也。性之德也，合外内之道也。”“唯天下至诚为能尽其性。能尽其性，则能尽人之性。能尽人之性，则能尽物之性。能尽物之性，则可以赞天地之化育。可以赞天地之化育，则可以与天地参矣。”这里的“至诚”，是“诚之”的极致，完全做到了诚。只有这样的人才能“尽己之性”。“尽”为实现、展示。“尽己之性”就是把自己的诚善本性完全地实现出来，这样才能使他人和万物都能实现自己的本性。如果一个人能够做到使万物实现自己的本性，那么他就达到了和天地一样的作用，能够与天地并列。因为只有天地才能生养万物，成之熟之。当说到“参天地、赞化育”的时候，“诚之者”或者说儒家的功夫就超越了单纯的道德维度，达到了与天地万物为一体的境界。不过，“诚”之善，究竟是普遍的善，还是作为道德条目之一的善，《中庸》没有明确说明。照天人一体的思想来看，善一定是普遍之善，才能从本体上照应功夫论的一体说。朱子用“理”的范畴点明了这一点。他解释孟子的诚与思诚说：“诚者，理之在我者皆实而无伪，天道之本然也；思诚者，欲此理智在我者皆实而无伪，人道之当然也。”❶朱子的解释提升了“诚”的普遍性，使诚从善这一方面的内涵上升为一个包含了所有事物之理，从而也是道德规范的本体。

为了做到天人一体，《中庸》还提出了“诚明”的功夫论。“自诚明，谓之性；自明诚谓之教。诚则明矣；明则诚矣。”诚明是由诚至明，明诚是由明至诚，发明、发挥本性之诚。《孟子》说：“尽其心者，知其性也。知其性，则知天矣。存其心，养其性，所以事天也。殀寿不贰，修身以俟之，所以立命也。”❷尽心、知性、知天就是由明至诚，达到对本体的领悟；存心养性事天，则是实现本体，是由诚至明。张载由此推出了“天人合一”的命题：“儒者则因明致诚，因诚致明，故天人合一，致学而可以成圣，得天而未始遗人，《易》所谓不遗、不流、不过者也。”❸

《中庸》有一些近似于天人感应的思想，认为“至诚之道可以前知。国家将兴，必有祯祥；国家将亡，必有妖孽。见乎蓍龟，动乎四体。祸福将至，善必先知之；不善，必先知之。故至诚如神。”这个思想在孟子那里发展为“至诚动天”的观念，“至诚而不动，未之有也；不诚，未有能动者也。”❹董仲舒继承了这种思想，并和阴阳五行学说结合起来，形成了天副在人、人副天数的天人感应思想，通过天人感应说明天人合一：“以类合之，天人一也”❺；“天人之际，合而为一”❻。《中庸》的“天人合一”更加突出了这一命题的道德意义，更加突出了人的主体性和价值。这是和老子的法天不同的另一种天人合一的思路。和孔子的“则天”也有所区别。不过，这种天人合一，仍然和治水、因、无为形成一种根源性的连续性，是治水智慧的升华。

---

❶ 《四书章句集注》，第282页。
❷ 《孟子·尽心上》。
❸ ［宋］张载：《正蒙·乾称篇》，《张载集》，第65页。
❹ 《孟子·离娄上》。
❺ 《春秋繁露·阴阳义》。
❻ 《春秋繁露·深察名号》。

第二节　对本原的追求：道通于水

对本原的追求是人类最深刻、最核心、最基础的哲学之思，是人类对自身的存在和宇宙的关联的探寻。每个伟大的民族都有深刻的哲学思想，它的哲学思想都有深邃的根源。根源为体，整个哲学、文化、文明则为用。体用一原，显微无间。古希腊哲学的本体是存在(Being)，中国哲学的本体是“道”。已故著名哲学家金岳霖先生说：“中国思想中最崇高的概念似乎就是道。所谓行道、修道、得道，都是以道为最高目标。思想与情感两方面的最基本的原动力似乎也是道。成仁赴义都是行道；非迫于势而有求心之所安而为之，或不得已而为之，或知其不可而为之的事，无论怒其直接的目的是仁是义，是忠是孝，而间接的目标总是行道。……不道之道，各家所欲言而不能尽的道，国人对之油然而生景仰之心的道，万事万物之所不得不由，不得不依，不得不归的道才是中国思想中最崇高的概念，最基本的原动力。”[1]通常的看法一般会认为老子是道家，道家才谈道。这是一个误解。无论儒家还是道家，道的观念都是根深蒂固的，尽管二者的内涵不尽相同。《论语》中“道”出现了89次；通行本《老子》中“道”出现了76次，这个事实也耐人寻味。

道的概念与水有着密切的关联。水、治水、治水智慧上升为“因”、“无为”、“天人合一”，最后归结为“道”。可以说，治水是中国哲学的根源的根源，治水的经验成为民族记忆，积淀为民族智慧，“因”和“天人合一”等都是这种智慧的表述，也是古人与自然打交道、成功地切入自然的方式。这种切入方式，使古人认为，道就在水中，或者说，道就是水。

老子是中国古代第一个哲学家，他对中国哲学的重大贡献是提出了系统的道论哲学。他的道的一个重要原型就是水。道家其他重要著作，如《文子》、《庄子》、《淮南子》都接受了这一观点。可以说，道近于水是道家的核心理念，也是中国文化的基本思想。

---

[1] 金岳霖：《论道·绪论》，商务印书馆，1987年版，第16页。

"道"是什么?老子说,"道可道,非常道;名可名,非常名"。可见道是不可言说的,可言说的都不是"常道"。不可言说的东西又必须让人们知道,于是只能采取从不同的方面出发逼近的方法来说明道,即通过不同的比喻启发我们理解什么是道;《老子》全书对水与道的关系的论述可分为三部分,首先是说明水近于道,其次是把水的性质和道的性质相对比、等同,第三是论述得道的人与水的关系。下面我们依次进行分析,中间也会插入一些其他哲学家的论述。

一、水"几于道"

(1)道冲,而用之或不盈。渊兮,似万物之宗;湛兮,似或存。吾不知谁之子,象帝之先。(《老子·第4章》)

这里用了两个描述水的词汇说明道,背后的理论预设当然是水与道相通,所以才能这样做。冲,《说文解字》解作"涌摇也",段玉裁注曰:"涌,上涌也;摇,旁摇也。"❶渊,《说文解字》的解释是"渊,回水也,从水,象形,左右岸也,中象水貌"❷。从水,指左边的三点水,岸指由半部分左右两边的竖道,中象水指竖道中间的部分。前述《管子》关于水的分类中提到"水出地而不流者命曰渊";荀子有"水深而回"的说法。这些"渊"都可解为"深"。《诗经·国风·鄘风·定之方中》有"秉心塞渊"之句,即作"深"讲。"湛",《说文解字》释云"湛,没也";段注认为,"湛、沉,古今字"❸。《玉篇》提供了"盛"、"安"、"水不流"等义项❹。综上述可知,老子此处所谓道具有以下特点:①有源。渊水有源,"水出地"即其证明,不是七八月间的积雨。"道冲"的"涌上",可作为源泉的涌上❺。②深,引申为深远。渊水是深的,"湛"也是深水;一眼见底不是道。③不流。这里是指现象上的流动,是浅薄的哗哗作

❶ 《说文解字注》,第546页。

❷ 《说文解字注》,第550页。

❸ 《说文解字注》,第550页。

❹ [梁]顾野王编撰:《原本玉篇残卷》,中华书局,1985年版,第354页。

❺ 段玉裁认为此处的"冲"作虚,是"盅"的假借字。道本来可以作虚,与"盈"形成对比。不过,此处我们不采用这一解释。

响，而道无疑作为深、沉之处的东西，是不会哗哗作响地流动的。当然，这不是说“道”固定不动，道有自己“动”的方式，是一种不动之动；稳重的动，具有静水流深的特点。④清静。这个性质也是从水的性质中引申出来的。老子说：“静胜躁，寒胜热。清静为天下正。”（《老子·第45章》）水近于道的思想在《淮南子》中也有明确的表述。《淮南子》说：“夫道者，覆天载地，廓四方，柝八极，高不可际，深不可测，包裹天地，禀授无形；原流泉浡（bó），冲而徐盈；混混滑滑，浊而徐清。”[1]这里也是认为道具有流动性。

（2）谷神不死，是谓玄牝。玄牝之门，是谓天地根。绵绵若存，用之不勤。（《老子·第6章》）

谷，《说文解字》的解释是“泉出通川为谷”[2]；《尔雅·释水》说“水注川曰谿，注谿曰谷，注谷曰沟”[3]。这些解释表明，谷是水的通道。照《说文解字》，泉出山首先通过的是“谷”。《尔雅》则把河、川、谿、谷作为水的由小到大的通道。谷既为水的通道，也是空虚之处。空虚是谷的容量，谷大于流经它的水。老子把“谷”的空虚有容的作用设想为“神”，这样，“谷神”便成为天地万物产生的根源。这里，道是与水的通道相关，是虚空的妙用。“勤”为“尽”，玄牝的虚空妙用，用之不尽。道是无穷无尽的。“谷神”所表达的意思是“虚而不尽”。

（3）上善若水。水善利万物而不争，处众人之所恶，故几于道。（《老子·第8章》）

“几”，即近。此章从道与物的关系出发说明道。万物生于道，道是万物的本源；道又如水，滋润万物，利物不争。

（4）大道泛兮，其可左右。万物恃之以生而不辞，功成而不有。衣养万物而不为主，可名于小；万物归焉而不为主，可名为大。以其终不自为大，故能成其大[4]。（《老子·第34章》）

---

[1] 《淮南子·原道训》，《诸子集成》，第7册，第1页。

[2] 《说文解字注》，第571页。

[3] 《十三经注疏》下，总第2619页。

[4] 《老子·第34章》。

泛,《说文解字》曰“浮也”[1],“一曰流也”[2]。这里老子用水的可在任何方向流动的性质说明道也如同水一样,可以流到、并滋润到任何事物。水流左右只是想象道的运动的一个帮助,不能认为道的运动就是像水那样。道运动的特点是“反者道之动”,“大曰逝,逝曰远,远曰反”。反,同“返”,即返回到道的本原状态。道能衣养万物,它的德性、作用不可谓不大;然而,道又不“为之主”,即不主宰、控制事物,所以,它又是小。道不自以为大,所以最终能够成为大。但是,毫无疑问,道在本质上是“大”的。《老子·第25章》说:“有物混成,先天地生。寂兮寥兮,独立而不改,周行而不殆,可以为天地母。吾不知其名,强字之曰道,强为之名曰大。大曰逝,逝曰远,远曰反。故道大,天大,地大,人亦大。域中有四大,而人居其一焉。”“混成”的“混”,读作“滚”,是“大”的意思;正与下文“道大”一致。关于此,前文已经有述,此处不再赘述。

(5)道常无名。朴,虽小,天下莫能臣。侯王若能守之,万物将自宾。天地相合,以降甘露,民莫之令而自均。始制有名。名亦既有,夫亦将知止。知止可以不殆。譬道之在天下,犹川谷之于江海。(《老子·第33章》)

这里,老子以朴、小比喻道,又以川谷喻万物,江、海喻道。万物皆归于道,如同川谷同归大海。江海之所以能被用来表示道,是因为二者都处于低于川谷的位置,又有大于川谷的容量,接纳一切来归的水。所以,老子又说:“江海之所以能为百谷王者,以其善下之,故能为百谷王。”(《老子·第66章》)这里都是用处下、包容作为道的属性的。老子还说,“大邦者下流,天下之牝,天下之交也。牝常以静胜牡,以静为下。”(《老子·第61章》)也是主张处于下流,下流居有包容性。包容性具有根源性,由此,处下又成为处上了。

道的性质也必须以水的性质作为线索进行理解。道是一种柔弱、有韧性、有顺应和适应性的东西,不是坚强的、僵硬的、枯脆的东西。

---

[1] 《说文解字注》,第556页。

[2] 《康熙字典·巳集上·水部》,第14页。

只有柔弱,才有生命力。老子认为,道的原则是"柔弱胜刚强"。(《老子·第36章》)所以,如果想战胜一种事物,最好的办法是让它把它的生命力全部挥发出来,能量全部释放出来,可能性全部展现出来,这样,它就没有可以避守的地方了,也就不得不面对灭亡了。这叫"将欲歙之,必固张之;将欲弱之,必固强之;将欲废之,必固兴之;将欲取之,必固与之。是谓微明。"(《老子·第36章》)"微明"是得道的智慧。"微明"和道一样,是一种隐秘的东西,是不可示人的。关于道的柔弱的性质,老子郑重地提出了这样的哲学命题:"反者道之动;弱者道之用。"(《老子·第40章》)老子仍然用水来说明道的柔弱性质:"天下莫柔弱于水,而攻坚强者莫之能胜,以其无以易之。弱之胜强,柔之胜刚,天下莫不知,莫能行。"(《老子·第78章》)"天下之至柔,驰骋天下之至坚。无有入无间,吾是以知无为之有益。不言之教,无为之益,天下希及之。"(《老子·第43章》)"人之生也柔弱,其死也坚强。草木之生也柔脆,其死也枯槁。故坚强者死之徒,柔弱者生之徒。是以兵强则灭,木强则折。强大处下,柔弱处上。"(《老子·第76章》)这几章具体说明了柔弱的作用,攻坚、能够渗透(入于无间)、具有生命力等等。所以,柔弱胜刚强,柔弱为上,刚强为下。对于"天下之至柔,驰骋天下之至坚,无有入于无间",文子解释说:

> 天下莫柔若于水,水为道也,广不可极,深不可测,长极无穷,远沦无涯,息耗减益,过于不訾,上天为雨露,下地为润泽,万物不得不生,百事不得不成,大苞群生而不费,行不可得而穷极,微不可得而把握,击之不创,刺之不伤,斩之不断,灼之不熏,绰约流循而可靡散,利贯金石,强沦天下,有余不足,任天下取与,禀受万物而无所失后,无私无公,与天地洪同,是谓至德。夫水所以能成其至德者,以其绰约润滑也。❶

这里,文子明确地提出了"水为道也",并从各个角度说明了道的柔弱的性质及其意义。

---

❶ 《文子疏义》,第37页。

二、庄子：寓言中的道

庄子的道也是与水有密切关系的，与道相关的事情常常发生在水的背景中。他对于道的描述方式的特点一是寓言性，庄子说自己是“寓言十九，卮言日出”；其次在人、道关系中把道作为境界，而不止是一种客观存在。

鱼是水中之物。上古时期鱼已经进入了人们的审美视野，构成了河流的文化生命的一部分，前已有述。《老子》把鱼作为道的比喻，认为“鱼不可脱于渊”。《庄子》中开始，鱼就代表着得道逍遥的状态。北冥之鱼化为鸟，能飞能游，这是得道者精神的自由驰骋。在《庄子》中，道总是发生在水边。一个叫“知”的人，曾经四处求问什么是道。“知北游于玄水之上，登隐弅之丘，而适遭无为谓焉。知谓无为谓曰：“予欲有问乎若：何思何虑则知道？何处何服则安道？何从何道则得道？”三问而无为谓不答也。非不答，不知答也。知不得问，反于白水之南，登狐阕之上，而睹狂屈焉。知以之言也问乎狂屈。狂屈曰：“唉！予知之，将语若。”中欲言而忘其所欲言。知不得问，反于帝宫，见黄帝而问焉。黄帝曰：“无思无虑始知道，无处无服始安道，无从无道始得道。”❶

道家思想背景中，江、海是极其重要的。江海具有对于河湖在规模上的超越性使它们更接近于道。所以，老子让江海为百谷王，而不让河出场；庄子倒是让河出场了，不过，却是作为有限性而出场的。“秋水时至，百川灌河。泾流之大，两涘渚崖之间，不辩牛马。于是焉河伯欣然自喜，以天下之美为尽在己。顺流而东行，至于北海，东面而视，不见水端。于是焉河伯始旋其面目，望洋向若而叹曰：‘野语有之曰：‘闻道百，以为莫己若者。’我之谓也。且夫我尝闻少仲尼之闻而轻伯夷之义者，始吾弗信。今我睹子之难穷也，吾非至于子之门则殆矣，吾长见笑于大方之家。’北海若曰：‘井蛙不可以语于海者，拘于虚也；夏虫不可以语于冰者，笃于时也；曲士不可以语于道者，束于教也。今尔出于崖

---

❶ 《庄子·逍遥游》。

涘，观于大海，乃知尔丑，尔将可与语大理矣。’”❶

河伯代表河，海若代表海。海若讲给河伯的道理是超越有形、有限，达到无形、无限。海若是用一层一层的比较来显示大小的相对性，最后达到无形和无限的。他首先把海和天地比较，指出“天下之水，莫大于海：万川归之，不知何时止而不盈；尾闾泄之，不知何时已而不虚；春秋不变，水旱不知。此其过江河之流，不可为量数”。然而，海水之大，比之天地，不过是“小石小木之在大山”而已，“计四海之在天地之间也，不似礨空之在大泽乎？计中国之在海内不似稊米之在太仓乎？”那么，能不能可以以天地为大，以毫末为小呢？河伯询问。北海若则指出，事物是无穷无尽的，人的知识却是十分有限的，生死、始终都是不可探究的。所以，又怎能知道“毫末之足以定至细之倪，又何以知天地之足以穷至大之域”！是非诚不可分，大小果不可辨！河伯追问，这是否意味着事物的大小贵贱都不可辨别了？海若一针见血地指出，“以道观之，物无贵贱；以物观之，自贵而相贱；以俗观之，贵贱不在己。以差观之，因其所大而大之，则万物莫不大；因其所小而小之，则万物莫不小。”五帝相禅，三代相诛，得其时谓之义之徒，不得其时则谓之篡夫。河伯，你怎么知道“贵贱之门，小大之家”！海若把河伯说得迷茫了，他询问到，如此说来，我该做什么，不做什么呢？海若提出了“自化”的观点。他说：“万物一齐，孰短孰长？道无终始，物有死生，不恃其成。一虚一满，不位乎其形。年不可举，时不可止。消息盈虚，终则有始。是所以语大义之方，论万物之理也。物之生也，若骤若驰。无动而不变，无时而不移。何为乎，何不为乎？夫固将自化。”所谓“自化”，也即是老子所说的“道法自然”，自己而然，“我无为而民自化”。既然如此，道还有什么值得珍贵的呢？河伯又感到疑惑。海若告诉他，“知道者必达于理，达于理者必明于权，明于权者不以物害己”；“无以人灭天，无以故灭命，无以得殉名。”即不要以人为的东西危害天然，不要以智巧、狡辩和强辞夺理的东西毁坏性命，不要贪图求名。守住天然的东西，返

❶ 《庄子·秋水》。

回本真的状态。所谓“反其真”[1]，就是返回到“道”的状态。这就超越了有限的大小贵贱。

庄子把道比作“玄珠”。珠出于蚌，蚌生于水。这个“寓言”仍表明了道与水的关联。如果我们把治水看做天人合一的思维方式的根源，那么，我们同样可以用形象思维想象玄珠作为道与水的根源性关联。这种“玄珠”不是谁都能够得到的。“黄帝游乎赤水之北，登乎昆仑之丘而南望。还归，遗其玄珠。使知索之而不得，使离朱索之而不得，使喫诟索之而不得也。乃使象罔，象罔得之。黄帝曰：‘异哉，象罔乃可以得之乎？’”[2]玄珠，作为客观存在，是道；作为主观存在，是人的本性，二者是相通的。象罔乃是混沌之人，所以只有他才能得到。这使我们想起混沌的故事[3]。道和得道之人都有混沌的特点，这和老子一贯倡导的道为朴是一致的。朴是没有雕刻的木材，还没有丧失其原始性。丧失了其原始性就成为器，器则是物的一偏的形象，既失去了原始性，又带上了有限性。所以，老子主张“大器免成”。一般认为，老子是说“大器晚成”，楼宇烈先生认为，应该做“大器免成”，这是极有见地的。孔子也早就认识到了这一点，他说：“君子不器”。不过，我们也必须明白，在庄子哲学中，水是道的引子。如果把道局限于水，也是有片面性的。水不过是更近于道、通过水更易于理解道而已。庄子认为，道无处不在，东郭自问庄子道究竟在哪里，他回答说，在蝼蚁、在稊稗、在瓦甓、在屎溺，每况愈下。其实只是要说明道无处不在的道理[4]。

美国汉学家萨拉·艾兰的《水之道与德之端》一书，详细地研究了中国哲学与水的关系。她吸收乔治·莱科弗《我们靠隐喻生活》一书的观点，认为一种文化的概念体系依赖于它的基本的隐喻，或本喻。“一种文化的最基本的价值，将与此文化中的最基本概念的隐喻结构紧密关联”[5]。“无论东方还是西方，哲学形成期的最初的理智概念的

---

[1] 《庄子·秋水》。
[2] 《天地·天地》。
[3] 《庄子·应帝王》。
[4] 《庄子·知北游》。
[5] 《水之道与德之端·中文版序言》。

系统化将源自那个文明的本喻。”❶西方文化的本喻是宗教。中国没有宗教本喻，“中国早期的思想家无论属于哪一哲学流派，都假定自然界与人类社会有着共同的原则。人们通过体察自然便能洞悉人类。因此之故，自然界而非宗教神学，为中国的许多概念提供了本喻”❷。具体言之，“水与植物生长确是中国概念体系的本喻。”❸“例如，‘道’这个概念尽管抽象，但它也是以水的隐喻为原型的。‘道’的最初意象指以泉为源的河流。由此意象进一步拓展，尤其是在道家文献中被扩展为无形无象的清泉水自身，又到坚冰蒸汽的各种状态。”❹“哲学意义上作为自然规律的‘道’，是基于水之溪流的本喻”❺；“道德原始意义是通道或者水道，利万物的水或河系。”❻

艾兰的观点是很有见地的。如前所述，水的确构成了理解道的一个途径。无论在老子那里，还是在庄子那里，道和水之间都存在相似性；说水是道的比喻或本喻是完全正确的。艾兰的问题是把道直接等同于河流或者水道，这一点在中国文化里还不完全如此。不过，“道”字本身从起源上看，与河流似无太直接的关系。道，作为哲学范畴的“道”是从作为道路的道上升为范畴的，不是从溪流或河道上升为范畴的。从前文关于水流的定义体系来看，水道和人道是分开的。水行在《尔雅》、《艺文类聚》等典籍中，分别定义为沟、渎、溪、谷、川、河等，“道”则专指人行之路。《说文解字》的解释是“所行道也，从‘辵’、‘首’，一达之谓道。”❼这个解释里面，没有水的成分或意象。《康熙字典》又列出了“所由适于治之路”，万物所共由之理、顺，如“九河既道”、言、由、治，同“导”、引、从等，字义是相当全面的，也没有水的意象❽。

---

❶《水之道与德之端》，第17页。

❷《水之道与德之端·导论》，第5页。

❸《水之道与德之端·导论》，第7页。

❹《水之道与德之端·中文版序言》。

❺《水之道与德之端·导论》，第73页。

❻《水之道与德之端·导论》，第87页。

❼《说文解字注》，第75页。

❽《康熙字典·酉集下·辵部》，第24页。

《郭店楚墓竹简》也出现了“道”字，是“行”字中间夹一个“人”字，正合《说文解字》“所行道也”的解释。总之，“道”作为文字，与水无关。因为道作为路是不能有水的，有水则不成道路。水行为河流，水道是河流。“道”是人的道，是人应该走的道，所以是属人的。“道”字中的“首”正是人头；郭店“道”字直接有“人”部。“道”的属人特性表明了老子哲学中人与自然的分离、人的价值提高和独立的人文世界的形成。当然，诚如艾兰所指出的，由于认为自然和人之间存在共同的基本原则，所以这种“独立”并不是截然分离，而是人还应该从自然中学习，按照自然的原则行事。这种天人合一的原则使得人们把自然现象作为原则的根源。在老子这里，水与道是同构的，但还不是同一的。艾兰为了说明道和水的等同，把“道者万物之奥”的“奥”译作“注”，watercourse（水路）、irrigation channel（灌溉的渠道），又与大禹治水的“注之海、注之江”相联，是有问题的❶。这里的“奥”是“主”，依据、主导或主宰，帛书这句话正写作“道者，万物之主”。

如前所述，中国的根源性智慧来自于治水。中华民族在与水打交道的过程中，对于水的性质有了极其深刻的认识，表现于表述简单内涵却极其丰富的“水曰润下”的命题中。通过与水的交往，中国人得到了与自然、与人、与社会相处的智慧；因、无为、天人合一是这种智慧的表达。这是中华民族在与水的交往中相互诠释所获得的真理。认识到这一点，我们可以说，老、庄、孔、孟等关于水道相通、相近的各种比喻，并不是艾兰所说的隐喻，而是以中华民族的根源性智慧天人合一等为大前提的论证。只是，这种论证过程形式不是十分严格，大前提常被省略。因为这个大前提在中国文化中是一个不言而喻的原则。

三、“太一生水”

把水和本原直接联系起来的是《太一生水》和《管子·水地》篇。“水几于道”等是把水作为理解道的引导性因素；在天人合一的思维方式中，水也不就是根本性的道。在“道生一、一生二、二生三、三生万

❶ 《水之道与德之端·道论》，第81页。

物”的生成图式中,水作为万物之一肯定也是由道所生,但这样生出的水只是万物之一,不具有本体意义。在中国哲学中,还有具有本体意义的水。1993年,考古工作者在湖北荆门郭店发现了一批战国时期的竹简,时间定在大约公元前300年之前。其中有一篇被整理为《太一生水》(引文见本书第二章第二节《水的来源》部分)。

“太一”在中国传统文化中是一个重要概念,基本有三层意思,一是星斗、二是天神、三是宇宙的本原。从这一段的语境来看,应采用第三种含义。《庄子·天下篇》说关尹、老子“主之以常无有,建之以太一”;《庄子·列御寇》篇又说:“小夫之知,不离苞苴竿牍,敝精神乎蹇浅,而欲兼济道物,太一形虚。若是者,迷惑于宇宙,形累不知太初。彼至人者,归精神乎无始,而甘冥乎无何有之乡。水流乎无形,发泄乎太清。悲哉乎!汝为知在毫毛而不知大宁。”[1]这两段都是把“太一”作为本原或本体对待的,可作为支持采用太一的本原义的根据。这一段文字描述的宇宙模式可由以下三图表示(见图一至图三)。

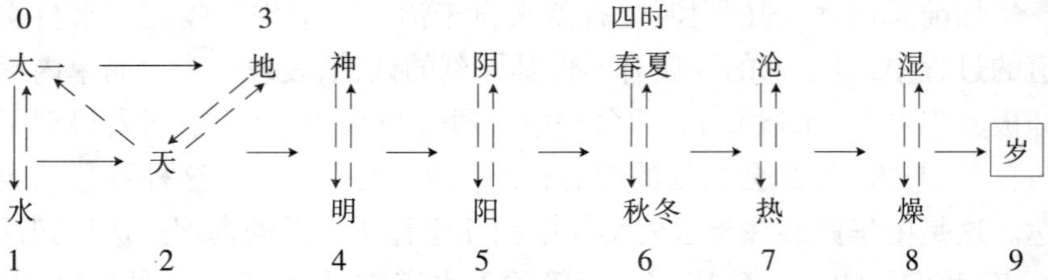

图一

图一是对于《太一生水》的宇宙生成模式的复原。数字表示生成的程序,实线箭头表示“生”,虚线箭头表示“反辅”,双虚线箭头表示“相辅”。这里,“太一”为宇宙的本原,“太一”首先生出来的是“水”,第一步;水反辅本原太一,生成天,第二步;天反辅太一,生成地,第三步;天地相辅,生成神明,第四步;神明相辅,生成阴阳,第五步;阴阳相辅,生成四时,第六步;四时相辅,生成沧热,第七步;沧热相辅,生成思湿燥,第八步;湿燥相辅,成岁,第九步。倒过来的是这样的:

---

[1] 《庄子·列御寇》。

岁→湿燥→沧热→四时→阴阳→神明→天地→太一

图二

这两个图示最大的差别在于天地和太一的关系不同。图二中二者的关系十分简单,是一个线性的生成关系,而图一则相当复杂,太一需要水的中介才能产生天,之后天与太一相辅才能产生地。图二看不出地的产生晚于天,也没有水的地位和作用。这一段《太一生水》关于水的第三种说法是“太一藏于水,行于时”。

既然“太一生水”,那么,在水与“太一”的关系中,太一比水更为根本。如果我们比照老子的“道生一”模式来理解,显然太一是根源性的,是本原,水是次生物。但这个次生物并不是诸物之一,而是太一和诸物之间的中介;在地位上仅次于太一。这里,天、地、阴、阳等都不具有普遍意义。天不是普遍的自然,只是与地相对的东西;阴、阳也不是一个普遍概念,而是与湿、热等相对的概念。由于天是太一和水共同生成的,地又是天和太一共同作用形成的,所以,水在这里是宇宙生成必不可缺少的一个环节,具有仅次于太一的本原意义。和老子的“道生一,一生二……”以及《易传》的“太极生两仪,两仪生四象,四象生八卦”不同的是,这里,生出来的东西可以对生者具有“反辅”作用。这在中国哲学史上是一种新型的宇宙生成论结构。“太一藏于水”的说法特别值得注意。太一生出水后,并不和水形成两个空间上分离的实体,相反,“藏”表明太一和水是一体的,太一所生出的,既是水,又是太一本身,这个结构和老子的“道生一”是一致的。道生一,一并不在道之外,一就是道。这里,道转化或显现为一,一是道的具体化,道不直接生物,须转变为一后生物,为下一步的演化做好了准备。同样,太一生水,太一又藏于水,这样,太一和水就成为一体,表现为水。水和太一似乎又构成了本体与现象的关系,太一为本体,水为太一的显现。这种关系中,水就成为太一之用,太一成为水之体,天反辅太一,实际上是反辅于水,这样图二太一、水天地的结构就可以转变为图三的模式:太一生水,水反辅太一而成天、天反辅水(太一)而成地,依次往下推演。

这三个图把复杂的太一、水、天的关系变得较为清晰了。到了天反辅太一成地以后,就成为所生成的物相反辅,与太一和水不再发生联

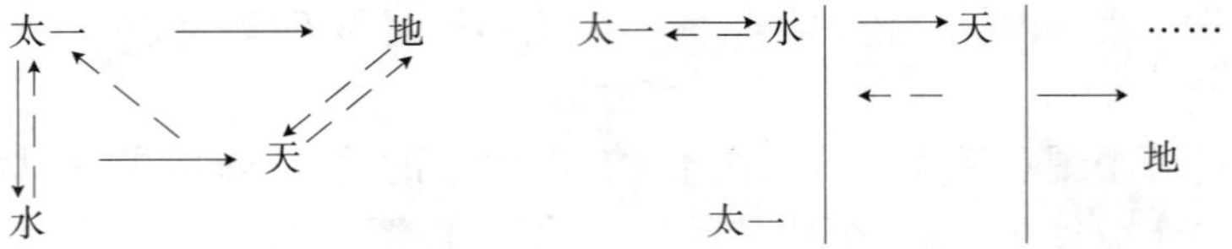

图三

系。这个图示与老子道生一关系最为相近。总之，在图一、图二中，水都是本原所产生并与本原一起生成天地的东西。这些是水的本原性或本体性的明确表示。《太一生水》的宇宙图示也有不成熟的地方，如“四时”和“岁”在逻辑上不周延。

四、“水者，万物之本原也”

《水地》是《管子》中的一篇，比《太一生水》更为直接地把水作为本原，值得重视。《水地篇》的行文结构十分独特，其首句为“地者，万物之本原，诸生之根菀也，美恶、贤不肖、愚俊之所生也”❶，似乎是把地(土)作为万物的本原，但是，文章接着就落脚到水，指出“水者，地之血气，如筋脉之通流者也。故曰：水，具材也。”❷此后整篇文字都是说水，并最终得出“水者何也？万物之本原也，诸生之宗室也，美恶、贤不肖、愚俊之所产也”的结论❸。本原、根菀都是最初的来源。

《水地》篇是如何论证水为万物的本原的呢？首先，它指出，“水者，地之血气，如筋脉之通流者也。水，具材也。”❹这里的“具材”，诚如唐尹知章所说，是具备美好的素质。《水地》篇提出，水具有仁(“好洒人之恶”)、精(“视之黑而白”)、正(量满而止)、卑(“已独赴下”)四种特性。其次，水为“万物之准”❺。这是说，水的面平的特点可以作为平的标准以衡量万物。水颜色素淡，为色彩之中；水味淡，为五味之中，所以“为物之准”。第三，水集于天地，含于各种生命之中。万物恃水以生，莫不因得水而“尽其几”、“反其常”，即发挥和实现自己微妙的特

❶❷❹ 《管子校注》中，第813页。

❸ 《管子校注》中，第831页。

❺ 《管子校注》中，第814页。

性,复归于自己本然的规律。这些都是水为“内度”即内在的生长尺度进行调适的结果。所以,水具有神妙的作用,《水地》称之为“水神”❶。举例说,玉具有“温润以泽”之仁,“鄰以理者”之知,“坚而不蹙”之义,“廉而不刿”之行,“鲜而不垢”之洁,“折而不挠”之勇,“瑕适皆见”之精,“茂华光泽,并通而不相陵”之容,音“清搏彻远,纯而不杀”之辞九种美德。玉之所以具有九种美德,就是因为“水集于玉”的缘故❷。人也是水的产物。“人,水也。男女精气合,而水流形。”❸人的耳目口鼻心等感觉和思虑器官,都是由水而产生的。龟、龙等具有神异的动物,也都生于水。百岁之泽,还能生牛蝺与庆忌之类的川水精怪等。总之,万物莫不托水以生。第四,水也是治理国家的枢纽。水影响人的性格和社会风气,各地水不同,人的性格和风气也不相同。所以,水是治理国家的枢纽。“以圣人之化世也,其解在水”;“圣人之治于世也,不人告也,不户说也,其枢在水。”❹关于此,本书在关于水的分类时已经论及。

无独有偶,古希腊第一位哲学家泰勒斯也把“水”作为世界的本原。亚里士多德记述到:“初期哲学家大都认为万物唯一的原理就在物质本性。万物始所从来,与其终所从入者,其属性变化不已,而本体常如,他们因而称之为元素,并以元素为万物原理。所以他们认为万物成坏,实无成坏,这一类实事毕竟万古常在”;“这类学说的创始者泰勒斯说‘水为万物之原’(为此故,他宣称大地是安置在水上的),大概他从这一事实得其命义:如一切种籽皆滋生于润湿,一切事物皆营养于润湿,而水实为润湿之源。他也可以从这样的事实得其命意:如湿生热,更由湿来保持热的现象(凡所从来的事又就是万物的原理)。”❺

对于泰勒斯和《水地》篇的思想进行比较是饶有趣味的事情。泰勒斯标志着西方哲学的开端,水是万物的本原的思想也是西方哲学的

❶❸ 《管子校注》中,第815页。
❷ 《管子校注》中,第816页。
❹ 《管子校注》中,第832页。
❺ 亚里士多德:《形而上学》,吴寿彭译,商务印书馆,1959年版,第7页。

第一个命题。但是,《水地》篇并不是中国哲学的开始,在此之前,老子《道德经》已经把道作为万物的本原。其哲学思辨性远迈古希腊之上。《水地》篇没有在老子的道的基础上进一步发展,而是提出了水为万物之本原,从哲学思维上看当然不能当作一个进步。不过,也不能说是退步,毋宁说是对道作为本原的一种后置的丰富,或者说是一种具体化。须知,在古代,并不存在哲学、文学的学科分野,一切流传下来的文字都是对于自然、社会、人生的理解和诠释。理解和解释可以是线性发展的,也可以是迂回发展的。尤其是,鉴于上古中国文化发展分为齐、鲁、秦、晋、中原、楚等不同的文化区域,这样,思想便会以不同的面目出现。老子是周的柱下史,熟悉文献典籍、历史掌故,也有时间对于这些知识进行升华,所以《道德经》便以极其抽象的形式表现出来。《水地》大致反映了齐地思想家的成果,与《道德经》有不同的社会背景。据有的学者说,《管子》是齐国稷下学宫的集体著作,其学术目的是为齐国统一天下而制定纲领❶。那么,其内容与表现形式与《道德经》不同,也是可以理解的。《水地》从水的角度,为理解各地的社会风气、人的性格差异提供了一个视角,把这个视角视为管理社会的“枢纽”和“解”。在这种背景下,把水作为万物的本原,其目的性昭然若揭。

“本原”的概念在《水地》和泰勒斯那里,含义基本上是一致的,都是万物所由之而生、又返回到它的那种东西。水如何产生万物,这个过程在泰勒斯那里还不清楚,泰勒斯流传至今的只有这个命题。这个过程在《水地》中是很清楚的。水遍含于天地万物之中,使事物充分完成自己的本性;人、玉、龟、龙、庆忌等都生于水。不过,水究竟是万物的一个成分,还是说万物完全由水变成,这一点,《水地》说的并不清楚。照它的行文来看,万物生于水的特点更加明显。万物是不是最后还复归于水?《水地》也没有说明。

对于“水是万物的本原”,黑格尔有十分精到的分析。他指出首先,“水”在这个命题里是一个概念,而不是具体的物质。作为具体的

---

❶ 见白奚《稷下学研究——中国古代的思想自由与百家争鸣》有关部分,三联书店,1998 年版。

物质,水和土、风、火等相对立,是一种具体的东西,它没有“感觉的普遍性”。水的普遍性是思维所建立起来的,也就是说,在思维中,水并不是具体的井水、河水,也不是与地或风对立的一种东西,而是一种普遍的、可以为任何事物的东西。但在感性中,水又是一个具体存在,所以必须在思维中扬弃水的感性,建立它的普遍性,把这种思辨的普遍性作为自然界的本质,这样一来,水也就上升为一个概念,“水是万物的本原”就成为一个自觉的哲学命题,哲学也就由此开始了。脱离了直观性、物质性的水,也就成为自然的本质、自然的真理,是“绝对”、“一”。在泰勒斯的命题中,水被理解为包含一切事物的思想,因此也就是普遍的本质。不过,泰勒斯的哲学是自然哲学,这是哲学的初级阶段,因为在水是万物的本原的命题中,普遍仍然被规定为一种实体。黑格尔认为,希腊人把自然如太阳、山岳、河流等想象为具有神灵、意志的东西加以崇拜,有了泰勒斯的命题以后,这种多样性便被统一为一个普遍,一个普遍的自在自为的存在体,统一到“一”。多永远不是自在自为的本体,只有“一”才是。由此,“绝对”便与具体事物发生分离。

显然,《水地》中的水从思维上也具有抽象本质的意义,也是对自然的多样性进行扬弃后达到的抽象的本质的“一”。不过,水作为普遍,在《水地》中是不与自然的多样性相脱离的。本体和现象的合一是中国哲学后来发展的特点。又,如前所述,在《水地》之前已经有《道德经》,道是一个更具有普遍性的概念,既是事物的本原,也是本体。《道德经》对中国哲学的影响远超《水地》篇。黑格尔指出,作为普遍的东西,不能具有片面的、特殊的形式,水仍为一种特殊性。泰勒斯的水是没有形式的。在他那里,水的形式的差别仅在于凝聚和稀薄,或者说浓淡、密度的大小。这是事物的物理或化学方面的差异,不是概念方面的变化。在概念方面,各种性质是内在地、必然地相互依存的。这种差别的思想,《水地》篇也没有论及。

水为万物之准的“准”,不少学者理论界认为是准则,是黑格尔所说的原则,这是不正确的。黑格尔所说的原则是内在性,是根据。《水地》篇中的“准”是水的性质可以作为事物的平准的标尺,不是内在的原则。关于土作为本原,《水地》没有说明土与水的关系,二者究竟是主次、从属还是并列，关系甚大。如果为并列，则成为双本原；双本原就不是本原了。如果是主次，或者属于，则思维就更加严密一些。

第三节　儒家思想与水

一、孔、孟、荀与水

和道家一样，儒家思想与水的关系也是十分密切的。这表明，在中华民族根源性智慧的背景下各家在思维方式（天人合一）、论证方式方面的一致性。不过，孔子、孟子、荀子为代表的儒家思想与自然的关系不及老庄那样紧密、全面和深刻，儒家的道和道家的道相比更集中于人文的方面，偏重于社会政治、伦理道德，尤其是社会文化的意义也是不言而喻的。《论语》中孔子所说的道的内涵有忠、孝、和、恕、仁、智、勇、政治有序等，这些都是伦理道德和社会政治范畴。老庄对社会文化都保持一定的距离，尤其是庄子对社会文化持强烈的批判态度。《论语》中很少有直接谈到水的条目。不过，统观《论语》、《孟子》、《荀子》仍能发现，水在儒家思想中起着重要的作用，可以分为一般思想论述、喻道论述两个方面。从天人合一的思维方式出发似可得出这样的结论，一般思想论述是天人相类，是外在的类同。喻道论述是较为内在的同构、甚至同一，即 A 就是 B，水就是道。下面，我们首先看看儒家是如何用水说明自己的基本理念的。

（一）一般性论述

所谓一般思想论述，是指孔、孟、荀等用关于水的知识来说明儒家的一般主张。老子把学习经验知识和学习道分开，认为学习经验知识是“为学日益”，学习道则是“为道日损”。孔子是第一个创办私学的先师，如果采取这种态度，那就不必设杏坛讲学了。作为一名教师，他必定首先肯定经验的学习过程，所以，《论语》一开始就是“学而时习之，不亦说乎”。这一点，荀子继承的很好。《荀子》第一篇是《劝学》。在鼓励学习方面，荀子大量借助水进行说明。《劝学》一开始就就用了两个与水有关的比喻。一是“青，取之于蓝，而青于蓝；冰，水为之，而寒于水”,比喻人经过学习,就像水变成冰,虽然还是原来的水,却比水寒;虽然还是原来的人,却比原来博学。第二个比喻是“不临深溪,不知地之厚也;不闻先王之遗言,不知学问之大也”,以深溪对比出来的大地的深厚喻先王圣人学问的博大和高深,使人领悟学无止境、“不可以已”的道理。事实上,整个《劝学》都是用水作为比喻说明人必须学习的道理的。为了说明终日而思,“不如须臾之学”,所用的比喻是“假舟楫者,非能水也,而绝江河。君子生非异也,善假于物也”,说明学习之于人,如同舟楫之于渡河之不可或缺。为了说明人学习能使人达到君子之类,采用的是物各从其类的论据,帮助理解这一论据的比喻是“施薪若一,火就燥也;平地若一,水就湿也”。为了说明学习、修养能使人获得“神明”之德,所采用的比喻是“积土成山,风雨兴焉;积水成渊,蛟龙生焉;积善成德,而神明自得,圣心备焉”。为了说明学习必须日积月累,用心专一,所采用的比喻分别是“不积跬步,无以致千里;不积小流,无以成江海”和“螾无爪牙之利,筋骨之强,上食埃土,下饮黄泉,用心一也。蟹八跪而二螯,非蛇蟺之穴,无可寄托者,用心躁也”。为了说明君子求道不畏贫穷所困扰,采用的比喻是“良农不为水旱不耕,良贾不为折阅不市”。可以说,整个《劝学》,如果没有水,既无法论证,也无法说明自己的主张。不过,这些论证中水和儒家思想是一种论据关系,还不是内在联系。

(二)喻道论述

1. 水、火与仁

中庸、仁义都是儒家的关键理念。关于中庸,朱熹的解释为:“中者,不偏不倚、无过不及之名。庸,平常也。子程子曰:‘不偏之谓中,不易之谓庸。中者,天下之正道,庸者,天下之定理。’”[1]通常来讲,中庸是择其两端而守其中,但这不是固守一个平均数,而是“时中”,适时之中、随时而中,是动态平衡。中庸包含“权”。“权”是坚守原则的变通,是一种非常高的智慧。《论语》中孔子说“可与共学,未可与适道;

[1]《四书章句集注》,第17页。

可与适道，未可与立；可与立，未可与权”[1]，是把权放在学、适道、立之上的功夫。《孟子》对于“执中”作过这样的评论，“执中无权，犹执一也。所恶执一者，为其贼道也，举一而废百也。”[2]孔子还说过，“言必信，行必果；硁硁然小人哉！”[3]这并非不要人们守信用，而是要求把原则放在一般所谓守信之上。在孔孟看来，中庸是一个十分平常的道理，一般百姓都是可以理解，可以实行的。当然，如果说到它的极致，就是圣人也做不到尽善尽美。所以，孔子说“人皆曰予知，择乎中庸而不能期月守也”[4]。

在孔子看来，中庸、仁是百姓不可缺少的东西，比水火还要关紧，可是，他们认识不到这一点。他说：“民之于仁也，甚于水火。水火，吾见蹈而死者矣，未见蹈仁而死者也。”[5]孔子说有敢于蹈水火而死的人，却没有蹈仁而死的人。孔子用水火帮助理解仁，开创了一个先例。后来孟子也屡屡如此论证。孟子在讲到仁政的时候指出，“民非水火不生活，昏暮叩人之门户求水火，无弗与者，至足矣。圣人治天下，使有菽粟如水火。菽粟如水火，而民焉有不仁者乎？”[6]这是把水火和粮食相比，指出仁政的一个标志是食物充足，让粮食像水火一样易得，百姓就能从事于仁义了。这种说法当然是有其合理性的。孟子还用水火相克的观点说过仁与不仁的关系。他说：“仁之胜不仁也，犹水之胜火。今之为仁者，犹以一杯水救一车薪之火也；不熄，则谓之水不胜火，此又与于不仁之甚者也，亦终必亡而已矣。”[7]

2.“洋洋乎”圣人之道

如前所述，“洋”指水的盛、广、大貌。儒家哲学把“洋”用来形容圣人之道的广大。《中庸》说：“大哉圣人之道！洋洋乎，发育万物，峻极

---

❶ 《论语·子罕》。
❷ 《孟子·尽心上》。
❸ 《论语·子路》。
❹ 《四书章句集注》，第17页。
❺ 《四书章句集注》，第168页。
❻ 《孟子·告子下》。
❼ 《孟子·尽心上》。

于天。优优大哉!”[1]孔颖达解释说:“此一节,明圣人之道高大,苟非至德,其道不成。‘洋洋’,谓道德充满之貌,天下洋洋。”[2]峻,高大;极,至。优优,“充足有余”[3]。这几句话说明了圣人之道,高与天侔,洋洋乎充满天下,生成万物,其功亦与天相齐。“洋洋乎”也被用来描述鬼神。《中庸》记载孔子的话说:“鬼神之为德其盛矣乎。视之而弗见;听之而弗闻;体物而不可遗。使天下之人,斋明盛服,以承祭祀。洋洋乎,如在其上,如在其左右。”郑玄说,“鬼神”为“鬼神之气”;“体”为“生”。万物莫不以鬼神之气而生,无有所遗。“洋洋”,天下之人想象鬼神的傍优之貌[4]。和郑玄一样,历代儒家都是采用理性主义的态度对待“鬼神”的,不把它解释为人死后所变的神灵,而是解释为自然之气。孔颖达认为,这一段说明了鬼神之道无形,却又能显现为诚信。中庸之道和鬼神之道相似。由微小到显著,“不言而自诚”。体物不可遗,说明鬼神之道生养万物而无有遗漏,万物无不以鬼神之气而生。洋洋乎,则是人在祭祀时,想象鬼神如在人的左边、右边、上边、下边,无处不在[5]。可见,孔颖达也是以理性主义的态度对待鬼神概念的。不过,他还是留有一些迷信,认为有阴阳之鬼神,人之鬼神附于阴阳之鬼神。祭祀是祭祀人之鬼神[6]。朱熹对这一段,则完全从理性的角度出发解释,只用气来解释鬼神。他引用张载的“鬼神者,二气之良能也”和程子的“鬼神,天地之功用,而造化之迹也”,指出鬼是阴气之灵,神是阳气之灵。以一气说,则鬼为归,神为伸,只是一物。关于“体物”,朱熹仍从阴阳二气的运动指出,鬼神虽然无形无声,但是,事物的生成与消亡,莫不是阴阳二气合散所为。鬼神为物的本体,物无不以鬼神为本体,所以说鬼神体物而不可遗[7]。关于“洋洋”,朱熹解释说:“洋洋,流动充满之意。能使人畏敬奉承,而发见昭著如此,乃其体物而不可遗之验也。孔子曰:‘其气发扬于上,为昭明焄蒿凄怆。此百物之精也,神之著也。’”[8]这

[1][2] 《十三经注疏》下,总第 1633 页。
[3] 《四书章句集注》,第 35 页。
[4][5][6] 《十三经注疏》下,总第 1628 页。
[7][8] 《四书章句集注》,第 25 页。

里,朱熹是把“洋洋”解释为鬼神之气充满、流动的意象,使人们能够产生敬畏的情感,也是其体物不可遗的效果。

“洋洋”也被孔子用来说明音乐。《论语》记载,孔子说:“师挚之始,关雎之乱,洋洋乎!盈耳哉。”师挚是鲁国的乐师,“乱”为音乐的最后一章。孔子晚年自卫返回鲁国之后,鲁国的音乐得到纠正。所以,孔子赞美鲁国音乐盛美,表现了雅乐的深沉、凝重、盛大和美的特点。

3.“诚”与“渊”通

“诚”是思孟学派的重要概念,前文已有说明。思孟学派是以水的特点为引导,来论证这一点的。《中庸》说:

> 仲尼祖述尧舜,宪章文武;上律天时,下袭水土。辟如天地之无不持载,无不覆帱;辟如四时之错行,如日月之代明;万物并育而不相害,道并行而不相悖;小德川流,大德敦化;此天地之所以为大也。
>
> 唯天下至圣,为能聪明睿知,足以有临也;宽裕温柔,足以有容也;发强刚毅,足以有执也;斋庄中正,足以有敬也;文理密察,足以有别也。溥博渊泉,而时出之。溥博如天,渊泉如渊。见而民莫不敬,言而民莫不信,行而民莫不说。是以声名洋溢乎中国,施及蛮貊;舟车所至,人力所通;天之所覆,地之所载,日月所照,霜露所坠;凡有血气者,莫不尊亲,故曰配天。
>
> 唯天下至诚,为能经纶天下之大经,立天下之大本,知天地之化育。夫焉有所倚?肫肫其仁!渊渊其渊!浩浩其天!苟不固聪明圣知达天德者,其孰能知之?

这些论述主要是说明孔子之圣,其德之诚的状态和发用,与天地同体,无不覆载。我们关注的是这里所论述的至诚的德性与水的关系。仲尼“上律天时,下袭水土”中的“律”是遵循、效法,和前文讲的“则”、“法”同义;“袭”即前文所说的因,是因袭。郑玄、孔颖达都认为,这一段说孔子作《春秋》事,“律天时”是述天时,即编年四时具;“袭水土”,

是记述诸夏山川之典[1]。孔颖达说“律天时”是“述天时以言阴阳时候”[2]，这些解释都显得迂远而阔于事情；把这一段与孔子作《春秋》联系起来，更不符合《中庸》具有的普遍性特点。朱熹说“律天时者，法其自然之运。袭水土者，因其一定之理。皆兼内外该本末而言也。”[3]这种解释有可取之处。水、土包含在天地之道之中，“律天时”和“袭水土”显然都是领会天地自然之道，圣人之德是这种天地之道的内在转化、凝练和升华。就是说，以天人合一的方式使外在的天地之道转化为内在的道德规范，使事实与价值得到统一。唯其如此，圣人才能够做到如日月之明，并育不害，并行不悖，无不覆载。“小德川流，大德敦化”，正是并育并行、不悖不害的写照。在此，《中庸》仍然是用“川流”来比喻圣人的德化的。郑玄、孔颖达从孔子作《春秋》出发说“小德”指诸侯，“大德”指天子，可谓言不及义。朱熹认为，不害不悖即小德川流，并育并行即大德敦化。“小德者，全体之分；大德者，万殊之本。川流者，如川之流，脉络分明而往不息也。敦化者，敦厚其化，根本盛大而出无穷也”[4]。朱熹这里把“小德”作为德的分殊的表现，“大德”作为分殊的根本，是很中肯的。但是，他只是说这里是“言天地之道”[5]。我们则要进一步认识到天地之道和圣人之道的天人合一、事实转化为价值的特点。

引文第二段仍然是说圣人之德足以临众、足以包容、刚毅中正等。值得注意的是，这里使用了“溥博渊泉，而时出之。溥博如天，渊泉如渊”的话语来说明圣人至诚的德性。“溥博”，指广大周遍。“渊”字我们前文已经论及，具有源、深、静等涵义。《中庸》用“渊泉”表明圣人之德是有本的，是发自内心的。“诚”既是德的名称，也是德的性质。圣人至诚之德也是不断地涌现的，如泉涌一样，“时出”正是德涌现的说明。这种涌现不是间断性的，而是连续的，如同泉源不断一样。所以，

---

[1] 《十三经注疏》下，总第 1634 页。

[2] 《十三经注疏》下，总第 1635 页。

[3] 《四书章句集注》，第 37 页。

[4] 《四书章句集注》，第 37 ~ 38 页。

[5] 《四书章句集注》，第 38 页。

《中庸》说“至诚无息”,诚不会停息。圣人至诚之德也是宁静、深远的,它的表现如同天,无所不发育,无所不覆载;它的性质则如同深渊,深远、深厚、神秘、神妙,不可臆度、揣摩、猜测。关键是“有本”。孔颖达对于渊泉二段的解释非常形象,对我们理解水与德性的关联十分有益,值得我们抄录于此。

> 溥博渊泉者,“溥”谓无不周遍,“博”谓所及广远。以其浸润之泽,如似渊泉博大也。……溥博如天者,言似天无不覆帱。渊泉如渊,言润泽深厚,如川水之流。“渊渊其渊”,水深貌也。言夫子之德,渊渊然,若水之深也。“浩浩其天”,言夫子之德浩浩盛大,若如天也。[1]

不过,还是朱熹的解释更为深入。朱熹解释说“渊泉,静深而有本也”[2],可谓准确而深刻。下文又进一步说明,仁也是“渊渊如渊”,把诚和仁统一了起来。本来,各种德目,说到其极致处,是道通为一的。关于“渊渊如渊”,朱熹解释说:“渊渊,静深貌,以立本而言也。浩浩,广大貌,以知化而言也。”[3]“渊渊其渊,浩浩其天”正说明圣人道德广大无边,普被万物。这就叫做“配天”,与天等同。需要说明的是,《中庸》以“渊”说明“诚”,“渊”的静、深之意与老子的“心善渊”的渊是重合的。《中庸》与老子在强调“有本”上也是相同的,不过,《中庸》的本是诚、善;老子的本是道,二者内涵不尽相同。

朱熹认为,“大经”指五伦,“大本”指“所性之全体”,即天理;天理在人为性。他说:“惟圣人之德极诚无妄,故于人伦各尽其当然之实,而皆可以为天下后世法,所谓经纶之也。其于所性之全体,无一毫人欲之伪以杂之,而天下之道千变万化皆由此出,所谓立之也。其于天地之化育,则亦其极诚无妄者有默契焉,非但闻见之知而已。此皆至诚无妄,自然之功用,夫岂有所倚着于物而后能哉。”[4]理—性—诚、仁—化—同天,这是朱熹的逻辑。这个逻辑是顺理成章的。朱熹的添足之

---

[1] 《十三经注疏》下,总第 1635 页。
[2] 《四书章句集注》,第 38 页。
[3][4] 《四书章句集注》,第 39 页。

处是过分地把无妄之诚与天理人欲之辨掺杂在一起，认为至诚无妄是纯乎天理，无一毫人欲之私。这是其理学的局限性所在。诚如陈确所说，人欲合理处即是天理。

朱熹强调，“其渊其天，则非特如之而已”❶，更有深意，说明了至诚之德是超越于渊渊、浩浩的。我们应该在这种形象的说明背后，更为深入地体味圣人之德的广大高深。以泉水喻德、强调德之有源，我们还可以找到另一条：

> 今夫天，斯昭昭之多，及其无穷也，日月星辰系焉，万物覆焉。今夫地，一撮土之多，及其广厚载华岳而不重，振河海而不泄，万物载焉。今夫山，一卷石之多，及其广大，草木生之，禽兽居之，宝藏兴焉。今夫水，一勺之多，及其不测，鼋、鼍、蛟、龙、鱼、鳖、生焉，货财殖焉。

上四条，都是以由小至大为例，进一步说明至诚由不息之初源到生物不测的微妙发用。这里的水，是泉水。《中庸》还有“鸢飞戾天，鱼跃于渊”，《论语》还有“逝者如斯夫”一类的思想，这些在“功夫与境界”部分论述。

4. 水即道

河流的重要特点是流动。河流日夜奔腾不息的流动牵动了中外哲人的思绪，触发他们的灵感，促使他们进行哲学思考。关于河流的流动，古希腊和中国有两个非常著名的说法。赫拉克利特说：“我们不能两次踏入同一条河……踏进同一条河的人，不断遇到新的水流……我们踏进又踏不进同一条河，我们存在又不存在。”❷《论语》记载“子在川上曰：‘逝者如斯夫！不舍昼夜’”❸。从河流的奔腾不息的流动，赫拉克利特提出了变化的原理，认为所有对事物都是不断变动的，无物常驻；追求不变是错误的。但是，赫拉克利特更深刻地认识到，变动的只

❶ 《四书章句集注》，第 39 页。

❷ 北京大学哲学系外国哲学史教研室编译，《西方哲学原著选读》上册，商务印书馆，1985 年版，第 23 页。

❸ 《论语 · 子罕》。

是表象的世界,或者仅限于耳目感官所及的世界;道却是“万古长存的”❶。道是智慧的对象。古希腊哲学感叹,被认为是辩证法的先声。他的辩证法,不仅在于认识到世界的变化,更根本的还在于他认识到了变与不变的关系。由川流不息之变动到永恒,在逻辑上是一贯的,正如汉语中“永恒”的概念来自水,“永”字属于水部一样。

“逝者如斯夫!不舍昼夜”是理解孔子思想的关键。汉儒没有认识到这一点,认为孔子既赞叹水奔流不息,一刻不停;又赞叹川水有本,惟其有本,方能日夜不停地奔流,无本则涸。从水流之“不息”,进一步引申到君子进德修业之“自强不息”。《周易·乾卦》曰“君子终日乾乾,夕惕若,厉无咎”;《象传》云“天行健,君子以自强不息”;《文言》曰“终日乾乾,与时偕行”。邢昺也没有认识到这句话的关键性,作了一个十分朴素的注解。他说:“夫子因在川水之上,见川水之流,迅速且不可追复,故感之而兴叹。言凡时事,往者如此川水之流,夫不可以昼夜而有舍止也。”❷这个注释没有体会到孔子叹逝水的深层含义。刘宝楠认为,这一段有两个因素,一是有本,一是不息:“既赞其不息,且知其有本也”❸。基本还是汉儒的解释。如前所述,有本、不息是《中庸》所说的“诚”的特征。这样,逝川便与道发生了联系。可能是由于受清代朴学的影响,刘宝楠力图避开宋学的影响来解释这句话。关于此,最深入的还是朱熹。他说:

> 天地之化,往者过,来者续,无一息之停,乃道体之本然也。然其可指而易见者,莫如川流。故于此发以示人,欲学者时时省察,而无毫发之间断也。程子曰:“此道体也。天运而不已,日往则月来,寒往则暑来,水流而不息,物生而不穷,皆与道为体,运乎昼夜,未尝已也。是以君子法之,自强不息。及其至也,纯亦不已焉。”又曰:“自汉以来,儒者皆不识此义。此见圣人之心,纯亦不已也。纯亦不已,乃天德也。有天德,

---

❶ 《西方哲学原著选读》上册,第22页。
❷ 《十三经注疏》下,总第2491页。
❸ 《诸子集成》,第1册,第188页。

便可语王道,其要只在慎独。”❶

程子、朱熹把这一段上升到中国哲学的最高概念“道体”上,可谓至当之论。道体纯亦不已,圣人之心纯亦不已,由此勉励学者自强不息,即从天道进展到人事。和汉儒相比,宋儒的认识无疑是深刻的。河流、天地造化、道体与道德实践的自强不息融为了一体。所谓道体,也就是理,是永恒的。朱熹说:“且如万一山河大地都陷了,毕竟理却只在这里。”❷所以,“子在川上曰,逝者如斯夫”,毋宁说是对永恒的追求和向往。流动贯通永恒,这恰是河流的文化生命的深刻内涵之一。而道体的内容究竟如何,则又随着历代哲人的解释不断丰富和发展。孔子说,“天何言哉,四时行焉,百物生焉”,此可认为是对于道体的描述,但孔子并未明言“道体”一词。朱熹所谓“道体”,则与孔子所言又不相同。从孔子到朱熹的发展,正可视为河流的文化生命历久弥新的表现。

据《孔子家语》记载,孔子也论述过水与儒家道德的问题。《家语》是不是伪书是一个复杂的问题,由于本书不是中国哲学专著,故对此不加以论述。对于“河流的文化生命”的主题来说,这本书只要历史上曾经存在过,产生过影响,它就是可用的材料。这是历史的真实。它是不是原本、是不是孔子所说,则属于学术的真实。历史的真实重视的是历史上发生的影响,对于研究河流的文化生命而言,有历史的真实已经足够。

> 孔子自卫反鲁,息驾于河梁而观焉。有悬水三十仞,圜流九十里,鱼鳖不能导,鼋鼍不能居。有一丈夫方将厉之,孔子使人并涯止之曰:“此悬水三十仞,圜流九十里,鱼鳖鼋鼍不能居也,意者难可济也。”丈夫不以措意,遂渡而出。孔子问之曰:“子乎有道术乎,所以能入而出者,何也?”丈夫对曰:“始吾之入也,先以忠信,及吾之出也,又从以忠信,忠信措吾躯于波流,而吾不敢以用私,所以能入而复出也.”孔子谓弟

❶ 《四书章句集注》,第113页。

❷ [宋]黎靖德编《朱子语类》,第1册,王星贤校点,中华书局,1994年版,第4页。

子曰："二三子识之，水且犹可以忠信成身亲之，而况于人乎！"❶

这里，孔子把忠信与水相联系，指出水具有忠信之道。这一段，庄子也有记载，地点是在吕梁，悬水的规模是高三十仞，流沫四十里。孔子询问蹈水之道，蹈水者回答说："亡，吾无道。吾始乎故，长乎性，成乎命。与齐俱入，与汩偕出，从水之道而不为私焉。此吾所以蹈之也。"孔子曰："何谓始乎故，长乎性，成乎命？"曰："吾生于陵而安于陵，故也；长于水而安于水，性也；不知吾所以然而然，命也。"❷"何谓始乎故，长乎性，成乎命"是一个典型的庄子式回答。《家语》的道是忠信，《庄子》的道是顺应自然；二者相同之处是不出于私意。

孔子喜观水，成为先秦哲学的一个重要事件。孟子时已有人观察到此，孟子、荀子以及汉代的韩婴、刘向都对此有所说明。《孟子·离娄下》记载门人曾经问他仲尼"何取于水也"？孟子强调的是水之"有本"，并将此比喻"造道"，强调"自得"、"逢源"。朱熹也有"源头活水"的诗句。孟子还有一个观水的说明，是认为水有"志向"。他说：

孔子登东山而小鲁，登泰山而小天下，故观于海者难为水，游于圣人之门者难为言。观水有术，必观其澜。日月有明，容光必照焉。流水之为物也，不盈科不行；君子之志于道也，不成章不达。

荀子对孔子观水也进行了解释。《荀子·宥坐》载：

孔子观于东流之水，子贡问于孔子曰："君子之所以见大水必观焉者，是何？"孔子曰："夫水，遍与诸生而无为也，似德。其流也埤下，裾拘必循其理，似义。其洸洸乎不淈尽，似道。若有决行之，其应佚若声响，其赴百仞之谷不惧，似勇。主量必平，似法。盈不求概，似正。淖约微达，似察。以出以入，以就鲜絜，似善化。其万折也必东，似志。是故君子见大水必观焉。"

---

❶ 《孔子家语·卷八·致思》。

❷ 《庄子·至乐》。

荀子从“东流之水”中体会出道德规范有“德”、“义”、“道”、“勇”、“法”、“正”、“察”、“善化”、“志”9种德性,这些都是儒家基本的道德规范;比之孔孟时代增加的内容是“法”,还有一条值得注意的是“无为”。如前所述,无为是治水智慧的升华,超越于儒道之上,孔子、孟子、荀子都重视无为的思想。这里荀子恰好没有提到水具有“仁”的德性,与孔子所说的“智者乐水,仁者乐山”相呼应。董仲舒对水的认识,比荀子又多了“力”、“平”、“武”三德。《春秋繁露·山川颂》曰:

水则源泉混混沄沄,昼夜不竭,既似力者;盈科后行,既似持平者,循微赴下,不遗小间,既似察者;循溪谷不迷,或奏万里而必至,既似知者;障防山而能清净,既似知命者;不清而入,洁清而出,既似善化者;赴千仞之壑,入而不疑,既似勇者;物皆困于火,而水独胜之,既似武者;咸得之而生,失之而死,既似有德者。孔子在川上曰:“逝者如斯夫,不舍昼夜。”此之谓也。❶

《说苑·卷十七·杂言》也谈到了孔子何以观水的问题,同样也是提出水有德、有仁、有理、有义、有智、有勇、有达等各种道和德的属性。

子贡问曰:“君子见大水必观焉,何也?”

孔子曰:“夫水者,君子比德焉。遍予而无私,似德;所及者生,似仁;其流卑下句倨,皆循其理,似义;浅者流行,深者不测,似智;其赴百仞之谷不疑,似勇;绵弱而微达,似察;受恶不让,似包蒙;不清以入,鲜洁以出,似善化;至量必平,似正;盈不求概,似度;其万折必东,似意。是以君子见大水观焉尔也。”

(三)水与仁政

和《中庸》善于使用泉的思维方式一致,孟子也利用泉说明性善,用“泉之始达”说明善端的推致和扩展,这就是他所主张的仁政思想。他说:

人皆有不忍人之心。先王有不忍人之心,斯有不忍人之

❶ 《春秋繁露义证》,第424~425页。

政矣。以不忍人之心，行不忍人之政，治天下可运之掌上。所以谓人皆有不忍人之心者，今人乍见孺子将入于井，皆有怵惕恻隐之心非所以内交于孺子之父母也，非所以要誉于乡党朋友也，非恶其声而然也。由是观之，无恻隐之心，非人也；无羞恶之心，非人也；无辞让之心，非人也；无是非之心，非人也。恻隐之心，仁之端也；羞恶之心，义之端也；辞让之心，礼之端也；是非之心，智之端也。人之有是四端也，犹其有四体也。有是四端而自谓不能者，自贼者也；谓其君不能者，贼其君者也。凡有四端于我者，知皆扩而充之矣，若火之始然，泉之始达。苟能充之，足以保四海；苟不充之，不足以事父母。❶

善端如泉，仁政如泉之涌出。泉出，即为水，“水曰润下”。润，滋润，即带来利益；下指百姓。这是孟子的思路。他把泉比作先王的“不忍人之心”的想法是根深蒂固的。在说服梁惠王等当世君主实施仁政时，孟子用了这样的说法：“有为者辟若掘井，掘井九仞而不及泉，犹为弃井也。”❷这个说法也非常有意思，所谓掘井及泉，就是要培养、扩展自己的仁义之性，把这种仁义之性推行到日常行为和政治中去。泉和人的仁义之性形成一个类比和等同。孟子属于思孟学派，受业于子思门人。《中庸》被认为是子思所作。孟子把泉和人的仁义之性相关联，显然是受《中庸》的影响；也可以说，用泉比喻诚、善端之性，是思孟学派的一个特征。荀子也用水，但没有思孟的特点。

孟子也用时雨之降、救民于水火来说明仁政。梁惠王问孟子如何才能使天下统一，孟子回答说，不嗜杀人者能够统一天下。孟子说：“王知夫苗乎？七八月之间旱，则苗槁矣。天油然作云，沛然下雨，则苗浡然兴之矣。其如是，孰能御之？今夫天下之人牧，未有不嗜杀人者也。如有不嗜杀人者，则天下之民皆引领而望之矣。诚如是也，民归之，犹水之就下，沛然谁能御之？”❸照孟子所说，百姓盼望不嗜杀人的

❶ 《孟子·公孙丑上》。
❷ 《孟子·尽心上》。
❸ 《孟子·梁惠王上》。

君王如同久旱的庄稼渴望甘霖,现在天下的人君没有不好杀人的,如果百姓遇见不嗜杀人的君王,一定会前来归附,如大水奔腾而下,没有谁能够阻挡得住。孟子又用桀纣失天下说明了这一点。他指出,桀纣失天下是因为失去了民心。要想得民心也不难,关键是“所欲与之聚之,所恶勿施”。孟子认为,这是仁心。“民之归仁也,犹水之就下、兽之走圹也。故为渊驱鱼者,獭也;为丛驱爵者,鹯也;为汤武驱民者,桀与纣也。今天下之君有好仁者,则诸侯皆为驱矣。虽欲无王,不可得已。”❶

仁心就是“时雨”,百姓期待“时雨之化”,是孟子游说各国君主的主要内容。他对滕文公说:汤以七十里王天下,就是以仁心征服天下。汤与葛为邻,葛伯不祭祀,汤问为什么,葛伯回答没有祭品。汤派人送去祭品,帮助耕种,给老幼食品。葛伯却带人杀老人儿童抢夺他们的食品,杀而夺之。于是,汤征伐葛伯。天下人都知道汤不是为了夺取土地,而是为了给“匹夫匹妇复仇也”,都期待着汤赶快征伐到自己这个地方。“民之望之,若大旱之望雨也。归市者弗止,芸者不变,诛其君,吊其民,如时雨降。民大悦。”❷齐宣王问孟子,齐国伐燕,取得了胜利,要不要一举拿下燕国?孟子的回答是,如果“取之而燕民悦,则取之。古之人有行之者,武王是也。取之而燕民不悦,则勿取,古之人有行之者,文王是也。以万乘之国伐万乘之国,箪食壶浆以迎王师,岂有它哉?避水火也。如水益深,如火益热,亦运而已矣。”❸这就是说,如果不是救民于水火,而是水更深、火更热,那不过是换了一个暴君而已,有什么区别呢?孟子仍然用汤的例子说,汤开始征伐天下,百姓都期待着他快到自己的地方,“民望之,若大旱之望云霓也。归市者不止,耕者不变。诛其君而吊其民,若时雨降。民大悦。《书》曰:‘徯我后,后来其苏。’今燕虐其民,王往而征之,民以为将拯己于水火之中也,箪食壶浆以迎王师。若杀其兄父,系累其子弟,毁其宗庙,迁其重器,如之何其可也?天下固畏齐之强也,今又倍地而不行仁政,是动天下之兵也。王速出

❶ 《孟子·离娄上》。
❷ 《孟子·滕文公下》。
❸ 《孟子·梁惠王下》。

令,反其旄倪,止其重器,谋于燕众,置君而后去之,则犹可及止也。”孟子的建议是齐国赶快释放齐国的俘虏,归还齐国的社稷重器,与齐国人商议,设立一个君主,然后赶快撤军。孟子的建议是他的仁政的一个方面。不过,这里面也有问题,一是孟子可能对汤、武的征伐过于理想化,另一个是慑于大国之间往往被大国所灭,如果齐国灭了燕国,可能就不会有后来的乐毅伐齐的事件了。

孟子也把受教育比作“时雨之化”。“君子之所以教者五:有如时雨化之者,有成德者,有达财者,有答问者,有私淑艾者。此五者,君子之所以教也。”❶这里的时雨之化,朱熹举了孔子对于颜渊的影响作为例子。孟子称颂孔子,也使用了水的比喻。孟子引用有子的话说:“麒麟之于走兽,凤凰之于飞鸟,太山之于丘垤,河海之于行潦,类也。圣人之于民,亦类也。出于其类,拔乎其萃,自生民以来,未有盛于孔子也。”❷

二、《河图》、《洛书》与“易学哲学”

《周易》经传在中国文化中是一部非常重要的经典,号称“群经之首”,是中国哲学、文化的基石。当代著名哲学史家朱伯崑先生指出:“在中国传统思维中存在着一条形式逻辑的思维路线,从先秦开始,一直延续到近代。……中国古代哲人和受过教育的儒家知识分子,正是通过《周易》系统典籍的研究,锻炼了自己的逻辑思维能力,从而产生了以王弼为代表的魏晋玄学和以程朱为代表的宋明理学。这两种影响深远的哲学系统,不是靠直觉主义而形成和发展起来的。不仅如此,《周易》中的逻辑思维,对中国古代数学的发展也起了一定的影响。”❸他又指出:“中国哲学中的形上学思维,始于先秦老子的道论,以无形、无名的道体为宇宙的本原。但其形上学思维转向本体论,是通过易学

---

❶ 《孟子·尽心上》。

❷ 《孟子·公孙丑上》。

❸ 朱伯崑:《论〈易经〉中形式逻辑思维对中国传统哲学的影响》,《朱伯崑论著》,第743页。

中的象义之辨和道器之辨实现的。其间经过魏晋玄学派易学到宋明程朱派易学的阐发,终于建立起具有中国特色的本体论体系,可以说,历代易学是中国形上学发展的理论支柱。”❶中国哲学本体论与西方哲学本体论有一个根本的区别。“中国哲学中的形上学和本体论主张本体和现象,形上和形下,不即不离,一而二,二而一,最终导出通过个体或现象认识本质和规律的结论,同样成为中国哲学的一大特色。这一理论思维,是通过易学问题,如太极和两仪、物象与义理、道和器等辩论而展开的。”❷诚如先生所说,没有《周易》经传的哲学思想及对其哲学思想的历代诠释,就没有中国哲学的发展。

易学哲学思想的发展,与河流有密切的关联,河流启发了中华民族哲学思维和民族之根的原始向往和执着追求。《易传·系辞上》说:“天生神物,圣人则之。天地变化,圣人效之。天垂象,见吉凶,圣人象之。河出图,洛出书,圣人则之。”这段话提出了《河图》、《洛书》与《周易》的关系问题。《论语》记载孔子说:“凤鸟不至,河不出图,吾已矣夫!”❸孔子之叹,历来被认为是对于有德而未受命的感叹,这个感叹与《河图》相关,这也说明了《河图》的重要性。《尚书》、《论语》所说,遂使河图、洛书成为中华民族的一个文化符号,深刻地影响启发着中华民族的哲学思维和文化心理。除了《易传》、《论语》外,史书对于《河图》一直有记载。

《尚书》:“越玉五重,陈宝,赤刀、大训、弘璧、琬琰、在西序。大玉、夷玉、天球、河图,在东序。”❹

《管子》:“昔人之受命者,龙龟假,河出图,雒出书,地出乘黄。”❺

《礼记·礼运》:“故天不爱其道,地不爱其宝,人不爱其情。故天降膏露,地出醴泉,山出器车,河出马图,凤皇麒麟。

那么,《河图》、《洛书》究竟有没有?是什么?二者又是如何影响

❶ 《朱伯崑论著》,第808页。
❷ 《朱伯崑论著》,第810页。
❸ 《论语·子罕》。
❹ 《尚书·周书·顾命》,《十三经注疏》上,总第239页。
❺ 《管子校注》上,第426页。

中国哲学的呢？从上面的记载来看，《河图》、《洛书》曾经存在过，不可否认。但由于并没有一个得到确证的《河图》、《洛书》流传下来，这就启发后世不断地思考、探索，这个过程便成为中国哲学、文化发展的线索。我们可以分两个方面来论述这个问题，首先是关于孔子之叹，其次是关于《河图》、《洛书》对于易学哲学的影响。

关于孔子之叹，历代形成了不同的解释。孔安国曰："圣人受命，则凤鸟至，河图出。今天无此瑞，吾已矣乎，伤不得见也。"❶这是认为，孔子叹自己没有受命，不能显于天下。董仲舒也认为，河图、洛书为帝王受命之符，孔子感叹，乃是叹自己出身卑微，徒有才华而未能受命。他说："阴阳调而风雨时，群生和而万民殖，五谷孰而草木茂，天地之间被润泽而大丰美，四海之内闻盛德而皆徕臣，诸福之物，可致之祥，莫不毕至，而王道终矣。孔子曰：'凤鸟不至，河不出图，吾已矣夫！'自悲可致此物，而身卑贱不得致也。"❷《汉书·儒林传》则认为，孔子所叹为不能遇明君。"古之儒者，博学乎六艺之文。六艺者，王教之典籍，先圣所以明天道，正人伦，致至治之成法也。周道既衰，坏于幽厉，礼乐征伐自诸侯出，陵夷二百余年而孔子兴，衷圣德遭季世，知言之不用而道不行，乃叹曰：'凤鸟不至，河不出图，吾已矣夫！'"❸刘宝楠认为，后义为胜。我们也同意刘宝楠的看法。从《论语》的记载来看，孔子一生欲求明君而事之，其政治理念之一是"克己复礼"，即"郁郁乎文哉，吾从周"，从没有欲取周之天下而代之的想法。董仲舒的对策，是以已经即位的武帝为对象，所以不免讲一些帝王受命之类的话头。刘歆认为，河出图，是伏羲氏将要王天下的瑞兆❹，和董仲舒的思路是一样的。

"凤"乃凤凰，被古人认为是灵异之鸟；"凤鸟至"则被认为是圣王将要出现的符瑞，也是圣王的印证和象征。据《尚书》记载，舜时演奏《萧绍 》乐曲，有凤凰来到，预示着舜王天下，天下清明。凤凰是舜的符

❶ 《十三经注疏》下，总第 2490 页。

❷ 《汉书·董仲舒传》，《汉书》，第 8 册，第 2503 页。

❸ 《汉书·儒林传》，《汉书》，第 10 册，第 3589 页。

❹ 刘宝楠：《论语正义》，《诸子集成》，第 1 册，中华书局，1954 年版，第 180 页。

瑞。诸如“凤鸟至”之类的事情,在汉代被谶纬极端地夸张和利用,成为“迷信”。当然,所谓“圣王出,黄河清”,“凤鸟至”也有不少合理的因素。古人所说的“圣王”之治,包括社会政治和自然环境两个方面。圣王治天下,不仅政治清明,环境也处于十分和谐美好的状态,如河清海晏、惠风和畅、霖雨时降等等。自然环境优美的地方多有珍禽异兽,也是符合自然规律的。当今各国的国家公园、自然保护区等,都是珍禽异兽荟萃的地方。珍禽异兽—环境优美—政治清明之间存在一定的联系。前引《礼记·礼运》篇在其结尾处谈到,合理的政治,不使山者居川,不使渚者居中原,“用水、火、金、木、饮食必时,合男女、颁爵位必当年德;用民必顺,故无水旱昆虫之灾,民无凶饥妖孽之疾。故天不爱其道,地不爱其宝,人不爱其情。故天降膏露,地出醴泉,山出器车,河出马图,凤皇麒麟,皆在郊棷,龟龙在宫沼,其余鸟兽之卵,皆可俯而窥也,则是无故。先王能修礼以达义,体信以达顺,故此顺之实也。”❶这里所表述的,是人和自然的关系及其融洽的表现。我们知道,在一个自然环境优美、动植物都得到保护的地方,人和动物可以融洽共存。人不去捕杀动物,动物也不担心被人捕杀,安全、自由地在人群中走动。《孔子家语》也记载了一个孔子关于讳伤其类的感叹。孔子将要到晋国,走到黄河边,听说赵简子杀了窦犨(chōu)鸣犊及舜华。孔子临河而叹,“美哉水,洋洋乎,丘之不济,此命也夫!”子贡问他感叹什么,孔子说:“窦犨鸣犊、舜华,晋之贤大夫也,赵简子未得志之时,须此二人而后从政,及其已得志也,而杀之。丘闻之刳胎杀夭,则麒麟不至其郊;竭泽而渔,则蛟龙不处其渊;覆巢破卵,则凰凰不翔其邑。何则?君子违伤其类者也。鸟兽之于不义,尚知避之,况于人乎?”❷“违伤其类”即讳伤同类。这里,孔子所说也表达了他对于人与自然关系的理解。《文子》中也有类似的话:“积道德者,天与之,地助之,鬼神辅之,凤皇翔其庭,麒麟游其郊,蛟龙宿其沼。故以道莅天下,天下之德也;无道莅天下,天下之贼也。以一人与天下为仇,虽欲长久,不可得也。尧舜以是昌,桀纣

❶ 《礼记·礼运》:《礼记训纂》,第355~356页。

❷ 《孔子家语·困誓》。

以是亡。平王曰:寡人敬闻命矣。”❶

孔子之叹,朱熹所引张载注云:“凤至图出,文明之祥。伏羲、舜、文王之瑞不至,则夫子之文章,知其已矣。”❷应该说,张载所说,最具有本质意义。《河图》、《洛书》乃是天下“文明”的象征。何谓“文明”?《周易》六次出现“文明”一词。

《乾卦·文言》:“见龙在田,天下文明。”

《同人卦·彖》:“文明以健,中正而应,君子正也。唯君子为能通天下之志。”

《大有·彖》:“大有,柔得尊位,大中而上下应之,曰大有。其德刚健而文明,应乎天而时行,是以元亨。”

《贲·彖》:“贲,亨;柔来而文刚,故亨。分刚上而文柔,故小利有攸往。天文也;文明以止,人文也。观乎天文,以察时变;观乎人文,以化成天下。”

《明夷·彖》“明入地中,明夷。内文明而外柔顺,以蒙大难,文王以之。利艰贞,晦其明也,内难而能正其志,箕子以之。”

《革·彖》:“革,水火相息,二女同居,其志不相得,曰革。己日乃孚;革而信也。文明以说,大亨以正,革而当,其悔乃亡。天地革而四时成,汤武革命,顺乎天而应乎人,革之时义大矣哉!”

六处“文明”乃是就“人文”而言,有道德方面的刚健、中正、柔顺、顺应时代之义,有当代的“文明”、“有文化”之义,有政治上的革命、清明之义等。可见,“文明”包含了我们所说的“文化生命”的含义。孔子所叹,文化生命的浸微不兴,叹自己关于人和人类社会的道德的、文明的理想不能实现,乃是叹自己“文章”已矣。这种对文化、文明的感叹,成为促使后人沿着“文明”的路径发展中国文化的内在驱动,这正是中国文化中理性主义精神得以自始至终地贯穿下来的重要因素。

由于《河图》、《洛书》原本早已遗失,所以对于二者究竟是什么,历

---

❶ 《文字义疏》,第255页。

❷ 《四书章句集注》,第111页。

史上有不少争论。孔安国认为,“《河图》则八卦是也,《洛书》则九畴是也”❶。他说:“《河图》,八卦。伏羲王天下,龙马出河,遂则其文以画八卦,谓之河图。”❷但究竟《河图》就是八卦,还是说伏羲则《河图》而画八卦,孔安国实在是语焉不详。郑玄认为,“《春秋纬》云,河以通乾,出天苞;洛以流坤,吐地符。河龙图发,洛龟书感。《河图》有九篇,《洛书》有六篇。”❸刘歆认为,河图即八卦。伏羲时黄河有龙马出现于黄河中,其背上有纹路,类似八卦,此为“河图”伏羲见此而画八卦。河出图,是伏羲氏将要王天下的瑞兆❹。据《汉书·五行志》记载:“《易》曰:‘天垂象,见吉凶,圣人象之;河出图,洛出书,圣人则之。’刘歆以为伏羲氏继天而王,受《河图》,则而画之,八卦是也。禹治洪水,赐《洛书》,法而陈之,《洪范》是也。”对于《河图》就是八卦,孔颖达实际上是持一种带有疑虑的肯定,语气类似说服自己。他说:“当孔子之时,必有书为此说也。《汉书·艺文志》刘歆以为伏羲继天而王,受《河图》而画之,八卦是也。刘歆亦如孔说,是必有书明矣。《易·系辞》云‘古者包羲氏之王天下也,仰则观象于天,俯则观法于地,观鸟兽之文,与地之宜,近取诸身,远取诸物,於是始作八卦’,都不言法河图也,而此传言河图者,盖易理宽弘,无所不法,直如系辞之言,所法亦自多矣。何妨更法河图也。系辞又云河出图、洛出书,圣人则之。若八卦不则河图,余复何所则也?王肃亦云,河图八卦也。”❺关于《洛书》,据说夏禹时,洛水出现神龟,其背上有文字,夏禹取法之以作书,此即为《尚书·洪范》之起源。

如前所述,《河图》、《洛书》早已失传,其内容已不得而知❻。现在

---

❶❷❸ 《十三经注疏》上,总第 82 页。

❹ 刘宝楠:《论语正义》,《诸子集成》,第 1 册,第 180 页。

❺ 《十三经注疏》上,总第 239 页。

❻ 笔者推测,“河图”也许是黄河流域山川地形行政图。夏商周古代文明基本上是在黄河流域展开的,黄河的治理和利用对于古代文明来说是十分基础性的,有一个流域图,对于掌控河流和流域地区的物产、国家、风土、人性十分重要。后见李申《易图考》不仅有此观点,而且还进行了详细的论证。读者可参看该书有关部分。

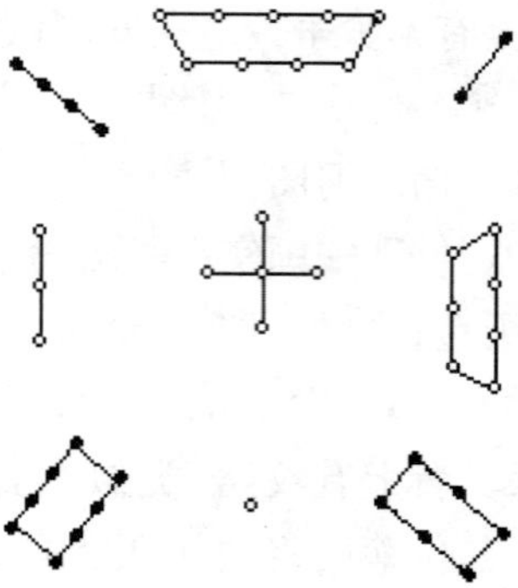
九宫图

我们能看到的《河图》、《洛书》据李申的考证是北宋刘牧创制的❶。刘牧是北宋仁宗时代人，深于易学，著有《易解》、《易数钩隐图》。其弟子将《易解》献给朝廷，受到赏识。其《河图》、《洛书》见于《易数钩隐图》。刘牧创制此二图，也有前行基础。汉唐期间，流行一种《九宫图》。此图在西汉以九宫占盘的形式广泛流行。1977年，安徽阜阳汝阴侯墓出土了太乙九宫圆占盘，占盘上数字为一与九、二与八、三与七、四与六对应，五具中央，布局正如《九宫图》。西汉时期此图以“太一下行九宫”的形式出现。汉以后此图一直被认为具有神性，曾被用来预测疾病、国家兴衰。

刘牧作《河图》、《洛书》的目的，是要解决圣人是如何则此而画八卦的。据《左传·僖公十五年》记载，韩简论《周易》象数曰：“龟，象也；筮，数也。物生而后有象，象而后有滋，滋而后有数。”其象数学基本观点是“形—象—数”。刘牧为了说明《河图》画卦说，提出了数更为根本的“象由数设”的“数—象—形”观点。《易数钩隐图序》说：“夫卦者圣人设之，观于象也，象者形上之应，原其本则形由象生，象由数设，舍数则无以见四象所由之宗矣。”这是刘牧的一大创见❷。这样，八卦的源泉就不是《系辞》所说的“仰观俯察”，而是《河图》。刘牧对于象数学的主要贡献，一是提出了“形由象生，象由数设”的新象数观；一是结束了“天降祥瑞说”的统治地位，开启了“以数明理说”主导的时代。这两个贡献，深刻影响了宋代象数学的特质和发展路向❸。刘牧的《易数钩隐图》第一篇为《太极第一》，太极如图一：“太极无数与象，今以二仪之

❶ 李申：《易图考》，北京大学出版社，2001年版，第160页。

❷ 李申：《河图考》，第162页。

❸ 这个观点来自王凤的博士论文《朱熹的易学哲学研究》。本节关于刘牧、朱熹的易学哲学思想，主要吸收了王凤、李申的观点。王凤的博士论文尚未出版，作者能够先睹为快并得以引用，在此表示诚挚感谢！

气混而为一以画之,盖欲明二仪所从而生也。”

《易数钩隐图》第二篇为《太极生两仪第二》。天地未分以前,太极元气混而为一,无象、数、形。其后清轻之气上升,重浊之气下降,太极判为两仪,此时有数而仍无形,天一、天三属阳仪,地二、地四属阴仪,为天、地之象。两仪成立后,二气相交,天一下而生水,地二上而生火,五行始出,此时产生“形”。见刘牧太极图二。

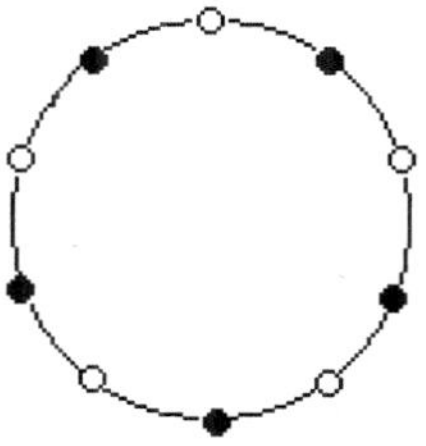

刘牧太极图一

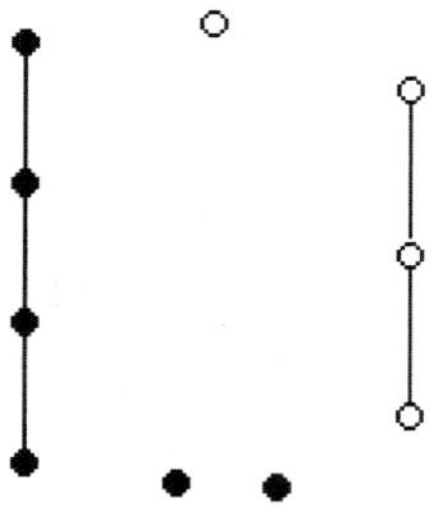

刘牧太极图二

刘牧的《河图》、《洛书》,是在吸收《九宫图》的基础上形成的。如下二图。

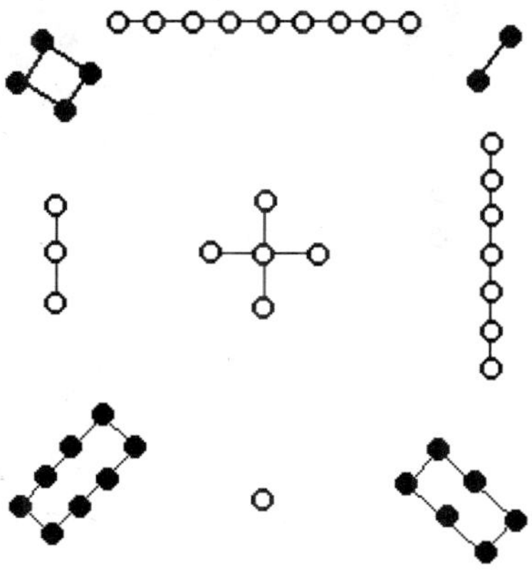

刘牧河图

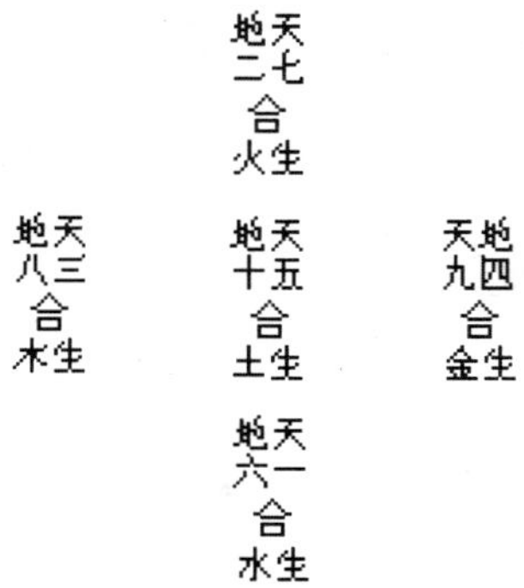

刘牧洛书

在刘牧看来,《河图》比《洛书》更为根本,《洛书》似为《河图》的推演。他说:“《河图》,八卦垂其象也,故可以尽陈其位。《洛书》,五行含其性也,必以文字分其类。"❶刘牧后人把《洛书》改造为黑白点阵图。

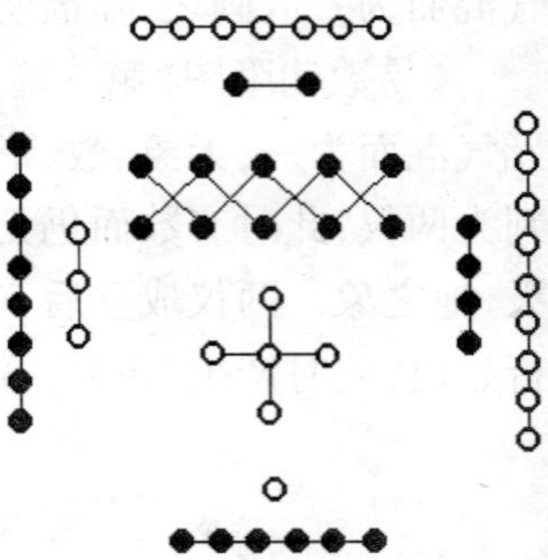

李觏所见《洛书》

刘牧的《河图》、《洛书》学说影响了李觏、周敦颐、邵雍以降的大批学者,又经朱熹推重,上升为官学,遂成为易学中的显学。刘牧将宇宙的原始形态定为"太极",其图为一圈线上相间排列黑白点各五圆圈,其基本思路为太极生二气,二气生五行,五行生动植,这种思维模式经过李觏影响了周敦颐。他的《太极图》与刘牧的"太极"图一致,《太极图》的第一图只绘一个圆圈,象征太极,这些都是受刘牧的影响❷。南宋时期,朱熹把刘牧所传的《河图》和《洛书》分别改为《洛书》和《河图》,置于他所作的《周易本义》的卷首。至此,《河图》、《洛书》成为《周易》的一部分,称为"天地自然之易"。元代以后,《周易本义》立于学官,《河图》、《洛书》遂成显学,影响至今。

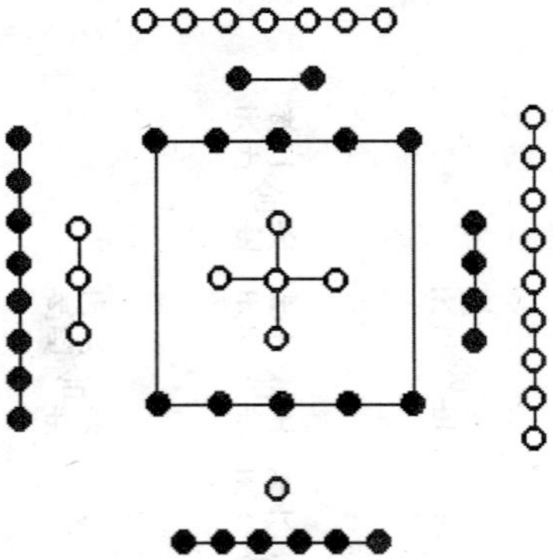

朱熹《河图》

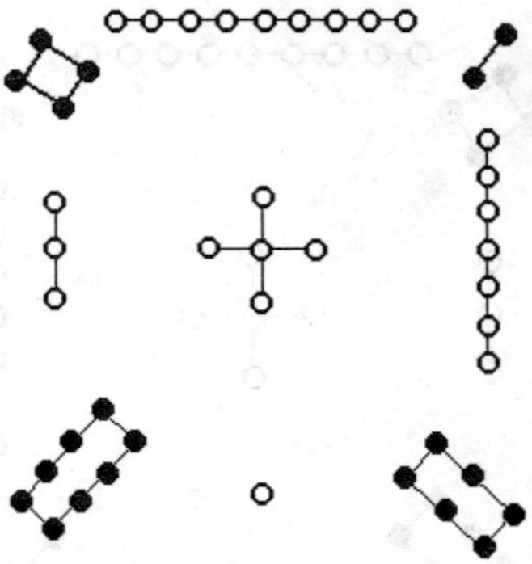

朱熹《洛书》

在此,笔者运用前文提出的"历史的真实"和"学术的真实"两个概

❶ 刘牧:《易数钩隐图 · 龙图龟书论》,文渊阁《四库全书》本。

❷ 萧汉明:《濂溪易学与北宋中期的政治改革》,载《国际易学研究》第2辑,华夏出版社,1996年版。

念，帮助我们理解《河图》、《洛书》的诠释史。刘牧创制的《河图》、《洛书》虽然不一定是学术的真实，但是，它因为嫁接在一个历史传说的基础上，形成了新的传统，这便构成了历史，形成了历史的真实。在探求《周易》源头学术活动中，《河图》、《洛书》是一种与河流相关的传说，河流—河图、洛书—八卦—周易之间，河流与后来的几个环节严格地说，并不构成本质意义的联系。但是，河流、治水等对于历史、文明和思维是一种根源性的影响，所以，“河出图、洛出书”的传说一定会被彻底坐实，即使不被刘牧坐实，也会被李牧、王牧坐实，至少朱熹就是一个很有可能坐实这一传说的人。一个历史传说催生了一种新的哲学传统；没有那个传说，就没有创造的驱动，就构不成那样的哲学传统。这就是河流对于文明的深刻影响。

第五章

功夫与境界:河流的文化生命与人生

第一节　水与功夫论

一、总论功夫

功夫论是中国哲学和西方哲学根本不同的地方之一。所谓功夫论,是指进行修养、实践,使某种道理成为自己人生理性甚至身体的一部分,使自己在以后的人生中能够没有迟疑、不加思虑、不存计较、自然而然地按照这种道理应对世事的一种活动。孟子的“实有诸己”可视为功夫论的实质性概括;程朱的“主敬”、“穷理”,王守仁的“事上磨练”和湛若水的“随处体认天理”可视为功夫论的具体方法。中国哲学所谓功夫表现为时时处处、事事物物、方方面面、里里外外无所不包括、无所不涉及的一种以某种哲学理念与自己的人心或主体性达到统一并能自觉地贯注于日常生活的活动。

中国哲学功夫论的内涵十分丰富,从现代哲学的角度看,它包括读书、学习、思考、沉思、冥想、反思、想象、体认、体会、独处、交往、道德实践、政治活动等。如果我们以康德的理性三分法来说,那么,功夫论主要是以实践理性为主,融合纯粹理性和判断力为一体的综合主体性的建立以及这个主体性在外部世界的落实或应用。这个主体性是综合的,是因为中国哲学并不把理性的各项能力加以区分,我们也可以称这个主体性为原始的理性或未分之前的理性。但是,康德哲学是排斥功夫论的。这个须注意。他说:"家庭的,地方的和国家的经济,社交艺术,饮食规范,或是一般的幸福学,甚至那对癖好的克服和嗜欲的控制等等都不能算到实践哲学里去或把它们构成哲学一般的第二部分。"❶他的道德哲学是排斥道德情感的,这就排斥了功夫论。在西方文化中,与中国哲学功夫论相应的部分常常是在宗教中。如人神合一的体验,放在中国哲学中就是功夫论的一部分。

功夫达到极致或纯熟状态,就成为"境界"。我们采用冯友兰、金岳霖的观点来定义境界。境界是宇宙、世界、社会、人生对于人的意义❷。境界有客观的成分,也有主观的成分。金岳霖用"Vista"表示境界,并表示,这种用法是超越词典的。词典的用法是两排树所组成的狭长景观,其次是关于一连串事件的精神意义和见识。金岳霖指出,保留其精神意义(mental meanings)和见识(prospect),去掉树和事件,就是他所说的境界。境界是"从经验中获得的意味"(significances gathered from experiences)❸。这里的"意味"是"significance",这个词具有主客体统一的意义。

由于根源性的天人合一思维方式的作用,中国哲学无论儒家还是道家等,其功夫论和境界论都与水有一种出发点的依赖性;天人合一构成了功夫论的前提。一般看来,与水的类比构成了理解功夫论境界论

---

❶ 康德:《判断力批判》,上卷,宗白华译,商务印书馆,1964 年版,第 10 页。

❷ 参看冯友兰《新原人》:《三松堂全集》,第 5 卷,河南人民出版社,1986 年版,第 549 ~ 564 页。

❸ 金岳霖:《道、自然与人》(英文),《金岳霖文集》,第 2 卷,甘肃人民出版社,1995 年版,第 731 页。

的门径，水与功夫论存在一种实质上的同一性。实际上，功夫论也是以天人合一为大前提、以水的各种性能为小前提的论证。但是，天人合一这个大前提常常被忽略，所以这种论证常常被视为类比或者如同艾兰所说，是隐喻。

二、"明鉴"：心

水、镜、映、思、心之间存在融贯的逻辑联系。清水能够照人，所以可以作为镜子。上古时代以水为镜是普遍现象，至今仍能够从典籍中看出这一点。《庄子》记载孔子的话说："人莫鉴于流水而鉴于止水。"❶《尚书·周书·酒诰》篇中有"古人有言曰：'人无于水监，当于民监。'今惟殷坠厥命，我其可不大监抚于时"的话，监，同"鉴"，镜。意思是说不要以水为镜，而要以民为镜，总结殷商失去天命的原因和教训，以历史为镜鉴。《尚书》引用古人之言说"无以水监"，反衬出当时以水为镜是十分普遍的，否则不会成为谚语。《墨子》也有同样的话，估计是出自《尚书》。墨子说"古者有语曰：'君子不镜于水而镜于人。'镜于水，见面之容；镜于人，则知吉与凶。今以攻战为利，则盖尝鉴之于智伯之事乎？此其为不吉而凶，既可得而知矣。"❷墨子是以智伯的晋国被韩、赵、魏三国瓜分为例子，说明应当以人为鉴的道理。《文子》也说："夫道者，内视而自反，故人不小觉，不大迷；不小惠，不大愚。莫鉴于流潦，而鉴于止水；以其内保之，止而不外荡。"❸又说："清之为明，杯水可见眸子；浊之为害，河水不见太山。"❹

水作为镜子能够映照人的面容，使人获得关于人的认识，这当然是一种知识。这种使人获得认识的作用，在人身上便是心的功能。心也如同镜子一样，能够使人获得认识。孟子说，"心之官则思，思则得之，不思则不得"。这样，水、镜通过认识这个中介便与思、心联系上了。这种联系不仅是中国哲学独有的，西方哲学也是如此。黑格尔哲学中，

---

❶ 《庄子·德充符》。

❷ 《墨子·非攻中》。

❸❹ 《文子疏义》，第261页。

“反思”是一个重要的范畴。反思的英文写法是 reflection,德文写法是 reflexion,二者词根是一样的,都是指镜子返回的光。无论是在西方哲学中还是在中国哲学中,光总是代表着认识。

既然心和水一样,具有镜子的映照作用,即具有认识作用,那么,关于水的认识、对于水采取的措施,都可以直接运用到作为认识功能的心上来,也是顺理成章的。水最显著的特点是有清浊、有动静;清、静能映照,浊、动不能映照。老子提出了“涤除玄鉴”和“心善渊”的方法。他说:“涤除玄鉴,能无疵乎?”(《老子·第10章》)这是要求心做到纯、净。如前所述,“渊”具有静、深的特点,“心善渊”即是保持认识的玄深。庄子也提到,人心在安静的时候是“渊而静”❶。“涤除玄鉴”、“心善渊”都是为了认识道。老子的道不是经验的产物,不是一般的认识能力所能通达的,必须具有微妙玄通的认识能力才能与道相应。“为学日益,为道日损”,就是要使心灵的各种经验知识、认识能力损之又损,达到一种异乎寻常的清静,才能映照出道。老子也把这称为“虚其心”,只有虚心,才能接受外物。“涤除玄鉴”的方法在庄子那里更为明确地发展为“明镜止水”的方法。庄子说:“水静则明烛须眉,平中准,大匠取法焉。水静犹明,而况精神!圣人之心静乎!天地之鉴也,万物之镜也。”❷为了做到心如明镜止水,庄子提出了许多方法,有“心斋”、“不撄心”、“澡雪”人之精神等。心斋,顾名思义,就是心的斋戒。照庄子所说,也就是思虑集中,不听以耳而听以心,不听以心而听以气。“气也者,虚而待物者也。唯道集虚。虚者,心斋也”❸。虚,是心的空与明。空可容物,明可照物。虚,在老子那里,也是“谷”,谷是山间行水的沟壑;明则是水澄清的状态。庄子认为,虚的心也是空明的心,“虚室生白”,即虚的心能够生出光明来。人做到这一步,不靠心智就能获得知识。用庄子的话说,是“以无知知”❹。《淮南子》说:“夫镜水之与形接也,不设智故,而方圆曲直弗能逃也。是故响不肆应,而景不

❶《庄子·在宥》。

❷《庄子·天道》。

❸❹《庄子·人间世》。

一设，叫呼仿佛，默然自得。”❶这里也是以镜、水不设智说明心不受干扰、没有预定的前提，才能够获得正确的认识的道理。“不撄心”是不扰动心，就像不能搅混静水一样，水被搅混后就不能发挥认识作用了；心被扰动后，也会失去平衡，无法认识大道。《文子》说：“今盆水若清之经日，乃能见眉睫，浊之不过一挠，即不能见方圆也。人之精神难清而易浊也，犹盆水也。”❷这里所说的挠水，就是庄子所说的“撄心”。搅混心的因素很多，在庄子看来，儒家所谓仁义礼智就是搅混人心的东西。庄子借老聃之口说，黄帝以仁义扰乱人心，所以尧舜辛苦地奔走于天下，大腿、小腿上的汗毛等磨光了，煞费苦心为仁义，耗尽心机制定各种法度，然而终究不能改变人心。于是，尧把讙兜流放到崇山，把共流放到幽都，把三苗驱逐到三峗等等，天下仍然不能平静。到三王时，天下受到了更大的扰乱。儒墨并起，相互猜忌；下有桀纣、盗跖，上有曾参、史鱼。庄子怀疑，怎能知道仁义不为桎梏，曾、史不为桀、跖。“无撄人心”，他认为，“绝圣弃知，而天下大治。”❸

庄子提出了澡雪人之精神的说法，从他所谓绝圣弃智可以推断，这是要把仁义礼智的观念从人心中彻底排除出去，使人成为无知无欲的人。知、欲都是搅乱人心的东西，有了这些，人的认识能力就会被歪曲，就无法认识大道。

> 孔子问于老聃曰：“今日晏闲，敢问至道。”老聃曰：“汝斋戒，疏瀹（yuè）而心，澡雪而精神，掊击而知。夫道，窅然难言哉！将为汝言其崖略：夫昭昭生于冥冥，有伦生于无形，精神生于道，形本生于精，而万物以形相生。故九窍者胎生，八窍者卵生。其来无迹，其往无崖，无门无房，四达之皇皇也。邀于此者，四肢强，思虑恂达，耳目聪明。其用心不劳，其应物无方，天不得不高，地不得不广，日月不得不行，万物不得不昌，此其道与！且夫博之不必知，辩之不必慧，圣人以断之矣！若

---

❶ 《淮南子·原道训》，第 10 页。

❷ 《文子疏义》，第 149 页。

❸ 《庄子·在宥》。

夫益之而不加益,损之而不加损者,圣人之所保也。渊渊乎其若海,魏魏乎其终则复始也。运量万物而不匮。则君子之道,彼其外与!万物皆往资焉而不匮。此其道与!❶

这一段记述,老子正是要求孔子斋戒,疏通、洗刷心灵,洗涤精神,打破知识。只有这样,心灵才能如明镜止水一样,映照出道。明者生于暗,精神生于道,形质生于精气,道来无痕迹,道去无边界。明白了这个道理,就会四肢强健,思虑通达,心不操劳,而能灵活地应对事物。道渊渊如海,万物取资而不亏乏。老子、庄子之外,《文子》、《管子》、《荀子》都有类似的论述。可见,和“因”、“无为”一样,把心比作水、镜,要求心的清明,也是一个跨学术流派的共同见解,是中国哲学各家共同的思维方式。如果追根溯源,这种思维方式当然是根源性智慧的积淀与升华。

关于心的清明,《文子》的提法是“澄心清意”,《管子》的说法是“洁其宫”。《文子》说:“凡学者,能明于天人之分,通于治乱之本,澄心清意以存之,见其终始,反于虚无,可谓达矣。”❷澄、清与水的关联一望即知,不必说明。“洁”也是一个水部文字,与水相关。《管子》说:“洁其宫,阙其门。宫者,谓心也。心也者,智之舍也,故曰‘宫’。洁之者,去好过也。门者,谓耳目也。耳目者,所以闻见也。‘物固有形,形固有名’,此言不得过实,实不得延名。姑形以形,以形务名,督言正名,故曰‘圣人’。”❸《管子》又说,“世人之所职者精也。去欲则宣,宣则静矣,静则精。精则独立矣,独则明,明则神矣。神者至贵也,故馆不辟除,则贵人不舍焉。故曰‘不洁则神不处’。”❹这两段引文都表明,《管子》把心比作“宫”要求打扫,实际上是清除先入之见,以便心能够客观地认识事物。

《荀子·解蔽》篇肯定心能够知“道”。心如何能够知呢?他提出

❶ 《庄子·知北游》。
❷ 《文子疏义》,第463页。
❸ 《管子校注》,第770页。
❹ 《管子校注》,第776页。

“虚壹而静”。“虚”是心中虽然已经存有知识,但不以原有的知识损害接受新的知识。“壹”是专一。心虽然可以兼知,但是不以一方面的认识影响另一方面的认识。“心未尝不动也;然而有所谓静;不以梦剧乱知谓之静。未得道而求道者,谓之虚壹而静。”❶荀子指出:“虚壹而静,谓之大清明。万物莫形而不见,莫见而不论,莫论而失位。坐于室而见四海,处于今而论久远。疏观万物而知其情,参稽治乱而通其度,经纬天地而材官万物,制割大理而宇宙里矣。”❷荀子的“虚壹而静”的虚、静,和老子、庄子所讲的虚、静,都是相近的。“大清明”的“清明”显然也是描述水的特征的概念。荀子又用更加清楚的语言指出:“‘人心之危,道心之微。’危微之几,惟明君子而后能知之。故人心譬如盘水,正错而勿动,则湛浊在下,而清明在上,则足以见鬒眉而察理矣。微风过之,湛浊动乎下,清明乱于上,则不可以得大形之正也。心亦如是矣。故导之以理,养之以清,物莫之倾,则足以定是非决嫌疑矣。小物引之,则其正外易,其心内倾,则不足以决粗理矣。”❸为物所引就是心被搅动,就会陷入混乱,不足以认识事物的甚至很粗略的道理。

三、“止水”与性

与用水说明心相并列的是用水说明性。“性”在《说文解字》中属于心部,写作“㤜”。《说文解字》的解释是“性,人之阳气,性,善者也。从‘心’,‘生’声”❹。这个解释已经包含了孟子的性善论思想,是一个哲学解释,而不是原初意义的语言学解释。《荀子》的“性者、本始材朴也”❺,“性者、天之就也”❻,“凡性者,天之就也,不可学,不可事”❼等说法,毋宁说更接近于“性”字的本来意义。从“心”说明了性的所存之处和所发之源;“生”则是生来、天然的状态。“性”为什么从“心”?显然是与古人认为心是人决定自己的行为的地方有关。中国古代哲学中,

---

❶❷❸ 《荀子·解蔽》。
❹ 《说文解字注》,第502页。
❺ 《荀子·礼论》。
❻ 《荀子·正名》。
❼ 《荀子·性恶》。

心脏(heart)、心灵(mind)、意志(will)、主体(subject)、思维(thinking)是合在一起的,《说文解字》中“心”字写作“”,与心脏十分相似。性是天然之质,通常把性译作“nature”,也是非常恰当的。

然而,“天然”是什么?孟、荀的看法并不相同。孟子说:“天下之言性也,则故而已矣。故者以利为本。所恶于智者,为其凿也。如智者若禹之行水也,则无恶于智矣。禹之行水也,行其所无事也。如智者亦行其所无事,则智亦大矣。天之高也,星辰之远也,苟求其故,千岁之日至,可坐而致也。”[1]这里,孟子认为,人们都是以利为本,利已经是性之外的东西了,是对性的一种附加,所以他反对穿凿,要求像大禹治水那样,“行其所无事”。如前所述,“无事”是老子的“无为”的内涵之一,无为是治水智慧的升华。孟子可能是先秦诸家中对于大禹治水体会最多的一位,《孟子》一书提到“大禹”有30次之多,这在其他典籍中是很少见的。他所体会的大禹治水的经验是“无事”,也就是遵照水的本性治水。“水曰润下”引申到性的问题上就是性善说。他认为,性善是性的本来状态,就如同水流就下一样。他和告子关于人性的辩论,也是从水的比喻开始的。出人意料的是,告子先引用水,这也说明水对于中国人思维影响的广泛性。

> 告子曰:“性犹湍水也,决诸东方则东流,决诸西方则西流。人性之无分于善不善也,犹水之无分于东西也。”
>
> 孟子曰:“水信无分于东西,无分于上下乎?人性之善也,犹水之就下也。人无有不善,水无有不下。今夫水,搏而跃之,可使过颡;激而行之,可使在山。是岂水之性哉?其势则然也。人之可使为不善,其性亦犹是也。”[2]

告子用水无常形作为比喻说明性无定质。孟子则从“水曰润下”出发,认为水是有定向的,这种定向(其实是地球引力的作用),可以理解善为心的定向作用。使劲拍水,水可以过头;戽水,可以使它上山,但这都不是水的本性。告子和孟子在说明性的善与不善问题上采取的都

---

[1] 《孟子·离娄下》。

[2] 《孟子·告子上》。

是类比性论证或者说是类证。在现代知识论看来,论证是从由科学所决定的被论证事物的本质出发进行推理的。比喻是把两种事物放在一起,以一个说明另一个。使二者放在一起的前提也是一种联系,但不一定是本质性联系。类证是介于比喻和论证之间的一种证明形式。它以类比的形式通过对于事物之间的某种联系得出结论。类证还是一种论证形式,比喻不是论证。孟子和告子都是把水和性看作本质上是一样的东西,用水代替性。这是中国人与水打交道,大禹治水智慧在民族心理中的积淀,他们很自然地就会想起水来。从西方哲学的论证方式来看,二人都是言不及义的。因为水和性究竟是不是一回事,水究竟能不能代替性,都还是要进行证明的。但是,如前所述,治水智慧所形成的天人合一是中国古人根深蒂固的思维前提。在他们看来,水和人性具有同质的特点,是不必论证的。所以,水可以直接拿来说明人性。天人是同类,"凡同类者,举相似也"❶。如果承认天人合一这个前提,就会发现,孟子和告子的的推理过程是这样的:天人合一;水无分东西/水就下;所以,人性无所谓善恶/人性善。天人合一是大前提,水是论证的一个小前提。大前提是中国文化的基本理念,所以论证者往往并不说出,而直接用小前提和结论进行说明,这使人们觉得似乎中国哲学没有论证,是一种直觉的跳跃性思维。孟子所说的性善,只是先天的必然性,这就像水在地球环境下有一个"润下"的先天必然性一样。他强调四端,端为发端、苗头;又说"乃若其情,则可以为善矣,乃所谓善也。若夫为不善,非才之罪也"❷,则是就人的实际情况来看人是可以为善的,不善不是天生的素质(才)有问题,而是后天环境的影响所造成的。牛山之木曾经非常茂密,但是因为处在大都市的郊外,砍柴的每天去砍,放羊的每天去放,牛山没有休养生息的机会,变成濯濯童山。然而,这并不是牛山的本性。孟子由此提出养心,不赘。

与性对应的是"情"。"情",《说文解字》写作"𢡆",解释是"人之阴气有欲者。"❸这个解释存在和"心"的解释同样的问题,是一种哲学

---

❶❷ 《孟子·告子上》。

❸ 《说文解字注》,第502页。

的解释而不是语言学的解释。由于阴阳在价值上的对立性,所以“情”低于性。“何谓人情?喜、怒、哀、惧、爱、恶、欲,七者弗学而能。”❶《中庸》说“喜怒哀乐之未发,谓之中;发而皆中节,谓之和”。“中”,是情的本然状态,“和”是本然状态的外部实现。朱熹说:“喜、怒、哀、乐,情也。其未发,则性也,无所偏倚,故谓之中。发皆中节,情之正也,无所乖戾,故谓之和。”❷但是,感情所发,常常是偏而不正的,所以,中国古人用“礼”来约束感情。前文我们引过《管子》的礼者因人之情而为之节文的说法,儒家在这方面最具有特长。《礼记》也有同样的话,前已引述。

在心性情的关系中,心是地点,性是心的本质,情是性的发用。心兼有、发出并主宰性情,合起来即“心统性情”。这是张载所说,十分精辟。所谓中、所谓和,都是性情的正确发用。但是,情是感情,感情最易偏颇;向上溯源,则可以说性最易被扰动。所以,人天生的性的清静是很难保持的。《礼记》说:

> 人生而静,天之性也;感于物而动,性之欲也。物至知知,然后好恶形焉。好恶无节于内,知诱于外,不能反躬,天理灭矣。夫物之感人无穷,而人之好恶无节,则是物至而人化物也,人化物也者,灭天理而穷人欲者。❸

《淮南子》有一段,与《礼记》几乎完全相同:

> 人生而静,天之性也;感而后动,性之害也;物至而神应,知之动也;知与物接,而好憎生焉。好憎成形,而知诱于外,不能反己,而天理灭矣。故达于道者,不以人易天,外与物化,而内不失其情,至无而供其求,时骋而要其宿。小大修短,各有其具,万物之至,腾踊肴乱而不失其数。是以处上而民弗重,居前而众弗害,天下归之,奸邪畏之,以其无争于万物也。故

---

❶ 《礼记训纂》,第 345 页。
❷ 《四书章句集注》,第 18 页。
❸ 《礼记训纂》,第 564 页。

莫敢与之争。❶

用流行的儒道对立的观念来看,《礼记》是儒家权威经典,《淮南子》思想倾向于道家,可是,两书对于性情的看法却非常相近,都用描述水的性质的概念“静”来说明性,都认为人的天性是静;都对情提出了批判。《礼记》把好恶等情感看作欲,要求存天理、灭人欲。《淮南子》则直接把情定义为“恶”;两书都主张化物而不被物所化。由于存天理、灭人欲思想在宋代以后中国产生了极大的影响,所以我们把这两段特别列出来。总之,把水与人性联系起来的思想非常普遍,是当时普遍的文化观念,不分儒家道家。《文子》、《吕氏春秋》也都以水之清静说明人性。

清静恬和,人之性也。❷

静漠恬惔,所以养生也;和愉虚无,所以据德也。外不乱内,即性得其宜;静不动和,即德安其位。养生以经世,抱德以终年,可谓能体道矣。❸

日月欲明,浮云蔽之;河水欲清,沙土秽之;丛兰欲修,秋风败之;人性欲平,嗜欲害之。❹

夫水之性清,土者汩之,故不得清。人之性寿,物者扣之,故不得寿。❺

四、心与功夫

康德把理性分为认知、道德、审美理性三种,分别写了《纯粹理性批判》、《实践理性批判》、《判断力批判》。不过,人并不存在三种不同的心。所谓三种理性,不过是同一个心的三种不同作用,或者三种不同使用。康德在《判断力批判》中特别点明了这一点❻。中国古代哲学对此也是有明确的意识的。中国哲学家固然对于心的认识作用有不少分

---

❶ 《淮南子·原道训》,第10页。

❷ 《文子疏义》,第315页。

❸ 《文子疏义》,第149页。

❹ 《文子疏义》,第266页。

❺ 《吕氏春秋·本生》:《诸子集成》,第6册,第4页。

❻ 康德:《判断力批判》(上),第3~4页。

析,“涤除玄览”、“洁其宫”、“虚一而静”在某种意义上说,都是对纯粹理性的批判❶。但中国哲学并不把心的认识作用和它所认识的对象截然分开,而总是把心指向它的认识对象,把二者结合在一起。中国哲学也不对理性进行三种区分,从认知理性到实践理性、审美理性的过渡是自然而然的。前引中国古代哲学对于心与性的认识,都以水为小前提。这其中的认识功能一般来说和康德的纯粹理性是一致的,“性”是人的本性,和人的本质的理论对应。“性”决定人所“应为”,这就是道德实践的内容,但“性”只是本质意义的规定性,还不是实践理性。实践理性还是心。恢复本性的清静的功夫,仍然是在心上做。前述《文子》的“澄心清意”、《管子》的“洁其宫”、荀子的“虚一而静”都是心的功夫,也都是关于性的功夫、关于道德实践的功夫。性通过心的功夫来恢复和显示。孟子说“尽心、知性、知天”,在抽象的意义上,对各个学派都是适用的。显示性的功夫仍需落在心上。既然心、性如水,那么,心性的功夫也就如同恢复水的本来的清静一样,是一种摈除干扰、恢复清静的功夫。这也是跨学派的普遍观点。所谓干扰,主要是由外物所引起的欲望和冲动。《文子》说:

> 人受气于天者,耳目之声色也,鼻口之于芳臭也,肌肤之于寒温也,其情一也。或以死,或以生;或为君子,或为小人;所以为制者异。神者,智之渊也;神清则智明。智者,心之府也;智公则心平。人莫鉴于流潦而鉴于澄水,以其清且静也,故神清意平乃能形物之情,故用之者必假于不用者。夫鉴明者,则尘垢不污也;神清者,嗜欲不误也。故心有所至,则神慨然在之,反之于虚,则消躁藏息矣,此圣人之游也。故治天下者,必达性命之情而后可也。❷

这里,文子提出,外物所引起的欲望是一样的,但人有的生,有的

❶ 当然,和康德不同的是,这种批判是排除主观,康德则是指出心中已经事先有了范畴,范畴是先天综合判断的普遍性和必然性的来源。和这条思路相同,加达默尔也强调前见在认识中的意义。

❷ 《文子疏义》第141页。

死,有的成为君子,有的成为小人,是因为制约情的“神”不同的缘故。“神”是最深刻的智慧,神清,则智明。智慧又是容纳心的府库,所以智公则心平。这时的心就像清静的澄水、明亮的镜子能够鉴照事物的实情,从而通达人的性命之情。文子用“澄水”、“鉴明”来比喻人的精神。所以,他强调“非淡漠无以明德,非宁静无以致远,非宽大无以并覆,非正平无以制断”❶。这里他所说的“德”就是性。《淮南子》也有一段基本与此相似的话,大致是抄自《文子》❷,强调“水之性真清,而土汩之;人性安静,而嗜欲乱之”❸,神明、智公、心平,才能最终通达性命之情。

《礼记》、《淮南子》中关于性情关系论在魏晋时期演变为王弼的所谓“性其情”的思想,即以性的规定性来约束情。在唐代发展为李翱的复性说,在宋代演变为理学的性情观,集大成者是朱子。其核心是性体情用,性未发情已发,性理情欲,心统性情。其实质是把性等同于理、作为体,情作为用、作为性之动;把一切感情类心理现象统统作为情,四端、恻隐之心等。“性者,心之理;情者,性之动”❹。这正是朱熹的理学特色所在。朱熹有时也提出心之动为情的说法,如“性者心之理,情者心之动”❺。为了弥合这两种说法,他说:“性对情言,心对性情言。合如此是性,动处是情,主宰是心。大抵心与性,似一而二,似二而一。”❻他又采纳张载的“心统性情”的说法,认为“仁是性,恻隐是情,需从心上发出来。‘心,统性情者也’”❼。他说:

> 性是未动,情是已动,心包得已动未动。盖心之未动则为性,已动则为情,所谓“心统性情”也。欲是情发出来的。心如水,性犹水之静,情则水之流,欲则水之波澜,但波澜有好

❶ 《文子疏义》,第149页。

❷ 过去都认为,《文子》是伪书,抄自《淮南子》,1973年河北定州八角廊出席汉中汉王墓藏出土了竹简《文子》,《文子》抄袭《淮南子》之说已不成立。

❸ 《淮南子·俶真训》;《诸子集成》,第7册,第29页。

❹ 《朱子语类》,第1册,第89页。

❺ 《朱子语类》,第1册,第97页。

❻ 《朱子语类》,第1册,第90页。

❼ 《朱子语类》,第1册,第93页。

的,有不好的。欲之好的,如"我欲仁"之类;不好的则一向奔驰出去,若波涛翻浪;大段不好的欲则灭却天理,如水之壅决,无所不害。孟子谓情可以为善,是说那情之正,从性中流出来者,原无不好也。❶

这里,朱熹把心比作水,把性比作水之静,把情、欲比作水之流,是继承了老子、《礼记》、文子的说法,也显现出了治水文化和智慧像一条潜流,源远流长地潜流在历史脉胳之中。朱熹把"欲"分为好与不好两种,不好的"欲",也即是他所说的"存天理、灭人欲"的欲。好的欲,也即好的情,是发而中节之谓和的情。朱熹的功夫论的核心内容是"存天理、灭人欲"。但是,他并没有把人的一切欲望都完全否定。他说:"饮食,天理也;要求美味,人欲也。"❷这和儒家一贯的思路是一致的。孟子讲寡欲、荀子讲节欲,都没有把欲彻底否定。荀子曾经指出:"性者,天之就也;情者,性之质也;欲者,情之应也。以所欲为可得而求之,情之所必不免也。以为可而道之,知所必出也。故虽为守门,欲不可去,性之具也。虽为天子,欲不可尽。欲虽不可尽,可以近尽也。欲虽不可去,求可节也。所欲虽不可尽,求者犹近尽;欲虽不可去,所求不得,虑者欲节求也。道者,进则近尽,退则节求,天下莫之若也。"❸五四以后,在批判孔家店的思潮中,"存天理、灭人欲"被认为是封建统治的意识形态,遭到严厉的批判和彻底的打击。从上所述可知,天理人欲思想并不像一般批判的那么僵化。此其一。其二,程朱的存天理、灭人欲主要是对统治者讲的,首先是限制统治者而不是百姓。但是,历代统治者都把这些用在了百姓身上,我们必须认识到这条原则的针对性。其三,"存天理、灭人欲"在历史上也起到了鼓舞中华民族志气、凝聚人心的作用。对其积极意义,我们必须客观地评价。其四,作为一个普遍原则,如果我们当今以法律作为天理人欲的客观标准,那么,这条原则至今仍然不过时。如果把以牺牲自己的生活质量去助人为乐的道德原则

❶ 《朱子语类》,第1册,第93页。

❷ 《朱子语类》,第1册,第224页。

❸ 《荀子·正名》。

作为标准,那么,它是一条极高的原则。

儒家对于水在道德修养方面引申,“沧浪之水”是非常重要的一段。孟子在批评不仁者时说到:“不仁者可与言哉?安其危而利其灾,乐其所以亡者。不仁而可与言,则何亡国败家之有?有孺子歌曰:‘沧浪之水清兮,可以濯我缨;沧浪之水浊兮,可以濯我足。’孔子曰:‘小子听之!清斯濯缨,浊斯濯足矣。自取之也。’夫人必自侮,然后人侮之;家必自毁,而后人毁之;国必自伐,而后人伐之。《太甲》曰:‘天作孽,犹可违;自作孽,不可活。’此之谓也。”❶沧浪之水说明,人对于水的态度,全视水自身状况如何而定;而水自身状况如何,则是水自己所决定的。也就是说,每个人从外界所得的对待,都是由于自己的行为所决定的。这里突出了人的主体性概念,促使人进行道修美德。

第二节　人生的境界

如前所述,境界是自然对于人的意味,这种意味是主客观的统一。老子、孔子、庄子、宋明时期程颢等人,现代著名哲学家冯友兰、金岳霖、牟宗三、唐君毅等人,也都提出了他们的境界哲学。历史上老子、庄子、孔子的境界哲学都是与河流有着密切关联的,冯友兰、金岳霖的境界哲学则是在前人境界哲学上的进一步延伸。

一、“无为”与“自然”

老子的境界哲学,无疑应以“无为”和“自然”为核心。“人法地、地法天,天法道,道法自然”。“无为”和“自然”可以相互诠释。“无为”是不干涉自然的进程,顺其自然;“自然”是自然而然、自己而然,也就是无为。这里的“自然”不是“自然界”,而是一种自然观和价值观,二者是统一的。无论“无为”还是“自然”,都是中华民族治水智慧的积淀、升华和作为自然现象的水的取义。“取义”是易学哲学的词汇,我们可以扩展其义用到这里。

---

❶ 《孟子·离娄上》。

作为对自然的取义,老子的无为的境界可以用水的特点来诠释。老子把水的许多特点抽象为不同层面的道德意义概念,构成了人生道德修养和境界的住持。老子的人生境界可以概括为以下几点。

(一)柔弱

“上善若水,水善利万物而不争”。这是老子关于人与外部世界的关系的重要规定。为客而不为主,利物而不与争。“居善地,心善渊,与善仁,言善信,政善治,事善能,动善时。夫唯不争,故无尤。”不仅如此,即使为自然的运行做了一定的工作,也要“生而不有,为而不恃,长而不宰”❶。这种“若水”的状态老子又称为“守柔”、“守雌”。在老子看来,“守柔”并不意味着柔弱无力,处于下风。相反,弱才是强,无力才是力量。天下没有比水更柔弱的东西,“而攻坚强者莫之能胜,以其无以易之”,老子感叹“弱之胜强,柔之胜刚,天下莫不知,莫能行”❷。不仅攻坚是这样,人生也如此。柔弱才能生存,柔弱才最具有生命力。这正是“无为而无不为”深刻性之所在。“人之生也柔弱,其死也坚强。草木之生也柔脆,其死也枯槁。故坚强者死之徒,柔弱者生之徒。是以兵强则灭,木强则折。强大处下,柔弱处上”❸。“见小曰明,守柔曰强”❹;“知其雄,守其雌,为天下溪”❺。鉴于此,老子主张“复归于婴儿”。因为婴儿是最柔弱的,也是最具有生命力的。“含‘德’之厚,比于赤子”❻。德是人所获得的道,婴儿身上道最多。冯友兰先生用自然、功利、道德、天地四个层次来划分人生境界。老子这里的“婴儿”不是原初意义上的婴儿,原初意义上的婴儿不识不知,是一种自然境界。老子这里所说的婴儿,则是一种自觉的复归,是最高意义的顺其自然,可以说属于天地境界。

---

❶ 《老子·第2章》。
❷ 《老子·第78章》。
❸ 《老子·第76章》。
❹ 《老子·第52章》。
❺ 《老子·第28章》。
❻ 《老子·第55章》。

（二）处下

水流的最大特点是“润下”。这种特点反映在人生上、国与国的关系上，老子主张“处下”。“大邦者下流，天下之牝，天下之交也。牝常以静胜牡，以静为下。故大邦以下小邦，则取小邦；小邦以下大邦，则取[于]❶大邦。故或下以取，或下而取。大邦不过欲兼畜人，小邦不过欲入事人。夫两者各得所欲，大者宜为下”❷。“为天下溪，常德不离”，“为天下谷，常德乃足，复归于朴”等，都是人生的态度和境界。“常德”就是道。只有处于低下的地方才符合道。

（三）包容

包容的思想集中表现在老子以江、海、谷、虚等概念来形容道。如前所述，谷是中空之无，虚则能够受物、容人；江、海则以低下的姿态接受百川之水。老子说：“道之在天下，犹川谷之于江海”；“江海之所以能为百谷王者，以其善下之，故能为百谷王。”❸

（四）谦虚、谨慎

道运行的特点是“反者道之动”，自伐、自满正是到顶点的表现，处于转化到反面的前夜。所以，老子极力反对盈，反对自满、自伐。他说：“持而盈之，不如其已”❹；“保此道者，不欲盈。夫唯不盈，故能蔽而新成”❺。所谓“蔽而新成”，就是获得新的生命。道是不自满、不自伐的，道遍流天下，衣养万物。“万物恃之以生而不辞，功成而不有。衣养万物而不为主，可名于小；万物归焉而不为主，可名为大。以其终不自为大，故能成其大。”❻但道不为主，可名为小。连道都名为小，还有什么可以名为大呢？所以，老子强调，善于行事的人，达到结果也就可以了，不能再骄矜，不矜才能长久。“善有果而已，不以取强。果而勿矜，果

---

❶ “于”字通行本无有，马王堆帛书《老子》有此字。

❷ 《老子·第66章》。

❸ 《老子·第32章》。

❹ 《老子·第9章》。

❺ 《老子·第15章》。

❻ 《老子·第34章》。

而勿伐,果而勿骄”[1]。“不自见,故明;不自是,故彰;不自伐,故有功;不自矜,故长。”[2]前引“生而不有,为而不恃,长而不宰”也有反对骄矜的意思。与反对骄矜相关的是主张“知足”。老子说:“祸莫大于不知足;咎莫大于欲得。故知足之足,常足矣”[3];又说:“名与身孰亲?身与货孰多?得与亡孰病?甚爱必大费;多藏必厚亡。故知足不辱,知止不殆,可以长久。”[4]

不自满、谨慎的思想,不仅老子有,孔子也有。据《荀子·宥坐》记载:“孔子观于鲁桓公之庙,有欹器焉。孔子问于守庙者曰:‘此为何器?’守庙者曰:‘此盖为宥坐之器。’孔子曰:‘吾闻宥坐之器者,虚则欹,中则正,满则覆。’孔子顾谓弟子曰:‘注水焉。’弟子挹水而注之。中而正,满而覆,虚而欹。孔子喟然而叹曰:‘吁!恶有满而不覆者哉!’子路曰:‘敢问持满有道乎?’孔子曰:‘聪明圣知,守之以愚;功被天下,守之以让;勇力抚世,守之以怯;富有四海,守之以谦:此所谓挹而损之之道也。’”孔子这里所说,也是谦虚、谨慎的原则。谦虚、谨慎可以视为当时的一个普遍观念。据《孔子家语》记载,孔子东周礼观,见到一个金人,其背后铭文说:

> 古之慎言人也,戒之哉!无多言,多言多败;无多事,多事多患;安乐必戒,无所行悔。勿谓何伤,其祸将长;勿谓何害,其祸将大;勿谓不闻,神将伺人。焰焰不灭,炎炎若何;涓涓不壅,终为江河;绵绵不绝,或成网罗;毫末不札,将寻斧柯。能慎之,福之根也。口是何伤,祸之门也。强梁者不得其死,好胜者必遇其敌。盗憎主人,民怨其上。君子知天下之不可上也,故下之;知众人之不可先也,故后之。温恭慎德,使人慕之;执雌持下,人莫踰之;人皆趋彼,我独守此;人皆或之,我独不徙。内藏我智,不示人技。我虽尊高,人弗我害,谁能于此。

---

1. 《老子·第30章》。
2. 《老子·第22章》。
3. 《老子·第46章》。
4. 《老子·第44章》。

江海虽左，长于百川，以其卑也。天道无亲，而能下人，戒之哉！❶

《观周》记载，孔子读过此文后，对门人说："小人识之，此言实而中，情而信。诗曰：'战战兢兢，如临深渊，如履薄冰。'行身如此，岂以口过患哉？"从史料来看，孔子的谨慎、谦虚观念，似应有老子的影响❷。孔子适周问礼于老子，《史记》、《孔子世家》、《老子列传》均有记载，《孔子世家》记载孔子离开时，老子对他说：

吾闻富贵者送人以财，仁人者送人以言。吾不能富贵，窃仁人之号，送子以言，曰："聪明深察而近於死者，好议人者也。博辩广大危其身者，发人之恶者也。为人子者毋以有己，为人臣者毋以有己。"❸

《老子列传》的记载大致与此相同。老子曰："良贾深藏若虚，君子盛德容貌若愚。去子之骄气与多欲，态色与淫志，是皆无益於子之身。吾所以告子，若是而已。"❹三处记载，内容大致相同，说明谦虚、谨慎的确是当时普遍流行的观念，孔子从老子那里接受了这些思想。老子所说的包容、处下等观点，从冯友兰的境界说上看，属于道德境界事。

照《史记》的记载，老子是东周的柱下史，即国家图书馆馆长，备历史掌故咨询。晚年见周之衰，西出函谷关。也有一个说法是说周王室发生内乱，王子朝带着周室藏书去了楚国，老子没有书可以管理了，就回到周以东的老家苦县，即现在的河南省鹿邑县。无论是西出还是东归，有一点是共同的，即老子长期处在周王朝之内，也就是体制内。所以，他的人生境界哲学多沉重拘束，少自由舒放，这也是体制内的特点。庄子的人生境界就与老子大不相同。

（五）人道一体

在老子那里，得道之人也具有道的特点。

古之善为道者，微妙玄通，深不可识。夫唯不可识，故强

---

❶❷ 《孔子家语·观周》。

❸ 《史记·孔子世家》，《史记》，第6册，第1909页。

❹ 《史记·老子韩非列传》：《史记》，第7册，第2140页。

为之容：豫兮，若冬涉川；犹兮，若畏四邻；俨兮，其若客；涣兮，其若凌释；敦兮，其若朴；旷兮，其若谷；混兮，其若浊；澹兮，其若海；□兮，若无止。孰能浊以止，静之徐清？孰能安以久，动之徐生？保此道者，不欲盈。夫唯不盈，故能蔽而新成。❶

众人熙熙，如享太牢，如春登台。我独泊兮，其未兆；沌沌兮，如婴儿之未孩；累累兮，若无所归。众人皆有馀，而我独若遗。我愚人之心也哉！俗人昭昭，我独昏昏。俗人察察，我独闷闷。众人皆有以，而我独顽且鄙。我独异于人，而贵食母。❷

上两章中，豫、犹、俨、涣、敦、旷、混、浊、澹、泊、沌沌、昏昏、闷闷、顽且鄙，都是得道的状态，也都与水有密切的关联。尤其值得注意的是"孰能浊以止，静之徐清？孰能安以久，动之徐生？"两句，对当代德国著名哲学家海德格尔后期思想产生了深刻影响。海德格尔曾经在中国台湾学者萧师毅的帮助下翻译《道德经》。这两句，萧师毅翻译为："谁能处于安然而又能逐渐澄清污浊？谁能处于动荡而又能使安息之物逐渐有生气？"❸海德格尔在给萧师毅的回信中把此句改为："谁能处于安然，却又能从之出并经由之，而将某物置于路途之上（动之），以使其逐渐敞开？"❹海德格尔又单独把这句话译为："谁能通过平静而将某物带入存在？天之道。"❺

海德格尔主张，关于作为存在的存在绝不"自为"（fuer sich），与黑格尔的"自为"相反。这个"不自为"，其实就是老子的"无为"。有和

---

❶ 《老子·第15章》。

❷ 《老子·第22章》。

❸ ［德］莱茵哈德·梅依：《海德格尔与东亚思想》，张志强译，中国社会科学出版社，2003年版，第6~7页。

❹ 《海德格尔与东亚思想》，第7页。海德格尔的译文是："Wer kann still sein und aus der Stille durch sie auf den Weg bringen（bewegen）etwas so，das zun Erscheinen kommt? Wer vermagn es，stillend etwas ins Sein zu bringen? /Des Hinnels Tao"（见该书，第19~20页注5、注6）。

❺ 《海德格尔与东亚思想》，第7页。海德格尔的译文是："Wer vermag es，stillend etwas ins Sein zu bringen? /Des Hinnels Tao"（见该书，第20页注6）。

无统一是海德格尔的重要观念。他“把无在原初意义上思作与存在同一”[1];“无与有同一”[2],“存在:无:同一”[3]。他又说,存在就是“有”。海德格尔的这些表述正是老子的“有无相生”所表示的有和无的根源性统一。海德格尔的“无”不是黑格尔的没有规定性的抽象的无,而是一种具体的、绝对的无。无在他那里也是“澄明”,是存在的一个开放的场所。这正是老子的“有之以为利,无之以为用”的思想。据莱茵哈德·梅依说,莱昂·威耶格有本《中国汉字》的书,指出,“無”是树林被砍伐后留下的一片开阔地,是消失、没有。这对海德格尔有启发。他曾写下这样的句子:“澄明(lichten)某物意味着:使某物变亮,变得自由和敞开;正像在林中开辟出一块无树的空地那样。澄明就是最后所归结的空间的敞开。”[4]

现在让我们回到前文海德格尔的两句翻译,我们可以看出,在前一个翻译中,“从之出并经由之”、“将某物带到途中”,“使之敞开”的东西,在海德格尔那里,是“无”,有无统一,无使有(存在)成为存在。这个“从之出并经由之”的东西,海德格尔在自己的翻译中译为“Stillend”,即静止着的、不处于运动中的东西,这是“无”。能使有无相生的东西,只有“道”[5]。梅依认为,海德格尔的翻译纯粹是他自己的创造,但在我看来,这个翻译并不能割断与老子思想的联系。海德格尔后期把道解释为道路、解释为言说,强调哲学的诗化,都有中国哲学语言学的特点。海德格尔与老子的关系使我们认识到,中华民族的治水智慧跨越了时间、空间的隔阂,成为异域哲学。这既是文化传播,也是河流的文化生命的跨国度实现。

二、“逍遥”与“齐物”

和老子相比,庄子显然属于体制外。虽然他也做过漆园吏,但是,

---

[1] 海德格尔:《同一与差异》。见《海德格尔与东亚思想》,第46页。

[2] 海德格尔:《什么是形而上学?》,见《海德格尔与东亚思想》,第53页。

[3] 海德格尔:《Seminar in Le Thor》,见《海德格尔与东亚思想》,第53页。

[4] 海德格尔:《哲学的终结》,见《海德格尔与东亚思想》,第62~63页。

[5] 《海德格尔与东亚思想》,第102页。

从《庄子》一书和《史记》的记载来看,他应该很早就离开了这个职位,否则他不会穷得要向监河侯借粮食,还遭到一番奚落。楚国来聘请他时,他正在濮水钓鱼,看来也是赋闲。他到魏国时,他的朋友惠施正在做魏国宰相,害怕他来和自己争夺相位,在国都内大张旗鼓地搜捕他了三天。想来那时他肯定没有官职在身,否则惠施不会害怕他夺自己的相位。如此说来,庄子长期是在体制外,他是自觉地选择这一存在方式的。楚王派使者来聘请他的时候,他说,听说楚国有一只神龟,死了三千年了。楚王还是把它装得好好的收藏在庙堂上。他问楚国的使者,这只龟是更愿死,留骨而贵呢,还是更愿摇着尾巴活在泥塘里呢?楚国使者回答说,它宁愿后者。于是,庄子说,你们走吧,我也要"曳尾于涂中"呢!❶ 还有使者来聘庄子,庄子说,你们见过要做牺牲的牛吧?人们给它穿着带花纹的绸缎,让它吃着青草。可是,当把它牵到太庙里要杀它的时候,这时,它即使是想做一个孤犊,也做不到了❷。这就是庄子的人生态度,他自愿在体制外,所以享受到了体制内不可能有的自由。他的自由,不是黑格尔意义上的对于自然的征服,不是康德意义上的自我立法,也不是英美自由主义传统的在个人和社会之间的博弈,而是在达到对相对性和有限性的超越之后的不为体制、规范、礼仪、世俗的认识所限制的心灵自由。自由是他的人生境界。

庄子的自由与水密切相关。在《庄子》一书中,我们首先看到的是鱼。鱼与水联系密切,水又是道的别名,所以,鱼与道、境界也就发生了密切的联系。鱼在中国文化中一直是自由的体现和象征,如前所述出土的原始社会的文物上就有了简单的鱼。《诗经》中鸢飞鱼跃中的鱼、《庄子·逍遥游》中的鱼,都是与境界相联系的。我们可以把这种现象称为河流的文化生命的延伸。让我们看看庄子是怎样描述鱼的。

> 北冥有鱼,其名为鲲。鲲之大,不知其几千里也。化而为鸟,其名为鹏。鹏之背,不知其几千里也。怒而飞,其翼若垂天之云。是鸟也,海运则将徙于南冥。南冥者,天池也。《齐

---

❶ 《庄子·秋水》。

❷ 《庄子·列御寇》。

谐》者，志怪者也。《谐》之言曰："鹏之徙于南冥也，水击三千里，抟扶摇而上者九万里，去以六月息者也。"❶

鱼，来自遥远的北冥。北冥不是人们随便可以去得到的，这表明鱼的来历非同寻常。鱼能够在水里上下左右前后三维地游动，与陆地上的人的运动炯然不同，享受着陆地上的人们所没有的自由。但是，仅此还不够。它还必须有鸟在空中自由飞翔的自由。于是，鱼就变为鲲鹏。无论是鱼，还是鸟，都还必须大。没有规模就没有自由。当然，鱼也有悲惨的时候。泉水干涸了，鱼畅游的水池转眼间变成了陆地。于是，两条鱼"相呴以湿，相濡以沫"。这怎比得上"相忘于江湖"，两化于道❷。庄子向监河侯贷粟，监河侯说等我收集了邑金，贷给你三百金，怎么样？庄周忿然作色说，我昨天来的时候，路上听见有人叫我，一看，车辙里有一条鲋鱼。我问他，你怎么来到了这儿？它说："我，东海之波臣"，你能不能给我一斗水救活我！我说，我这就去南方游说吴越之王，让他们引来西江之水，迎你归大海，你看怎样？鲋鱼忿然作色曰：我失去了与自己朝夕相伴的水，没有了居住的地方，可是，得到一斗、一升的水，也就活了。你这么说，索性及早到咸鱼铺里去找我吧！

庄子也好，鲋鱼也好，都算是"失其所"者，不得已而屈尊求贷。这自然说明，黑格尔所说财产是人的自由的定在，确然不错。不过，失其所也是失道，失去了道，当然也就不自由了。别忘了，道与水通；得道、有水，鱼便能自由！

> 庄子与惠子游于濠梁之上。庄子曰："倏鱼出游从容，是鱼之乐也。"惠子曰："子非鱼，安知鱼之乐？"庄子曰："子非我，安知我不知鱼之乐？"惠子曰"我非子，固不知子矣；子固非鱼也，子之不知鱼之乐，全矣！"庄子曰："请循其本。子曰'汝安知鱼乐'云者，既已知吾知之而问我。我知之濠上也。"❸

---

❶ 《庄子·逍遥游》。
❷ 《庄子·大宗师》。
❸ 《庄子·秋水》。

鱼儿出游从容,是鱼之乐,也就是“相忘于江湖”。庄子借孔子之口说:“鱼相造乎水,人相造乎道。相造乎水者,穿池而养给;相造乎道者,无事而生定。故曰:鱼相忘乎江湖,人相忘乎道术。”❶此处的“生定”是“性定”,人得道而性定。《淮南子》也继承了这一思想。“夫鱼相忘于江湖,人相忘于道术。古之真人,立于天地之本,中至优游,抱德炀和,而万物杂累焉,孰肯解构人间之事,以物烦其性命乎?”❷由于道的贯通,体道与神游便成为一体的事情。

我们须知,在庄子那里,自由仅仅存在于水中、空中。中间那一块,也就是人所居住的那一块,是谈不上自由的。因为这里有智慧、有仁义、有礼乐、有制度、有大小、有贵贱、有是非、有生死,一切的一切,都是对人性的钳制。要获得自由,达到逍遥,只有“齐物”,“堕形体,去聪明,离形去知,同于大通”❸,也就是同于道。忘也就是齐。《庄子》提出了许多相对的东西。彼与此、是与非、然与不然、成与毁、类与不类、大与小、寿与夭、生与死。齐物,就是改变相对化的标准,即改变彼此相因的局面,而直接与大道相通。做到这一点就会发现,物“无贵贱”、“无大小”❹。生死是人生的根本问题,庄子用通天下一气来“齐”它。他说:“人之生,气之聚也。聚则为生,散则为死。若死生为徒,吾又何患!……故曰:‘通天下一气耳。’圣人故贵一。”❺达到了“贵一”,与道为一,也就达到了真正的自由,真正的逍遥。下可与鱼同游,上可与鸟同飞。人不能与鱼同游,但精神可以;人不能与鸟同飞,但精神可以。取消一切差别,道通为一以后,人就达到这种精神状态。庄子的自由,正是这样一种精神的自由。道通为一后的自由,用冯友兰的境界说来看,属于天地境界。这种境界有时与自然境界简直无法区别,这正是天地境界的妙处。这种境界最典型的表述是混沌。混沌不能开窍,开窍即死。“南海之帝为倏,北海之帝为忽,中央之帝为浑沌。倏与忽时相与遇于浑沌之地,浑沌待之甚善。倏与忽谋报浑沌之德,曰:‘人皆有

---

❶❸❺ 《庄子·大宗师》。

❷ 《淮南子·俶真训》。

❹ 《庄子·秋水》。

七窍以视听食息,此独无有,尝试凿之。'日凿一窍,七日而浑沌死。"❶

可是,人毕竟是处在社会中的,心灵、精神再自由,毕竟还有身体,有时还不得不贷粟;也会碰到坚硬的体制,也有"未敢翻身已碰头"的时候。庄子力图避免与社会硬碰硬的碰撞,他总是选择退却,让自己失去某一方面的才能。他的典型人物都是支离疏之类的身体有障碍的人,他希望由此做到游刃于体制的缝隙之间。但是,山木因为无用而得以终其天年,家鸡却因为不能鸣而惨遭宰杀,材与不材,无一幸免。庄子只好自嘲地说"周将处乎材与不材之间",不过,他还是指出,"材与不材之间,似之而非也,故未免乎累。若夫乘道德而浮游则不然,无誉无訾,一龙一蛇,与时俱化,而无肯专为。一上一下,以和为量,浮游乎万物之祖。物物而不物于物,则胡可得而累邪! 此神农、黄帝之法则也。"❷

三、"孔颜乐处"与"鸢飞鱼跃"

老子自然无为,庄子逍遥自由,孔孟"乐"以为上。"乐"是儒家的最高境界。老子是用世的、极端入世的;只是,他入世的方式很高明,以不入入之。庄子是逃世的,或者说超世的,但他并不逃出世外,而仍混迹于世间,以逍遥齐物处之。佛教则是断然逃出世外的。孔孟儒家的态度是"极高明而道中庸,即世间而出世间"。即世间是仍然在世间,以世务为务,并不逃避自己在世间的责任和义务,但也不沉溺于其中不能自拔。儒家是能"自拔"的。儒家的"自拔"不是离开,而是反思和超越。超越的途径或者关键可以说是一种"乐"的态度。儒家以道为乐,乐贯穿广大与精微、高明与中庸、世间与出世间。乐最终成为境界,唯得道者能有真乐。道是天理,来自天,乐道就是对天理的审美的愉悦,快意的享受。乐道也是通天、乐天、同天,冯友兰先生在《新原人》中备言此义,可参看。

儒家的乐的境界,在《论语》中为"孔颜乐处"。孔子称赞颜回:"贤

---

❶ 《庄子·应帝王》。

❷ 《庄子·山木》。

哉,回也!一箪食,一瓢饮,在陋巷。人不堪其忧,回也不改其乐。贤哉,回也!”❶这是孔颜乐处的第一个说明。颜子家贫,而仍能泰然自乐,所以孔子称赞他。颜子所乐,诚如程颐所言,不是箪瓢陋巷,此实无可乐处,那么,他所乐的是什么?程颐说:“箪瓢陋巷非可乐,盖自有其乐尔。其字当玩味,自有深意。”又说“昔受学于周茂叔,每令寻仲尼颜子乐处,所乐何事?”❷颜子所乐是什么?程颐始终未说明。朱熹也未强加解释,他说:“程子之言,引而不发,盖欲学者深思而自得之。今亦不敢妄为之说。学者但当从事于博文约礼之诲,以至于欲罢不能而竭其才,则庶乎有以得之矣。”❸

颜回究竟乐什么?《论语》载孔子称赞颜回说:“回也,其心三月不违仁,其余则日月至焉而已矣。”❹这给了我们答案。颜子之所以受到称赞,是因为他做到了三月心不违仁。这就是此心能够长期处于仁的状态,其余的时间则是或一天一次、或一月一次达到仁,仁是孔子的最高概念,也就是道。颜子之所以受到称赞,是因为他能够不为贫困所动,或者说安于贫困,在未得道的时候一心求道,在求得道的时候能够心存此道。颜子所乐,乐在求仁、不违仁,是以道为乐。程、朱都把仁解释为心的德性,这显示了宋明理学的特点。朱熹说:“仁者,心之德。心不违仁者,无私欲而有其德也。”程子说:“不违仁,只是无纤毫私欲。少有私欲,便是不仁。”尹氏曰:“此颜子于圣人,未达一间者也,若圣人则浑然无间断矣。”张子曰:“始学之要,当知‘三月不违’与‘日月至焉’内外宾主之辨。使心意勉勉循循而不能已,过此几非在我者。”❺

求仁的过程是乐的;此心处于仁的状态,三月不违仁,也是乐的。有此答案,对于孔子称赞颜子的其他话语,就能迎刃而解了。所谓“不改其乐”,是一心求仁,以求仁和得仁为乐。孔子说:“回也非助我者也,于吾言无所不说。”❻说即悦,是说颜回对于自己所讲的道理都能

❶ 《论语·雍也》。
❷❸ 《四书章句集注》,第87页注引。
❹ 《四书章句集注》,第86页。
❺ 《四书章句集注》,第86页注引。
❻ 《论语·先进》。

够“默识心通,无所疑问”。这句话看似批评,实际上是称赞颜回。孔子又说:“回也其庶乎,屡空。”❶“屡空”和上文描述颜回箪瓢陋巷是一致的,指他贫穷。此处孔子赞扬颜回“不以贫窭动心而求富,故屡至于空匮也。言其近道,又能安贫也。”❷鲁哀公问孔子:“弟子孰为好学?”孔子对曰:“有颜回者好学,不迁怒,不贰过。不幸短命死矣!今也则亡,未闻好学者也。”❸“好学”指颜回勤于求仁,“不迁怒,不贰过”指他做到了“克己复礼”,以仁为准,礼以约己,恕以待人,所以能够不迁怒,不贰过。颜回之死,孔子深感遗憾,哭之甚恸。《论语》记载,对于颜回之死,孔子伤叹说“噫!天丧予!天丧予”!跟随他的人说:“子恸矣。”孔子说:“有恸乎?非夫人之为恸而谁为!”❹宋朝时,程颐到国子监,考官胡寅出题考他《颜子所好何学论》,程颐作了一份非常圆满的答卷。他说:

> 颜子所独好者,何学也?学以至乎圣人之道也。学之道如何?曰:天地储精,得五行之秀者为人。其本也真而静。其未发也五性具焉,曰仁、义、礼、智、信。形既生矣,外物触其形而动于中矣。其中动而七情出焉,曰喜、怒、哀、惧、爱、恶、欲。情既炽而益荡,其性凿矣。是故学者约其情使合于中,正其心,养其性,故曰性其情。……君子之学,必先明诸心,知所养,然后力行以求至焉,所谓自明而诚也。”……故颜子所事,则曰“非礼勿视,非礼勿听,非礼勿言,非礼勿动”。……又曰“不迁怒,不贰过,有不善未尝不知,知之未尝复行。”此其好学之笃,学之之道也。……所未至者,守之也,非化之也。假之以年,则不日而化矣。❺

《论语》再次出现乐是在孔子的自述中。他说:“饭疏食饮水,曲肱而枕之,乐亦在其中矣。不义而富且贵,于我如浮云。”❻这里,孔子所

---

❶❷ 《四书章句集注》,第127页。

❸ 《四书章句集注》,第124页。

❹ 《论语·先进》。

❺ 《二程集》,第2册,第577~578页。

❻ 《论语·述而》。

说是以不为贫困所动，坚守正义为乐。朱熹注释说："圣人之心，浑然天理，虽处困极，而乐亦无不在焉。其视不义之富贵，如浮云之无有，漠然无所动于其中也。程子曰：'非乐疏食饮水也，虽疏食饮水，不能改其乐也。不义之富贵，视之轻如浮云然。'又曰：'须知所乐者何事。'"❶总之，孔颜乐处的内涵之一是以得道、守道为乐。

得道、守道之乐只是道德境界的乐，还不是最高的乐。最高的乐是一种同天境界的乐，《论语》中"吾与点也"即是其境界。《论语》记载，孔子让他的学生讲述自己的志向。

子路率尔而对，曰："千乘之国，摄乎大国之间，加之以师旅，因之以饥馑，由也为之，比及三年，可使有勇，且知方也。"

夫子哂之。"求，尔何如？"对曰："方六七十，如五六十，求也为之，比及三年，可使足民；如其礼乐，以俟君子。"

"赤，尔何如？"

对曰："非曰能之，愿学焉！宗庙之事，如会同，端章甫，愿为小相焉。"

"点，尔何如？"

鼓瑟希，铿尔，舍瑟而作。对曰："异乎三子者之撰。"

子曰："何伤乎？亦各言其志也。"

"莫春者，春服既成；冠者五六人，童子六七人，浴乎沂，风乎舞雩，咏而归。"

夫子喟然叹曰："吾与点也。"

据《论语》记载，孔子对于子路为国不以礼让提出了批评，对于冉求、公西华都有所肯定，特别赞同曾点。这表明，"浴乎沂，风乎舞雩，咏而归"与孔子相应，打动了孔子。我们不能肤浅地把它看作一次单纯的郊游。沂河、舞雩台都是客观的景色，人则是主观性。在孔子，是内在道德主体性。圣人之性，仁义礼智自足，性即道也。此性发之于天下，则能救天下。时人不识此，时世不至此。圣人徒有救世情怀，却不遭逢其时。然而，"用之则行，舍之则藏"。子路、冉求、公西华之志，圣

❶《四书章句集注》，第79页。

人固然肯定;大道不可行,圣人也已知之。不可行时,以道自娱,这就是乐道。圣人对于道是珍重的、自信的、自足的、自慊的。“浴乎沂,风乎舞雩”不是对于客观性的鉴赏和审美,也不是单纯的主观性的抒发,而是主观和客观的相互交织、相互作用、相互感应、相互提高和升华的主客体的统一,是内在道德主体性与自然的交融、展露和高扬,是一种天人合一的境界。圣人之游不与众人同。“沂河”作为河流,在此获得了圣人之道同体的文化生命。对于这一段,李充指出,孔子赞同曾点,“善其能乐道知时,逍遥游咏之至也。……唯曾生超然,独对扬德音,起予风仪,其辞清而远,其旨高而适,亹亹乎固圣德之所同也。”[1]逮及宋明,程朱对“浴乎沂,风乎舞雩”都十分重视。程颐认为,孔子与曾点都是尧舜气象,曾点在孔门,可谓“狂者”,虽然“未必能为圣人之事,而能知夫子之志。故曰浴乎沂,风乎舞雩,咏而归,言乐而得其所也。孔子之志,在于老者安之,朋友信之,少者怀之,使万物莫不遂其性。曾点知之,故孔子喟然叹曰‘吾与点也。’”[2]朱熹更是从天理的高度指出:“曾点之学,盖有以见人欲净尽处,天理流行,随处充满,无少欠阙。故其动静之际,从容如此。而其言志,则又不过即其所居之位,乐其日用之常,初无舍人为己之意。而其胸次悠然,直与天地万物上下同流,各得其所之妙,隐然自见于言外。”[3]当代著名哲学家冯友兰先生称此为天地境界中的乐天境界[4]。乐天是同天的境界。只有做到上下与天地同流,与天相同,才能真正乐天。这些都是以扎实的功夫为基础的,如果功夫不到,就希求同天乐天,最终不过是一场光景,并不能实有其事。所以,朱熹认为,“浴乎沂,风乎舞雩”境界在孔门是最高的,非寻常所能到达,如果运用不当,就会堕入禅门。他说:“曾点所见不同,方当侍坐之时,见三子言志,想见有些下视他几个,作而言曰:‘异乎三子者之撰。’看其意,有凤凰翔于千仞底气象!庄子中说孟子反于琴张丧侧,

---

[1] 程树德:《论语集释》,第3册,中华书局,1990年版,第811页。
[2] 《四书章句集注》,第130页注引。
[3] 《四书章句集注》,第130页。
[4] 冯友兰:《三松堂全集》,第4卷,河南人民出版社,1986年版,第631页。

或琴或歌,点亦只是此辈流。渠若不得圣人为之依归,须一向流入庄老去!"[1]又说:"如'曾点浴沂'一段,他却是真个见得这道理。而今学者只是想象得这一般意思,知底又不实去做。及至事上做得细微紧密,盛水不漏底,又不曾见得那大本。圣人教人,都是教人实做,将实事教人。如格物、致知以至洒扫应对,无非就实地上拈出教人。"[2]

从上下与天地同流出发,我们会很自然地理解孔子的"智者乐水,仁者乐山"的境界。孔子之能提出"智者乐水",是与我们前文所说中国文化与哲学的治水智慧印记密不可分的。与水相处、与水打交道,水从在手变为上手,人与水合一,人与天合一,只有从这种文化背景之下,才能提出"智者乐水,仁者乐山"的存在智慧来。孔子接着说:"智者乐水,仁者乐山;智者动,仁者静;智者乐,仁者寿。"[3]他说的是境界事。智者喜欢水的流动,就如同智慧的发用,不拘一格,无所不达;仁者则如山一般凝重、安泰,堪当重任。仁与智,只是天地境界中人的偏重,不是他们的偏颇。天地境界不滞于仁,也不滞于智,当仁则仁,当智则智,或仁或智,圆满、融会、统一。只有从同天、乐天的天地境界出发才能把握乐山乐水的内涵。遗憾的是历来诸家大都只是从道德境界的层次谈"智者乐水,仁者乐山"。《韩诗外传·卷三》等对于"仁者乐山,智者乐水"都作了道德境界的发挥。

> 问者曰:"夫智者何以乐于水也?"
>
> 曰:"夫水者缘理而行,不遗小间,似有智者;动而下之,似有礼者;蹈深不疑,似有勇者;障防而清,似知命者;历险致远,卒成不毁,似有德者。天地以成,群物以生,国家以宁,万事以平,品物以正。此智者所以乐于水也。"诗曰:"思乐泮水,薄采其茆。鲁侯戾止,在泮饮酒。"乐水之谓也。[4]

这里提出了水类似于智、礼、勇、知命、德诸德。尤其是"天地以

---

[1] 《朱子语类》,第2册,第688~689页。

[2] 《朱子语类》第2册,第677页。

[3] 《论语·雍也》。

[4] 屈守元笺疏:《韩诗外传笺疏》,巴蜀书社,1996年版,第300~301页。

成”以下20字，简直就是老子的道的翻版。不过，其“品物以正”的说法，还是儒家的，和《易传》的“各正性命”一致。儒家有一个设定的正的标准。它之所以袭用老子的说法，其实是要赋予水以道的普遍意义。《说苑·卷十七·杂言》也谈到了乐水的问题。

> “夫智者何以乐水也?”曰：“泉源溃溃，不释昼夜，其似力者；循理而行，不遗小间，其似持平者；动而之下，其似有礼者；赴千仞之壑而不疑，其似勇者；障防而清，其似知命者；不清以入，鲜洁以出，其似善化者；众人取平品类以正，万物得之则生，失之则死，其似有德者；淑淑渊渊，深不可测，其似圣者。通润天地之间，国家以成，是知之所以乐水也。诗云：‘思乐泮水，薄采其茆；鲁侯戾止，在泮饮酒。’乐水之谓也。”

这里《说苑》多提出了水的义、察、善化、圣等德性。刘向提出了“所及者生，似仁”与孔子的“仁者乐山，智者乐水”的说法不尽一致。宋代邢昺认为，“智者乐水，仁者乐山”一段，“初明智、仁之性，次明智、仁之用，三明智、仁之功”。“智者乐水”是说智者喜欢使用自己的才智治理国家，如水流不止；“仁者乐山”是说仁者喜欢“山之安固自然不动，而万物生焉”。智者动，是说智者常务进取；仁者静，是说仁者无贪欲，所以静。智者乐，是说智者使用自己的才智，成功得志，所以欢乐。仁者寿，是说仁者常常安静，所以多寿考❶。

上述几种解释，都是把“智者乐水，仁者乐山”作为道德境界，没有看出它的更深层次的意义。朱熹采用体用范畴，把动、静作为理，说：“智者达于事理而周流无滞，有似于水，故乐水；仁者安于义理而厚重不迁，有似于山，故乐山。动静以体言，乐寿以效言也。动而不括故乐，静而有常故寿。程子曰：‘非体仁智之深者，不能如此形容之。’”❷程朱把“智者乐水，仁者乐山”上升到了道体。道体和人的心体是合而为一的，合一状态即是境界。

“浴乎沂、风乎舞雩”，“智者乐水，仁者乐山”作为天地境界，是有

---

❶ 《十三经注疏》下，总第2479页。

❷ 《四书章句集注》，第90页。

我的境界。没有我,就没有“浴”,也没有“乐”。天地境界还有一个无我的层次。这里的无我,不是根本就没有我,而是我在境中,境就是我,我就是境;无孤立之境,亦无孤立之我;无我而无处不是我,无处非我而又无我。儒家用“鸢飞戾天,鱼跃于渊”来表达这一境界。又是鱼,又是鸟,不由得使我们想起庄子的“北溟有鱼,其名为鲲……”庄子和《中庸》都借助鱼、都借助鸟,其原始根源不用说是中华民族与水俱生的那段开端史。鱼和鸟在庄子那里都是自由的象征。而且,鱼鸟还能互变,这表明自由是没有界限的。《中庸》则用鱼和鸟来说明道体广大,无所不至。《中庸》说:

> 君子之道,费而隐。夫妇之愚,可以与知焉,及其至也,虽圣人亦有所不知焉;夫妇之不肖,可以能行焉,及其至也,虽圣人亦有所不能焉。天地之大也,人犹有所憾。故君子语大,天下莫能载焉;语小,天下莫能破焉。诗云:“鸢飞戾天,鱼跃于渊。”言其上下察也。君子之道,造端乎夫妇;及其至也,察乎天地。

隐是道之体的精微,费是道之用的广大。君子之道,发端乎夫妇,推广到天地。至大无外,至小无内。语其简易,则匹夫匹妇都能做到;至于广大精微,则虽圣人也有所不能。“鸢飞戾天,鱼跃于渊”,正表明“化育流行,上下昭著,莫非此理之用,所谓费也。然其所以然者,则非见闻所及,所谓隐也。”[1]程颐说,“此一节,子思吃紧为人处,活泼泼地,读者其致思焉。”[2]所谓“活泼泼地”,是道体的生命活力的充满和体现;也是人的心体的活力和精神的充溢。这个词,前文已经论及。陈献章是明代学术转型的关键人物。在他看来,“浴乎沂、风乎舞雩”,孟子的勿忘勿助、《中庸》的鸢飞鱼跃,一脉相通,都是道体的自然流行、心体的自然发用,不须额外的牵强功夫。他说:精微、广大、活泼,“此理干涉极大……色色性能他本来,何劳尔脚手劳攘?舞雩三三两两,正在勿忘勿助之间。曾点些而活计,被孟子一口打并出来,便是鸢飞鱼跃。若

---

[1] 《四书章句集注》,第 22 ~ 23 页。

[2] 《四书章句集注》,第 22 ~ 23 页注引。

无孟子工夫，骤而语之，以曾点见趣，一似说梦。会得，虽尧舜事业，只如一点浮云过目，安事推乎？”❶这是境界中人话语，常人所不可及。境界的提升，事业的展开，都在生命活力的实现之中。无我的境界也是“廓然大公”，“物来顺应”。所以廓然，是心胸和天地一样宽阔；所以大公，是心胸和天地一样无私。以一种宽阔、无私的精神对待事物，完全没有自己的私意，一切以物事之所应当对待之。就像镜子照物，镜子本身是清明的、光明的，它不会给事物增添什么，事物是什么样子，它在镜子里就是什么样子。诚如程颢所说：“夫天地之常，以其心普万物而无心；圣人之常，以其情顺万物而无情。故君子之学，莫若廓然大公，物来顺应。”❷这是更高级的因，一种经过反思的、自觉的因。有这种心境，最终会达到从容不迫、万物静观皆自得的境地。诚如程颢所云：“闲来无事不从容，睡觉东窗日已红。万物静观皆自得，四时佳兴与人同。道通天地有形外，思入风云变态中。富贵不淫贫贱乐，男儿到此是豪雄。”❸

❶ 《陈献章集》，第 217 页。
❷ 《二程集》，第 2 册，第 460 页。
❸ 《二程集》，第 2 册，第 428 页。

第六章

黄河的文化生命

第一节　黄河与“黄河文化”

“黄河的文化生命”是河流的文化生命的外延之一。《黄河文化史》所说的黄河文化，主要是存在于黄河流域的文化，“黄河的文化生命”所探讨的不是这些文化，而是人与黄河的交往如何影响、决定、从而构成了作为整体的黄河的文化生命的特质，是作为自然现象的河流和人与河流的交往对于文化的影响；换句话说，是河流在文化中留下的影子或印记。

黄河是我国第二大河，全长5464公里，发源于青藏高原的巴颜喀拉山脉雅合拉达合泽山东麓的约古宗列盆地，流经青海、四川、甘肃、宁夏、内蒙古、陕西、山西、河南、山东九省区，在山东省垦利县境内入海。黄河流域面积75万平方公里，历史上，黄河还曾向南夺淮入江，破洪泽湖经由里下河入江，北抵海河。所以，黄河流域还包括25万平方公里的黄淮海平原,合计 100 万平方公里[1]。黄河从河源到内蒙古托克托县河口镇为上游,全长 3472 公里,支流有白河、黑河、大夏河、洮河、湟水、祖厉河、清水河、大黑河等,流域面积 38.6 万平方公里。从托克托到郑州桃花峪为中游,全长 1206 公里,支流有黄甫川、窟野河、无定河、延河、汾河、渭河、泾河、伊洛河等,流域面积 34.38 万平方公里。下游从桃花峪到入海口,全长 786 公里,只有大汶河一条支流,流域面积 2 万平方公里。

黄河河道形成于距今 1200 万 ~ 300 万年之前地质年代第三世最后一个时期——上新世;至第四纪更新世(距今 300 万 ~ 1 万年)早期,黄河与渤海之间还没有形成统一的河道。“中更新世晚期,黄河开始形成宽谷,并通过刚刚形成的三门峡谷道。在晚更新世里,三门峡地区受到若干次新构造运动的影响而间隙抬升,在黄河及其支流岸边造成二、三级黄土堆积阶地。进入 1 万年前的全新世后,黄河谷底继续下切,两岸高低不等的河漫滩阶地,常高出河面 15 ~ 20 米。”[2]

距今 300 万年前的时代被称为“灵生时代”,人类从第三纪的某一时期的猿的系统中分化出来,成为制造工具的人。如前所述,黄河流域发现的最早人类是山西芮城县西侯度村的早更新世晚期的人,距今 180 万年,已经开始使用火。黄河流域著名的猿人有陕西蓝田猿人遗址、北京周口店山顶洞猿人遗址。山顶洞人遗址发现了 25 件石制品,出现了对于生命已经有了一定程度的自我意识。新石器时代的特征是出现农业、家畜、陶器、磨制石器等。新石器时代在中国的时间范围是 1 万 ~ 5000 年之前。新石器时代早期黄河流域的文化遗址有河北徐水县南庄头遗址,时间为 10500 ~ 9500 年之间。新石器晚期在 7000 ~ 5000 年前,最著名的文化是河南仰韶文化,范围在河南大部分地区,山西、河北南部及陕西汉中地区,最集中于豫西、晋南、汉中三角地带。著名的文化遗址有西安半坡、宝鸡北首岭、山东大汶口等;已发现的人类化石产地和旧石器遗址绝大多数分布在黄河及其支流两侧,以陕西省

---

[1] 参看《黄河文化史》上,第 1 页。

[2] 参看侯甬坚:《朝宗》,陕西人民教育出版社,1991 年版,第 1 页。

尤为明显。

在与新石器时代大致相当的时期，黄河流域的气候环境比现在温暖、湿润。据竺可桢先生研究，大致 8000 ~ 3000 年之前，黄河流域处于较佳的气候期，史称仰韶温暖期。气温比现在平均高 3 ~ 5 摄氏度，降水量也较为丰富，黄土比较湿润、肥沃，有利于植物生长，适合于农业开发。河南的伊洛盆地、山西的太原盆地、晋南的汾涑河盆地以及周人的发祥地周原、关中平原都是水道便利、土地肥沃的地区。中华文明起源于这些地区与这些地区优越的地理环境有密切的关系。远古炎帝生活在黄河流域，其地望有不同说法。如姜水，即渭河的某一支流，所以，炎帝姓姜；一说处于河南淮阳和新郑，一说在近湖北随县等。无论出生在哪里，炎帝活动于黄河流域。炎帝的历史功绩是发明了农业，所以又叫神农氏。他还发明了陶器、纺织、草药治病等。黄帝号轩辕氏，出生于今河南新郑。史载“黄帝以姬水成”，有人把“姬水”认为“底格里斯河”，说黄帝源于中东。这个说法十分离奇，不可信。黄帝活动的地域在今河南新郑、新密、禹州一带，具茨山、风后城、大鸿屯兵处，都实有其地。尤其是在郑州西山发现了一座仰韶时期文化遗址，在传说的有熊国的范围内，与史载黄帝都有熊的记载吻合。黄帝的历史功绩是改善生产工具，制造屋宇，发明舟车、冶金术、文字等。考古发掘表明，仰韶文化遗址在裴李岗文化遗址之后。仰韶文化的年代距今有 7100 ~ 4500 年，与黄帝 10 世 2500 年的传说也相吻合。所以，历史上关于黄帝的记载基本上是可靠的❶。颛顼、帝喾，都属于黄帝的后裔。尧为帝喾之子，其功绩是制陶、制定立法、治水，内部已经有刑法。尧舜之间普遍认为是禅让，但《竹书纪年》说尧老时，舜囚尧、阻挡尧之子丹朱与尧见面，最后夺得政权。此说有其合理性。禹也用同样的手段夺取了舜的政权。夏商周三代都是围绕黄河流域展开其历史的。夏的都城有斟寻、阳翟、阳城、安邑、平阳、晋阳、商丘等地。斟寻根据《括地志》的记载，在洛阳东南一带，现在已经在河南偃师二里头发现了夏代文化遗址，出土了铜器、玉器、陶器、墓葬，宫殿基址等。安邑、平阳、晋阳在山

❶ 参看《黄河文化史》上，第 76 ~ 79 页。

西。可见,夏朝是居住在今陕西、河南一带的。商朝的都城根据考古发掘,有郑州商城、安阳殷墟等地,也都属于黄河流域。周兴起于岐山,周朝活动的范围周原在渭河以北、岐山以南地区。周朝都城基本上沿着黄河流向,不断向东推进。文王末年,为了灭商,周定都于沣,在今陕西长安县沣水以西。不久,武王迁都于镐。周朝以沣镐为中心,很快兴旺起来,最终剪灭商朝。东周时周朝迁都洛阳,伊洛都是黄河的支流。三代定都,皆在黄河流域。诚如《汉书·郊祀志》所说:"昔三代之居,皆河、洛之间。"❶

此后,秦都咸阳,在渭河流域,属于黄河的支流;汉都长安,即今西安,仍在渭河流域;东汉定都洛阳,西晋定都洛阳。东晋定都建康,今南京,这时整个国家政治中心首次转移到南方。魏晋南北朝整体上属于战乱时期,国家政治中心呈现多元化的特点。隋都洛阳,唐都长安。五代十国也属于战乱时期,和魏晋南北朝大致相同。宋都开封,在黄河南岸。南宋由于金国入侵,定都于临安,今杭州。这也是国家政治中心南移,不过,从"临安"的名称可知,南宋并不把杭州作为永久的都城。元、明、清都是定都北京。明朝最初定都南京,明成祖后迁都北京,南京成为南都,可以说是双首都制。不过,真正的首都仍是北京。从历代定都可以看出,中国历史的政治、文化基本上一直是在黄河流域展开的,中国文化总体上属于"黄河文化",这个判断基本上是不错的。可以把"黄河文化"作为中华文化的代名词来使用。当然,这并不否认长江流域很早就存在着高度发达的文明,如浙江发现的河姆渡文化,四川发现的三星堆文化等。然而,诚如著名历史地理学家葛剑雄先生所说,这些文明都没有持续流传下来,形成传统。也不否认南宋以后长江流域及其以南地区出现了比北方更多、更有影响的哲学家、文学家等,如朱熹、王阳明、王夫之、桐城学派、公安学派等,但是,这些本质上还是黄河文化的延续、丰富,而不是异质的新文化的诞生。如,历史上朱熹理学是和程颐、程颢的理学合称为"程朱理学",二程的学问发端于伊洛之间。王夫之的学问可以溯源到张载的关学。清朝有汉宋之争,无论汉学还

---

❶ 《汉书·郊祀志上》,第 4 册,第 1205 页。

是宋学都初起于黄河流域。明末以后，西学东渐，南方学者受西学影响，给中国的学问带来了新的气象。如，康熙字典的编纂、戴震的考据之学等，都有西学的影响。这些都可视为异质因素的传入。刘师培曾经说："大抵北方之地，土厚而水深，其间多尚实际。南方之地，水势浩洋，民生其地，多尚虚无。"[1]的确，总体上说，北方尚实，南方尚虚。但这也是大体言之。老、庄都很难说是南方人，他们生长的地方是现在的河南商丘、周口一带，活动的地方分别是周朝和战国时期的北方。他们的确更多地谈到了江、海，而不十分重视"河"，这是一个明显的特点，但那时还很难说南方已经形成了一个什么传统。禅宗六祖惠能是湖北人，形成自己的思想后，长期在广东活动；陆九渊、陈献章、王阳明的心学都可以说是南方人的学问，但是，别忘了，心学传统是由思孟学派建立的，子思、孟子无疑都是北方人。陆九渊、王阳明都认为自己是接着孟子讲的。总之，可以把中国文化视为"黄河文化"，或者把"黄河文化"视为中国文化的核心内涵，或代名词。

第二节 "神性"黄河

黄河是中华民族的母亲河，也是一条神圣的河流。黄河的神性，构成了它的文化生命的重要内涵之一。下面我们从名称、源头、祭祀等方面说明黄河的神性。

一、黄河的神性意蕴

在中华民族5000年的历史中，"黄河"始终不是一条普通的河流，不是一个单纯的自然现象，她有超出单纯自然现象的"神性"，这是由中华民族在历史上和黄河的交往史所决定的。历史上，黄河曾叫"高祖河"、"中国河"（详下），这些都是她的神性的表达；她至今还被叫做"母亲河"，同样也表达了她的"神性"。这种神性，成为中华民族的集体意识，潜在地发挥着作用。我们仍能从语言使用习惯上看出这一点。

---

[1] 刘师培：《刘申叔先生遗书》，第1册，华世出版社（台北），1975年版，第670页。

在汉语中，与河相关的词汇和与江相关的词汇反映着不同的文化心理❶。与河相关的词汇都有永久性、肯定性的正面价值，与江相关的词汇则不具有这方面的价值；与河相关的词汇的内涵的深刻性要远远超过与江相关的词汇。我们可以用一个典型的例子“河山—江山”来说明这一点。这对词汇有时是同义的，大好河山、江山秀美等都指作为自然界的国土的美丽。但是，二者有一种非常隐秘、深刻的区别，反映了不同的文化心理意识，从成语“江山易改，本性难移”中可以看出这一点来。“江山”不具有本质意义，是可以变动的。事实上，“江山”常常代表的是政权、朝廷，中国自古就有革命的传统。《易传》上说“汤武革命，顺乎天而应乎人”，就是对革命的肯定。因而，“江山”不具有永久意义，每一个朝代当气数已尽的时候，都是会、也应该被取而代之的。一个失去天命的朝代向他的敌人喊“还我江山”通常是不具有合法性的；江山不可能永久地属于一家一姓。相反，当外地入侵，国家民族在危急存亡的关头，“还我河山”则是一个理直气壮、鼓舞人心的口号。江山和河山的区别，就如同顾炎武所说的“亡国”和“亡天下”的区别。国家，即一个朝代，是可以灭亡的；天下却是不可以的。一个政权可以说自己“一统江山”，却不能说“一统河山”，因为“河山”属于历史、属于永恒，不属于一家一姓。一个政权可以说“江山社稷”，决不能说“河山社稷”，道理也很明显。“社稷”正是政权的象征；河山不代表政权。杜甫的诗说“国破山河在”，不能说“国破江山在”，一来国家不属于他，他没有资格这样说；二来“国破”是“江山”出了问题，而不是“河山”出了问题。当年岳飞抗金，说的是“还我河山”，他不能说“还我江山”。因为江山是属于赵宋的，所以，虽然岳飞是替赵室抗金，但他的抗金是“还我河山”，而不能是“还我江山”。由于河山是不定其所属的，这个“河山”归还以后可能不会变成自己的“江山”，所以，两下相比，赵氏王室宁愿要半壁江山，也不敢冒岳飞把金国打败后所得的河山可能连半壁也没有自己的份这个险。要知道，赵宋的祖先赵匡胤本来就是靠兵

❶ 此观点作者有受黄河水利委员会侯全亮先生启发之处，不敢掠美，特此指出，以表谢意。

权欺后周孤儿寡母得到天下的。总之,河山是普遍的、永恒的,江山是特殊的、短暂的;人是属于河山的,江山却是属于人的。与江山相比,河山无疑具有更本质的意义。

江山气感也远不如河山足。汉语有“气吞山河”、“气壮山河”、“大好河山”、“河山壮丽”,给人带来的是壮、大、盛、好的感觉,江山则是妩媚、秀美;前者是阳刚之气,后者是阴柔之气。还有很多与江相关的词汇,都可以包含贬义,与河相关的词汇则没有包含贬义的。如“江湖”,这个词第一次出现在《庄子》中,即前文述及的“鱼相忘于江湖”。“江湖”有狡诈、不守信用等含义,“江河”则没有,“不废江河万古流”,反而是赞颂“江河”的永恒性。“河湖”则是一种纯粹自然现象。“江南”一般与风景秀丽、人杰地灵相联系,但是李白怀念杜甫的诗中也说:“江南瘴疠地,逐客无消息。”在此,江南不是一个适合人生存的地方,相反,黄河流经的中原,却没有人敢提出异议或攻击,反倒是赞颂有加。汉末,袁准对曹爽说:“吴楚之民,脆弱寡能;英才大贤,不出其土;比技量力,不足与中国抗衡。”❶这里的“技”指文化,“中国”指中原。南宋陈亮关于中原的说法,也非常典型。他说:“中国,天地之正气也,天命之所钟也,人心之所会也,衣冠礼乐之所萃也,百代帝王之所以相承也,岂天地之外夷狄邪气之所以奸也。”❷

“黄河”所带有的神性是民族文化的隐秘的内涵,是民族文化心理的集体无意识。这种集体无意识在思维中会成为一种自动过滤系统,在使用语言的时候,使人自觉地避开把河用在贬义上、阴柔之美上,这是客观的“神性”转化成了主观的人的心理。“不到黄河心不死”可能是少有的关于黄河的中性或多少带一些贬义的词语。这是个现代用法,毋宁说可能是现代人文化传统意识淡薄的表现。

黄河之所以能够具有神性,其原因是多方面的,首先与民族生存之源、智慧之源——大禹治水密切相关。黄河流域是中华民族文化发祥和传承之所,没有一个文化不珍爱自己的栖息地,如果不爱,可能早就

❶ 《全上古三代秦汉三国六朝文》。

❷ 陈亮:《上孝宗皇帝第一书》,《陈亮集》增订本,卷一,中华书局,第1页。

迁徙到其他她感到可以爱的地方了。其次，黄河神性也与她的来源——昆仑山——上帝所居之山有关，她还与另外一条著名的河——银河有着姻亲关系。她又通过汉江、淮河与长江领域相连。黄河与银河的连通是一个精神意象。唐刘禹锡《浪淘沙》说："九曲黄河万里沙，浪淘风簸自天涯。如今直上银河去，同到牵牛织女家。"明徐贲《河流》诗云："洪流盘砥柱，淮济不同波。莫讶清时少，都缘曲处多。远能通玉塞，高复接银河。大禹成门险，为龙始得过。"徐贲所说"为龙始得过"说出了黄河的神性的另一面，她为普通人提供了成龙的途径——鲤鱼跳龙门。她之所以能够如此，是因为她本身就是一条神圣的河流——它来自帝都，从根源上带有神性。再次，"河出图、洛出书"明确肯定了她的神性。一代明君唐太宗的《黄河》诗赞颂了黄河的雄浑与神意："河源发昆仑，连乾复浸坤。波浑经雁塞，声振自龙门。岸裂新冲势，滩余旧落痕。横沟通海上，远色近山根。勇斗山峰折，雄标四渎尊。湾中秋景树，阔外夕阳村。沫乱知鱼响，槎来见鸟蹲。飞沙当白日，凝露接黄昏。润可资农田，清能表帝恩。雨吟勘极目，风渡想惊魂。显瑞龟会出，阴灵伯固存。盘涡寒渐急，浅濑水微温。九曲终柔胜，常流可暗吞。人间无博望，谁复到穷源。"

老子《道德经》中提出了"江海"的概念，未出现"河"字。据《史记》记载，老子是楚国苦县今河南鹿邑人。苦县属于淮河流域，淮河入江，江入海，江的水流比河要大得多。《道德经》直接把江与海相联系，有其地理和事实上的背景。《庄子》中首次出现"江河"、"江湖"等概念，也是把"江"放在首位。不仅如此，《庄子》还在《秋水篇》中让海若教育了河伯很久，敦促河伯认识到自己的渺小。当然，海若的认识都是有事实依据的。把黄河与不好的事物相联系，也只有在道家那里。老、庄都强调江海而不重视河，和道家未能成为中国文化的主流有内在的关联。

黄河的神性是黄河的文化生命的深刻内涵，也是中华民族历史传承的坚实保证。这种"神性"在古人那里表现为对于自然的敬意、敬畏，敬畏黄河、敬畏山川，从而祭祀山川。这种敬意和敬畏精神反对破坏自然，反对虐待动植物，反对人为阻绝山川等。文子说："衰世之主，钻山石，挈金玉，擿砻蜃，消铜铁，而万物不滋；刳胎焚郊，覆巢毁卵，凤凰不翔，麒麟不游；构木为台，焚林而畋，竭泽而渔，积壤而丘处，掘地而井饮，浚川而为池，筑城而为固，拘兽以为畜。则阴阳谬戾，四时失序，雷霆毁折，雹霜为害，万物焦夭，处于太半，草木夏枯，三川绝而不流。分山川溪谷，使有壤界；计人众寡，使有分数。设机械险阻以为备，制服色，等异贵贱，差贤不肖，行赏罚；则兵革起而忿争生，虐杀不辜，诛罚无罪，于是兴矣。”[1]连“掘地而井饮”都受到指责，可见，这种说法有其片面性。但是，对于自然保持敬意和敬畏则是不错的。近代以来西方文化对于自然进行了“祛魅”（disenchantment），自然所包含的神性被解构了，自然成了单纯的物质世界，成了人们的客体、对象，人则成为主体，主体对于自然可以采取任何措施。这种态度开启了近代科学和工业之门，极大地改善了人类的生存状态，这是它积极的一面。但这种做法也带来了环境遭到破坏、生态失去平衡的严重后果。对于自然完全消极、被动，完全不开发，显然是不符合人类的生存的；但极端地开发，带来生态后果，也是不可以的。这就要取其中道、中庸的态度，以人和自然作为整个宇宙的双中心，调整人和自然的关系。这种态度是中庸，也是无为，无为不是不作为，而是合乎规律地作为。在一项工程的生态后果不能确定的情况下，慎重开工，等到充分论证后再采取措施，这是对于自然的神性的基本的敬意。人类对于自然，应当能够保持敬意和敬畏。

二、黄河的名称及其神性意蕴

“河”字《说文解字》写作“”，已经与现在的写法十分相近。这意味着这个字在此之前有一个较长的演化史。著名历史学家岑仲勉先生认为，上古没有“河”字，只有从“水”从“乃”的汈字，这个“乃”字不可做“可”，所以这个字不是“河”字[2]。现在看来，所谓上古没有河字的看法，并不正确。其实，甲骨文已经出现了“河”字，写作“”，同

---

[1] 《文子·上礼》，第527页。

[2] 《黄河变迁史》，第82页。

篮写作“”。此外“河“字还有、等写法❶。

从甲骨文材料来看，黄河在殷人的生活中扮演着重要角色。在殷人那里，黄河不是一条普通的河流，他们称她“高祖河”。《卜辞》有这样的条目：“辛未，贞，求禾高祖河于辛巳，彰燎。”❷殷人的神都是祖先神。显然，在他们的眼中黄河和他们的祖先一样神圣的。殷人向黄河祭祀，求雨、求年。

殷人还提出了“河宗”的概念。甲骨文有这样一条：“贞，于南方将河宗。十月。”“将”，奉享，祭祀之意。“宗”，《说文解字》写作“”，意思“尊祖庙也，从宀、从示”。于省吾认为，“示”象屋中所立的神主的形状。此外，宗还有祖先、同一祖先的家族、嫡长子、本、根本等义项。老子说道“渊兮似万物之宗”，采用的就是“根本”的含义。“宗”还有归向的意思，如“朝宗于海”。河宗时作为“宗”的河。

周人兴起于黄河流域的渭河、泾河地区，他们对于黄河也保持高度的敬畏态度，给了黄河许多神性的命名。他们继承了“河宗”的概念。《穆天子传》说：“河与江淮济三水为四渎。河曰河宗，四渎之所宗也。”周人也把黄河作为“河宗”，表明黄河的地位高于其他三渎，是其他的首领。黄河统领其他三渎，它们应归宗于黄河。殷、周人的这种看法是文化意义的。它不是以水量的大小、清浊、河流的长短为标尺的，而是以河流在文化、历史发展中的作用为依据的。周人起源于黄河流域，虽然不直接在黄河边上，没有像两河流域和埃及文明那样发源于大河之旁，但是，他们仍然受惠于黄河。他们所居住的沣河流域的水是流向黄河的，黄河带走了他们那里可能发生的洪涝灾害；他们沿着自己的河流顺流而下，就可以来到黄河，到他们之外的其他部落。武王伐纣，曾经在孟津会师起盟，留下了“盟津”这个千古名称。黄河指引他们获得了胜利，取得了天下。黄河本身是一个宏大的、永恒的自然现象，超出寻常的宏大和永恒总是与神意联系在一起的，本身就能激起人们的敬意

❶ 《汉语大词典》，第3册，湖北辞书出版社、四川辞书出版社，1990年版，第1582页。

❷ 本书甲骨文文字皆引自赵诚《甲骨文与商代文化》，辽宁人民出版社，2000年版，为节省篇幅，下不俱注。

和敬畏。西周、东周春秋战国都属于周朝。我们前文所论述的许多关于河流的认识大都属于周人对于河流的认识。关于祭祀河川的规定，也都是周人制定的。这无疑是和殷人一脉相承的。诚如孔子所说，“周因于殷礼”。河为四渎之宗成为中国文化的一个普遍观念。《汉书·沟洫志》曾说：“中国川原以百数，莫著于四渎，而河为宗。”❶

战国时期黄河还有“浊河”的名称。王曰：“吾闻之齐有清济浊河，可以为固。”❷这是说黄河水浊，是一个自然的描述。浊河可能是一个常用的说法。《史记·高祖本纪》谈到齐国的地理形势，说“夫齐，东有琅邪、即墨之饶，南有泰山之固，西有浊河之限，北有渤海之利。”❸

秦始皇曾经把黄河改名为“德水”。据《史记》记载，“始皇推终始五德之传，以为周得火德，秦代周德，从所不胜。皆上黑。数以六为纪，符、法冠皆六寸，而舆六尺，六尺为步，乘六马。更名河曰德水，以为水德之始。”❹《史记·封禅书》有相同的记载，秦人认为，周以火德成。“今秦变周，水德之时。昔秦文公出猎，获黑龙，此其水德之瑞。於是秦更名河曰‘德水’。”❺

黄河叫做“黄河”，似乎是从汉高祖刘邦开始的。据《汉书·高惠高后文功臣表第四》封爵之誓曰：“使黄河如带，泰山若厉，国以永存，爰及苗裔。”不过，王念孙认为，汉以前没有称“黄河”为“黄河”的，这里的“黄”字可能是后人所加。

黄河还有“中国河”的名称。这里的“中国”是古代的“中原”的含义，中原即天下之中。流经天下之中的河流，自然具有非同一般的神性。《汉书·西域传》：“其河有两源，一出葱岭山、一出于阗。于阗在南山下，其河北流，与葱岭河合，东注蒲昌海。蒲昌海，名盐泽者也，去玉门、阳关三百余里，广袤三百里。其水亭居，冬夏不增减，皆以为潜行

❶ 《汉书·沟洫志》：《汉书》，第6册，第1698页。

❷ 张清常、王延栋：《战国策笺注·燕策·苏秦死》，南开大学出版社，1993年版，第770页。

❸ 《史记》，第2册，第382~383页。

❹ 《史记》，第1册，第237~238页。

❺ 《史记》，第4册，第1366页。

地下,南出于积石,为中国河云。”❶《初学记》在解释《山海经》河出昆仑的时候也指出,“昆仑山纵广万里,高万一千里,去嵩山五万里,有青河、白河、赤河、黑河环其墟。其白水出其东北陬,屈向东南流,为中国河。河百里一小曲,千里一大曲,发源及入中国。大率常然。”

在抒情的文学作品中,为了充分表达对黄河的敬意,古人把黄河称作“灵川”、“灵脉”。后汉应玚(? ~217年)《灵河赋》云:

> 咨灵川之遐源兮,于昆仑之神丘。凌曾城之阴隅兮,赖后土之潜流。冲积石之重险兮,披山麓之溢浮。蹶龙门而南迈兮,纡鸿体而四流。涉津洛之阪泉,播九道之中洲。澒(hōng)动而腾骛兮,恒亹亹而徂征。肇乘高而迅逝兮,阳侯怖而振惊。……❷

“灵”正是水的神性的表现。刘禹锡曾经说“山不在高,有仙则名;水不在深,有龙则灵”。水因为有神,所以灵。灵既是某种神物本身,也是神物所具有的性质的升华。中华民族文化中,“神”很早就成为一种“妙用”,奇妙的性质,而不是一种有具体物质形态的鬼神。称黄河为“灵”,也是一种根深蒂固的民族心理。东晋郭璞《尔雅图赞》说“昆仑三层,号曰天柱;实惟河源,水之灵府”。这是说河水之灵,源自昆仑之灵。明代诗人费锡琮的《黄河》说:“灵脉来天上,混流昼夜奔。纵横穿套口,曲折下龙门。地入荥阴断,山临华岳尊。何须逢汉使,便拟溯昆仑。”

黄河此外还有几种叫法,如《水经注》中称“上河”,“《地理志》曰河水别出为河沟,东至富平,北入河。河水于此有上河之名也❸。《尚书》中称“九河”,《史记》中称“大河”等。

黄河的各种名称,除了“浊河”和“黄河”是对河流的自然状态的描述外,其他都包含了浓郁的神性和深厚的文化底蕴,表现了古人对于黄河的敬意和敬畏。现在,黄河之所以能够成为母亲河,正是与她在历史

---

❶ 《汉书》,第12册,第3781页。

❷ 《古今图书集成》,第20册上,第23921页。

❸ 《水经注疏》,第194页。

上对于中华民族的生存和形成的客观贡献以及中华民族对她的感恩和敬意的历史结果。黄河的神性,中国民族对于黄河的敬畏,都是黄河的文化生命的表现。

三、“河出昆仑虚”:河源的神话与黄河探源

黄河的源头在哪里?李白说:“君不见,黄河之水天上来,奔流到海不复回。”这个“天”,不是物质意义的自然之天,而是神性的天。黄河的源头是与神话相连的,这说明了黄河在汉民族心目中具有神圣形象。究竟是河因山圣,还是山因河灵,还是山、河同圣同灵,此处不作考证。我们只须牢记,在中华民族的文化心理中,河源昆仑是一座神山,黄河是一条圣河。

《山海经》说:“昆仑之虚,在西北……河水出东北隅,以行其北,西南又入渤海,又出海外,即西而北,入禹所导积石山。”[1]那么,昆仑山又在哪里?是个什么样的地方?《山海经》说:“昆仑……帝之下都。昆仑之虚,方八百里,高万仞。上有木禾,长五寻,大五围。而有九井,以玉为槛。面有九门,门有开明兽守之,百神之所在。在八隅之岩,赤水之际,非仁羿莫能上冈之岩。”[2]又说:“昆仑之丘,是实惟帝之下都……河水出焉,而南流注于无达。赤水出焉,而东南流注于泛天之水。洋水出焉,而西南流注于丑涂之水。墨水出焉,而四海流注于大杅。是多怪鸟兽。”

昆仑既然是帝之下都,又是百神之所居,显然不是一个寻常的所在。《昆仑记》较为详细地说明了昆仑的结构,说“昆仑之山三级:下曰樊桐,一名板桐;二曰玄圃,一名阆风;上曰层城,一名天庭;是为太帝之居。去嵩高五万里,地之中也。”[3]《葛仙公传》说:“昆仑,一曰玄圃,一曰积石瑶房,一曰阆风台,一曰华盖,一曰天柱,皆仙人所居也。”黄帝的宫殿也在昆仑山。《庄子》中两处提到黄帝与昆仑的关联,一次是

---

[1][2] 《山海经·海内西经》。

[3] 《水经注疏》上册,第2页。

“黄帝游乎赤水之北，登乎昆仑之丘而南望”❶。一次是说“昆仑之虚，黄帝之所休。”❷《穆天子传》说穆天子“吉日辛酉，天子升于昆仑之丘，以观黄帝之宫”。黄帝是上古的圣王，据说后来修道成仙升天，所去可能就是昆仑山。陕西黄陵只是他的衣冠冢。不过，昆仑山也不是人达不到的地方。据《穆天子传》说，周穆王就登上了昆仑山，见到了西王母。“天子遂宿于昆仑之阿，赤水之阳。吉日辛酉，天子升于昆仑之丘，以观黄帝之宫”。《竹书纪年》曰：“周穆王十七年，西征至昆仑丘，见西王母。王母止之。”《穆天子传》卷三关于周穆王见西王母的记述十分生动：“吉日甲子，天子宾于西王毋。乃执白圭玄璧以见西王母，好献锦组百纯，□组三百纯，西王毋再拜受之□。乙丑，天子觞西王母于瑶池之上，西王母为天子谣曰：‘□白云在天，山□自出。道里悠远，山川间之。将子无死，尚能复来。’天子答之曰：‘予归东土，和治诸夏。万民平均，吾顾见汝。比及三年，将复而野。’”这段对话包含着离别的忧伤。《竹书纪年》记载虞舜“九年，西王母来朝”。后来又屡屡出现西王母。所谓“西王母”很可能是西部甚至欧洲某个部落的女王，后来被神化为“王母娘娘”。昆仑山的特点是远、高，多珍宝、怪兽。关于昆仑的高，《水经》引述其他著作说：“《外国图》又云：从大晋国正西七万里，得昆仑之墟，诸仙居之。数说不同，道阻且长，经记绵褫，水陆路殊，径复不同，浅见末闻，非所详究，不能不聊述闻见，以志差违也。其高万一千里，《山海经》称方八百里，高万仞。郭景纯以为自上二千五百余里。《淮南子》称高万一千里百一十四步三尺六寸。”❸《史记》说：“《禹本纪》言河出昆仑。昆仑甚高，三千五百余里，日月所相避隐为光明也，其上醴泉华池。自张骞使大夏之后，穷河源，恶睹本纪所谓昆仑者乎？”《博物志》说：“昆仑从广万一千里，神物之所生，圣人神仙之所集，五色云气，五色之流水，其泉东南流入中国，名为河也。”这里司马迁用昆仑山极高来否认张骞出使西域曾经到过昆仑山。关于昆仑的远，

---

❶ 《庄子·天地》。

❷ 《庄子·至乐》。

❸ 《水经注疏》，第5~6页。

《水经》说“距嵩高五万里”❶；前述《外国图》认为距今晋国以西七万里。关于昆仑的物产，《尔雅》说：“西北之美者，有昆仑之墟，璆琳琅玕焉。”《山海经·大荒西经》说：“赤水之后，黑水之前，有大山，名曰昆之丘；有神，人面虎身，有尾”等。《搜神记》曰：“昆仑之山，地首也，是惟帝之下都，故其外绝以弱水之深，又环以炎火之山。山上有鸟兽草木，皆生育滋茂于炎火之中，故有火澣布，非此山之皮枲，则其鸟兽之毛也 。”还有一种说法认为，昆仑山是“天柱”、“天下之中”。《神异经》曰：“昆仑有铜柱焉，其高入天。所谓天柱也，围三千里，圆周如削，铜柱下有回屋焉，辟方百丈。”《龙鱼河图》曰：“昆仑山，天中柱也。”关于天下之中，前文已有引述。晋郭璞《昆仑丘赞》曰“昆仑月精，水之灵府，惟帝下都，西羌之宇，嵥然中峙，号曰天柱”❷，精辟地说明了昆仑的神性。《淮南子》指出，人到昆仑山可以长生不死。“昆仑之丘，或上倍之，是谓凉风之山，登之而不死。或上倍之，是谓悬圃，登之乃灵，能使风雨。或上倍之，乃维上天，登之乃神，是谓太帝之居。”❸

总之，昆仑是一个珍禽异兽、众神列仙居住的地方，是上帝和凡间的一个中转站。既然昆仑是这样一个神圣处所，河出昆仑，那么，黄河肯定有异乎寻常的神性。《水经注》详引了这类说明：

> 《春秋说题辞》曰：河之为言荷也，荷精分布，怀阴引度也。《释名》曰：河，下也，随地下处而通流也。《考异邮》曰：河者，水之气，四渎之精也，所以流化。《元命苞》曰：五行始焉，万物之所由生，元气之腠液也。……《孝经援神契》曰：河者，水之伯，上应天汉。《新论》曰：四渎之源，河最高而长，从高注下，水流激峻，故其流急。徐干《齐都赋》曰：川渎则洪河洋洋，发源昆仑，九流分逝，北朝沧渊，惊波沛厉，浮沫扬奔。《风俗通》曰：江、河、淮、济为四渎。渎，通也，所以通中国垢

❶ 《水经注疏》，第5~6页。

❷ 以上数条关于昆仑山的说明，见［唐］欧阳询撰《艺文类聚》，上海古籍出版社，1965年版，第130~131页。

❸ 《淮南子·地形训》：《诸子集成》，第7册，第57页。

浊。《白虎通》曰:其德著大,故称渎。

从这段记述中可以看出,古人充分肯定了河的神性。首先,河水之气为四渎的精气,河水具有负载精气、分布阴气的功能。其次,河水和银河相应,为水之霸长。第三,水为五行之首,万物由之以生,是元气的腠液。第四,河水是“通”的媒介,具有排泄污垢的作用。“通”在中国文化中的意义前文已论。总之,河水是有德性的。黄河是一条对中华民族有恩惠的河流。所谓“四渎之源,河最高而长”,显然不全是实地勘测的结果,而是把她和昆仑、银河联系起来所产生的印象。《荆楚岁时》记载有一则神话,说张骞出使西域,在黄河源头遇见织女,织女赠给他一块机石,回到长安后他把这块机石献给了汉武帝。从此产生了“黄河源头与银河相通”的神话。昆仑之高,非常人所及,银河之高,高在天上,所以黄河之源当然是四渎中最高、最远的。桓谭《新论》说:“四渎之源,最高而长,从高注下,水流激浚,故其流急,为平地灾害。”❶

昆仑、河源之高远,也有一定的实测基础,如穆天子西游,对于昆仑的距离当然有一种大致的测算。不过,古籍所列的种种数字,更多地包含了想象和夸张的成分。从河流的文化生命的角度来看,这些想象的内容更具有文化意义,实测的结论属于科学,科学是不含“魅”的,文化意义反而薄弱。《淮南子》还提出了关于更为神异的说法,认为黄河是上帝用来调制药物、滋润万物的“神泉”:

> 河水出昆仑东北陬,贯渤海,入禹所导积石山,赤水出其东南陬,西南注南海丹泽之东。赤水之东,弱水出自穷石,至于合黎,余波入于流沙,绝流沙南至南海。洋水出其西北陬,入于南海羽民之南。凡四水者,帝之神泉,以和百药,以润万物。❷

前文我们曾经猜测“河出图,洛出书”的河图可能是地图。不过,无论它是什么,河出了图,这就表明了她具有异乎寻常的神性。《穆天

❶ 桓谭:《新论·离事》,《全上古三代秦汉三国六朝文》,第1册,[清]严可均校辑,中华书局,1958年版,第548页。

❷ 《淮南子·地形训》:《诸子集成》,第7册,第134~135页。

子传》"证实"了"河出图,洛出书"的真实性,并说明了《河图》乃是象征帝王受命的地图。《穆天子传》认为《河图》既包含八卦,又是山川之图:

> 天子西征,至阳纡之山,河伯冯夷之所都居,是惟河宗氏。天子乃沉圭璧礼焉。河伯乃与天子披图视典,以观天子之宝器、玉果、璇珠、烛银、金膏等物,皆《河图》所载,河伯以礼,穆王视图,方乃导以西迈矣。粤在伏羲,受龙马图于河,八卦是也。故《命历序》曰:《河图》,帝王之阶,图载江河、山川、州界之分野。后尧坛于河,受《龙图》,作《握河记》。❶

上述河源之高远,河水之神圣,都是近代化以前带有"魅"的认识,反映了一种文化心理,这种心理影响到中华文化的特点,这正是黄河的文化生命所在。对于《穆天子传》的证实,我们持谨慎的怀疑。可能穆天子确实到了西部甚至欧洲的一个部落,那里的女王确实赠送了他一些当地的珍宝,后人、甚至穆天子和他的随行人员都夸大、神化了这一事实。这是给历史加"魅",加魅的直接目的是给这趟出行增加合法性,其背后则是当时人共同的对于黄河、对于历史的神圣性的肯定的心理。

黄河的源头昆仑山究竟在哪里？汉代以前典籍一致认为昆仑在西域于阗,即今新疆一代。据《史记》记载,张骞出使西域回来后对汉武帝说:"于阗之西,则水皆西流,注西海;其东水东流,注盐泽。盐泽潜行地下,其南则河源出焉。多玉石,河注中国。而楼兰、姑师邑有城郭,临盐泽。盐泽去长安可五千里,匈奴方居盐泽以东至陇西长城,南接羌,鬲汉道焉。"❷"而汉使穷河源,河源出于阗,其山多玉石,采来,天子案古图书,名河所出山曰昆仑云。"❸张骞的说法,实际上是对当时的认识的一种肯定和证实。盐泽,即今罗布泊湖,已干涸。从记载来看,张骞显然到了新疆一带较远的地方,能够看到中国和中亚甚至欧洲不同

❶ 《水经注疏》,第 11～12 页。
❷ 《史记·大宛传》:《史记》,第 10 册,第 3160 页。
❸ 《史记·大宛传》:《史记》,第 10 册,第 3173 页。

水系的分界，即于阗以西的水流入中亚和欧洲，于阗以东的水即塔里木河流入中国。塔里木河先流入盐泽，盐泽处于大漠之中，年复一年水注而不溢，水到哪里去了？他们认为，水通过沙漠潜入地下，往南流，成为黄河的源头。这样，塔里木河——罗布泊湖成了黄河的上游，昆仑山则为塔里木河的源头。“禹导河积石”，高诱称“河出昆山，伏流地中万三千里，禹导而通之；出积石山”❶。《汉书·西域传》肯定了这种认识，认为蒲昌海水潜行地下，南出积石为河源。这样，河出西域就成为汉代以前的一种普遍观点。《穆天子传》所说的“昆仑”也在于阗。

岑仲勉先生认为，黄河出现在陕甘通道和塔里木河的终点罗布泊湖直线距离有2000多里，为什么汉人会把黄河与塔里木河联系起来？他假定，上古时期某一个种族从西部沿着塔里木河向东迁徙，看到塔里木河天天注入罗布泊，而罗布泊并不溢涨，遂认为罗布泊湖水渗入地下。他们再向东发现一条东流的巨川，因而认为黄河的上源是从罗布泊潜行而出。这个种族是西方人。他指出，黄河潜入地下又复出的重源之说的“玄想系从西方输入，所根据的理由：一、水泉渗入地下，于不远处再行涌出，是沙漠常见的现象，也就是重源说的胚胎。……二、河出昆仑，与承接吠陀之佛教传说相同。三、说重源说比较详细的，如《穆天子传》、《汉书·西域传》，都是旅行西方的记事。汉以前天山南路的地名，即全是西北族的语言，没有丝毫汉化的痕迹。四、西域各大河流几乎都有重源的传说。”❷

中国文化系发源于黄河流域，这意味着河源的探索也是一种民族寻根。照岑仲勉先生的观点推论势必得出“中国文化源出西方”的结论。事实上他也是这样认为的，他还以中国的青铜器都是精制、缺乏粗制阶段为根据证明这一点。他认为，史籍唯《穆天子传》可靠，内中有“赤乌氏先出自周宗”，昆仑山以西三百里才是赤乌氏舂山，“周家有亲眷住落昆仑丘那边，我们敢相信黄河重源的说法，

---

❶ 《水经注疏》，第3~4页。

❷ 岑仲勉：《黄河变迁史》，中华书局，2004年新1版，第42页。

系随周族东来而输入。”[1]“周、秦两族本来是西方种族之一支，并掺杂突厥族的血统”[2]。这种说法基本上可以说是一种因为缺乏历史材料所作出的臆想。事实上，随着殷商考古发掘，可以确定，青铜器制作是中国独自发明的，周人以前殷人的青铜制作已经达到了极高的水平。所谓商族的势力范围依据卜辞推断，极小，不出豫中、豫东和相邻的冀、鲁地区[3]；商族喜卜筮，却从未卜筮过黄河是否为灾害，所卜不过有洹河[4]；游牧民族逐水草屡迁，商属于游牧民族[5]；商族之迁与河无关等，现在看来，均属于不正确的论断[6]，与其他古代典籍的记载都不相应。

隋、唐王朝开始发现，黄河之源并不在于阗，而在青藏高原。隋炀帝大业五年（公元609年）灭吐谷浑后置河源郡，即现今青海果洛自治州和海南藏族自治州部分地区。隋代把河源定于此。据《旧唐书》载，唐代贞观九年（公元635年），李靖“等进至赤海，遇其天柱三部落，击大破之，遂历于河源。……侯君集与江夏王道宗趣南路，登汉哭山，饮马乌海，获其名王梁屈忽，经涂二千余里空虚之地，盛夏降霜，多积雪，其地乏水草，将士啖冰，马皆食雪。又达于柏梁，北望积石山，观河源之所出焉。两军会于大非川。”[7]又据《侯君集传》记载，“靖乃中分士马为两道并入，靖与薛万均、李大亮趣北路，使侯君集、道宗趣南路。历破逻真谷，逾汉哭山，经途二千余里，行空虚之地。盛夏降霜，山多积雪，转战过星宿川，至于柏海，频与虏遇，皆大克获。北望积石山，观河源之所出焉。”[8]星宿海为河源，在唐朝已为普遍的知识。刘长卿《晚泊无棣沟》诗写到：“无棣何年邑，长城作楚关。河通星宿海，云近马谷山。僧

---

[1] 《黄河变迁史》，第36页。
[2] 《黄河变迁史》，第42页。
[3] 《黄河变迁史》，第87页。
[4] 《黄河变迁史》，第108页。
[5] 《黄河变迁史》，第112页。
[6] 《黄河变迁史》，第116页。
[7] 《旧唐书·198·吐谷浑传》。
[8] 《旧唐书·卷73·侯君集列传》。

寺白云外，人家绿渚间。晚来朝正满，处处落帆还。”《新唐书·吐蕃传》记载，长庆二年(公元822年)，唐使刘元鼎与吐蕃会盟，到达河源地区。《吐蕃传》这样描述:“湟水出蒙谷，抵龙泉与河合。河之上流，繇洪济梁西南行二千里，水益狭，春可涉，秋夏乃胜舟。其南三百里三山，中高而四下，曰紫山，直大羊同国，古所谓昆仑者也，虏曰闷摩黎山，东距长安五千里，河源其间，流澄缓下，稍合众流，色赤，行益远，它水并注则浊，故世举谓西戎地曰河湟。”❶这里所说的“闷摩黎山”，即今所谓巴颜喀拉山。

元代进行了较大规模的探源活动。至元十七年(公元1280年)忽必烈命都实为招讨使，率队前往考察河源地区。经过4个月的考察，绘制了河源地区图。1315年，潘昂霄根据都实之弟阔阔出的口述写成《河源志》。元代还有一本梵文图书，也描述了河源的情况，“临川朱思本从巴里吉思家得帝师所藏梵字图书，而以华文译之”❷。《元史》根据潘、朱的记录总结如下:“按河源在土蕃朵甘思西鄙，有泉百余泓，沮洳散涣，弗可逼视，方可七八十里，履高山下瞰，灿若列星，以故名火敦脑兒。火敦，译言星宿也。”❸朱思本的译文是“水从地涌出如井。其井百余，东北流百余里，汇为大泽，曰火敦脑兒。”❹朱思本的描述，很像约古宗列盆地。这就把河源进一步推到了星宿海以上百余里的约古宗列盆地了，已非常接近今日所认为的河源。

康熙考察河源，为的是治理黄河。清康熙四十三年派侍卫拉锡、舒兰往探河源。拉锡绘有河源图，除了他们回康熙的覆奏外，舒兰也写了一个《河源记》。他们已知道星宿海不是黄河河源。康熙五十六年(公元1717年)，康熙又派楚儿沁藏布、兰木占巴等人考察河源。他们绘制的《皇域全览图》，把星宿海以西的“阿尔坦河”标为黄河源。阿尔坦河即玛曲。乾隆二十六年(公元1761年)齐召南撰成《水道提纲》，确认阿尔坦河为河源。《河源纪略》认为，巴颜

---

❶ 《新唐书·卷231·吐蕃列传下》。

❷ 《元史·地理志六·河源附录》，《元史》，第5册，第1564页。

❸❹ 《元史》，第5册，第1564页。

喀拉东北七百余里，有山曰阿木奈马勒占木逊，元人认为这是昆仑山。此山《申报地图》翻译为阿尼玛卿山。《水道提纲》认为此即《禹贡》所谓积石山。乾隆四十七年(公元1782年)，乾隆派阿弥达恭祭河源。上谕开首："今年春间，因豫省青龙岗满口合龙未就，遣大学士阿桂芝自前清门侍卫阿弥达前往青海，务穷河源，祭告河神，事竣复命。"[1]阿弥达2月21日从北京出发，四月初六，望祭玛庆。这次阿弥达又从星宿海向西走了300余里，是历史上黄河探源走的最远的一次。这次探源，仍然是在肯定黄河之魅，所以望祭玛卿；仍然肯定河出昆仑的古老说法。对于"河出昆仑"的保留，实际上是对于黄河之魅的肯定，是对黄河的敬畏之情的表露。近代以后，探源完全成了科学工作，不再是在魅力之影下的活动了，外国人多次进行了黄河探源的工作。

1884年，俄国蒲瑞哇尔斯基探河源，达到扎陵湖、鄂陵湖。

1906年，俄国科兹洛夫探河源，测得扎陵、鄂陵二湖的高度。

1907年，德国人台飞探河源，测得河源为北纬36.65度，东经96.4度。

1926年，美国人洛克探险阿尼玛卿山和青海河源。

1933年，德国出版物刊出扎陵、鄂陵二湖藏名。

新中国成立后，中国政府也进行了黄河探源。1952年8月，黄河水利委员会经过考察，确定约古宗列渠为河源。1978年，科学考察队发现，星宿海上游有三个源头：扎曲、约古宗列渠、卡日曲。扎曲一年大部分时间干涸；卡日曲最长，流域面积最大，旱季也不干涸，是黄河的真正源头。卡日曲比约古宗列渠长25公里，流量为6.3立方米每秒。这些都是关于黄河源头的科学知识，对正确、客观地认识黄河具有重要的意义。但不可否认的是，这些探源背后的思维方式是控制、征服自然，而不是人与河流的和谐的共存。现在看来，这种态度包含了一定的局限性。

---

[1] 转引自《黄河变迁史》，第61页。

四、历代河神、河封与河祭

对历史加"魅"的极端化形式是塑造河神，把河神作为河的化身，由此确立河的主体性，使人在与河的交往中保持敬意和敬畏；确立人对于河流以至于整个自然的敬畏意识。这是神化形式的主体性，走到极端会完全无视人类的主动性，匍匐于自然的威力之下，典型的如把少女沉入河中祭河，说是给河伯娶妇。这种形式在先秦是比较普遍的，六国统一以前的秦国就有把公主沉入河中的风俗[1]。西门豹曾经把女巫投入河中，阻止了这一风俗；后来又"发民凿十二渠，引河水灌民田"[2]。《史记》仅把西门豹列入《滑稽列传》，没有认识到西门豹兴修水利的文明、文化意义。用人祭河是河的主体性高于人的表现。近代对自然祛魅以后，自然失去了主体地位，成为人斗争的对象、人类用自己的智力塑造的客体。人成为唯一主体的缺陷导致了我们正在经历和体验着的自然的破坏。极端的自然主体和极端的人类主体都是不可以的。笔者认为，仍以前述不包括人的自然为自然Ⅰ、人为自然Ⅱ，包括自然Ⅰ和自然Ⅱ的全部自然为自然Ⅲ，把自然Ⅰ、自然Ⅱ作为自然Ⅲ的两个焦点，采取中道的原则，根据一阴一阳之谓道的思维方式来处理二者的关系，是明智的选择。

历史发展到今天，客观地提出了河流的主体性问题。我们已不必采用神化的形式，但必须对河流的神意的肯定，保持对于河流的敬意和敬畏，在人与河流的交往、诠释中达到深度的主体间性，实现人与河流、自然Ⅰ、自然Ⅱ的共存。如同金岳霖先生所说，达到"共存的民主"。

（一）历代河神

这里举出的是历代著名的河神。黄河的第一位神是河伯。他的身世、性别都有一些扑朔迷离的地方。较为普遍的说法认为他是"华阴潼乡人，姓冯氏，名夷，浴於河中而溺死，遂为河伯也。"[3]也有一种说法

---

[1] ［明］杨慎：《升庵全集》，第4卷（四），商务印书馆，1937年初版，第513页。

[2] 《史记·滑稽列传》：《史记》，第10册，第3211~3213页。

[3] 见《史记·滑稽列传》载张守节《正义》：《史记》，第10册，第3211页。

是认为他得道成仙。此类说法还有以下若干条：

《楚辞·远游》："使湘灵鼓瑟兮，令海若舞冯夷。"

屈原《九歌》："与女游兮九河，冲风起兮水扬波。乘水车兮荷盖，驾两龙兮骖螭。登昆仑兮四望，心飞扬兮浩荡。日将暮兮怅忘归，惟极浦兮寤怀。鱼鳞屋兮龙堂，紫贝阙兮珠宫；灵何为兮水中？乘白鼋兮逐文鱼，与女游兮河之渚，流澌纷兮将来下。子交手兮东行，送美人兮南浦。波滔滔兮来迎，鱼鳞鳞兮媵予。"❶洪兴祖注《楚辞·九歌·河伯》引《抱朴子·释鬼》："冯夷以八月上庚日渡河溺死，天帝署为河伯。"❷

《淮南子·原道训》："昔者冯夷、大丙之御也，乘云车，入云蜺，游微雾，骛怳忽，历远弥高以极往。"高诱注《淮南子·齐俗训》："冯夷，河伯也。华阴潼乡隄首任，服八石，得水仙。"❸

《水经注·河水一》："《括地图》曰：冯夷恒乘云车，驾二龙。河水又出于阳纡。凌门之山，而注于冯逸之山。"❹

河神有一位美丽的妻子：洛水宓妃。宓妃乃伏羲之女，溺死水中，因成水神，嫁于河伯冯夷为妻。曹植《洛神赋》、顾恺之《洛神赋图》，都是对于这位美丽的水神的纪念。

也有一种观点认为，河伯和冯夷本是两回事。河伯是中原的一个部落的首领，冯夷原是东部的一个首领。在部落的征战与融合中，并入西部部落。冯夷本是他妻子的名字。《后汉书·张衡传》引《龙鱼河图》："河伯姓吕，名公子；夫人姓冯，名夷。"限于篇幅，不详讨论。

黄河的第二位河神是"河侯"王尊。王尊原是汉代一名官员，事具《汉书·赵尹韩张两王传》。他成为河侯，与治水有关。据《汉书》传记载，"河水盛溢，泛浸瓠子金堤，老弱奔走，恐水大决为害。尊躬率吏民，投沉白马，祀水神河伯。尊亲执圭璧，使巫策祝，请以身填金堤，因止宿，庐居堤上。吏民数千万人争叩头救止尊，尊终不肯去。及水盛堤

---

❶ 《屈原集校注》，上册，金开诚、董洪利、高璐明著，中华书局，1996 年版，第 266 ~ 272 页。

❷ 《屈原集校注》，上册，第 266 页引。

❸ 《淮南子·原道训》：《诸子集成》，第 7 册，第 2 ~ 3 页。

❹ 《水经注疏》，第 11 ~ 12 页。

坏，吏民皆奔走。唯一主簿泣在尊旁，立不动。而水波稍却回还。吏民嘉壮尊之勇节，白马三老硃英等奏其状。下有司考，皆如言。于是制诏御史：'东郡河水盛长，毁坏金堤，未决三尺，百姓惶恐奔走。太守身当水冲，履咫尺之难，不避危殆，以安众心，吏民复还就作，水不为灾，朕甚嘉之。秩尊中二千石，加赐黄金二十斤。'"[1]王尊死后，当地百姓把他立为河侯，加以祠祀。河侯是人鬼祀为河神的开始。

黄河的第三位河神是"河阴圣后"。金世宗大定二十七年（公元1187年）正月，封郑州河阴县黄河为"昭应顺济圣后"。前代河为水患，黄河屡次应祷安澜，所以加封号，庙额。每年由本县长官春秋祭祀。"河阴圣后"是黄河的第一个地方性河神。

黄河的第四位河神是陈平。陈平乃是汉代开国元勋。据《月令广义·岁令一》称河神陈平为汉相国。《三教源流搜神大全》卷二亦称河渎为汉陈平，唐始封二字公，宋加四字公，圣朝加封四字王，号"灵源弘济王"。

第五位河神是"金龙四大王"。金龙四大王本为南宋末人，名谢绪，浙江人，排行第四。明代受封，景帝景泰七年（公元1456年）十二月建金龙四大王祠于沙湾[2]。

第六位著名河神为"黄大王黄守才"。明末人，李自成攻开封时被捉。李让其灌城，拒绝，李大怒，欲杀之，遂灌城。

（二）历代黄河的封号

唐天宝六年（公元747年）封河渎为"灵源公"[3]。

宋仁宗康定元年（公元1040年）诏封河渎为"显圣灵源王"[4]。

至元二十八年（公元1291年）加封河渎为"灵源弘济王"[5]。

---

[1] 《汉书》，第10册，第3237页。

[2] 《古今图书集成·山川部·河部·神异典》第二十上，中华书局、巴蜀书社，第23898～23901页。

[3] 《旧唐书·卷二十八·志第四·礼仪四》，中华书局2000年版，第630页。

[4] 《宋史·礼志五》：《宋史》，第8册，中华书局，1977年版，第2488页。

[5] 《元史·祭祀志五》：《元史》，第6册，第1900页。

明代封西渎为“大河之神”，北渎为“大济之神”，“西渎”即黄河❶。

清代也多次给河神加封、祭祀。顺治三年特封黄河神为“显佑通济金龙四大王之神”，到光绪时，历代封号与清代封号加叠在一起达到29字：“灵佑襄济显惠赞顺护国普利昭应孚泽绥靖普化宣仁保民诚感黄大王”。

（三）历代河祭

祭河是中国传统文化的一部分。《古今图书集成·河部》详细记载了历代祭河活动❷。祭河的礼仪一般是沉圭璧、牛、羊等牺牲于河。以下对历代典型祭河的事例进行分析。

最早的祭河记载是帝尧沉璧于河。据《尚书中侯》记载，“尧沉璧于河，白云起回风摇落”❸。关于帝尧沉璧于河，其他典籍都没有记载。《初学记》中也说：“尧率诸侯群臣，沈璧于洛河，受图书，今《尚书中侯》、《握河纪》之篇是也。”舜居摄时曾经祭河，《尚书·虞夏书·舜典》有“禋于六宗，望于山川，遍于群神”的记载。如前所述，六宗为天宗日、月、星辰，地宗岱、河、海。禋的祭祀形式如前所述“精意以享为禋”。“精意以享”是对祭祀的较为本质性的解释，人把自己的精诚之意献给六宗，正是对于山川的敬意和敬畏。夏代的祭祀，据《竹书纪年》有“帝芒元年壬申帝即位，以元珪宾于河”一条。

由于文献不足的缘故，关于商代的祭河，历代没有记载。甲骨文的出土使我们比前人更多地知道关于殷人祭河的情况。殷人对于黄河的敬畏和祭祀远超前代。如前所述，他们把黄河称为“高祖河”，广泛地向黄河献祭、卜问。大致在他们看来，黄河具有一种决定未来的神灵作用，能够令自然界产生风、雨，如“贞，翌甲戌，河不令雨”？“贞，翌甲戌，河其令雨”？“壬戊卜，于河求雨，燎”。他们认为，黄河也能禁止风雨的产生，如“庚申卜，永贞，河壱雨”。“壱”是阻止、为害。河也能阻止收成，“庚寅卜，唯河壱禾。”所以，他们向河卜问收成。

---

❶ 《明史·志第二十五》：《明史》，第5册，第1284页。

❷ 《古今图书集成》第二十上，第23898～23901页。

❸ 《古今图书集成》第二十上，第23898页。

“戊寅卜,争贞,求年于河,燎三小宰,沉三牛”;“求年于河,寮三牢,沉三牛,俎牢”;“壬申贞,求禾于河,燎三牛,沉三牛”❶。

祭祀河渎山川是周人的政治制度。他们规定了祭祀的对应等级,只有天子有资格祭祀四渎,前文已述及。据《竹书纪年》记载,周成王十八年春正月,“王如洛邑定鼎,凤凰见,遂有事于河”。“有事于河”即祭河。又据《竹书纪年》记载,“夷王二年,蜀人吕人来献琼玉,宾于河。用介珪”。这里所说的祭祀都不是常规祭祀,即临时有意外的祥瑞出现时的祭祀。秦始皇统一六国之后,规定在临晋祀河。据《史记·封禅书》记载,“水曰河,祠临晋”,秦始皇希望形成一种制度。因为他国祚不久,这个制度亦未形成。

史书记载的汉代祭河也都是非常之祭,有应瑞之祭,更多则是为了救灾。文帝时赵人新垣平说周鼎亡在泗水,现在河溢,东北有金气,可能是周鼎,建议文帝祭祀以出周鼎。文帝十五年修河渎祀嘉玉,武帝建元元年诏修河渎祠。武帝元封二年,黄河在瓠子决口。后二十年,武帝亲临堵塞,“沈白马玉璧”以祭河,“令群臣从官自将军以下皆负薪窴决河。是时东郡烧草,以故薪柴少,而下淇园之竹以为楗。天子既临河决,悼功之不成,乃作歌曰:‘瓠子决兮将柰何?皓皓旰旰兮闾殚为河!殚为河兮地不得宁,功无已时兮吾山平。吾山平兮钜野溢,鱼沸郁兮柏冬日。延道弛兮离常流,蛟龙骋兮方远游。归旧川兮神哉沛,不封禅兮安知外!为我谓河伯兮何不仁,泛滥不止兮愁吾人?久不反兮水维缓。’一曰:‘河汤汤兮激潺湲,北渡污兮浚流难。搴长茭兮沈美玉,河伯许兮薪不属。薪不属兮卫人罪,烧萧条兮噫乎何以御水!穨林竹兮楗石菑,宣房塞兮万福来。’”河决最终被堵上,汉武帝在河决的地方修建了宣房宫,从此“道河北行二渠,复禹旧迹,而梁、楚之地复宁,无水灾。”❷

后汉书明帝末平十三年夏四月辛巳巡行河渠,乙酉诏曰“自汴渠决败,六十余岁,加顷年以来,雨水不时,汴流东侵,日月益甚,水门故

❶ 以上数条甲骨文材料转引自赵诚《甲骨文与商代文化》第2章《先公》。

❷ 《史记·河渠书》,《史记》,第4册,第1413页。

处，皆在河中，漭瀁广溢，莫测圻岸，荡荡极望，不知纲纪。今兖、豫之人，多被水患，乃云县官不先人急，好兴它役。又或以为河流入汴，幽、冀蒙利，故曰左堤强则右堤伤，左右俱强则下方伤，宜任水势所之，使人随高而处，公家息壅塞之费，百姓无陷溺之患。议者不同，南北异论，朕不知所从，久而不决。今既筑堤理渠，绝水立门，河、汴分流，复其旧迹，陶丘之北，渐就壤坟，故荐嘉玉洁牲，以礼河神。东过洛汭，叹禹之绩。今五土之宜，反其正色，滨渠下田，赋与贫人，无令豪右得固其利，庶继世宗《瓠子》之作。”❶

总之，河祭或为应瑞，或为塞决救灾。为节省篇幅，不赘述。宋代曾经因为黄河水少而祭河。“康定二年三月，以黄河水势甚浅，致分流入汴，未能通济，遣使祭河渎及灵津庙。”❷另外，金、元、清少数民族政权都接受了汉族对于河流的认识，以时祭河，从而成为中华文化的一部分。清康熙二十三年，曾经祭河神，祭文曰：

> 惟神忠心贯日，正气凌霄；奠蔀屋，志宁居；功襄平土，挽银河之激浪，力奏安澜。三月春流，无恙桃花之水；千官扈跸，莫愁瓠子之宫。朕念苍赤之艰难，历黄淮而巡省，万艘飞挽，咸有藉于神庥；九曲澄波，实远资夫明德。凡此平成之效，尽邀兽运之灵，特遣从官吉蠲用享，惟神来格，尚其歆鉴。

但是，我们不要以为古人只会消极地祭河拜神，求天恩赐。实际上，中国古代文化是以儒家文化为主体的，儒家从孔子开始就确立了理性主义的传统。《论语》记载“子不语力怪乱神”❸，子路问事鬼神。孔子说：“未能事人，焉能事鬼？”❹孔子对于祭祀的态度是：“祭如在，祭神如神在。”❺我们在此还可以举一个楚王不祭河神的例子来说明中国文化的理性主义态度。“楚昭王有疾，卜曰：‘河神为祟。’王弗祭。大夫请祭诸郊。王曰：‘三代命祀，祭不越望，江汉沮漳，楚之望也。祸福之

---

❶《后汉书·显宗孝明帝本纪》：《后汉书》，第1册，第16页。
❷《古今图书集成》第二十上，第23900页。
❸《论语·述而》。
❹《论语·先进》。
❺《论语·八佾》。

至，不是过乎。不谷虽不德，河非所获罪也。’遂不祭。孔子曰：‘楚昭王知大道矣，其不失国也宜哉。夏书曰：维彼陶唐，率彼天常，在此冀方，今失厥道，乱其纪纲，乃灭而亡。’又曰：‘允出兹在兹，由己率常可矣。’”[1]这里，楚昭王以祭不过望为原则，阻止祭祀河神，还受到孔子的赞扬。对于祭祀的意义，荀子早就说过，“日月食而救之，天旱而雩，卜筮然后决大事，非以为得求也，以文之也。故君子以为文，而百姓以为神。以为文则吉，以为神则凶也。”[2]这些都确立了对于鬼神的理性态度。如前所述，后世直接用气来解释鬼和神，认为鬼神不过是气的屈伸两种性能。无论是高层统治者也好，一般的知识分子也好，大传统都不把问题的解决寄托在祭祀求拜上，而是力图找出符合科学的方法来解决问题。一方面也祭祀，保持对天地的敬畏，对百姓的爱护，对自己心灵的慰籍；另一方面，又采用科学的方法去解决问题，这是中国文化的主流，也是中国文化的健康理性所在。下一节，我们主要讲中国人与河流主要是黄河的交往史，中国文化对于自然的科学性的一面。

五、河清颂

按说，一条河，它的水清与不清都纯属自然现象，没有什么深刻含义。同理，黄河的清与不清，也应属于自然现象。据科学研究，黄河输沙与太阳黑子活动周期吻合，大致十二三年一个高峰。可是，黄河由于历史上一直是黄的，所以她的清便是千古奇观。由于黄河是一条神圣的河流，所以在中华民族的历史上，河清便与神意密切相关。圣人出，黄河清；黄河清，圣人出，二者已经超出了因果的范畴。只有具有神性的河流，她的清才成为神意的象征和现实。黄河成为人神之间联系的纽带，神意通过河清而得到现象。河清显示了天与人的沟通，天与人的感应，自然对于人的回应。《易·坤灵图》说，圣人受命，瑞见于河。元朱右《河清颂》其中有一段说明了黄河清的神圣意义。“《易·乾凿度》曰：‘天降嘉应，河水元清。’《京房传》曰：河水清，天下平。”王子年《拾

[1] 《孔子家语· 正论解》。

[2] 《荀子·天论》。

遗记》:“黄河一千年一清,既至圣之君,以为大瑞。春秋二百四十年,凡异屡书,未闻河清之记。秦汉以降,白麟赤雁芝芳宝鼎歌于郊庙,神雀五凤甘露黄龙标为年记,未闻河清之瑞也。宋元嘉中河济清。北齐武成以大宁二年改河清。唐肃宗中兴,河清四日,至三十里,亦未尝有七日之久,五百里之远也。惟我国朝太宗皇帝丙子之岁黄河清,今一百四十六年。河水载清,乃至七日,帝王受命符瑞未若此之著也。”❶总之,河清是神对于当时朝代和人们的格外的眷顾,所以历代对于河清都会唱一曲赞歌。唐代黄河从洛口开始160里河清,横海军奏界内河清澄分明。权德舆《贺黄河清表》。

> 臣闻圣人在上,天下和平,风雨时若,则海波不荡。黄河清,夫土所以载水,水所以利物,天意钟土德之道,开水瑞之华,符我上圣,祥于下土。伏惟睿圣文武皇帝陛下继十圣之原规,陈一王之法,垂衣裳以朝万国,舞干羽而来四夷,平泰阶于天缠,偃师节于灵台,故得浊波浑浑,千载一清,长澜浩浩,百里如镜,气新天宇,光澈地脉。仰分万象之法,中涵千圣之德。初澄海裔,表陛下横恩波于海上;再清洛口,助陛下铺文明于土中。❷

权德舆所说,值得注意的是河清对于“文明”的启示,“文明”是精神、文化在现实中的展开,是神意在历史中的落实。

第三节　中华民族的精神符号

一、黄河与国家的形成

中国是一个水害频仍的国家。中华民族就是以治水掀开文明的篇章的。史书记载大禹治水十三年,足迹遍及黄河、长江、淮河、济河水域。“禹别九州,随山浚川,任土作贡。禹敷土,随山刊木,奠高山大

---

❶ 《古今图书集成》,第20册上,第23929页。
❷ 《古今图书集成》,第20册上,第23923页。

川”。跨流域、跨地区的治水活动，必然产生超越局部地区的全局权力、超越具体的普遍权力。全局和普遍，就是通常所谓的中央权力。局部和具体，则属于地方，使各个部族真正统一在一个集中的权力之下。所以，治水必然导致权力的再分配，产生中央政府，使局部从属于全局、具体从属于普遍、地方从属于中央；水的管理权由此从区域性权力上升为国家权力。这是大禹治水对中华文明国家的形成的意义。在治水的过程中，大禹获得了对各个部族的指挥权力，而各个部族也接受了大禹的指挥。据说防风氏因为迟到，被大禹斩首，这恰好是大禹的权力的表证。值得注意的是，大禹通过治水，还奠定了地理和行政区划（“别九州”）；根据各地物产确定应贡赋之物（“任土作贡”）。划分行政区域，确定税制（贡赋）至今仍属国家权力。这意味着大禹治水过程中，成了实际的国家最高行政长官。尧、舜都不是治水的实际指挥者，他们对各个部族的指挥力恐怕要弱于大禹。因此，中华民族的第一个王朝，便没有在他们手里建立，而在大禹手上建立了。大禹为夏朝的建立奠定了政治权力基础。大禹虽然也按照传统，实行了“禅让”，但这个形式主义的禅让很快被他的儿子破坏了。史书都说大禹“家天下”，是不无道理的。在缺乏统一政权的情况下，治水会很自然地走向“以邻为壑”的境地。战国时期出现的这个词汇反映了当时防止水害的现实，如前所述，管仲九合诸侯其中的盟约就有“毋曲堤”的条款。

我国至迟从西周开始，就设有专门的水官，水政管理成为政府的一个重要部门。都江堰从汉代起就设置了专门的管理机构，负责日常维护、水量分配、税费征收等事务，明清两代设有“总理河道”、“河道总督”等职务，由中央政府直接委派大臣担任。明代潘季驯后两次治河，朝廷特许他“便宜行事”。清代靳辅治河，拥有指挥直隶、河南总督的权力。水政管理对中华民族历史产生了深刻的影响，在一定程度上，促成了中华文明与西方文明的不同。对于中国与西方文明的不同，马克思曾经用“亚细亚生产方式”进行说明❶。

---

❶ “亚细亚生产方式”在史学界是一个争论极多的问题，从 20 世纪三四十年代一直到 80 年代后期，中国史学界都没有取得一致意见。故本文对这一概念不作展开。

在中国历史上，治水和治国常常是联系在一起的，二者具有同构的特点。“水”在中国文化中往往被认为是“百姓”的代名词。《荀子·王制》说：“君者，舟也，庶人者，水也；水则载舟，水则覆舟。”《周易》的《大过卦》、《萃卦》分别说到“水上于地”和“泽灭木”，都被认为有百姓起事的意味。《国语·周语》很早就出现了“防民之口，甚于防川”的说法：

> 厉王虐，国人谤王。邵公告曰：“民不堪命矣！”王怒，得卫巫，使监谤者，以告，则杀之。国人莫敢言，道路以目，王喜，告邵公曰：“吾能弭谤矣，乃不敢言。”邵公曰：“是障之也，防民之口，甚于防川。川壅而溃，伤人必多，民亦如之。是故为川者决之使导，为民者宣使之言。”

这里，防民的办法不是不让百姓说，而是“宣使之言”，即让他们把话说出来。如前所述，大禹治水中“因”和“导”是同一个含义。“因”是原则，导则是落实。导水的原则在古代政治中也得到了应用。《左传》记载，子产不毁乡校，就是把“导”运用到政治上的范例：

> 郑人游于乡校，以论执政。然明谓子产曰：“毁乡校，何如？”子产曰：“何为？夫人朝夕退而游焉，以议执政之善否。其所善者，吾则行之。其所恶者，吾则改之。是吾师也，若之何毁之？我闻忠善以损怨，不闻作威以防怨。岂不遽止，然犹防川，大决所犯，伤人必多，吾不克救也，不如小决使道，不如吾闻而药之也。”然明曰：“蔑也今而后知吾子言可事也。小人实不才，若果行此，其郑国实赖之，岂唯二三臣？”仲尼闻是语也，曰：“以是观之，人谓子产不仁，吾不信也。”[1]

从子产不毁乡校的例子可以看出，大禹治水的方法已经内化为深邃的民族智慧，是中华民族处理各种问题时的思维方式和理论基础。所以，对于乡校问题，子产能够很自然地与防川相类比，从而做出正确的决断；“导”使之言，以改进政治。在他看来，国家所依赖的不仅是大臣，也包括那些在乡校中议论政治的人。这些看法具有超时代的意义。

---

[1] 《十三经注疏》下，总第2016页。

孔子许之以仁，评价甚高。整个孔门弟子，只有颜回才被孔子认为也仅仅是能做到“其心三月不违仁”。这里，因、导、仁之间的逻辑联系是值得重视的。治水的原则本来是“导”而不是堵，是引向民主而不是专制。当然，这种思想没有转化为公民可以合法地批评政府的言论自由的制度。这也是中国传统文化的局限性所在。

对于政府的批评在中国古代主要表现为对皇帝行政的批评，在形式上表现为政府内部的“言官”、“谏官”制度，但谏官又常常被杀，因而堵塞了合法的批评渠道。这些都是中国古代社会政治的局限性。德裔美国历史学家魏特夫认为，中国文明属于水利文明，治水导致了东方专制制度。我们认为，对于河流与水的问题对中国历史的影响，既要充分的估计，同时也不能过分夸大。首先，河流与水仅仅是复杂的政治活动的一部分，不是古代政治的全部内容，把全部文化、政治都仅仅归结到治水上，把治水仅仅和专制联系起来，都是不全面的。河流治理的体制容易导致集权，而治河的“导”的理念却又和分权有天然的亲缘关系。所以，治水对中华民族历史的影响，以及对中国社会体制的认识等，是一个极其复杂的问题，需要进一步的研究，仅仅靠贴一个标签是无助于问题的理解的。把中国、伊斯兰、印加、埃及、夏威夷等文明形式都归结为治水社会，用若干统一的结论去概括这些文化迥异的社会，是十分危险的。事实上，中国古代土地私有制长期处于主要地位；不存在固定的阶级界限，阶级之间可以流动。隋代采取科举制后，政府官吏选拔机制本身已经十分近代化，官吏的平民出身比例唐代不到10%，宋代是15%，元代是15%，明代是23%[1]。如果我们客观地看待这组数字的话，我们可以得出平民出身的官吏的比例不断增加的结论。许多著名的政治家如北宋宰相王安石、明代首辅张居正都是平民出身，他们对于中国历史上科举的公平性具有重要的象征意义。魏特夫是为了完成一项批判苏联、中国的专制制度的意识形态，总是压低或贬低科举、土地私有在中国历史上的实际效果和意义，这就使他的结论受到了局限。

[1] ［美］卡尔·A·魏特夫：《东方专制主义》，徐式谷、奚瑞森、邹如山等译，中国社会科学出版社，1989年版，第366～368页。

中国古代社会是一种复杂的类型，需要用独特（unique）的理论框架进行研究。

二、黄河在朝代变革中的作用

黄河在历代朝代变革中也发挥着重要作用，黄河赋予政权以合法性。得到了黄河的承认，也就得到了天下。夏代的建立，是与大禹治水密切相关的，这已经不必再说。商代屡次迁都。第三次是祖乙迁都，“祖乙圮于耿”，《孔传》解释为祖乙在耿地首都被“河水所毁”❶，明清人进一步说是河患。“盘庚迁殷”也是一次重要的迁都：“盘庚作，惟涉河以民迁。”❷商朝屡次迁都，这是为什么？张光直认为，上古时期青铜器是政权的象征，铸青铜器需要铜、锡等金属，殷商屡次迁都是为了寻找金属铜的资源地，可备一说❸。不过，现在能够确证的几个殷商的首都，郑州商城、安阳殷墟，都在黄河流域。如前所述，黄河北殷人称为“高祖河”；高祖河使殷商政权具有合法性。又据《国语》记载，殷高宗武丁中兴，也与黄河有关。“昔殷武丁能耸其德，至于神明，以入于河，自河徂亳，于是乎三年，默以思道。卿士患之，曰：‘王言以出令也，若不言，是无所禀令也。’武丁于是作书，曰：‘以余正四方，余恐德之不类，兹故不言。’若是而又使以象梦旁求四方之贤，得傅说以来，升以为公，而使朝夕规谏，曰：‘若金，用女作砺。若津水，用女作舟。若天旱，用女作霖雨。启乃心，沃朕心。若药不瞑眩，厥疾不瘳。若跣着视地，厥足用伤。’”❹

周朝的兴起和灭亡都与黄河有关。周族一直生活于黄河流域，不断地从西部沿黄河向东部推进。武王伐纣前一年，曾经在盟津（今孟津）会师，诸侯不期而至者有 800 个。当时都说纣王该伐，但武王认为纣王的罪恶还没有达到极限。次年，纣王杀王子比干等，武王认为时机

❶ 《十三经注疏》上，总第 167 页。

❷ 《十三经注疏》上，总第 170 页。

❸ 张光直：《中国青铜时代》，中华书局，1998 年版，第 56～57 页。

❹ 《国语》，第 502 页。

已到,发兵伐纣。在渡过黄河时天上飞来赤乌,白鱼跳入船中,这些被认为是受命于天的象征。这使我们想起"河出图、洛出书"。武王伐纣成功,周朝得以建立。周朝的灭亡也与黄河有关,前述"幽王二年,西周三川皆震"。伯阳父认为地震是阴阳失序,必然导致川源堵塞,川塞则国亡。果然,"三川竭,岐山崩","十一年,幽王乃灭,周乃东迁"。黄河是政权的合法性的源泉,这正是其文化生命之所在。"川竭"预示着"国亡",所以反对壅川,维护河流的正常的自然生命,成为上古先贤的自觉行为。据《国语·周语下》记载,周灵王二十二年,王城西部的谷水泛滥,南入洛水,淹及王宫西南。周灵王要堵住谷水,使其北流。太子晋反对壅川,希望灵王能够"度于天地而顺于时动,和于民神而仪于物则",否则王室就要衰微卑落。照《国语》的记载,灵王没有听进太子的谏言,"卒壅之。及景王多宠人,乱于是乎始生。景王崩,王室大乱。及定王,王室遂卑。"无论灵王壅川与周室衰微是否有必然的联系,太子晋对景王提出的度于天地而和于民神的原则,都是值得我们深思的。作为历史发展的积淀,黄河演变成为中华民族心理的和符号的意义。抗日战争时期,一曲"保卫黄河",成为拯救中华民族的代称。"河竭"不仅是对民族心理的沉重打击,也会使大半个中北部中国水资源枯竭,从而面临实实在在的生存危机。

周灭于秦。秦始皇认为自己灭六国、获天下是"获水德之瑞,更名河曰德水"。这也是为自己的政权寻求合法性。秦始皇三十二年,秦始皇刻碣石歌颂自己的功德,说:"皇帝奋威,德并诸侯,初一泰平。堕坏城郭,决通川防,夷去险阻。地势既定,黎庶无繇。天下咸抚。男乐其畴,女修其业,事各有序。"❶这里的"决通川防"值得注意,说明了治水是一个政权的重要工作。限于篇幅,汉以后的政权与黄河的关系不再详述。

三、黄河与国土

如果说,黄河赋予一个政权以合法性还有部分神话色彩,那么,黄

---

❶ 《史记·秦始皇本纪》,《史记》,第1册,第252页。

河对于中华民族国土的确定则有实际的指示意义。如前所述，黄河被殷人称为“高祖河”，汉代又被称为“中国河”。既然黄河被赋予这样的名字，那么，黄河所流经的地方，理应成为国土。这是一种隐秘的心理，表现为一种实在的行动。夏、商、周三代都是沿着黄河流域展开的，黄河流域自然成为国土的范围，但这基本局限于关中和关东地区。“敦薨（开都河）之水出焉，而西流注于泑泽（罗布泊）。出于昆仑之东北隅，实惟河原。”[1]这本来是一个错误的认识，汉民族在很长时间内对此深信不疑。汉代为了驱赶匈奴，曾经多次派人到西域地区联络当地的少数民族。张骞、傅介子、班超、甘英等人都是典范。张骞出使西域，“证实”了河源在西域，蒲昌海、塔里木河是黄河的上游的说法。这样，一条黄河，就把中原和西域连接起来了。这种联系成为驱使汉民族西部拓边的内在动力。恰好，秦汉代时期，汉民族还不缺大无畏的开拓精神。秦始皇统一中国，已经把北部边界推进到今内蒙古地区黄河北岸，在那里设立了河南郡、九原郡，设置了44个临河县，并沿着黄河北部、西部外围，筑起了一道万里长城。

到汉代，随着对河源的追寻，汉王朝西部边界突破了秦代的界限，在黄河的“源头”设立了“西域都护府”，包括今新疆和中亚部分地区。如果我们看西汉时期的国土图，就会发现它的构成就像一副挑筐，东部为右筐，西部为左筐，中间则为细细的挑担。东部中原和北部、南部，是中华文化繁荣区域；西部为西域都护府。中间细的部分则是弱水、酒泉、敦煌等地，是被认为潜入地下的那部分黄河地区。这个地图表明，汉代的国土很明显的是围绕黄河而定的，东部的南方地区还包括长江。在黄河的内蒙古地区，汉代效法秦朝设立了五原郡，移民实防，开发农业。黄河、阴山构成了汉超稳固的北方防线，有效地阻挡了匈奴南侵。东汉的国土全图和西汉基本一致[2]。

秦汉的疆域奠定了以后历代疆域的基础。如前所述，隋唐时期，人

---

[1] 《山海经·北山经》，《山海经校注》，第91页。

[2] 谭其骧主编：《中国历史地图集》，第2册，地图出版社，1982年版，第13～14页。

们进一步认识到，黄河的真正源头不是塔里木河、蒲昌海，而是青藏高原地区的星宿海。这时，中国的疆域在继承秦汉时期的基础上，开始向新的河源推进。隋朝在今青海省西宁南、积石山以北的黄河线上设置了“河源郡”。据《隋书·食货志》记载，隋炀帝四年，“帝亲征吐谷浑，破之于赤水。慕容佛允委其家属，西奔青海。帝驻兵不出，遇天霖雨，经大斗拔谷，士卒死者十二三焉，马驴十八九。于是置河源郡、积石镇。又于西域之地置西海、鄯善、且末等郡。谪天下罪人，配为戍卒，大开屯田，发西方诸郡运粮以给之。”❶《隋书·地理志》说，河源郡“置在古赤水城。有曼头城、积石山，河所出。有七乌海。统县二。远化、赤水。”❷

唐太宗贞观九年、十二年冬十二月甲戌，“吐谷浑西平郡王慕容顺光为其下所弑”，唐太宗“遣兵部尚书侯君集率师安抚之，仍封顺光子诺曷钵为河源郡王，使统其众。”❸至此，汉民族所能认识到的最远的河源地区已经并入版图。元朝，整个青藏高原并入中国版图，明、清都继承了元朝青藏高原的版图❹。

黄河在中国版图的形成过程中，一方面具有心理暗示作用，促使国人寻找它的源泉，把它的源泉也纳入版图；另一方面，如前所述，黄河在中华民族成长过程中也有指向的作用。因为河流天然构成一条通道，沿着河流的方向无论是溯流而上还是顺流而下，都不会有往而不返的顾虑，人们尽可以放心地沿着河走。其次，河流两岸一般都有一些较为开阔的地方，天然地形成道路；尤其是在车辆运输不发达的古代，粮食辎重也可以通过河流运输。所以，黄河便成为连接各民族的一条纽带。王夫之说黄河“有义一而害十”，义：“以番部之水而朝宗于华夏”❺。的确，黄河成为一条永久的纽带，把不同民族都团结在华夏文明的旗帜

❶❷ 《隋书·地理志》。

❸ 《旧唐书·太宗本纪下》。

❹ 《中国历史地图集》，第5册，第32～33页。

❺ 王夫之：《尚书引义》卷二。《船山全书》，第2册，船山全书编辑委员会编校，岳麓书社，1988年，第219页。

之下❶。

四、黄河的文化生命及其现代意义

(一)黄河的文化生命的精神内涵

如前所述,大禹治水,“高高下下,疏川导滞”,其核心在于顺水之性,导使之通,由此形成了“因”、“无为”的思维方式。“无为”不是不作为,而是顺势而为,是善为,是天人合一。黄河,不仅是一条河,也是自然,是整个自然界的代表;大禹治水,是治河,也是与黄河、与自然展开对话、交流和相互诠释。天人合一的思维方式是对话的结果,是一种主体间性。我们在前文已经谈到老子、庄子、《淮南子》、《春秋繁露》、张载的天人合一的思想。作为处理人与自然的关系的指导原则。天人合一也是一种价值论思想。天代表价值。“天命之谓性”,天把这种价值赋予人,在理学为性即理,在心学为心即理。所以,《孝经》上说“天地之性人为贵”。作为人,生活在世间,就要实现天赋的价值。

治水精神也是仁的精神。仁,按照《说文解字》的解释是“亲也,从人,从二”。可见,仁表达的是一种人与人的关系。仁与治水有一种渊源性关系。以前述子产不毁乡校的故事为例,子产根据水决川防,伤人必多的道理主张让百姓能够说话,孔子认为子产这是“仁”的措施。孔子说“仁者爱人”。孟子在儒家哲学中,仁是处理与一般的他人的关系的原则。孟子说“亲亲而仁民,仁民而爱物”,也表明了这一点。不过,孟子把“仁”限制在对人的范围内,对于物则是爱惜、珍惜而不是“仁”,其道德共同体的范围局限于人。在老子看来,仁则亲,亲则偏,所以仁有多余的情感,这种情感不符合道法自然的原则。他提出“天地不仁,以万物为刍狗,圣人不仁,以百姓为刍狗”,甚至要“绝仁弃义”。但是,这只是反对违反自然的矫揉造作的“仁”,天地不仁是说天地无私,对于万物一视同仁,这恰好是大仁,也是儒家所赞同的。应该说,说到大、

❶　关于河流对于构成国界的重要指示意义,当代著名生态伦理学家罗尔斯顿三在给笔者的电子邮件中指出,美国密西西比河的灌溉系统的建立对于美国的形成也具有重要作用。这可以作为河流度量与确定国境的重要例证。

说到终极，那么，仁、义、礼、智、信、道、自然、真、善、美、如都是通而为一的；可以在吸收儒道智慧的基础上把仁的精神推广到物、自然的范围。

人与河流的交往所形成的文化理念都是黄河的文化生命的内涵。与黄河的交往还形成了“自强不息”的奋斗精神、“厚德载物”的包容精神、和平相处的和谐精神等，这些都是中华民族精神的内涵。关于黄河对中华文化的影响，侯甬坚先生提出了“向心力”、“凝聚力”、“渗透力”；关于黄河对于中华民族精神气质的影响，他提出了“生生不已，延续生命”，“雄健刚烈，自强不息”，“温柔敦厚，择善而从”三个重要方面❶。关于黄河流域文化与其他文化的交往，李学勤先生主编的《黄河文化史》等不少学术著作对此都有论述，可参看。此处主要论述黄河的文化生命在今后中华民族文化、尤其是生态哲学发展中的意义，也可以说是对于中华民族与自然交往的诠释意义。

（二）黄河的文化生命的传承与发展

1. 普遍的生命原则的确认

生命的普遍性是本书第一章提出的结论。确立宇宙的生命原则是今后中国文化发展尤其对其生态指向来说是一个非常关键的问题，也是一个必要条件。如果说，自然界万物都是一片死寂，不存在任何形式的生命，也就无需建立所谓生态哲学或环境伦理学。中国古代哲学认为，天地万物是一个和合的生命总像。“天地之大德曰生”❷，“生生之谓易”❸。所谓生，就是生命；“生生”，亦即传统所谓“好生之德”，就是使生命能够以其所应有的形态存在和延续。这里的“生命”是广义的、家族类似性的，不仅仅是指狭隘的人的生命、动植物的生命等，也包括人类的生命、瓦石泥土等无机界的生命以及生态系统的生命在内。生命具有自为和为他的性质。所谓自为，就是说一切生命形式都具有为自己存在的特性，具有独立的性质和独自的内在价值；所谓为他，是说任何单个生命都有利于其他相关生命存

❶ 参看侯甬坚：《朝宗——黄河与中华文化》第三、四章。

❷ 《易传·系辞下》。

❸ 《易传·系辞上》。

在和生长的性质。人作为具有生命物的一种，禀承天地的“生生”性质而生。所以，对于“生命”的维持和维护是人的道德责任与义务。古人对于万物的生命，有深切的体验。宋代哲学家周敦颐窗前草不除，为的是观察万物的“生意”；又据记载，程颢爱观察鸡雏，也是觉得小鸡生意盎然，通过小鸡可进而体会天地之生意、天地生物之心等。所谓“生意”，就是万物由小到大、由少到多、由弱到强的发展和增长的过程。我们现在把经商称为“做生意”，其“生意”二字，即包含着生长、增加的意思。企业也是有生命的。一个企业没有了“生意”，也就近乎倒闭了。研究企业管理的人把这叫做企业的成长性、生长性。程颐把中国古代哲学的重要范畴“仁”解释为“生意”，“心譬如谷种，生之性便是仁也”[1]。种子必然包含生意。谷种包含着将来生根发芽开花结果重新成为种子而生生不息的整个过程。现代汉语仍然保留着这种用法，果实的种子大都叫做“××仁”，比如“核桃仁”、“花生仁”、“玉米仁”之类，这里的“仁”就是作为生意的“仁”。

从传统“生生”的观点看，把生命延伸到物种、生态系统、山河大地是自然而然的过渡，是在全球面临生态危机的状态下对于生命的普遍性的发展。把各个物种和生态系统都看作具有自在、自为的本体生命的事物，是确立人类对于它们的伦理义务的必要条件。作为对各种形态的生命价值的尊重，人们应该承担维持和保障物种及生态系统的稳态生命的义务。生态导向的更新是中国文化生命更新的一个重要内容。

2. 生命的贯通原则和生命的本体基础的确立

万物如何得生？辩证唯物主义认为，事物内部的矛盾是推动事物发展的动力。恩格斯在《自然辩证法》中曾指出，生命是生与死的辩证统一，细胞的生死代谢构成了生命过程。中国古代哲学认为，包括人在内的天地万物都是由一气构成的，一气又分为阴阳二性，各类生命都是阴阳二气和合而成的；二气的和合是事物生命的基础。老子说“万物

[1] 《二程集》，第1卷，第184页。

负阴而抱阳，冲气以为和”❶，此处的“冲气”，就是阴阳二气的和合。《易传·系辞上》说“天地氤氲，万物化醇。男女构精，万物化生”。荀子尤其明确地指出，“万物各得其和以生”❷，这里的“和”是阴阳二气的和谐。和谐也可以说是矛盾的诸多表现形态之一。

气在中国传统哲学中具有细微、变化、流通的特点。中国哲学认为，气可以在人与天地万物之间流通，构成人的气也可以转而构成物。据《庄子》记载：子来有病，将要死亡，妻儿都在哭泣，子犁却在感叹伟大的造化又要把子来变成什么，是变成鼠肝，还是变成虫臂？这里，子犁说子来死后，构成他的气还可以再去构成鼠肝、虫臂等等，正是气的流行的思想。其实，构成子来的气不光会变为鼠肝、虫臂，也会变为泥土，或被烧成瓦器，或被植物吸收利用，又复被人或动物所消化吸收。总之，气在天地之间一刻也不停息地流行着；气的流行，使人与天地万物构成一个统一体；土地中有先祖的血脉。这是天然的大循环。这在中国传统哲学里是一个基本事实，也是人与天地万物为一体的物理学基础。人不仅要认识到与天地万物为一体的基本事实，还必须做到与天地万物为一体，这是人在价值方面的努力。前者是起点，后者是终点。但并不是人人都能认识到此的，更不是人人都能做到此的，因而，与天地万物为一体在中国传统哲学中是一个很高的境界；程颢说“仁者与天地万物为一体”。由于气的流行，所以在传统中国哲学看来，各个生命之间不是孤立的、互不相干的，相反是相互贯通、密切相关的。这就是说，人与自己生活于其中的世界、自然、生态圈的生命都是密切相关的，人必须意识到与万物的生命的相关性，主动和自觉地对万物承担相应的义务，才能成为完整的人。

生命的相关性原则，也是人对自然承担义务的必要条件。利奥波德在他的《沙乡年鉴》中曾经提出，一个“x”自从地质年代以来一直被封闭在岩石中，一棵树把它从岩石中拉了出来，它帮助构成了这棵树的花，这朵花变成了果实，果实被一只鹿吃掉，鹿又被一个印第安人吃掉，

❶ 《老子·第42章》。

❷ 《荀子·天论》。

x 这时成为印第安人的骨头和骨骼。这个印第安人又死去了,x 重回大地,等待着新的旅程❶。利奥波德的“x”和庄子的气何其相似!利奥波德的 x 和庄子的“气”,都是环境哲学形而上学的基础。

20 世纪 40 年代,中国著名哲学家金岳霖对于人与自然的二分、人类中心主义、自我中心主义进行了详尽的分析和批评,并在他的英文著作《道、自然与人》中提出了人与物的“共存的民主”(democracy of co - existence)、人对物的“普遍的同情”(universal sympathy)等思想。这些可以说是中国古代环境伦理的发展。饶有趣味的是,金岳霖在《论道》中也提出了一个“x”。这个 x 既不是原子,也不是分子,金岳霖拒绝称它为什么,认为它是一个名字,不是一个名词。这个 x 也构成万物,参与人与物质之间的循环。和利奥波德一样,这个“x”也可以说是环境伦理或环境哲学的本体基础。

3. 灵而不主的原则与道德共同体的扩展

庄子从一气流行,进一步推论到“道通为一”❷,即人、物在价值上并无差异,人不高贵于物,物不低贱于人。“以道观之,物无贵贱;以物观之,自贵而相贱;以俗观之,贵贱不在己。”❸这种冷峻的语言是对于人类中心主义的强烈冲击、彻底颠覆和深刻解构,可以作为现代深层生态学的核心论据之一。

但是,人毕竟与物有所不同。人类并不是与自然无关的独化的自我循环之物,而是自然进化的结果之一。如果说,自然的进化具有天然的合理性,那么,作为其结果的人及其类的存在,也是有其天然合理性的;如果说,自然进化过程中产生的各种事物都有其存在的权利和必然性,那么,人及其类的存在也都是有一定的权利和必然性的。从宗教的上帝造人的角度讲,人的存在的合理性就更不容置疑了。从进化的链条上看,人处于进化的顶端也是一个不争的事实。所以,庄子的纯自然主义的说法还有一定的局限性,与自然进化的事实并不能完全融洽。

---

❶ 《沙乡年鉴》,第 98 ~99 页。

❷ 《庄子集解 · 齐物论》。

❸ 《庄子集解 · 秋水篇》。

儒家则与庄子不同,在承认天地万物的价值的同时,又特意指出人有超出万物的部分,人是天地万物之间有理性的存在者,是高贵、灵明的存在者,与物不同。荀子较早明确表达了这种意思。他说:“水火有气而无生,草木有生而无知,禽兽有知而无义,人有气、有生、有知,亦且有义,故最为天下贵也。”[1]《孝经》说“天地之性,惟人为贵”[2];张载说:“天地之塞,吾其体;天地之帅,吾其性。”[3]统帅和充塞是有根本区别的,充塞是就物质构成材料而言,统帅则是就此材料的根本而言。儒家所谓灵与贵,不同于近代以来西方意义上的主宰。唐玄宗对“贵”的解释是“其异于万物也”[4]。传统儒家哲学中没有西方近代意义上的人作为主体征服作为客体的外物的思想,而是说人应体会和服从天地的意愿,把天地生养万物的职能作为自己的职责。“天地之心”乃是“生生之理”;“天地之心惟是生物”[5]。朱熹说:“天地万物以生物为心,人以天地生物之心为心。”[6]但是,宋儒也曾明确指出,“天本无心,及其生成万物,则须归功于天”;又说:“天无心,心都在人之心。”[7]这实际上是人要“替天行道”,即人要完成天的职能的意思,不过还不太明确。明代王阳明进一步明确和强化了人为天地之心的思想。

> 夫人者,天地之心,天地万物本吾一体者也。[8]
>
> 朱本思问:“人有虚灵,方有良知。若草、木、瓦、石之类,亦有良知否?”
>
> 先生曰:“人的良知,就是草木瓦石的良知。若草木瓦石无人的良知,不可以为草木瓦石矣。岂惟草木瓦石为然,天地无人的良知,亦不可为天地矣。盖天地万物与人原是一体,其

[1] 《荀子集解·王制》。

[2] 《孝经》:《十三经注疏》下册,总第2553页。

[3] 《正蒙·乾称篇》:《张载集》,第62页。

[4] 《十三经注疏》下册,第2553页上。

[5] 《横渠易说》:《张载集》,第113页。

[6] 《朱子文集·仁说》,卷67。

[7] 《经学理窟》:《张载集》,第256页。

[8] 《传习录·中·答聂文蔚》:《王阳明全集》(上),吴光等编校,上海古籍出版社,1992年,第79页。

发窍之最精处，是人心一点灵明。风雨露雷，日月星辰，禽兽草木，山川土石，与人原只一体。故五谷、禽兽之类皆可以养人，药石之类皆可以疗疾，只为同此一气，故能相通耳。”❶

王阳明的说法比张载、朱熹更为积极，其实是让人承担了天地的职责。也就是说，把天地的生物的功能，作为人的道德职责。人既然承担了天地的生物的职责，要“替天行道”，那么，把道德行为的范围“推”及、扩展到整个自然界其他物种、生态圈、山河大地等无机界等，承担对它们的相应的道德义务，就不仅是顺理成章的，而且也是非如此不可的，否则就不能说是完整地完成了自己的使命。整个自然界范围内的事物，都是道德共同体的成员；宇宙内事即己分内事。

显然，儒家思想既不属于强人类中心主义，也不属于弱人类中心主义。用当代西方生态哲学的概念强行归类，是不合适的，也没有必要。这些思想完全可以作为环境伦理的中国类别存在。如前所述，我们认为，应该确立人与自然的双主体的交往思想。

4. 各尽其性的原则与参赞化育的道德职责建立

如上所述，从儒家的观点来看，人对于万物是有道德责任的，也应该尽这些责任。人如何尽自己的道德责任？传统哲学也有不少详细的论述。这就是儒家的“尽性”学说与“参赞化育”的道德职责理论所要完成的任务。

万物不仅有生，亦且有性。何谓物性？《易传·系辞上》说：“一阴一阳之谓道，继之者善也，成之者性也。”可见，物性的本体基础是万物内部阴阳二气的和合，其进一步延伸则是以此性为基础的顺利完成或圆满实现其生命的权利。在传统哲学看来，人、物各有其性。就人而言，仁义礼智、忠孝节义等，都是人性的内容。告子说过“食色，性也”，《礼记》讲“饮食男女，人之大欲存焉”，可见食、色也是人性的内容。人性要得到圆满的完成，就不仅要得到正常的食、色供养，完成其物质生命，也还要做到仁义礼智等。孟子认为，前者是人的“小体”，后者才是人的“大体”；不能做到后者，就与禽兽无异。

❶ 《传习录·下》：《王阳明全集》（上），第107页。

其实,传统儒家哲学所说的尽性,主要还是尽人的道德属性。人当尽己之性,尽人之性,尽物之性,参赞天地万物之化育。尽己的道德之性中就包含了尽他人和尽万物之性的要求。尽物之性是人尽自己的道德之性的内涵之一,这是传统儒家哲学的特点。所谓"尽物之性",就是要让万物按照自身的性质发展,不伤害其固有的性质。唯有如此,人才能参与和帮助天地之化育,人才是真正的人,才能够与天地并立。中国哲学的观念认为,天地生物,本欲其完成正常的生命,不欲其中途夭折而死;人当随顺天地,不当逆戕万物之生。《易传・乾卦・文言》所谓"君子以厚德载物也",载物即包容,允许万物遂性发展。孟子讲"仁民而爱物",《易传・系辞传上》所谓"范围天地之化而不过,曲成万物而不遗",张载讲"民胞物与",都是这个意思。举例说,什么是土地之性?如何尽土地之性?荒原、森林是各种植物的生长地、昆虫鸟兽的栖息地,草原是牛羊畜类的生长地,沃野是粮食蔬菜的生长地等。总括起来,大地之性就是生养万物;尽大地之性,就是充分发挥它的生养作用。过度砍伐、荒漠化、污染等造成动植物无法生长,甚至死亡,恰是戕害了土地之性,妨碍了它发挥生养万物的功能。对于河流、生态圈等,我们也可以一例观之。

关于尽性参赞化育的方法,儒家还提出了不少说明,如诚的方法、感或感应的方法,值得介绍。

如前所述,"诚者,天之道也";"思诚者,人之道也";"诚者,天之道也。诚之者,人之道也"。这些均出自《孟子》、《中庸》。《中庸》特别提出,所谓诚,"非自成己而已也,所以成物也。成己,仁也;成物,知也。性之德也,合外内之道也,故时措之宜也";"唯天下至诚,为能尽其性。能尽其性,则能尽人之性。能尽人之性,则能尽物之性。能尽物之性,则可以赞天地之化育。可以赞天地之化育,则可以与天地参矣"。《中庸》的思路是认为天地的本质是诚,人应努力做到诚(诚之),从而做到尽人之性、尽物之性。需要强调的是,从逻辑上说,尽己之性是尽他人、尽外物之性的必要条件;他人之性、外物之性的尽,必待己性的尽,这是中国哲学的人的主体性和主观能动性的思想,其具体内涵是帮助他人、外物各尽其性,而不是为了人的目的单方面地征服和改造自然。荀子对于“参”的解释，也颇有可取之处，他明确地提出以政治参与天地万物之化育的思想。他说：“天有其时，地有其财，人有其治，夫是之谓能参。舍其所以参，而愿其所参，则惑矣。”❶这种说法抛弃了老庄过分倚重于天然而忽略了人事之功的纯粹自然主义色彩。“参”比“人法地，地法天，天法道，道法自然”的“法”更为积极主动。没有人的主动参与而达到的和谐只是被动的适应，还称不上真正的和谐。荀子批评道家“蔽于天而不知人”是有道理的。

“感”或“感应”也是尽物之性的一个方法。“感”的概念最先出现在《周易·咸卦·彖传》，云“天地感而万物化生，圣人感人心而天下和平，观其所感，而天地万物之情可见矣”！其内涵是阴阳双方的交流、沟通与相互影响；就人而言，感或感应还有对事物做出及时、恰当、应有的反应的含义。由此言之，董仲舒的“天人感应”是有一定的科学基础的，但他对“感”的强调超出了科学的限度，陷入了片面性。北宋时程颢借助于医家关于“麻痹”的说法，对于人不能感应提出了批评，认为这是“不仁”，现代汉语还保留了“麻木不仁”的成语。程颢的说法明确地把感应和道德联系在一起了。在他看来，缺乏灵敏的感应，其实就是缺乏应有的道德感。他说：“医书言手足痿痹为不仁，此言最善名状。仁者，以天地万物为一体，莫非己也。认得为己，何所不至；若不有诸己，自己与自己不相干。如手足不仁，气已不贯，皆不属己。”❷王阳明进一步提出了“感应之几”的概念，《传习录》记载：

> 问：“人心与物同体，如吾身原是血气流通的，所以谓之同体；若于人便异体了，禽、兽、草、木益远矣。而何谓之同体？”
>
> 先生曰：“你只在感应之几上看；岂但禽兽草木，虽天地也与我同体的，鬼神也与我同体的。”
>
> 请问。
>
> 先生曰：“你看这个天地中间，甚么是天地的心？”

---

❶ 《荀子集解·天论》。

❷ 《二程集》，第1卷，第15页。

对曰:“尝闻人是天地的心。”

曰:“人又甚么叫做心?”

对曰:“只是一个灵明。”

“可知充天塞地中间,只有这个灵明。人只为形体自间隔了。我的灵明,便是天地鬼神的主宰。天没有我的灵明,谁去仰他高?地没有我的灵明,谁去俯他深?鬼、神没有我的灵明,谁去辨他吉凶灾祥?天地鬼神万物,离却我的灵明,便没有天地鬼神万物了;我的灵明,离却天地鬼神万物,亦没有我的灵明。如此,便是一气流通的,如何与他间隔得?”

又问:“天地鬼神万物,千古见在,何没了我的灵明,便俱无了?”

曰:“今看死的人,他这些精灵游散了,他的天地鬼神万物尚在何处?”❶

此处王阳明也谈到了“主宰”,但这个”主宰“与近代西方的人为天地万物的主宰的“主宰”有实质差异。王阳明的“主宰”不表现为征服万物,而是仰天之高、俯地之深、辨鬼神之吉凶,是一种感应和体认关系,不是征服关系。张载提出过“为天地立心”的说法,其含义与人类中心主义的“为自然立法”也有很大差异。张载认为,为天地立心的人,并不是站在自然之外、之上与自然相对立的另一极,而是与天地万物为一体的天人合一的人,是自然Ⅰ和自然Ⅱ合构成自然Ⅲ;所立的心,也不是从人的需要出发的征服自然的范畴或者规律,而是好生之德的仁心。王阳明与张载有一致之处。明末王夫之提出的“延天以祐人”❷,即以人之能延长或补充自然之能,以满足人类的需要,恰当地表达了儒家对于自然的态度与分寸。王阳明进一步解释了人心之仁如何与天地万物为一体。他说:

大人者,以天地万物为一体也。……是故见孺子之入井而必有怵惕恻隐之心焉,是其仁之与孺子为一体也。孺子犹

❶ 《传习录・下》:《王阳明全集》上,第124页。

❷ 王夫之:《周易外传・系辞上传・第二章》,《船山全书》,第1册,第993页。

同类者也，见鸟兽之哀鸣觳觫而必有不忍之心焉，是其仁之与鸟兽为一体也。鸟兽犹有知觉者也，见草木之摧折而有怜悯之心焉，是其仁之与草木为一体也。草木犹有生意者也，见瓦石之毁坏而必有顾惜之心焉，是其仁之与瓦石而为一体也。❶

怵惕恻隐、不忍、怜悯、顾惜都是人心之仁的表现，也是感应之几的具体内涵；人通过这些感应活动与万物形成一体。

5. 并育不害的原则和天人合一境界的高扬

《中庸》的三尽性之说强调最终应达到“万物并育而不相害，道并行而不相悖”的境界；荀子希望达到“万物皆得其宜，六畜皆得其长，群生皆得其命”的和谐境界❷。这即是“与天地万物为一体”。不过，这里的一体，不是仅仅从一气贯通的角度所讲的初始的、物理学的、静态的和存在意义的一体，而是经过人的积极主动参与的、在参赞化育的基础上的一体，包含有人的能动作用。一气贯通是一体的本体基础，不过，那是没有人积极参与的一体，只能是原始状态的天人不分或自在的被动适应，还达不到自觉、自为的水平。经过人的努力所实现的并育不害和天人一体，是在自在的本体之一体基础上的更高的一体，达到了人的自觉与自由。但这种一体又不是主体性的过度的、片面的高扬，不是极端人类中心主义的征服自然、戕天害物。如前所述，尽己之性是尽人、尽物之性的必要条件。如果说，这也是一种主体性，那么，中国传统哲学的这种主体性，是与西方近代以来建立在主客体对立和二分基础上的片面的主体性截然不同的。前述荀子的主体性思想与西方相比就有自己的特点。认为中国哲学没有主体性，或者力图证明中国哲学有主体性（近代西方意义的）的观点，都是片面的。

所谓并育不害，其实也就是“天人合一”、“天人合德”。“大人者，与天地合其德，与日月合其明，与鬼神合其吉凶”❸。张载对于天人合一的思想作了较为全面的论述，值得此处引述：

---

❶ 《大学问》：《王阳明全集》下，第 968 页。

❷ 《荀子集解·王制》。

❸ 《易传·乾卦》。

乾称父，坤称母，予兹藐焉，乃浑然中处。故天地之塞，吾其体；天地之帅，吾其性。民吾同胞，物吾与也。❶

惟大人为能尽其道，是故立必俱立，知必周知，爱必兼爱，成不独成。❷

儒者因明致诚，因诚致明，故天人合一。❸

关于儒家的天人合一观念，从现代生态伦理的角度看，还有一个重要问题需要澄清。传统儒家讲究"理一分殊"、"爱有差等"，这种观念对于儒家的环境伦理思想有什么影响？所谓对于自然的义务，究竟是对人的义务，还是对物的义务？当对人的义务和对物的义务发生冲突时，如何解决？理一分殊和爱有差等的确是儒家哲学中十分牢固的核心观念。孟子曾经批评墨子的兼爱观念为"无父"。程颐认为张载的《西铭》也体现了理一分殊的精神。《孟子·尽心上》云："君子之于物也，爱之而弗仁；于民也，仁之而弗亲。亲亲而仁民，仁民而爱物。"爱、仁、亲的分别表明，这里形成了一个以人为中心的爱的递减的多圈圆图像：个人对于双亲、他人、自然物的爱的程度，依次递减。就孟子的论述来看，这个递减并不至于无；更不会倒过来发展为恨。当然，在儒家看来，在对于自然物的爱和对于人的爱发生冲突时，对于自然的爱应该让位于对于人的爱。这种递减，王阳明认为是"良知上自然的条理"。

问："大人与物同体，如何《大学》又说个厚薄？"

先生曰："惟是道理自有厚薄。比如身是一体，把手足捍头目，岂是个要薄手足，其道理合如此。禽兽与草木同是爱的，把草木去养禽兽，又忍得；人与禽兽同是爱的，宰禽兽以养亲与供祭祀，燕宾客，心又忍得；至亲与路人同是爱的，如箪食豆羹，得则生，不得则死，不能两全，宁救至亲，不救路人，心又忍得；这是道理合该如此。及至吾身与至亲，更不得分别彼此厚薄。盖以仁民爱物皆从此出，此处可忍，更无所不忍矣。

❶ 《正蒙·乾称篇》，《张载集》，第 62 页。

❷ 《正蒙·诚明》，《张载集》，第 20 页。

❸ 《正蒙·乾称篇》，《张载集》，第 65 页。

《大学》所谓厚薄，是良知上自然的条理，不可踰越，此便谓之义：顺这个条理，便谓之礼；知此条理，便谓之智；终始是这个条理，便谓之信。”❶

如前所述，人处于自然进化链条的顶端。人为了生存，必须消耗植物和其他动物的肉体，这其中也有一定的必然性和合理性。既然自然的进化产生了人，既然人的存在也是进化的结果，那么，人在一定程度上消耗自然当是必然的，不可避免的，也是可以接受的。为了植物、动物的生存而牺牲人类的生存，恐怕也不符合自然进化的规律。同样，人对于双亲的爱比对于路人的爱要多一些，也都是可以理解的。人对于物，也有一个善恶判断取舍问题。在王阳明看来，人可以以自己的价值观为标准，对物进行取舍。

侃去花间草。因曰：“天地间何善难培，恶难去？”

先生曰：“未培未去耳”；少间曰：“此等看善恶，皆从躯壳起念，便会错。”

侃未达。

曰：“天地生意，花草一般，何曾有善恶之分？子欲观花，则以花为善，以草为恶。如欲用草时，复以草为善矣。此等善恶，皆由汝心好恶所生，故知是错。”

曰：“然则无善无恶乎？”

曰：“无善无恶者理之静。有善有恶者气之动。不动于气，即无善无恶。是谓至善。”

……

曰：“草既非恶，即草不宜去矣？”

曰：“如此却是佛、老意见。草若是碍，何妨汝去？”

曰：“如此又是作好作恶？”

曰：“不作好恶，非是全无好恶。却是无知觉的人。谓之不作者，只是好恶一循于理，不去又着一分意思，如此即是不曾好恶一般。”

---

❶ 《传习录·下》：《王阳明全集》上，第108页。

曰："去草如何是一循于理，不着意思？"

曰："草有妨碍，理亦宜去。去之而已。偶未即去，亦不累心。若着了一分意思，即心体便有贻累，便有许多动气处。"

曰："然则善恶全不在物？"

曰："只在汝心。循理便是善。动气便是恶。"

曰："毕竟物无善恶？"

曰："在心如此，在物亦然……"

曰："如好好色，如恶恶臭，则如何？"

曰："此正是一循于理；是天理合如此，本无私意作好作恶。"

曰："如好好色，如恶恶臭。安得非意？"

曰："却是诚意，不是私意。诚意只是循天理。虽是循天理，亦着不得一分意。故有所忿懥好乐，则不得其正。须是廓然大公，方是心之本体。知此即知未发之中。"

伯生曰："先生云：'草有妨碍，理亦宜去'。缘何又是躯壳起念？"

曰："此须汝心自体当。汝要去草，是甚么心？周茂叔窗前草不除，是甚么心？"❶

从自然演化来看，自然之物并无善恶；只是相对于人的各种目的与评价，才会有善恶之分。人的评价是以人为中心的，有相当的局限性，花草的善恶可以易位是其局限性的具体表现。显然，王阳明认识到了这个局限性，所以他一方面承认，从天理的角度看，大化本身即含有生死的过程，所以从个体的善恶评价的角度除草是可以接受的；另一方面又要求用天理来校正和克服人的局限性，要求"循天理"、"诚意"、"去私意"、"不着"，即克服人的局限性。所谓天理，也可以说是大化的规律；向天理接近，就是要尽量减少自己主观任意的好恶，一同于大化之理。由于天人是一体的、合一的，所以，从某种意义上说，在儒家哲学

❶ 《传习录·上》:《王阳明全集》上，第29~30页。

中，对人的义务就是对物的义务，对物的义务就是对人的义务，二者也是统一的、合一的，不必过于拘泥。这是就一般原则而论。不过，就当今社会来说，仅仅有这一个一般原则是不够的，无法进行具体操作。从操作意义上说，还必须在人与人、人与物之间画出一条底线，比如，对于父母的爱，不能演化为对于别人的恨，至多是同情的遗憾；对于自然物的取用，不能导致物种的灭亡，比如，吃濒危动物之类。只有划出底线，才能在操作层面上实现与自然的和谐相处。在对待自然方面，可以引入后现代哲学的"稳态"概念，即在一定基础上的平衡，包括"循环"在内。丰富和改造"实践"概念，确立自然和人的双焦点、双重主体性或主体间性，承认自然的主体性。在中国哲学的基础上整合当代西方哲学的概念，由此建立基于中国哲学的环境伦理学范畴体系。这些是中华文化新的发展方向和内容，也是河流的文化生命有待丰实的内涵。